王叔岷著作集

慕盧論學集

一

中華書局

圖書在版編目(CIP)數據

慕廬論學集.1/王叔岷撰.—北京:中華書局,2007.10
(王叔岷著作集)
ISBN 978-7-101-05686-0

Ⅰ.慕… Ⅱ.王… Ⅲ.社會科學-文集 Ⅳ.C53

中國版本圖書館CIP數據核字(2007)第074248號

《慕廬演講稿》原由藝文印書館出版,現授權中華書局印行大陸版。
圖字:01-2007-2945號
《慕廬雜著》原由華正書局出版,現授權中華書局印行大陸版。
圖字:01-2007-2726號

責任編輯:王　芳

王叔岷著作集
慕廬論學集(一)
王叔岷 撰
*
中 華 書 局 出 版 發 行
(北京市豐臺區太平橋西里38號 100073)
http://www.zhbc.com.cn
E-mail:zhbc@zhbc.com.cn
北京市白帆印務有限公司印刷
*
700×1000毫米 1/16·47½印張·450千字
2007年10月第1版 2007年10月北京第1次印刷
印數:1-3000册 定價:120.00元

ISBN 978-7-101-05686-0

王叔岷著作集出版説明

王叔岷先生，號慕廬，一九一四年生，四川簡陽人。幼習詩書，及長，喜讀莊子、史記、陶淵明集，兼習古琴。一九三五年，就讀於四川大學中文系，一九四一年考入北京大學文科研究所，師從傅斯年、湯用彤先生。後任職於中央研究院歷史語言研究所。一九四九年後，出任臺灣大學中文系副教授、教授。一九六三年後，先後任教於新加坡大學、臺灣大學、馬來西亞大學、新加坡南洋大學等校。一九八四年，自中研院史語所及臺灣大學中文系退休，仍擔任史語所兼任研究員及中國文哲所籌備處諮詢委員。

王叔岷先生治學，由斠讎入義理，兼好詞章，尤精研先秦諸子，遍校先秦漢晉群籍，撰有專書近三十種，論文二百餘篇，是海内外廣受推崇的斠讎名家。限於各種條件，王叔岷先生的著作在大陸已難於覓得。爲滿足學術界研究之急需，承蒙王叔岷先生及其女公子臺灣大學中國文學系王國瓔教授慨允，並得到中研院史語所、中國文哲所及華正書局、藝文印書館、大安出版社、世界書局等機構的大力支持，將王叔岷先生此前出版的重要學術成果授權中華書局以著作集的形式整體推出。在此，謹向王叔岷先生、王國瓔教授及上述各機構，表示誠摯的謝意。

王叔岷著作集所選擇使用的版本，根據初版日期，依次如左：

諸子斠證，世界書局，一九六四年四月初版。

斠讎學（補訂本），史語所專刊之三十七，一九五九年八月初版，一九九五年六月修訂一版。

劉子集證，史語所專刊之四十四，一九六一年八月初版，一九七五年十一月再版。

陶淵明詩箋證稿，藝文印書館，一九七五年一月初版。

世説新語補正，藝文印書館，一九七五年九月初版。

文心雕龍綴補，藝文印書館，一九七五年九月初版。

顏氏家訓斠注，藝文印書館，一九七五年九月初版。

莊學管闚，藝文印書館，一九七八年三月初版。

慕廬演講稿，藝文印書館，一九八一年十二月初版。

史記斠證（全十册），史語所專刊之七十八，一九八三年十月初版。

校讎學別録，華正書局，一九八七年五月初版。

莊子校詮（全三册），史語所專刊之八十八，一九八八年三月初版，一九九四年二月再版。

慕廬雜著，華正書局，一九八八年三月初版。

古籍虚字廣義，華正書局，一九九〇年四月初版。
先秦道法思想講稿，文哲所中國文哲專刊之二，一九九二年五月初版。
鍾嶸詩品箋證稿，文哲所中國文哲專刊之一，一九九四年三月初版。
列仙傳校箋，文哲所中國文哲專刊之七，一九九五年四月初版。
左傳考校，文哲所中國文哲專刊之十四，一九九八年四月初版。
慕廬雜稿，大安出版社，二〇〇一年二月初版。

共計十九種三十册。自一九六四年諸子斠證出版，至二〇〇一年慕廬雜稿問世，時隔近四十年，各書體例不一，標點各異，本次結集，除王叔岷先生親筆校改之處、明顯因排版導致的衍、誤、錯字及紀年、標綫不清之處，予以必要的改正外，其餘基本保持原貌。

爲便於讀者使用，在徵得王叔岷先生同意後，將慕廬雜著、慕廬演講稿、慕廬雜稿、世説新語補正、文心雕龍綴補、顔氏家訓斠注彙編成慕廬論學集，油印本吕氏春秋校補亦予以收録，彙編後的慕廬論學集擬分二册。

另外，原莊子校詮的附録部分、諸子斠證附録淮南子與莊子、先秦道法思想講稿附録黄老考，歸入莊學管窺；劉子集證原版以雙行夾注排版，爲便於閲讀，改爲單行，標點按通行規範重新標加，不加專名綫。華正書局一九九三年十二月曾出版王叔岷先生的回憶録慕廬憶往，此次不收入著作集中，將單行出版。原慕廬雜稿所收傅斯年先生百歲誕辰紀念恭述所憶、整理先君耀卿公遺稿記及其附録王國瓔教授所撰淡泊名利之外，謹守規矩之中——我的父親王叔岷等三篇文章亦歸入慕廬憶往。

中華書局編輯部　二〇〇七年三月

王叔岷著作集書目

諸子斠證
莊子校詮（全二册）
莊學管窺
左傳考校
先秦道法思想講稿
史記斠證（全五册）
列仙傳校箋
陶淵明詩箋證稿
鍾嶸詩品箋證稿
劉子集證
斠讎學（補訂本）　校讎學別録

古籍虛字廣義

慕廬論學集(一)　慕廬演講稿　慕廬雜著　慕廬雜稿

慕廬論學集(二)　呂氏春秋校補　世說新語補正　文心雕龍綴補　顏氏家訓斠注

目録

慕廬演講稿

慕廬雜著

右稿十四篇，未依撰寫時間排列。其中發表最早者爲「書文中子中説後」（一九四六年九月説文報），最晚者爲「羣書治要節本愼子義證」（一九八三年十二月臺灣大學文史哲學報第三十二期）。計先後撰寫歲月，忽忽近四十年矣。諸作之中，殊乏佳構，譬彼雞肋，棄之可惜，集而存之，聊以備不虞之散失耳。

一九八六年九月十四日丙寅八月十一日叔岷識。

慕廬雜稿

慕廬演講稿

小引

一九六三年的秋天，我應聘到新加坡大學，留在中文系講學兩年，一九六七年的秋天到現在，又相繼在馬來亞大學漢學系及南洋大學中文系教書。今年四月間曾經回臺北臺灣大學訪問。這十多年來，大學校方或社會方面各學術團體，常常邀我作專題演講，可惜講稿隨講隨棄。現在手邊僅存八篇，內容與文學、樸學並有關，兼涉及讀書態度、培養學風問題。朋友、學生們都喜歡參考引用。因此我把這八篇講稿彙集付印，留作紀念。

一九七九年七月五日己未歲六月十二日，於新加坡南洋大學慕廬四餘齋。

說「悠然見南山」

一九七五年十二月四日，應南洋大學中國語文學會之邀，於下午七時正，在文學院第一講堂演講紀實。

陶淵明飲酒詩二十首之五：

結廬在人境，而無車馬喧。
問君何能爾？心遠地自偏。
採菊東籬下，悠然見南山。
山氣日夕佳，飛鳥相與還。
此中有眞意，欲辯已忘言。

一、引　言

中國的舊詩，如果用一根樹來作比喻，那麼，周、秦時代的詩經，可以說是根柢；漢、魏時代的詩，尤其是五言詩，可以說是枝幹；齊、梁時代的詩，尤其是六句或四句的五言小詩，非常美，可以說是花和葉；到了唐朝，是詩的最成熟時代，可以說是果實。以後的詩，就沒有超過唐代的了。漢、魏以前的詩，是渾然一體的。要整首看，才覺得好。譬如看一樹楊柳，要整體看。如果折一枝來看，反而覺得難看；齊、梁時代的詩，要一句一句的看，譬如一樹桃花，折一枝來看，更覺得可愛；唐朝的詩，進步到可以一字一字的看。譬如精金美玉，一塊一塊的欣賞，更覺得可貴。

陶淵明先生，生在晉、宋之際(三六五—四二七)，他的詩，大體說，是不爲時代風氣所限的。整首看也好，一句一句看也好，有時一字一字的看也好。甚至於一個字關係到整首詩境界的高下，更關係到陶淵明先生爲人境界的高下，就如「悠然見南山」這句詩的一個見字。

二、「見」作「望」的優劣問題

我們引用「悠然見南山」這句詩，見字都不成問題。可是，比較早期的傳本，見字卻作望字，是作

「悠然望南山。」譬如昭明文選和唐初歐陽詢的藝文類聚卷六十五收錄這首詩，見字都作望。因此引起後人對作見、作望的優劣問題。就如蘇東坡題淵明飲酒詩後，他就取見字而不取望字。他說見字的好處：

> 采菊之次，偶然見山，初不用意，而景與意會。無意望山，適舉首見之，故悠然忘情，趣閒而累遠。

這樣解釋見字，很好。但，所謂「悠然忘情」，不如作「悠然自得」更好。他又說作望字：

> 一篇神氣索然。既采菊，又望山，意盡於山，無餘蘊矣。

就不免太過。因爲用望字，也不會那麼壞。只是跟上下詩句的意境不相稱而已。我認爲，用見字，極自然。用望字，便執著。這是用字的精粗問題。蘇東坡又說用見字的好處：

> 未可於文字精粗求之。

這句話也有問題，說得過於玄妙了！因爲用見字，顯得精；用望字，顯得粗。這正是用字的精粗問題。

自宋以來的陶詩傳本，「悠然見南山，」見字都沒有作望的，可能是受了蘇東坡批評的影響。自從蘇東坡提出作見、作望優劣的批評，後人同聲相應的很多。至於把見字的好處，提出一種新的見解，要算近代偉大的樸學家兼文學家王國維先生。他的人間詞話有一段：

> 有有我之境，有無我之境。「淚眼問花花不語，亂紅飛過秋千去！」（中略。）有我之境也。

「采菊東籬下，悠然見南山。」(中略。)無我之境也。有我之境，以我觀物，故物皆著我之色彩。無我之境，以物觀物，故不知何者爲我，何者爲物。

王國維先生評論詩詞，提出有我、無我的境界問題，非常好，非常新鮮！他所舉馮延巳的鵲踏枝兩句詞：「淚眼問花花不語，亂紅飛過秋千去！」我們想，在雨横風狂的暮春時節，落花紛飛，令人感傷流淚！這兩句詞，不僅是有我之境，並且我的色彩很重。至於陶淵明先生的「采菊東籬下，悠然見南山」兩句詩，王國維先生說是無我之境。所謂無我，是受莊子的影響。戰國時代最偉大的哲人莊周，他論最高的修養，屢次提到無己、忘己、喪我的問題，即是忘我、無我的問題。無我，所以能隨事而應，隨景而應。譬如一面明鏡，一池清水，有甚麼，應甚麼，卻無意想應甚麼。「悠然見南山，」用一個見字，正是隨景而應，無絲毫用意於其間，即是沒有絲毫執著的痕跡。王國維先生舉馮延巳的詞句和陶淵明的詩句，來分別有我、無我的境界，界限很清楚。但，畢竟還是兩家的作品，還不夠簡單。我認爲「悠然見南山」這句詩，所以爲無我之境，就在一個見字。若作「望南山，」便著上我的色彩，便是有我之境了。用本句詩作見或作望兩個字，來分別無我、有我之境，既簡單，又明瞭，境界的深淺高下，非常清楚。

蘇東坡又說：

作望，非淵明意。

但是，昭明文選已經作望，作望的傳本反而較早。我懷疑作望，可能是陶淵明的初稿。作見，是淵明的定稿。這個見字，更襯托出淵明的悠然自得，非淵明自己不能改。

三、作「見」作「望」的影響

「悠然見南山，」是陶詩的名句。因爲有作見、作望不同的傳本，引起後人很多摹擬之作，或無意中所受這句詩的影響，也有作見、作望的區別。譬如唐朝寫實派(也可以說是社會派)的詩人白居易，他的效陶潛體十六首之九，其中有四句：

但有雞犬聲，不聞車馬喧。
時傾一罇酒，坐望東南山。

很明顯的是受淵明這首詩的影響。他用望字，不用見字，很可能他所看到的陶詩傳本是作「悠然望南山。」不過，陶詩作「望南山，」不好。白居易的詩，卻應該用望字，因爲他的心意專在東南山，是有我之境。如果用見字，反而不切實。

又如唐朝田園派的詩人韋應物，他答長安丞裴說(一作稅)的詩，其中四句：

臨流意已凄，采菊露未晞。
舉頭見秋山，萬事都若遺。

雖然韋應物這首詩，題目不是效陶體，但中間兩句，很明顯是受陶詩的影響。不過，他把陶淵明的

「采菊東籬下，悠然見南山」兩句詩，分開來摹擬，「采菊露未晞」句屬上，「舉頭見秋山」句屬下。也可以說是「采菊之次，偶然見山。」因爲意不在山，舉頭偶然見山，是近於無我之境的詩句。如用望字，作「舉頭望秋山，」反而不好。他之所以用見字，可能是他所看到的陶詩傳本，是作「悠然見南山。」不過，陶詩見字上冠以「悠然」二字，顯得閒遠自得。韋詩見上冠以「舉頭」二字，就顯得有點笨拙了！總之，韋詩既言采菊，又言見山，是有意學陶。宋朝吳曾(能改齋漫錄)、王厚之(復齋漫錄)都說韋詩「采菊露未晞，舉頭見秋山」兩句：

　　眞得淵明詩意。

我卻說韋詩雖然不致於像東施效顰，卻有效顰的嫌疑。出於有意摹擬的句子，總沒有原詩自然。

　　韋應物的詩，如林園晚霽：

　　　　雨歇見青山，落日照林園。

雨後的青山，顯得更加清新。斜陽裏的林園，顯得分外鮮美，由一個見字和一個照字襯托出來。這個見字，也可能是受陶詩「悠然見南山」的影響，但無有意摹擬的痕跡，反而比「舉頭見秋山」的見字用得好。

　　又如李白望終南山寄紫閣隱者：

　　　　出門見南山，引領意無限。

跟陶詩作「見南山」相同。但李詩這個見字，是從題目中的望字引出來的。雖然作見，仍是有我之境，是有心在望山的。但若作望，反而不自然。

還有唐代王維、孟浩然兩位田園派的詩人，都深受陶詩的影響。他們的詩，都常用見、望兩個字。如王維登裴迪秀才小臺作：

端居不出戶，滿目望雲山。

這個望字，我的色彩很重。這句詩，是有我之境。

又偶然作：

日夕見太行，沈吟未能去。

既是偶然作，那麼，「見太行，」是無意間見到的，這句詩自然是無我之境了。

孟浩然宿天臺桐柏觀：

日夕望三山，雲濤空浩浩。

這個望字，我的色彩很重。

又彭蠡湖中望廬山：

中流見蓬島，勢壓九江雄。

注意題是「望廬山，」見字由題內望字引出，跟前面所舉的李白詩相同，仍是有我之境，用見字不一定就是無我之境，這要細加分別的。

總之，陶淵明「悠然見南山」的詩句，由齊、梁時代到唐朝，有兩種傳本，一本見字作望，後人受影響的很多。陶詩的定本，應該作「悠然見南山。」後人作見的詩句，雖然有好的，也有差一點的。即使是好的，也沒有一句可以跟陶詩媲美的。

四、見字與整首詩的關係

宋沈括續夢溪筆談云：

陶淵明雜詩「采菊東籬下，悠然見南山。」往時校定文選，改作「悠然望南山。」似未允當。若作「望南山，」則上下句意全不相屬，遂非佳作。

因爲一個望字的關係，使上下句意全不連貫。那麼，作見字，上下句意自然就相連貫了。這要從整首詩去看。試看這首詩開頭四句：

結廬在人境，而無車馬喧。

問君何能爾？心遠地自偏。

宋李公煥箋註陶淵明集引王荆公云：

淵明詩有奇絕不可及之語，如「結廬在人境」四句，由詩人以來無此句。

淵明心境超遠，入俗而超俗。處於車馬喧囂之人境，而無喧囂的感覺，這是何等修養！何等風格！王維晦日遊大理韋卿城南別業詩：

與世澹無事，自然江海人。

跟淵明這四句詩的意境相似，但不同。因爲在世俗中安靜無事，才有如「江海人」的感受。如果有事呢？有車馬的喧囂呢？感受就可能不一樣了。王安石說陶淵明這四句「由詩人以來無此句。」誠然。不過，在莊子的刻意篇裏，卻有一句：

無江海而閒。

無與非同義，非江海而閒靜，即是在人境喧囂中也閒靜。這一句文章，可以概括陶淵明四句詩的意思。上面所舉王維那句詩，也可能從莊子這句文章化來的，但境界卻隔一層。至於李白於宣州謝朓樓餞別校書叔雲詩結二句：

人生在世不稱意，明朝散髮弄扁舟！

蘇東坡臨江仙詞結二句：

扁舟從此逝，江海寄餘生。

李詩固然是好詩，蘇詞固然是好詞。但，兩位天才詩人，都想逃避人間世，跟陶詩這四句入世而超世的境界相比，就差一等了！

由於淵明心境超遠，所以採菊之際，無意望山，而見廬山。那種悠然自得，閒情逸致，正由一個見字顯現出來，接著下兩句：

山氣日夕佳，飛鳥相與還。

注意山字接上句「見南山」的山字，非常自然。因見南山，而見傍晚若隱若現的山氣，更看見遠飛的鳥羣也紛紛地返回山中了。「飛鳥相與還」這句詩，有很深很深的寓意。淵明的歸去來辭也有一句：

鳥倦飛而知還。

他作彭澤令八十多天，因不願束帶折腰向那位督郵——鄉里小兒，自己解印綬去職。正是倦飛知還。他的歸園田居五首之一，收兩句：

久在樊籠裏，復得返自然。

倦飛知還，所以才能享受到返回自然的樂趣。他的歸鳥四言詩一首，歸園田居五言五首，歸去來辭一首，都是他倦飛知還的佳作，都跟「飛鳥相與還」這句詩有密切的關係。這是淵明一生出處的大問題，也是他爲人風格的大關鍵。還是貪圖溫飽，向鄉里小兒折腰也無所謂呢？或是返回田園，在辛勤中過著自由自在的生活呢？好，陶淵明先生，他決定了。決定返回田園，享受大自然的樂趣。這是能不能這樣作的問題，不是空口談的問題，所以他接著收兩句：

此中有眞意，欲辯已忘言。

常人拙於言，智者多言，大智忘言。莊子外物篇：「言者所以在意，得意而忘言。吾安得夫忘言之人而與之言哉！」這是淵明「忘言」所本。淵明這首詩，起四句是入世而超世的境界，收兩句是超言(即忘言)的境界，跟中間「悠然見南山」無我之境的句子，正相呼應，正相配合，而關鍵就在一個見字。如果見字作望，便是有我之境，跟前後詩句的境界就不相稱了。所以，這一個見字，關係著整首詩境界的高下，更關係著淵明爲人境界的高下！

五、結　語

我們讀名家的詩，要特別注意他所用的字，尤其是習用的字，可以幫助我們了解詩人的性情、心境、爲人風格、生活狀況等等。譬如陶淵明的詩，他喜歡用眞字，因爲他是眞性情的人；他喜歡用愛字，因爲他對人對物都充滿了愛心；他最喜歡用酒字，因爲他是寄情於酒的人；他也喜歡用忘字，因爲他的爲人和他的詩，都達到忘我的境界，正可以跟「悠然見南山」無我之境的詩句配合來看。杜甫春日憶李白的詩收兩句：

何時一尊酒，重與細論文。

注意這個重字。文，是指的詩。李白是唐代浪漫派詩人的代表，杜甫是寫實派詩人的代表。一個是詩仙，一個是詩王。他們對於詩，還要一再地仔細討論；我們更應該從詩的字句上多下功夫了。陶淵明對著「橫看成嶺側成峯」的廬山，寫出「悠然見南山」千古的名句；我們住在「山山皆秀色，樹樹盡相思」的南園裏，也應該寫些優美的詩句。同學們，快寫吧！

謝謝中文學會邀我演講！

談「池塘生春草」

謝靈運登池上樓詩：

潛虬媚幽姿，飛鴻響遠音。
薄霄愧雲浮，棲川怍淵沈。
進德智所拙，退耕力不任。
徇祿反窮海，臥痾對空林。
衾枕昧節候，褰開暫窺臨。
傾耳聆波瀾，舉目眺嶇嶔。
初景革緒風，新陽改故陰。
池塘生春草，園柳變鳴禽。
祁祁傷豳歌，萋萋感楚吟。
索居易永久，離羣難處心。

持操豈獨古，無悶徵在今。

一、引言

春秋時代的老子，說：『天法道，道法自然。』戰國時代的莊子卻說：『天即自然。』(佚文。)莊子書中往往以天代表道，他所說的『天即自然，』就是『道即自然。』這跟老子所說的『道法自然，』略有區別。但他們探討宇宙萬物的總原理，都歸之於自然，卻是相同的。到了西漢，劉安跟他的賓客所著的淮南子，第一篇原道，也特別發揮『道即自然』的涵義。東漢王充論衡，有自然篇，說：『道家論自然。』當然就是指的老、莊論自然。他更進而闡發天道自然的新義。魏、晉人士，如阮籍、嵇康、向秀、郭象，以及晉、宋之際的陶淵明先生，他們的性情、作品，都重視自然。重視自然，是老、莊以來一脈相承的大問題，卻深深地影響後世的文學批評。齊、梁時代，劉勰的文心雕龍，第一篇也是原道，他認爲文是本於自然之道。他的明詩篇更說：『感物吟志，莫非自然。』跟他同時的鍾嶸所著的詩品，在總序中也說：『自然英旨，罕值其人。』人是指的人事，指的典故。喜歡用典，反而失去詩的自然美。文學作品，無論散文、韻文，要作得好，都應該合乎自然。唐朝司空圖也有詩品，分詩爲二十四品。其中第十品是『自然。』他注意到詩的自然，是不錯的。但他不必把自然只認爲是詩的一種風格，他不必把『自然』獨立爲一品。自然，應該是其他二十三品每一品寫得最成熟的標準。譬如第一品

『雄渾，』如果寫得不自然，就不成其爲『雄渾。』第二品『沖淡，』如果寫得不自然，就不成其爲『沖淡。』其他類推。爲甚麼要把『自然』單獨立爲一品呢？難道其他二十三品都不需要寫得自然嗎？所謂自然，有二義：

1. 不加雕琢的自然。

2. 雕琢後的自然。

晉、宋時代，最偉大的山水詩人謝靈運，他的詩以自然著稱，可以說絕大多數都是雕琢後的自然，而他的名句，『池塘生春草，』卻是不加雕琢的自然。

二、謝詩的自然

謝靈運少年時代就很有才名，三十多歲以後，所寫的山水詩，更是光焰萬丈，轟動當時。宋書謝靈運傳說他：

移籍會稽，……每有一詩至都邑，貴賤莫不競寫，宿昔之間，士庶皆徧，遠近傾慕，名動京師。

比靈運小二十多歲的鮑照，批評謝詩：

謝五言如初發芙蓉，自然可愛。（南史顏延之傳。）

劉宋沙門湯惠休也說：

　　謝詩如芙蓉出水。（詩品中品評顏延之詩。）

梁簡文帝也說：

　　謝客吐言天拔，出於自然。（與湘東王書。）

自此以後，用初發芙蓉來形容謝詩自然美的很多。初發芙蓉，形容謝詩，也很有趣，因爲謝詩正有『芙蓉始發池』（遊南亭）一句。（此句本楚辭招魂：芙蓉始發。）而他的『池塘生春草，』正是自然可愛的詩句之一。

　　鍾嶸詩品中品評謝惠連詩，引謝氏家錄一段話：

　　　康樂每對惠連，輒得佳語。後在永嘉西堂，思詩竟日不就，寤寐間忽見惠連，即成『池塘生春草。』故嘗云：『此語有神助，非我語也。』

靈運自喜『池塘生春草』這句詩，如有神助。他的樂府悲哉行有一句『萋萋春草生』，與『池塘生春草』也有關，爲甚麼靈運不自喜『萋萋春草生』這句呢？我想『萋萋春草生，』雖是觸景生情的佳句，然而，這是本於楚辭的『春草生兮萋萋。』既有所本，就不足爲奇了。

靈運特別自喜『池塘生春草』這句詩，可能有三個原因：

1. 靈運寫詩，多出於深思苦索。而這句寫來卻不費氣力。自然可愛。
2. 這首詩是靈運臥病後所寫的，『池塘生春草，』是新鮮的景象，對病人而言是值得欣喜的。

3. 夢見他最心愛的從弟惠連而得這句詩，自然就更喜愛這句詩了。

再看詩品評謝惠連詩：

小謝才思富捷，恨其蘭玉夙凋，故長轡未騁。秋懷、擣衣之作，雖復靈運銳思，亦何以加焉！

注意，『思捷』跟『銳思』是相反的。詩品上品稱靈運『內無乏思，』他固然也富於才思，然而，富而不捷。由他『思詩竟日不就』的苦境，可以想像他寫每一首詩，都經過精細的構思的。我們看文心雕龍明詩篇：

宋初文詠，體有因革，莊、老告退，而山水方滋。儷采百字之偶，爭價一句之奇，情必極貌以寫物，辭必窮力而追新。

這幾句話，不僅刻畫出謝靈運寫山水詩的特色；也是靈運極費心力寫山水詩的說明。無怪乎他輕易得到『池塘生春草』這一佳句，而驚爲『非我語也』了！

至於『池塘生春草』這句詩，怎麼樣好？好在何處？宋葉夢得石林詩話有說：

『池塘生春草，園柳變鳴禽。』世多不解此語爲工，蓋欲以奇求之爾。此語之工，正在無所用意，猝然與景相遇，備以成章，不假繩削，故非常情之所能到。詩家妙處，當以此爲根本，而思苦言艱者往往不悟。

葉氏這段話，凡是談到或是註解到『池塘生春草』這句詩的，都喜歡引用。他說此語之工，無所用意，不假繩削，是對的。這正是這句詩的自然可愛處。然而，他的話頗多語病：

1.他說，『此語之工，在無所用意。』又說『詩家當以此爲本。』既以此爲根本，便是有所用意了。

2.『此語之工，不能以奇求之。』又說『非常情之所能到。』既非常情所能到，那只有以奇求之了。

3.『思苦言艱者，往往不悟。』此語之妙。然而，靈運正由於寫詩思苦言艱，才悟到這句詩之妙。

葉氏的評論，觀念不清楚。宋以後，很多詩話的評論，觀念都不清楚，引用時，要小心。

三、『池塘生春草』相關的名句

鍾嶸詩品上品評靈運詩：『名章迥句，處處間起。』他的詩，名句很多。跟『池塘生春草』最相關的名句，當然就是下句：

園柳變鳴禽。

這句詩的好處，就在一個變字。由這個變字，可以知道靈運在樓上眺望的時間相當久了。梁沈約休沐寄懷詩：

園禽與時變。

這句詩不僅是變字，整句都是受『園柳變鳴禽』的影響來的。唐王維從岐王過楊氏別業應教詩：

與闌啼鳥換。

所謂『啼鳥換，』也就是從『變鳴禽』得來的，是直接受謝句的影響。不過，有種本子換字作緩，『與闌啼鳥緩，』還是表示時間相當久了的意思。也可以說是間接受謝句的影響。我們還要知道，『園柳變鳴禽，』這個變字，不僅在這句詩裏面要注意，靈運的五言詩，經常喜歡在第三字處用變字。這對於研究謝詩的習用字，很值得注意。

在鍾嶸詩品序中，列舉魏、晉、劉宋時代詩人的名句，舉了靈運歲暮詩的一句：

明月照積雪。

我們想，嚴寒的冬夜，明月照耀當空，大地一片雪白。那種清曠、晶瑩的景象，多大、多美、多神秘！『池塘生春草，』這句詩，就比較單調。但由單調中，我們可以推想，啊！這已經是大地回春的時節了。可以啓發我們許多新鮮美麗的幻想。所以這句詩，仍不失爲千古名句。

宋葛立方韻語陽秋說：

靈運在永嘉，因夢惠連，有『池塘生春草』之句，所謂混然天成，天球不琢者也。靈運詩如『矜名道不足，適己物可忽。』『清暉能娛人，遊子澹忘歸。』皆得三百篇之餘韵，是以古今以爲奇作，又何嘗以難得爲工哉！

矜名二句（見遊赤石進帆海），是說理詩；淸暉二句（見石壁精舍還湖中作），是寓情於景的詩。嚴格說，不能相提並論的。並且舉這些佳句，好詩就是好詩，不必牽涉到三百篇去。又所舉這些詩句，除了『池塘生春草』句得於自然之外，其他諸句是否都不出於難得，就不敢斷定了。明胡應麟受葛立方的影響，他的詩藪外編卷二，舉靈運的佳句『池塘生春草』和『淸暉能娛人』之外，更說：

『百川赴巨海，衆星環北辰。』其氣亦可稱也。

這兩句的確以氣象勝，很像左太沖的詩句。靈運詩的名句很多，還有兩句非常特出的：

野曠沙岸淨，天高秋月明。（初去郡。）

那種超曠、淸新的景象，很像陶淵明的詩句。唐孟浩然贈王九詩的名句：

野曠天低樹，江淸月近人。

就是從謝詩得來的。靈運詩的名句，眞是處處間起，同學們細心去欣賞。

四、『池塘生春草』與整首詩的關係

這首詩起四句：

潛虬媚幽姿，飛鴻響遠音。薄霄愧雲浮，棲川怍淵沈。

第一句比喻隱居，第二句比喻顯達。媚、響是謝詩的習用字。第三句承接第二句，第四句承接第一句，這是行文的錯綜變化。三、四兩句，愧、怍是互文，同義。這與陶淵明先生的『望雲慚高鳥，臨水愧游魚。』（始作鎮軍參軍經曲阿。）二句頗相似，慚、愧也是互文，但命意卻不同。陶公的慚愧，是由於羨慕高鳥、游魚的從容自得，而謝靈運卻是歎息自己的進退失據。所以接著五、六兩句：

進德智所拙，退耕力不任。

五句承接第三句，六句承接第四句，這是行文的正格。『進德』雖然是本於易經乾卦文言的『進德修業，』而取義卻不同。『進德』是說『進行德化。』是顯達的時候。進行德化，自己的智識辦不到。（注意拙字，是謝詩的習用字。）退而耕作，自己的氣力又不勝任。這就是進退失據。這就是謝靈運與陶公大不相同的地方。陶公的『衣食當須紀，力耕不吾欺。』（移居二首之一。）這是靈運辦不到的。進德、退耕都不能，因此第七句接著寫：

徇祿反窮海，

因營求俸祿而返於僻遠近海的永嘉郡，應該過得不錯了。偏偏又生病，第八句：

臥痾對空林。

這句是接得出乎意料的。窮、空是互文。接著九、十兩句：

衾枕昧節候，褰開暫窺臨。

上句寫臥病很久，連節候都弄不清楚了。下句寫登池上樓褰簾開窗暫時開開眼界。接著第十一、十二兩句：

傾耳聆波瀾，舉目眺嶇嶔。

一句寫水，一句寫山。一句寫聽，一句寫看。因爲看，就知道節候了。接著十三、十四兩句：

初景革緒風，新陽改故陰。

是寫的初春景象，革、改是互文。他寫到這裏，就寫不下去了。甚至於『思詩竟日不就。』寤寐間忽然看見他的從弟惠連，馬上就想出：

池塘生春草，

即是這首詩的十五句。這句詩顯現出春天的生機，不費氣力而自然可愛。有了這句，就比較容易對出十六句：

園柳變鳴禽。

雖然他本打算『褰開暫窺臨』(第十句)的。卻留連到園中柳枝上的啼鳥都更換了。接著十七、十八兩句，寫他的觸景傷情：

祁祁傷豳歌，萋萋感楚吟。

上句本於詩經豳風七月『采蘩祁祁。』祁祁，衆多貌。下句本於楚辭招隱士『王孫遊兮不歸，春草生兮萋萋。』萋萋，茂盛貌。兩句都是春天的情景。下句『萋萋感楚吟，』已經引起離別之感。因此接著寫出十九、二十兩句：

索居易永久，離羣難處心。

索居、離羣，本於禮記檀弓篇『子夏曰：吾離羣而索居久矣。』易、難是對文，並且是謝詩習用的對文。獨居的人，往往度日如年，所以說『易永久。』注意易字很有味。離羣的人，忽忽如有所失，這顆心眞是難於安處，所以說『難處心。』注意難字也很有味。這首詩如果繼續這樣寫感傷的句子，就覺得無聊，就犯了一般文人悲觀頹廢的通病。我們看他接著寫二十一、二十二最後兩句：

持操豈獨古，無悶徵在今。

『持操』一詞，本於莊子齊物論篇，猶言『操守。』古代聖賢，都有特殊的操守，『持操豈獨古，』是說有特殊操守的豈獨古人，靈運自認爲也是有特殊操守的人。甚麼操守呢？最後一句『無悶徵在今。』易經乾卦文言有『遯世無悶』這句話（又見大過卦象傳），古人能『遯世無悶，』現在也正可以考驗我是否能『無悶。』我何必多感傷呢！謝靈運畢竟不平凡，不落於一般文人悲觀頹廢的俗套。他在感傷中能夠振作起來。就這樣結束，不必再寫了。

我們看這首詩，開頭一句『潛虯媚幽姿。』本於易經乾卦文言『潛龍勿用。』最後一句『無悶徵在今，』本於文言『遯世無悶。』一起一結，正相呼應，更顯得章法謹嚴。我們再看這整首詩二十二句，一百一十個字。每兩句都是相對的，很像一首排律。句中所用特殊的字，或互文，或對文，可以說是字斟句酌。文心雕龍所說的『儷采百字之偶，爭價一句之奇，情必極貌以寫物，辭必窮力而追新。』這首詩正是達到這種高水準的代表作。除了『池塘生春草』一句，其他二十一句可以說都經過靈運的匠心經營。『池塘生春草』這一句，顯出春天的生機，也是整首詩的轉捩點。病中的人，得到這句詩，是病好的徵兆，是特別値得喜悅的。恰好配上『園柳變鳴禽』一句，春草在下，鳴禽在上，有看有聽，運筆自然。前面第十一、十二兩句『傾耳聆波瀾，舉目眺嶇嶔。』是粗聽、粗看，這兩句『池塘生春草，園柳變鳴禽。』是細看、細聽。可以說整首詩都寫得自然可愛。不過，如據唐人寫律詩的標準來看，這首詩的動詞，幾乎都在第三字，不能不說是瑕疵。然而，在晉、宋時代，不必這樣苛求，不必這樣嚴格的批評。

五、『池塘生春草』與『悠然見南山』的比較

謝詩富豔，陶詩高淡。謝詩如芙蓉，陶詩應如菊花。陶淵明飲酒詩之五：

> 結廬在人境，而無車馬喧。問君何能爾，心遠地自偏。採菊東籬下，悠然見南山。山氣日夕佳，飛鳥相與還。此中有眞意，欲辯已忘言。

記得去年十二月四日晚上七時，我爲中文學會的同學們，根據『悠然見南山』這句詩，作了一次演講。演講稿已經發表在中國語文學報第八期，同學們沒有聽過我那次演講的，可以參看那篇文章。『悠然見南山，』是陶詩的名句。『池塘生春草，』是謝詩的名句。把這兩句詩作一比較，很有趣，也很有意義的。

在南北朝時代的文學界中，往往以顏、謝並稱；或以陸、謝並稱。因爲陸機、顏延之、謝靈運三

家的詩，體裁都相似（都淵源於曹植），都是詞彩華麗。陶淵明的詩，在南北朝時代，地位並不高。文心雕龍明詩篇，根本未提到陶詩。詩品僅把陶詩列在中品。陶詩今傳一百二十四首（聯句除外），昭明文選只選了八首。謝詩今存僅八十八首，文選卻選了四十首。直到唐朝，李白和杜甫兩位大詩人才開始把陶、謝並稱。如李白送傅八之江南序：

陶公愧田園之能，謝客慚山水之美。

杜甫石櫃閣詩：

優游謝康樂，放浪陶彭澤。

又江上值水如海勢詩：

焉得思如陶謝手，令渠述作與同遊。

他如李羣玉贈方處士詩：

喜於風騷地，忽見陶謝手。

可證陶、謝並稱，到了唐代，已經逐漸普遍。陶詩長於田園，謝詩長於山水。田園中也有山水，山水中也有田園。陶、謝並稱，是很自然的趨勢。

靈運『池塘生春草』這句詩，因爲他本人寫出時已很得意，他的名氣又很大，自然在當時就傳誦於世了。陶公的『悠然見南山』這句詩，唐代詩人如韋應物、白居易等，雖然已經在摹擬，而直到宋代大詩人蘇東坡才把這句詩推尊至極。（請參看『說悠然見南山』演講稿。）至於把『悠然見南山』和『池塘生春草』相提並論的，卻始於比東坡晚八十多年的嚴羽，他的滄浪詩話說：

> 漢、魏古詩，氣象混沌，難以句摘。晉以後方有佳句。如淵明『採菊東籬下，悠然見南山。』謝靈運『池塘生春草』之類。謝所以不及陶者，康樂之詩精工，淵明之詩質而自然耳。

就陶、謝所有的詩比較，可以說謝精工，陶自然。如就『悠然見南山』與『池塘生春草』二句比較，都很自然。都不著痕跡。謝詩的精工，往往亦歸於自然。

清沈德潛說詩晬語有一段比較陶、謝詩的話：

> 陶、謝皆大家。陶詩合於自然，不可及處在眞在淳；謝詩經營而返於自然，不可及處在新在俊。陶詩勝人在不排；謝詩勝人正在排。

沈氏分析陶、謝詩自然的不同，簡單明瞭，很好。但陶詩排散兼行，當排則排，當散則散。如一定在不排，那又失其自然了。不過，如就『悠然見南山』這首詩而言，整首詩都不排。而靈運的『池塘生春草』這首詩，卻整首都排。整首都排，當然頗費匠心，只有『池塘生春草』這句，才不費氣力了。

『池塘生春草』這句詩，在整首中是一句轉機，有了這句，整首才顯出生氣，更引出收兩句『持操豈獨古，無悶徵在今。』寫他雖在病中，而有特殊的操守，即是『遯世無悶』的精神。陶公『悠然見南山』這句詩，寫出陶公的悠然自得，閒情逸致，與整首詩那種入世而超世的境界，密切配合。就整首而言，陶詩是忘我之境的佳作，謝詩每一句我的色彩都很重，是一首有我之境的佳作。雖然境界有別，卻各有各的好處。謝詩的好處，是因有『池塘生春草』這句才更顯著。陶詩的好處，是以『悠然見南山』

這句更顯著。然而『池塘生春草』這句詩，在靈運當時已普遍傳誦，『悠然見南山』這句，直到蘇東坡才特別顯揚。這也有幸有不幸了！謝句是寤寐間見從弟惠連才得到的，陶句卻出於自得。謝句的光彩，應該分一半給惠連呢！

六、結　語

『池塘生春草』這句詩，沒有陶淵明的『悠然見南山』那句詩境界高，甚至也沒有謝靈運自己的『明月照積雪』句境界大。『池塘生春草』之所以成爲千古名句，一方面由於靈運在當時的聲名烜赫，他自己又說這句詩『若有神助。』影響後世詩人喜歡摹倣這句詩意；一方面由於靈運與惠連的兄弟關係，後人更樂於運用這個典故。

1. 摹倣詩意

如李白宮中行樂詞：宮花爭笑日，池草暗生春。

又書情寄從弟：東風引碧草，不覺生華池。

韋應物幽居詩：微雨夜來過，不知春草生。

李長吉榮華樂：不知花雨夜來過，但覺池臺春草長。

2. 運用典故

如李白送舍弟：夢得春草句，將非惠連誰。

又贈從弟：他日相思一夢君，應得池塘生春草。

王安石寄四姪旊二首之一：春草已生無好句，阿連空復夢中來。

朱熹偶成詩：未覺池塘春草夢，階前梧葉已秋聲。

這些唐、宋人的詩句，都是受『池塘生春草』這句詩、或關於這句詩的故事的影響。

金、元之際，元好問的論詩絕句，更本著『池塘生春草』這句詩，來啓示作詩的正當途徑：

1. 池塘生草謝家春，萬古千秋五字新。傳語閉門陳正字，可憐無補費精神。

2. 坎井鳴蛙自一天，江山放眼更超然。情知春草池塘句，不到柴煙糞火邊。

意思是說，閉著門，困在柴煙糞火邊，無法寫出新鮮開朗的詩句。或者在青山綠水間；或者在春草池塘畔，可以引發靈感，寫出好詩，甚至永垂不朽的詩。

我們的雲南湖，其實不配稱湖，只可稱雲南池。你看，池畔萋萋的青草，池中皎皎的白蓮，都自然可愛。同學們，以你們豐富純潔的情感，配合清新的景色，未嘗不可以寫出『如初發芙蓉，自然可愛』的詩句呢！

一九七六年十二月十五日，應南大中文學會之邀，所擬演講稿。

論「荒塗橫古今」

左思招隱詩二首之一：

杖策招隱士，荒塗橫古今。
巖穴無結構，邱中有鳴禽。
白雲停陰岡，丹葩曜陽林。
石泉漱瓊瑤，纖鱗亦浮沈。
非必絲與竹，山水有清音。
何事待嘯歌，灌木自悲吟。
秋菊兼餱糧，幽蘭間重襟。
躊躇足力煩，聊欲投吾簪。

一、引　言

左思，字太沖，晉書文苑傳說他『貌寢口訥，而辭藻壯麗。』他是西晉武帝太康(二八〇—二八九)時代最有名詩人之一。梁劉勰文心雕龍明詩篇，以『張、左、潘、陸』並稱；鍾嶸詩品總序，也稱『三張、二陸、兩潘、一左。』在這一羣詩人中，文心特別稱讚太沖是『奇才。』(才略篇。)詩品卻特別稱讚陸機是『太康之英。』(詩品序。)這裏，我不談這羣詩人的高下問題，我只根據左太沖的一句詩中的一個字，談談他的詩的特殊風格。記得一九七五年十二月四日下午七時，南洋大學中文學會邀我演講，講題是『說「悠然見南山」』。七六年十二月十五日下午七時半，中文學會再度邀我演講，講題是『談「池塘生春草」』。今天晚上，又承新社和南洋學會的友好邀我主講一次，講題定爲『論「荒塗橫古今」』。『悠然見南山，』是陶淵明飲酒詩二十首中的名句；『池塘生春草』，是謝靈運登池上樓詩中的名句。這兩句詩，古今傳誦。雖然後人了解的深淺不同，但都承認是最特出的詩句。至於左太沖『荒塗橫古今』這句詩，卻從沒有人提出來討論過。我不僅要特別標榜左太沖這句詩，並且更特別標榜這句詩中的橫字。這個橫字，足以表現左詩的雄渾之氣，也就是左詩的風力。

二、「風力」與「風骨」

風力一詞，詩品提到兩次。第一次是在總序中：

永嘉時，貴黃、老，稍尚虛談。于時篇什，理過其辭，淡乎寡味；爰及江表，微波尚傳，孫綽、許詢、桓、庾諸公詩，皆平典似道德論。建安風力盡矣。

這裏雖然提出風力一詞，而未加以解釋。不過，我們可以由上文反面去推想。所謂風力之作，不是『理過其辭，淡乎寡味』的，也就不是『平典似道德論』的。

又詩品上品評陸機詩：

氣少於公幹，文劣於仲宣。尙規矩，而(原誤不)貴綺錯，有傷直致之奇。

劉公幹、王仲宣都是建安時代傑出的詩人。公幹的詩以氣勝，上品評公幹詩，稱他『仗氣愛奇。』魏文帝與吳質書，也說：『公幹有逸氣。』這個氣字，跟風力大有關係。『尙規矩，』難免傷氣。詩品上品評王粲的詩：『文秀而質羸。』秀有秀麗、秀拔兩義。秀麗是自然美，秀拔是特出美。『貴綺錯，』重在人爲的雕琢，很難達到秀麗兼秀拔的標準。『尙規矩，貴綺錯。』所以『有傷直致之奇。』『直致之奇，』正是建安詩的特色。文心雕龍明詩篇評建安詩：

慷慨以任氣，磊落以使才，造懷指事，不求纖密之巧；驅辭逐貌，惟取昭晣之能。

這就是『直致之奇，』也就是『建安風力。』『尙規矩，貴綺錯』的陸機，決寫不出這樣的詩。明詩篇這幾句話，是詩品『直致之奇』的最好註腳，也就是詩品序『建安風力』的最好註腳。這個意思，宋胡仔似乎了解，他的苕溪漁隱叢話說：

建安詩辯而不華，質而不俚，風調高雅，格力遒壯。其言直致而少對偶，指事情而綺麗。

注意這幾句話，再注意其中的風字、力字，及『直致』一詞。好像把文心雕龍和詩品論建安詩辭意貫通來說的。不過，『直致』應該總括這幾句話的意思，不僅指『少對偶』而已。

詩品稱『建安風力，』後人亦往往稱『建安風骨。』如宋嚴羽滄浪詩話：

阮籍詠懷之作，極爲高古，有建安風骨。

明胡應麟詩藪外編卷二：

宋、齊之末靡極矣！而袁陽源白馬，虞子陽北伐，大有建安風骨，何從得之？

嚴、胡二氏所謂的『建安風骨，』與鍾氏所謂的『建安風力，』意義應該相同。文心雕龍有風骨篇，所謂風，是指風情，指情意感發而言，重在峻爽。屬於內容方面。所謂骨，是指骨架，指組織結構而言，重在端直。屬於形式方面。端直也跟峻爽有關，所以文中又說『風清骨峻。』（清是清爽。）在文中把『風骨』分爲『風力』和『骨髓』。贊語中分爲『風力』和『骨鯁』。風與骨都要貫之以氣。我們再配合明詩篇批評建安詩的幾句話『慷慨以任氣，』至『唯取昭晰之能。』來看，實在是包括內容與形式而言。而那幾句話，正是詩品所謂『建安風力。』因此，我們可以說，詩品所謂的風力，相當於文心雕龍所謂的『風骨。』而文心雕龍所謂的風力，只有詩品所謂風力的一半，即只屬於內容方面。嚴羽和胡應麟把詩品的『建安風力』易爲『建安風骨，』意義是相同的。

三、左詩的風力

詩品中品評陶淵明詩：

其原出於應璩；又協左思風力。

這是詩品中第二次提到風力一詞。特別說『左思風力。』肯定左思的詩以風力勝。在上品評左思：

其原出於公幹。

再看上品評劉公幹的詩：

仗氣愛奇，動多振絕。貞骨凌霜，高風跨俗。但氣過其文，雕潤恨少。（貞字舊作眞，宋人避仁宗諱所改。）

注意『貞骨凌霜，高風跨俗』兩句，無意間點出風、骨二字。對左詩而言，稱他的風力，對劉詩而言，稱他的風骨。而左詩的淵源是出於劉詩的。可見鍾氏自己已經把風力和風骨視爲同義了。

左思的詩，今存四言悼離贈妹二首，五言詠史八首、招隱二首、雜詩一首、嬌女詩一首。見丁福保輯全漢三國晉南北朝詩中的全晉詩。不過，唐虞世南北堂書鈔卷一一九還引存左思詠史詩四句：

梁習仕魏郎，秦兵不敢出；李牧爲趙將，疆場得清謐。

可能不是全首，丁氏失收。左詩不長於四言，文心雕龍明詩篇說：『偏美則太沖、公幹。』所謂『偏美，』是指五言詩而言。左思五言最特出的是詠史詩，文心雕龍才略篇稱『左思奇才，拔萃於詠史。』詩品序也說：『左思詠史，五言之警策。』詠史詩是左詩最見風力之作，他的風力，是他特具的雄渾之氣。我們單看他詠史的第一首：

弱冠弄柔翰，卓犖觀羣書。著論準過秦，作賦擬子虛。邊城苦鳴鏑，羽檄飛京都。雖非甲胄士，疇昔覽穰苴。長嘯激清風，志若無東吳。鉛刀貴一割，夢想騁良圖。左眄澄江湘，右盼定羌胡。功成不受爵，長揖歸田廬。

雄渾的氣韻，高曠的襟懷，眞不作第二人想！

左詩淵源於劉楨，由於劉詩也以風力勝。不過他的風力，似乎跟左詩不同。我們看他贈從弟三首中的第二首：

亭亭山上松，瑟瑟谷中風。風聲一何盛！松枝一何勁！冰霜正慘悽，終歲常端正。豈不罹凝寒，松柏有本性。

字裏行間，有一種蒼勁之氣。是劉詩特具的風力。

陶詩風力之作不多，詩品稱他『協左思風力。』然而，陶詩的風力，不僅跟左詩不同；跟劉楨的詩也有區別。我們看他最具風力的詠荆軻詩：

燕丹善養士，志在報強嬴，招集百夫良，歲暮得荊卿。君子死知己，提劍出燕京，素驥鳴廣陌，慷慨送我行，雄髮指危冠，猛氣衝長纓。飲餞易水上，四座列羣英，漸離擊悲筑，宋意唱高聲，蕭蕭哀風逝，淡淡寒波生，商音更流涕，羽奏壯士驚，公知去不歸，且有後世名。登車何時顧，飛蓋入秦庭，凌厲越萬里，逶迤過千城。圖窮事自至，豪主正怔營。惜哉劍術疎，奇功遂不成。其人雖已沒，千載有餘情！

這是一首悲壯淋漓、充滿豪放之氣的詠史詩。這跟劉詩的蒼勁之氣和左詩的雄渾之氣都不同。因此，我們根據詩品評劉楨、左思、陶潛三人的詩，所謂風力，應包括蒼勁、雄渾、豪放三類作品。這跟籠統批評『建安風力，』又不大同的。

詩品對於左詩的風力，沒有明顯加以解釋，但卻間接提出一個雄字，和直接提出一個野字。上品評張協詩有兩句：

雄於潘岳，靡於太沖。

清陳祚明采菽堂古詩選評說：『「雄於潘岳，靡於太沖。」此評獨當。反觀之，正是「靡類安仁，」其情深語盡同。但差健，有斬截處，正是『雄類太沖。』其節高調亮同。但不似太沖簡老，一語可當數語。固當勝潘遜左。』陳氏能從這兩句話的反面去觀察，這是不錯的。不過，我的意見跟他有些不同。我認爲靡是美的同義字。張協的詩，既可跟潘岳比雄；而且是『雄於潘岳。』又可跟太沖比美，而且是『靡於太沖。』自然是雄、美兼備了。然而，潘岳的詩以美勝。詩品不把張協的詩跟潘岳比美，而比雄。可見他的詩不如潘岳的美了；左思的詩以雄勝，詩品不把張協的詩跟太沖比雄，而比美。可見他的詩不如太沖的雄了。由詩品這兩句話反過來看，更足以證明太沖的詩是以雄勝，並且雄得比較渾厚，所以我把太沖詩的風力，歸入雄渾一類。詩品上品評太沖詩又說：

雖野於陸機，而深於潘岳。

說太沖詩『深於潘岳，』顯而易見，前人無異議。說他的詩『野於陸機，』如陳祚明(采菽堂古詩選卷十一)、沈德潛(古詩源卷七)、劉熙載(藝概卷二詩概)等，就大加反對了。劉氏的意見，最應該辯正。他說：『野者，詩之美也。表聖詩品有疎野一品。若鍾仲偉謂左太沖「野於陸機，」野乃不美之辭。然太沖是豪放，非野也。觀詠史自見。』首先我們看司空圖詩品二十四品中第十五品『疎野』的解釋：『惟性所宅，眞取弗羈，控物自富，與率爲期。築室松下，脫帽看詩。但知旦暮，不辨何時。倘然適意，豈必有爲。若其天放，如是得之。』所謂『疎野，』大概是『眞率放達，不用心機』的意思。這當然是詩之美。然而仲偉評太沖詩『野於陸機。』野也並非不美之辭。仲偉所謂的野與表聖所謂的野，有關係，但不盡同。太沖的野，是針對陸機詩『尙規矩』而言的，野就是不尙規矩。而氣韻雄渾，卓犖不羣。至於劉氏說『太沖是豪放。』不太恰當。前面說過，陶淵明的風力之作，才是豪放一類。

四、荒途橫古今

文心雕龍時序篇說：『太沖動墨而橫錦。』這當然是概括太沖詩賦的評語。太沖的詩，以雄渾勝，並不如錦的華美。然而，像他的招隱詩，的確是雄渾而兼華美之作。最值得注意的是，時序篇提出的一個橫字。他不說『舒錦』或『摛錦，』而說『橫錦。』橫字顯得很有力量。巧在太沖招隱詩中『荒塗橫古今』這句，就用上這個橫字。這個橫字，充滿雄渾之氣，已經可以表現太沖詩的風力。我們想，人的一生，無論聖賢豪傑、才子佳人、王侯將相，或者是一般普通人，幾十年，至多一百年，終於在無情的歲月中消逝！而眼前荒涼的道路，從古至今，都永遠橫在那裏。這句詩包含多少歷史故事，蘊藏著多少感慨！蘇東坡最有名的詞句：『大江東去，浪淘盡千古風流人物！』(念奴嬌赤壁懷古)古往今來，多少風流人物，烜赫一時，都被無情的滾滾東流淘汰了！這句詞，同樣包含著多少歷史故事，蘊藏著多少感慨！然而，卻沒有太沖這句詩簡要而雄渾。即使是一個橫字，已經顯示出雄渾之氣。可惜無人注意！

詩品評太沖詩『野於陸機。』『荒塗橫古今』這句詩中的橫字，也顯得相當野，不過，野得比較含蓄。他的橫或野，都由於他的不尙規矩。我們看招隱詩第一首中有兩句：

峭蒨青葱間，竹柏得其眞。

五言詩的習慣句法，是上二下三。就是上二字連讀，下三字連讀。比較特出的是上三下二。譬如古詩十九首的第十四首有一句：『出郭門直視。』漢趙壹疾邪詩二首之一中的『富貴者稱賢。』魏阮籍詠懷詩中的『所憐者誰子？』這類句例也不少。惟有太沖『峭蒨青葱間』這句詩是上四下一。『峭蒨青葱，』四字連讀。間，一字讀。眞是不尙規矩，眞是野，也眞夠橫！並且『蒨青葱』三個字，蒨、葱二字都是青的意思，所謂三字疊義。竹柏的形態是峭，顏色是青。一個峭字，跟『蒨青葱』三個字配合成義，尤爲奇特！整個句子讀起來，更顯得野，更顯得橫！雖然古人詩中三字疊義的，已有先例。如漢樂府陌上桑中的『爲人潔白皙，鬑鬑頗有鬚。』『潔白皙，』就是三字疊義。不過，他的句法，仍然是習慣的上二下三，讀起來並不顯得野，不顯得橫。太沖的招隱詩兩首，昭明文選都入選。關於『峭蒨青葱間』這句，唐李善注：『峭蒨，鮮明貌。』這樣解釋，就仍然讀成上二下三的習慣句法。殊不知峭是形，蒨是色。把『峭蒨』解釋爲『鮮明貌，』就只是色了。並且竹柏的顏色用鮮明來形容，也不恰當。這是由於李善不懂『蒨青葱』是三字疊義，而又習於上二下三的句法，就割裂一個蒨字跟峭字配合起來勉強解釋。卻忽略了這是太沖詩中最特出、最野、最橫的句法。這樣的句法，我還沒有發現第二個例。

五、相關的橫字

太沖以前的詩人，已經寫過跟『荒塗橫古今』意義類似的詩句。如漢武帝的長子燕刺王旦有一首歌：

> 歸空城兮狗不吠，鷄不鳴。橫術何廣廣兮，固知國中之無人！（御覽五百七十引這首歌，廣字不重。）

『橫術』就是『橫塗，』末兩句合起來的意思，就是『荒塗橫今。』跟太沖『荒塗橫古今』的意思相合一半，只涉及今，而不及古。句意雖然相似，但我這裏所要舉證的，不是要跟太沖那句詩的意思相同或接近，而是要舉出漢、魏至齊、梁間五言詩句的橫字，同用在第三字的，跟太沖所用橫字，在風力方面作一比較。這類用橫字的詩，在太沖以前，我發現一句。即魏文帝的樂府詩飲馬長城窟行：

浮舟橫大江。

舟，是戰艦。這個橫字，用得很有氣勢，也可以說很有風力。跟太沖同時，年約長於太沖的張華，他的壯士篇中也有一句：

長劍橫九野。

詩品中品評張華詩：『兒女情多，風雲氣少。』壯士篇卻是例外。一個橫字，已顯出風雲氣。

太沖以後，五言詩第三字用橫字的，僅就南北朝而言，例證就相當多。宋謝靈運的五言詩，就習慣在第三字用橫字。如會吟行：

負海橫地理。

白石巖下徑行田：

舊業橫海外。

發歸瀨三瀑布望兩溪：

荒藹橫目前。

這三個橫字，用得很自然，但不夠雄。

齊江淹遊黃蘗山詩：

松木橫眼前。

橫字用得比較呆板。又江氏擬劉太尉琨傷亂詩：

天下橫氛霧。

這個橫字，卻用得有鬱勃的氣勢。

梁丘遲答徐侍中爲人贈婦詩：

長眉橫玉臉。

橫字，用得相當粗劣。

梁沈約夜夜曲：

月光橫射枕。

這個橫字，用得頗有清氣。

這類的例證，如果一直往齊、梁以後舉，只到唐代，已經太多太多。朋友、同學們如果有興趣，不妨去搜輯。總之，五言詩第三字用橫字，所顯出的雄渾之氣，在古人的詩句中，還沒有可與太沖詩媲美的。

六、謝詩協左詩風力

自詩品提出陶淵明詩『協左思風力。』後人已頗注意左、陶詩的關係。前面舉謝靈運五言詩第三字習用橫字，是否受左詩的影響，未敢輕斷。然而謝詩的逸蕩，確與左詩的風力，有密切關係。謝詩以富艷著稱，詩品序稱他：

才高詞盛，富艷難蹤。

在上品評謝詩，又說：

其源出於陳思。雜有景陽之體，故尚巧似；而逸蕩過之。

逸蕩，正是謝詩所表現的風力。張景陽的詩，『雄於潘岳，』（已詳前。）自然也有逸蕩之類的作品。不過，他的逸蕩不及謝詩而已。所以詩品說『逸蕩過之。』既然謝詩富艷之外，又以逸蕩勝，跟左詩就不能不有密切的關係。詩品評左詩時，引謝靈運曾說：『左太沖詩，潘安仁詩，古今難比。』謝既然如此贊美左、潘的詩，自然就不能不受左、潘詩的影響。他的詩，富艷方面跟潘詩有關，不在本題範圍內，這裏不談。逸蕩方面，跟左詩的風力大有關係，並且可以說直接受左詩的影響。最足以表現他受左詩風力影響的詩，莫如述祖德二首。試看他的第一首：

達人貴自我，高情屬天雲。兼抱濟物性，而不纓垢氛。段生蕃魏國，展季救魯人，弦高犒晉師，仲連卻秦軍。臨組乍不緤，對珪寧肯分。惠物辭所賞，勵志故絕人，苕苕歷千載，遙遙播清塵。清塵竟誰嗣？明哲垂經綸。委講輟道論，改服康世屯。屯難既云康，尊主隆斯民。

我們再看左思詠史詩八首之三：

吾希段干木，偃息藩魏君。吾慕魯仲連，談笑卻秦軍。當世貴不羈，遭難能解紛。功成不受賞，高節卓不羣。臨組不肯緤，對珪不肯分。連璽耀前庭，比之猶浮雲。

述祖德詩跟詠史詩的體裁很接近。不過，詠史比較述祖要客觀些。謝詩述祖德，不僅風力跟左詩詠史相似；連句法、用典，都直接受左詩的影響，很值得注意。靈運非常稱贊左詩，他的詩又顯然受左詩的影響，那麼，前面所舉他的三句五言詩的第三字都用橫字，就不能說跟左詩『荒塗橫古今』那句詩沒有關係了。即使非有意學左思用字，也是無意間所受的感染。

七、結　語

兩晉詩人，左思之外，如張華、陸機、張載、王康琚，都有招隱詩。（王康琚還有反招隱詩。）詳見昭明文選及藝文類聚卷三十六。左思的招隱詩兩首最爲特出，是傳誦古今的名篇。不僅選入昭明文選；就在東晉時代，已經傳誦於名士之口。如世說新語任誕第二十三：

王子猷居山陰，夜大雪。眠覺，開室，命酌酒。四望皎然。因起仿偟，詠左思招隱詩。

我們想，在大雪紛霏之夜，一覺醒來，飲酒煖心懷，賞景開眼界，朗吟左思雄渾而兼華美的招隱詩，那種高情逸興，眞是令人神往！

至於招隱詩中的名句，前人也有提出的。明胡應麟詩藪外編卷一說：

太沖，以氣勝者也。『振衣千仞岡，濯足萬里流。』至矣；而『豈必絲與竹，山水有清音。』其韻故足賞也。

舉詠史詩第五首最後兩句，來證明左詩以氣勝。也即是以風力勝。所表現的風力，是雄渾。又舉招隱詩第一首中的兩句，來證明左詩以韻勝。的確，這兩句詩，韻調鏗鏘，猶如山水之有清音。然而，說左詩以氣勝，卻沒有人注意到『荒塗横古今』這句詩；更沒有人注意到其中的横字；再根據這個横字，來談左詩的風力。當然，一個字顯示風力，須得配合整句來看。不過，這一個字，對於整句的風力，甚至於整首詩的風力，有畫龍點睛的功效。

陶淵明的名句，『悠然見南山。』是一種閒靜自得的境界，點睛在一個見字，不能更換其他的字；謝靈運的名句，『池塘生春草。』是一種清新自然的境界，點睛在一個生字，不能更換其他的字。左太沖的『荒塗横古今，』我認爲也應該是名句，是一種慷慨磊落的境界。點睛在一個横字，不能更換其他的字。不過，見字不能代表所有陶詩的境界，因爲陶詩的風格並不一致；生字更不能代表所有謝詩的境界，因爲謝詩重在雕飾；而横字卻可以代表所有左詩的境界。這個横字，可以表現左詩的雄渾之氣，可以表現左詩的風力。我希望研究左詩的朋友、同學們，特別注意『荒塗横古今』這句詩，尤其注意這句詩的橫字。我常常想，研究古人的詩，把握著一句，甚至一句中的一個字，去分析，去發揮，是一種新的方向。是否每一名家的詩都可以這樣去研究，如果朋友、同學們有興趣，希望你們去嘗試。

一九七八年十月二十七日戊午歲九月二十六日下午六時演講於新加坡中華總商會禮堂。

一九七九年四月廿八日己未歲四月三日下午四時重講於臺北臺灣大學研究院圖書館演講廳。

校書的甘苦

一、引　言

我從一九四一年的秋天開始正式校勘古書，所校的古書到現在已經有二十多種。在這三十六年的歲月中，可以說是甘苦備嘗。我借用陶淵明兩句詩：『誤落塵網中，一去三十年！』我從事校書工作，好像落到塵網中，不能自拔，一去就三十多年了！

二、爲甚麽要校勘古書

古書流傳的時代愈久，研讀的人愈多，內容變動就愈大。

一、由於古書很多古字古義，後人不能了解，往往隨著自己的意思，加以更動：或是加字，或是刪字，或是顛倒。使古書失去很多本來面目。

二、由於古書字體的變更，比如古文、籀文、小篆、隸書、草書、楷書、俗書種種字體的相亂，也使古書失去很多本來面目。尤其是漢代通行的隸書，六朝通行的俗書，字體相亂的例證最多。

三、戰國、漢繒帛竹木簡古書寫本，及六朝、隋、唐古寫本，本是非常可貴的。可是，由於鈔寫的人，不能沒有疏忽錯誤，也使古書失去很多本來面目。甚至同一時代的同一古寫本，字句間也有很多不同。

四、隋、唐以後，宋、元、明、清各種古書刻本，都不相同，也使古書失去很多本來面目。即使是最可珍貴的宋本，字句間也很多不可靠。

這種種原因，使我們讀的古書，隨着時代，漸漸失去它們的本來面目。把失去本來面目的古書，當作本來面目在研究，這是很危險的。校勘古書的目的，就是要恢復古書的本來面目，至少要接近古書的本來面目，以免發生誤解和誤用。有時甚至我們習慣用的古語(成語)，文字錯了，意義變了，我們都不知道。例如詩經小雅車舝篇的：

高山仰止，景行行止。

這兩句詩，尤其是前一句，我們經常在引用。在報章上也經常看見。比如一個人的道德、學問很高，我們尊敬他，就說『高山仰止』。可是，這兩個止字該怎樣講，卻是問題。如果講作停止的止，那麼高山仰了就停止的話，倒不如不仰了。景行即是大道，大道行了就停止的話，倒不如不行了。如果把這兩個止字當作語助詞講，沒有意義，那麼『高山仰，景行行。』語意又不完全。其實這兩個止字，是之字的形誤。唐朝人所見的古本，都作『高山仰之，景行行之。』那就通順了。之字的篆文和隸書跟止字非常相似，因此，之字便誤爲止字。在裴學海的古書虛字集釋卷九裏面，他說：『止猶之也。』以爲止和之是同義字，這是不對的。

又如我們經常用的一句成語『每況愈下。』是愈來愈壞的意思。其實這句話本作『每下愈況』出自莊子。莊子知北遊篇：

正獲之問於監市履狶也，每下愈況。

意思是說買猪的人要知道猪的肥不肥，應該用脚踩猪最不肥的地方，即所謂下。如果踩最不肥的地方都肥的話，那麼這就是一條很肥的猪了。因爲『每下，』是越往下的地方踩，即是往沒有肉的地方踩，直到『愈況，』是越知道猪的肥美。有愈來愈好的意思。後人把下、況兩個字弄顛倒了，錯成『每況愈下。』用爲愈來愈壞的意思，便和原意完全相反了！

又如我們說一個人的學問見識很渺小，就把他比作『井蛙夏蟲。』這個典故也出於莊子，莊子秋水篇：

井鼃不可以語於海者，拘於虛也。夏蟲不可以語於冰者，篤於時也。

蛙是鼃的俗體字。其實，『井蛙』本作『井魚，』北宋以前莊子的版本都作『井魚。』可能是後人見井中沒有魚，（其實井中也有魚。）因此才改作『井蛙。』於是『井蛙夏蟲』這句話，就習慣用來譏誚人了。

又如我們在好些子書、史書甚至小說裏面，都看到『炮烙之刑』這句話。其實烙字本作格，格是一種銅架，底下燒着火，把人安置在銅架上，人燒爛了，墜火而死。就是『炮格之刑。』北宋以前的古書都作『炮格。』北宋以後，大都改作『炮烙。』就失去它的原意了。

以上這類錯誤成語，例證還很多，大家都用慣了，已經約定俗成，不妨讓它錯下去。可是，我們研究古書，應該知道這是錯的。

三、我的校書經驗

我在年輕時，二十二歲以前，是很喜歡文學的，主要是古典文學。也很喜歡寫舊體詩。因此，染上些才子氣，才子氣重的人，有他令人喜愛的一面——天眞；也有令人討厭的一面——輕浮。覺得自己才高氣盛，目中無人。我年輕時是可能有點輕浮的。到大學四年級（一九三九年），我開始看樸學方面的書，如清朝乾隆、嘉慶時代王念孫、引之父子的讀書雜志、經義述聞，清末俞樾的羣經平議、諸子平議，孫詒讓的札迻等，得到一點校勘和訓釋古書的常識。一九四一年秋天，我考進北京大學文科研究所，開始校勘莊子。我在中學時，就喜歡讀莊子這部書，一直到大學畢業。可以說了解的莊子是浮泛的，不切實的，進研究所後，我的老師傅孟眞先生第一次跟我談話，就叫我『洗淨才子氣！下苦功校勘莊子！三年內不許發表文章！』我當時年少氣盛，還有點不高興，後來明白了。我非常感謝我的老師，使我從華而不實的歧途跨進實事求是的正路。從那時起，我下三年苦功，在一九四四年，寫成莊子校釋這二十多萬字的書。那時我是二十八歲。這部書雖然不夠成熟，有好些意見須得補充修訂。（以後我陸續發表莊子校釋後記、倫敦博物館敦煌莊子殘卷斠補、莊子校釋補錄等。）可是，大部分的論斷是站得住腳的。一直到現在，凡是研究莊子的，很多名學者都在參考引用我的意見。我寫這部書時，很苦！由愛好文學轉到樸學這方面來，很不慣！但在寫成功之後，卻有苦後回甘的感受。我們對一部古書下一番苦功，自然就牽涉到許多關係書。跟莊子關係最密切的書，有老子、呂氏春秋、淮南子、列子等。老子這本書，份量少，整理和闡發的著作已經很多，我把校勘老子的工作放後一步，（遲至一九六六年我才發表老子賸義一篇。）因此，我就繼續對呂氏春秋、淮南子、列子這三部書下苦功，寫專書。到了一九四九年春天，我開始在臺灣大學中文系教書，仍然每天繼續不斷地校勘古書。一方面也根據自己的經驗寫校勘古書之方法及態度，校讎通例等單篇論文。記得一九五五年暮春時節，那時我的身體很壞，教書的鐘點多，指導的論文又太多，經常都在病中。我並沒有放下校勘古書的工作，我正在校勘文子。我們現在流傳的文子，是魏、晉時代的僞書。書中十分之九都是抄襲淮南子。如果我們要研究淮南子，那麼對文子一書作比勘的工作是很有用處的，要研究文子，用淮南子作比勘的工作也很有用處的。可是那時我在病中，有一天我校文子校到下德篇中幾句話：

目悅五色，口惟滋味，耳淫五聲。（據道藏本）

前後兩句都容易懂，中間『口惟滋味』的惟字，很難解釋。如果釋惟爲『思惟』的惟，意義太淺。唐初魏徵等編的羣書治要把惟字引作欲字；宋杜道堅文子纘義本惟字又作肥。作『口欲滋味，』或『口肥滋味，』是容易懂了，可是惟字的字形跟欲字或肥字毫不相近，看不出它們的關係。因此，我斷定惟是個錯了的字，作欲、作肥，是不了解惟是錯誤的字而妄改的。我苦思很久，仍然不能解決惟字的問題。竟至暈倒了！晚上家人請醫生來看，醫生說我的血壓低得可怕，只有兩個月的生命！家人都很害怕。但我的心卻很平靜。第二天早晨，我在病榻上忽然想通了文子那句『口惟滋味』的惟字是嗺字之誤。嗺字壞爲唯字，再變爲惟字。文子這幾句話，淮南子泰族篇也有，而惟字淮南子作嚼。嚼是嗺字的重文，是一個字的兩種寫法。那麼惟字當然是嗺字之誤了！我趕快勉強起床記下來。那時很多朋友和同學知道我在病中都來慰問我，還有同學獻花給我。我在病榻上口占了兩首絕句：

暮春病中紀事：

憂勞祇爲讀書多，頑石何須費琢磨！最感甕卿來靜夜，拈花笑慰病維摩。

一化何曾別生死，莊周夜夢蝶身輕；春蠶留得餘絲在，好償人間未了情！

當時我把問題解決了，眞領略到苦後回甘的至味！再過一天，醫生又來看我，他很驚奇，他說我的血壓已經升高，危險期已經過去了。健康漸漸恢復，又繼續下苦功校勘古書和教書。到了一九五九年三月五日，我寫成斠讎學這本書，內容分釋名、探原、示要、申難、方法、態度及通例，共七章，二十多萬字。我寫這本書時，非常苦！因爲大學過去只有開『校讎目錄學』這門課的，而對校讎和目錄的觀念含混不清。或是把校讎當作目錄學的附庸；甚至於把校讎學就當做目錄學。我希望把校讎學跟目錄學分開，成爲一門獨立的學問。憑我自己的心血每天苦思，建立系統，經過八個月的時間，完成斠讎學這本書。我寫成這本書的時候，有一位朋友在香港買到一本中國大陸陳垣先生的『校勘學釋例』送我。陳先生校勘元典章歸納出五十個例，以爲可以概括古書中一切錯誤的例子。其實王念孫的『淮南雜志後叙，』推淮南子一書致誤之由，曾經標出六十二例，（王氏誤計爲六十四例。）已經比陳先生所舉的例多出十二個。陳先生的釋例，只相當於我的斠讎學最後一章通例，而我所歸納出來的例子，卻有一百廿二個，比陳先生的例要多七十二個。我本想再增加兩個例，想到這一百廿二個例已經夠用了，古書的字句無論怎樣錯，大致都可歸納到這一百廿二個例裏面。我那時還年輕，所寫的書當然不成熟，校稿付印時又要趕着出國，以致忽略一些譌誤（如七九葉前頁『宋祝穆伯事文類聚。』伯字當刪。一九七二年臺灣臺聯國風出版社未通知我，就翻印這本書，使我沒有機會改正譌誤，非常遺憾）。但能建立比前輩更多的條例，對我自己研究學問確是一種鼓勵。從此以後，我就本著自己所開闢的路線，繼續校勘古書。雖然近十年來我研究的範圍比較廣泛，總還是以校勘爲基礎。

四、校書引人入勝

校書是字句之學，是枯燥無味的。可是，有時遇到一些問題，甚至於一個字，卻能引人入勝。例如陶淵明先生的集聖賢羣輔錄下『三墨』條有幾句：

裘褐爲衣，跂蹻爲服，日夜不休，以自苦爲極者，相里勤、五侯子之墨。

是本於莊子天下篇。可是所謂『五侯子之墨，』現在莊子所有的版本，都沒有子字。本來子是美稱，多了或少了沒甚麼關係，但這個子字關係可大了！現今所保存的莊子唐寫本藏在中國、日本、巴黎、倫敦、莫斯科的，共有二十二篇。除了篇目相同的，只有十七篇。但篇目相同，內容並不見得全同。日本高山寺舊鈔本莊子七篇，其中外物篇跟倫敦博物館所藏外物篇有出入，漁父篇跟莫斯科亞細亞人民研究所藏的漁父篇有出入。就是說，雖然同是唐寫本，而不是一個系統。日本高山寺本莊子，據我的考證，跟唐朝陸德明經典釋文所引劉宋時代的元嘉本是一個系統。高山寺本跟其他所有的本子很多不同的字句，卻跟元嘉本是同的。陶淵明先生所引莊子天下篇『五侯子之墨』這句，任何寫本刻本都沒有子字，惟獨日本高山寺本有子字。請注意，高山寺本跟元嘉本是一個系統，而陶淵明先生所引用的莊子跟元嘉本相合，陶淵明先生卒於劉宋文帝元嘉四年(公元四二七年)。那麼他所讀所引用的莊子，就是現今所保存的日本高山寺本一個系統的莊子。我們看見現今所保存的日本高山寺本莊子，發思古之幽情：『啊！這就是陶淵明先生所讀過所引用過的一個系統的莊子呢！』這個問題是由『五侯子之墨』一句中的一個子字所引出來的，眞是引人入勝！我有影印的日本高山寺本莊子，是三十三年前我的老師孟眞先生送給我的。如果同學們想看看，我高興給你們看，一飽眼福。

又如梁朝鍾嶸的詩品序有一段話，標舉兩漢到劉宋時代廿一位代表作家的代表作品(謝靈運的詩舉兩次，恐有誤)，其中有一句：

子卿雙鳧。

近人古直詩品箋：

初學記十八引蘇武別李陵詩：『二鳧俱北飛。』古文苑亦載之。

陳延傑詩品注：

古文苑載蘇武別李陵詩：『雙鳧俱北飛，一鳧獨南翔。』此取其首二字也。

蘇武字子卿，古、陳兩人都肯定雙鳧詩是蘇武的作品。考詩品所評的詩人，共一百廿二個。(古詩的作者不詳，未計入。)分上、中、下三品，三品中都沒有提到蘇武。而在序中所舉廿一位代表作家的代表作品卻有蘇武的，眞是怪事！現在我們先看古文苑中所載的『蘇武別李陵詩』全首：

雙鳧俱北飛，一鳧獨南翔。子當留斯館，我當歸故鄉。一別如秦胡，會見何詎央？愴恨切中懷，不覺淚沾裳！願子長努力，言笑莫相忘。

鍾氏詩品序所舉廿一位代表作家的代表作品應該在他所品評的詩人作品內，才合乎情理。如果他舉某詩人的代表作品，而某詩人竟不在他所品評的詩人中，是不可思議的。記得一九五九年的秋天，我到哈佛大學訪問，跟韓國漢城大學一位訪問教授車柱環先生討論到這個問題，我懷疑『子卿雙鳧，』子字是少字之誤，子和少兩個字草書形體相近，容易混亂。李陵字少卿，詩品上品開始是評『古詩，』接著就是評李陵詩。如果雙鳧詩是李陵贈蘇武詩，問題就簡單了，我們看這首詩的最後兩句：『願子長努力，言笑莫相忘。』這顯然是李陵的口氣，因爲李陵萬不得已投降而留在匈奴，當然無從『言笑。』『願子長努力』句，也分明是李陵對蘇武的送別語。但問題在『子當留斯館，我當歸故鄉』兩句，又顯然是蘇武別李陵的口氣。我和車教授討論後，認爲這首詩第三句的子字，和第四句的我字，應該互相更換，應作『我當留斯館，子當歸故鄉。』這樣一來，就完全是李陵的口氣了，過兩天車教授與匆匆地來找我。他發現金王朋壽類林雜說卷七中引用臨川集保存了這首詩，三、四兩句正作『我當留斯館，子當歸故鄉。』跟我的說法完全一樣。當時我眞高興得跳起來了。然後我和車教授又重新翻檢初學記，卷十八明明是引『李陵贈蘇武詩』：

二凫俱北飛，一凫獨南翔。子當留斯館，我當歸故鄉。

只引四句，雖然三、四兩句的子、我四字未互相更換，而標題作『李陵贈蘇武詩，』卻是對的。古直未懷疑詩品序『子卿雙凫』有誤；又因古文苑標題作『蘇武別李陵詩』，就毫不加思索把初學記所引的標題改爲『蘇武別李陵詩』，非常可惜！隨後我又發現太平御覽卷四八九引這首詩的前四句，宋祝穆事文類聚後集卷四七引這首詩的前兩句，標題都作『李陵贈蘇武詩』。這使詩品序所謂『子卿雙凫』是『少卿雙凫』之誤的證據，更見加強。一個少字，解決了雙凫詩的作者問題；更進一步訂正了雙凫詩子、我兩個字當互相更換的問題。一舉兩得，眞是引人入勝！校勘古書，這類引人入勝的問題很多，只要肯去探索，是會得到解答的。

五、結　語

才子氣重的人，是看不起校書的，例如邢邵，字子才，他是北朝三才子之一，唐李延壽北史邢邵傳說他：

> 有書甚多，而不自讎校，見人校書，笑曰：何愚之甚！天下書至死讀不可徧，焉能始復校此！日思誤書，便是一適。

校書是一種笨功夫，我卻喜歡這種笨功夫。我的爲人和治學的態度都是『以愚自守』。不敢逞聰明。我認爲：

(一)校勘古書，是一種小學問，可以幫助研究大學問。

(二)校勘古書，是一種支離破碎的小工作，可以幫助通大義、有系統的工作。

(三)校勘古書，是一種綉花針的工作，可以幫助大刀闊斧的工作。

(四)校勘古書，是枯燥無味的工作，卻有一種無味之味！

有味之味是有限度的，無味之味是無窮盡的。校勘古書是一種無味之味的學問。當你得到其中的趣味時，你會覺得其味無窮，欲罷不能。今天晚上我非常高興跟諸位同學談談「校書的甘苦」。也可以說是我三十多年校書的一些經驗。我不知道同學們聽了之後，所感受到的是苦？是甘？是否還感受到一點無味之味？

一九七二年八月十六日晚上七時應南洋大學中文學會之邀，所擬演講稿。

七八年二月十一日補訂。

古書中的校勘訓詁問題

中國的古書，最簡明的分類，是經、史、子、集四部。經、子屬於哲學的範圍。史，自然是屬於史學的範圍。集，是屬於文學的範圍。所以經、史、子、集，可歸納爲文、史、哲三部份。這三部份的古書，時代愈古，流傳愈久，內容變動就愈大，解釋也就愈困難。因此，研究中國的古書，無論是哲學、史學、文學那方面，必須先有嚴格的校勘學和訓詁學的訓練。

一、校勘學和訓詁學的訓練

所謂校勘學，最基本的定義，就是訂正古書字句之學。流傳到現在的古書，經過累代抄寫、刊刻的變動，或者是有意的更改，或者是無意的失誤，使古書中的好些字句，逐漸失去本來面目。根據失去本來面目的古書，研究其中的義旨、史實、文理，是危險的。所以研究古書，必須先有校勘學的訓練，先恢復古書的本來面目，至少要接近古書的本來面目，才可以作正確或比較正確的解釋。字句的解釋，是屬於訓詁的問題。

所謂訓詁學，最基本的定義，就是解釋古書字句之學。對古書的字句，有正確的解釋，是不容易的。因爲古字有古義，古義很多都不同於今義。一個字用本義去解釋；用引申義去解釋；或者用假借義去解釋，見仁見智，各有不同。不說我們沒有經過訓詁學的訓練，即使經過訓練，有時候古書的字句，也要犯危險。甚至於犯嚴重的危險！不過，經過嚴格的訓練，畢竟犯的錯誤少。

二、校勘的問題

關於研究古書，必須先訂正字句的問題，我舉三個例：

(1) 呂氏春秋察傳篇：

子夏之晉過衞，有讀史記者，曰：『晉師三豕涉河。』子夏曰：『非也，是己亥也。夫己與三相近，豕與亥相似。』至於晉而問之，曰：『晉師己亥涉河』也。

『晉師己亥涉河，』是說『晉國的軍隊己亥那天渡過黃河。』『己亥』二字誤爲『三豕，』如不經過子夏的訂正，這句話的意思，就變成『晉國的軍隊跟三條豬渡過黃河』了。豈非笑話！

(2)〔北齊〕顏之推(五三一—五九一)顏氏家訓勉學篇：

江南有一權貴，讀誤本蜀都賦〔晉劉逵〕注，解『蹲鴟，芋也。』乃爲羊字。人饋羊肉，答書云：『損惠蹲鴟。』舉朝驚駭，不解事義。較大的芋，形如蹲鴟。因名芋爲蹲鴟。這位權貴，學識疏陋，不知羊字的形誤，附庸風雅，鬧出笑話，尚可原諒。有時很有才學的人，忽略校勘的問題，也鬧出大笑話！

(3)〔劉宋〕劉義慶(四〇三—四四四)世說新語賞譽篇：

劉尹茗柯有實理。

〔梁〕劉孝標(四六二—五二一)注：柯，一作朾。

柯字當從一本作朾，柯字是朾字的形誤。『茗朾，』猶今語『酩酊。』大醉貌。這句話的意思，是說『劉尹大醉後仍然不昧於理。』清朝乾隆、嘉慶時代的名學者張惠言(一七六一——一八〇二)，卻不知柯是誤字，他的書室取名茗柯堂，文集取名茗柯文編。張氏深於易、禮，又工於辭賦，經學家而兼文學家，犯這樣可笑的錯誤，就不可原諒了！讀古書有這些易犯的危險，我們不得不重視訂正字句的問題，也就是不得不重視校勘的問題。

三、訓詁的問題

關於研究古書，對字句必須先有正確的解釋。這個問題，我也舉三個例：

(1)史記燕世家：

燕見趙數困于秦，而廉頗去，令龐煖將也。欲因趙獘攻之，問劇辛，辛曰：龐煖易與耳。

〔清〕王念孫（一七四四—一八三二）云：

與猶敵也，燕世家曰：『龐煖易與耳。』白起傳曰：『廉頗易與。』淮陰侯傳曰：『吾生平知韓信爲人，易與耳。』與皆謂敵也。（讀書雜志四之一。）

『易與』一詞，史記習見。與字當讀爲舉，跟取字同義。呂氏春秋下賢篇：『錐刀之遺於道者，莫之舉也。』〔東漢〕高誘注：『舉猶取也。』『易與』猶『易取，』項羽本紀：『歷陽侯范增曰：漢易與耳。今釋弗取，後必悔之。』『與』與『弗取』對言，與字跟取字同義，這是最明確的例證。李將軍列傳：『胡虜易與耳。』『易與』也與『易取』同義。『易取，』是說『容易消滅。』『易敵，』是說『容易對抗。』意義相差很遠。凡是注解史記的人，涉及『易與』一詞，都遵從王氏『與猶敵也』的解釋，這是不正確的。

(2)〔梁〕劉勰（四六五？—五二一？）文心雕龍情采篇：

莊周云：『辯雕萬物。』謂藻飾也。

劉氏論文，情、彩並重。引莊周的話，加強重彩的證據。可惜他沒有了解莊周所謂雕字的意義。莊子天道篇：『辯雖雕萬物，不自說也。』是『言辯周徧萬物，而不自說。』的意思，也就是莊子齊物論篇所謂『大辯不言。』的意思。雕是周的假借字，易繫辭：『知周乎萬物。』莊子用雕字，繫辭用周字，意義是相同的。（參看章太炎莊子解故。晉傅玄鼓吹曲二十二首之二十一：『智理周萬物。』也用周字，本於繫辭。）劉氏把雕字誤爲雕飾的雕，以爲莊周也重雕飾，也重文彩，這樣的引證，就不可靠了。這個問題，研究文心雕龍的人，都沒有注意到。莊子繕性篇：『文滅質。』是說『文彩隱滅實質。』莊周怎麼會重視雕飾，重視文彩呢！

(3)〔唐〕李白(六九九—七六二)江上吟：

屈平詞賦縣日月，楚王臺榭空山邱。

縣字，俗本作懸，都以爲是懸掛的懸。我們想，『屈平詞賦縣日月』這句詩，解釋爲『屈平的詞賦懸掛在日月上。』多笨！可是，就從沒有人作進一步的解釋。我認爲縣是炫的假借字，(古書中從玄的字，可與縣字通用。)這句詩應該解釋爲『屈平的詞賦炫耀於日月。』即是與日月爭光的意思。史記屈原傳根據離騷批評屈原，『推此志也，雖與日月爭光可也。』(史記本於劉安離騷傳。)屈原(名平)的詞賦，正是與日月爭光的作品。所以，李白這句詩，跟史記的文章配合來看，縣字更應該假借爲炫字。『縣日月，』本是古語。文心雕龍徵聖篇贊：『鑒縣日月。』諸子篇：『縣諸日月。』(縣，俗並作懸。)管子白心篇：『縣乎日月無已。』縣，都是炫的假借字，可惜註解的人都誤爲懸掛的懸了！讀古書，解釋一個字的意義是否正確，往往關係很大。我們不得不重視字句的解釋問題，也就是不得不重視訓詁的問題。

四、校勘訓詁密切配合

讀古書，不僅要重視校勘與訓詁的問題，更應該把校勘與訓詁的問題密切配合。否則，本是校勘的問題，卻誤會爲訓詁的問題；或本是訓詁的問題，卻誤會爲校勘的問題。如莊子外物篇：

靜然可以補病。

章太炎先生云：

然，或體作難，是古然音同難。此然字當借爲儺，詩衞風傳：『儺，行有節度也。』（莊子解故。）

然字很難解釋。文選江文通雜體詩李善注引然作默，證明然字是默字的形誤。（奚侗莊子補注有說。）人在病中，最忌煩躁。所以說『靜默可以補病。』文意非常明白。章先生不知然是誤字，把然字假借爲儺字，勉強講通了，是不足爲訓的。他只注意到然字的訓詁問題，而忽略了校勘問題。

又如論語憲問篇：

子曰：君子恥其言而過其行。

胡適之先生云：

這句話本有錯誤，宋儒硬解釋爲『恥者不敢盡之意，過者欲有餘之辭。』卻不知而字是之字誤。（錢穆先生國學概論第九章，引胡適文存卷二之說。）

宋儒，指的是朱熹。朱熹解釋恥、過二字非常勉強。梁皇侃疏本、高麗本而字並作之，（淸阮元校勘記有說。）似乎可以證明胡先生的意見是對的。其實不然，而字並不誤。作之，是後人改的。而字與之字同義，（裴學海古書虛字集釋卷七有說。）『君子耻其言而過其行，』即是『君子耻其言之過其行。』賈子新書過秦篇：『近古而無王者久矣。』史記始皇本紀贊而作之；文子精誠篇：『南榮趎耻聖道而亡於己。』淮南子脩務篇而作之。都是而字與之字同義的例證。胡先生反對宋儒的解釋，卻不知他認爲而字是之字誤，也不對。他只注意到而字的校勘問題，而忽略了訓詁問題。（錢穆先生引胡先生之說，可見他是贊同胡先生的意見的。）

五、校勘學訓詁學的新展望

由以上種種例證，證明要確切了解中國的古書，非有校勘、訓詁嚴格的訓練不可。如果自己沒有校勘、訓詁的訓練，而要研究某部古書，無論是經、史、子、集那方面，都必須參考前賢及近人嚴格訂正、解釋過的，才可以儘量避免以譌傳譌及曲說強通的流弊。

清乾隆、嘉慶時代，如戴東原（一七二三—一七七七）、段玉裁（一七三五—一八一五），王念孫（詳前）、引之（一七六六—一八三四）父子等，都是最傑出的校勘、訓詁人才。他們在校勘、訓詁方面的成就，可以說前無古人。我們吸取他們一點一滴所積成的寶貴經驗，應該更邁進一步，應該發揚新的校勘學和新的訓詁學。校勘學的內容應擴大，訂正字句之外，應該包括訂正章節、篇第，及輯佚、辨僞等。我在一九五九年，由臺北中研院出版一本斠讎學，即是校勘學。試圖在校勘的新方向前進。

總覺得自己的學力不夠，我還在繼續下功夫。訓詁學的內容，應該更精密。承襲先賢的舊義外，應該提出許多新義。一九六五年，我在臺北清華學報社出版的慶祝李濟先生七十論文集裏，發表一篇古書虛字新義，僅就古書中的虛字而言，我提出四十二個字的新訓釋。這些年來，我一直在補充，希望在不久的將來，寫成一本專書。我更希望年輕一輩的學人，對中國古書中的校勘、訓詁問題有興趣的，多下功夫。使這兩門關係密切的學問，開闢新的境界。

一九七六年七月十四日於南洋大學演講稿。

中國文學與其他學科的關係〔註一〕

一、引　言

中國學術界，流傳一句話：『文、史不分家。』名家所寫的史傳，往往是一篇最好的散文；有時更是一篇散文、韻文的混合體〔註二〕。例如史記滑稽列傳，敍述戰國淳于髡、春秋優孟、秦漢之際優旃的故事，其中多韻文，是散文而兼詩經體及楚辭體的佳作。又如杜甫的詩，善敍時事，唐書杜甫傳贊說：『世稱詩史。』一九六九年去世的陳寅恪先生，是當代最傑出的史學家之一，他的文學修養也非常高，他評論古代或近代文學作品的文章，總是用文、史不分家的手法。例如他寫的『元白詩箋證稿』及晚年所寫『論再生緣〔註三〕』都是文、史融合，蜚聲學術界的名著。

我們說『文、史不分家。』有時甚至說『文、史、哲不分家。』譬如我們讀晉、宋之際陶淵明和謝靈運的詩，梁蕭統陶淵明傳，說淵明『博學善屬文。』沈約宋書謝靈運傳，說靈運『博覽羣書，文章之美，江左莫逮。』陶、謝的學問都很淵博，所寫的詩，往往於田園、山水中寄寓複雜的史實，高深的哲理。

非貫通文、史、哲三方面的知識，是不容易深切了解的。

文、史、哲也可以打通來看，就如元代郝經，他認爲『古無經、史之分〔註四〕。』清袁枚則說：『古有史而無經〔註五〕。』章學誠文史通義內篇易教上也說：『六經皆史也。古人不著書，古人未嘗離事而言理，皆先王之政典也。』章氏說『六經皆史，』我們未嘗不可以說：『六經皆文。』梁劉勰文心雕龍有宗經篇，早已把經書視爲文學作品。近代哲學家們，紛紛研究戰國諸子的哲學思想；而研究文學的人，卻又最推尊諸子文章的文學價值。文心雕龍有諸子篇，早已把諸子書視爲文學作品。不過，我們通常所謂的文，所謂的文學，跟古人所謂的文學，內容的廣狹，是大不同的。

二、廣義的文學

唐馬總意林卷三，引後漢桓譚新論：『孔子以四科教士，隨其所喜。』所謂四科，就是論語先進篇所說的德行、言語、政事、文學。甚麼叫文學呢？梁皇侃疏引晉范甯的註：『文學，謂善先王之典文。』梁氏自己則說：『文學，指博學古文。』宋邢昺疏又釋爲『文章博學。』甚麼是文章呢？論語公冶長篇：『子貢曰：夫子之文章，可得而聞也。』皇侃疏：『文章者，六籍也。』諸家所解釋的文，亦即是文學，都是泛指經典而言。漢書西域傳：『諸大夫郎爲文學者。』唐顏師古注：『爲文學，謂學經書之人。』也承襲論語所謂文學的意義。這種意義，雖然跟後世所謂的文學不同，但總跳不出儒家思想的範疇。其實漢以前所謂的文學，不只是包括儒家的經典，例如墨子天志中篇：『子墨子之有天之意也，上將以度天下之王公大人之爲刑政也；下將以量天下之萬民爲文學出言談也。』墨、儒的旨趣不同，這裏又以『文學』與『言談』並言，所謂的文學，涵義自然相當廣泛，不會限制在儒家經典之內。韓非子六反篇：『學道立方，離法之民也，而世尊之文學之士。』『道』和『方』是互文，是同義字。司馬遷說韓非之學本於黃、老〔註六〕，他所謂的道和方，當然不僅指儒家的經典，也統稱之爲文學。史記秦始皇本紀：『悉召文學方術士甚衆，欲以興太平，方士欲練以求奇藥。』『文學』與『方術』合稱，可見方士所習之術，也可稱爲文學。又蒙恬列傳：『恬嘗書獄典文學。』司馬貞索隱：『謂恬嘗學獄法，遂作獄官典文學。』然則獄法也可稱爲文學。褚少孫補史記滑稽列傳：『武帝時，有文學卒史王先生者。』卒史是掌理案牘的小官，即文書之類，也可稱文學。所以，漢以前所謂的文學，內容非常廣泛。

我們再看劉宋時代，劉義慶的世說新語，首四篇即取論語先進篇德行、言語、政事、文學四科之名。而文學篇的內容，包括經學、玄學、佛學、純文學等，也比論語所謂的文學，要廣泛得多。

三、狹義的文學——純文學

雖然在劉宋時代所謂的文學，內容還是相當廣泛，但遠在西漢武帝時代，已經有把文學跟其他的學科分開的啓示。漢書儒林歐陽生傳：

倪寬有俊材，初見武帝語經學。上曰：吾始以尚書爲樸學，及聞寬說，可觀。

尚書是經學之一，亦即是論語中所謂的文學之一。武帝都以爲是樸學。樸學是樸質之學，無文彩可言。然而倪寬有俊材，他談論尚書，一定有相當的文彩，所以武帝才不再認爲尚書是樸學。這已經把論語中所謂的文學改觀了！然則武帝認爲甚麼才是文學呢？漢書淮南王劉安傳：

時武帝方好藝文，以安屬爲諸父，辯博善爲文辭，甚尊重之。……初，安入朝獻所作，內篇新出，上愛祕之。使爲離騷傳，旦受詔，日食時上。又獻頌德及長安都國頌。每宴見，談說得失，及方技賦頌，昏莫然後罷。

注意傳中所謂的『藝文，』應該是指的文學，跟樸學是相對的。內篇，即今所傳淮南子二十一篇，文心雕龍諸子篇說：『淮南汎採而文麗。』武帝愛祕淮南子，當是愛祕這二十一篇文辭鋪張富麗，並且往往有韻，跟辭賦相當接近。又文心雕龍辨騷篇：『漢武帝愛騷，淮南作傳。』神思篇：『淮南崇朝而賦騷。』『離騷傳』，後漢高誘淮南鴻烈序作『離騷賦』。武帝本人就長於辭賦，有膾炙人口的秋風辭〔註七〕，劉安長於賦、頌，又是長輩，當然武帝就更尊重他了。由此證明，武帝所好的藝文，應該是屬於純文學的。可以說，漢武帝時，純文學的觀念，已經略有啓示。我們再看漢書藝文志序：

成帝時，以書頗散亡，詔光祿大夫劉向校經傳、諸子、詩賦。

經傳是屬於經部和史部。諸子屬於子部。詩賦屬於集部，也就是屬於文學部分。由漢武帝到成帝，這已經再進一步把文學從經、史、子中劃分開了。

到了魏文帝曹丕，更進一步把文學完全獨立。他的典論論文說：

> 奏議宜雅，書論宜理，銘誄尚實，詩賦欲麗。此四科不同，故能之者偏也。唯通才能備其體。……蓋文章，經國之大業，不朽之盛事，年壽有時而盡，榮樂止乎其身，二者必至之常期，未若文章之無窮！

他不僅把文學的內容分爲四科；並且把文學的功用說得冠冕堂皇，不過文學的功用，可以永垂不朽。卻不一定要能經國。文學自有文學的獨立價值。

四、中國語言文學系

曹丕所謂的文章，屬於純文學，他把文學分爲四科。近世所謂的文學，更包括詞曲、小說、戲劇等，都是屬於純文學的範圍。至於我們所謂的『中國文學系』，也可以說是廣義的文學，內容實在包括文、史、哲三部分。如歷代文選、詩詞、小說、戲劇、新文學、比較文學、文學批評、文學史、哲學史、詩經楚辭、論語孟子、史記漢書、道家法家思想、魏晉玄學等。又因爲還有語言學、文字學、訓詁學、聲韻學、目錄學、校勘學等，都屬於樸學的範圍，不得已都歸入語言學一類，因此把『中國文學系』又擴充稱爲『中國語言文學系』。其實語言學，不能包括文字學等。如果把『中國語言文學系』改稱爲『中國文學樸學系』，或就簡稱爲『中文系』，還比較好些。樸學與文學，表面看起來是相反的。其實是相輔相關的。這裏，我只談樸學中的校勘學、訓詁學與文學及文學批評的關係。例如世說新語賞譽篇：

劉尹茗柯有實理。

梁劉孝標註：『柯，一作杇。』柯字當從一本作杇，柯字是杇字的形誤。『茗杇，』猶今語『酩酊。』大醉貌。這句話的意思是說『劉尹大醉之後仍然不昧於理。』淸朝乾隆、嘉慶時代的名學者張惠言，卻不知『茗柯』的柯是誤字，他的書齋取名茗柯堂，文集取名茗柯文編，張氏深於易、禮，又工於辭賦，也是塡詞的高手，他的詞，稱爲茗柯詞。他是經學家而兼文學家，竟犯這樣可笑的錯誤！還有乾、嘉時代的書畫家兼文學家施養浩(字靜波)，號茗柯，跟張惠言犯同樣的錯誤，他們忽略了校勘的問題，以爲『茗柯』一詞很雅，卻未想到不通！又如文心雕龍情采篇：

莊周云：『辯雕萬物。』謂藻飾也。

劉彥和論文，情彩並重，引莊周的話，加強重彩的證據。可惜他沒有了解莊子所謂雕字的意義。莊子天道篇：『知雖落天地，不自慮也；辯雖雕萬物，不自說也；能雖窮海內，不自爲也。』落與絡通。意思是說：『智識雖然包絡天地，而不自謀慮；雄辯雖然周徧萬物，而不自言說；才能雖然窮極海內，而不自作爲。』雕字是周字的假借字，跟上文的落字，下文的窮字，意義是非常接近的。易繫辭：『知周乎萬物，』跟莊子所謂『辯雖雕萬物』比證，莊子用雕字，繫辭用周字，意義是相同的。劉彥和把雕字誤爲雕飾的雕，以爲莊子也重雕飾，也重文彩，這樣的引證，就跟原意相去太遠了！莊子繕性篇：

『文滅質。』是說『文彩隱滅實質。』莊子怎麼會重視雕飾，重視文彩呢！劉彥和是齊、梁時代最傑出的文學批評家，他誤用莊子的話，由於忽略了訓詁的問題，直到現在，研究文心雕龍情采篇的學人，都沒有注意到，依然是將錯就錯！

上面兩個例證，我在一九七六年九月所發表的『古書中的校勘訓詁問題』那篇文章裏〔註八〕，也提到過。這裏所談的比較詳細。總之，研究文學或文學批評的人，也應該有校勘學及訓詁學的訓練，有時才可避免誤用資料，或誤解資料。當然，跟文學或文學批評相關的學科很多，我只是提出兩樣表面似乎不相關的，來說明它們相關的問題。

又如中文系中史記這門課，牽涉的學科就非常多。史記的內容，包括十二本紀，十表，八書，三十世家，七十列傳，凡百三十篇。大約五十二萬六千五百字。取材之廣，可分六類：一、經傳子史。二、騷賦風謠。三、雜書(奇聞異說，醫卜星相等)。四、檔案。五、傳聞。六、親見(交遊及遊歷)。又以絕高眼光，絕大才力，綜合貫穿而成書。唐劉知幾史通自敍篇稱讚淮南子這部書『牢籠天地，博極古今。』這兩句話用來批評史記，更是當之無愧。史記這部大書，可以說是一切學問的學問，如史學、經學、諸子學、文學、醫學、政治、經濟、社會、民族、考古、天文、地理，以及語言、訓詁、校勘等學，應有盡有。我的老師傅孟眞先生曾說：『如果想以一人之力，成史記之考證，是辦不到的〔註九〕。』我校證史記，已經十二年，發表的文章，超過兩百萬字。有少許成就，也不過在校勘、訓詁方面，以及牽涉到經、史、子、集中若干考證的問題。還有很多問題，不能不借重其他專家所研究的成果；或留待其他專家去探討。

中文系所有的學科，都有相當密切的關係。知道學科與學科的關係愈多，發現的問題就愈多，解決的問題也愈多。再推廣到其他各系的學科跟中文系學科的相互關係，當然發現和解決的問題，不僅更豐富，而且更新鮮了。倒如紅樓夢這部小說，幾十年來中國學者研究的方向，都偏重在考證方面。而有少數學者，却從社會學及心理學的觀點去研究紅樓夢。紅樓夢雖然描寫的是家庭故事，但對人情世態的刻劃，淋漓盡致，也可說是一部社會小說的縮影；紅樓夢中敍述的人物有幾百個，最特出的也有十多個，對於這些特出人物不同的個性、心理，描寫的非常清楚精細。所以從社會學的觀點或心理學的觀點去研究紅樓夢，自然又是學科與學科之間研究的一種新鮮方向了。

五、結　語

一般著名的大學，每一學院，都是分系而不限系。隨學生的興趣，可以在任何系選課。十多年前，我在臺灣大學中文系教書，我所開的專課，歷史系、考古系、哲學系，甚至醫學院的學生都來選。現在我們南洋大學是分院不分系。當然，從打通學科與學科的立場來看，可以使學生得到更廣泛的學識，培養大多數的通才。即是基本學識比較豐富的通才，並非博通古今的通才。但有些學科是硬性規定要修讀，或是必選的。這跟分系而不限系，隨興趣選課不同。這樣更好，或是不好，目前還難說。也許必修沒有興趣的學科，日子久了，培養出新興趣，比隨興趣去選課，只滿足有限度的興趣更有好處。

每一系系裏所有的學科，自然有相當密切的關係。即每一院中系與系之間的學科，或多或少，也總有些關係。研究學問，最重要的是擴充新資料，增加新觀點，得出新的論斷。如果研究一門學科，只是抱殘守缺，鑽牛角尖，不跟其他學科發生關係，這樣，不說沒有成就，即有成就也渺小了。不過，正因爲學科與學科間往往有相互的關係，有的人就自認爲博通古今，這又是危險的！三十五年前（一九四二），我在北京大學文科研究所讀書，那時我研究莊子，參考章太炎先生的莊子解故和齊物論釋。章先生莊子解故小序曾說：『發正百數十事，大氐備矣。』我卻發現章先生所未注意到的重要問題還很多；他所已經發正的問題，也有好些是不可靠的〔註十〕。至於章先生的齊物論釋，是以佛教唯識宗的詞義解釋莊子專篇，是創新的解釋，學術界一般人都大加讚揚。我不懂佛學，當時我就寫信問北大名教授湯用彤先生，萬料不到他的回信卻說：『參考章太炎先生的齊物論釋，要特別小心，他在亂扯〔註十一〕！』眞使我驚心動魄！湯先生一生研究學問非常謹愼，他決不輕易批評任何人，何況是對章太炎先生！湯先生是研究中國佛學和玄學的權威，他所著的『漢魏兩晉南北朝佛教史』和『魏晉玄學』兩部書，無論是考證及理論兩方面，至今還沒有人可與抗衡的。章太炎先生是近代國學大師，他的意見，有時還難免亂扯。我們就更應該小心翼翼，當然要重視學科與學科間的關係；卻不要隨便談學科與學科間的關係了！不要看見駱駝就認爲是馬腫背了！我今晚只是根據中文系中兩三門學科來談談它們之間的關係。至於系與系之間的學科相互關係，我不敢談。這要讓在座的行政系、地理系和歷史系的幾位先生來發表他們的高見了。

一九七八年一月十九日晚七時演講稿。

註釋

註一：新加坡南洋大學研究院人文與社會科學研究所，于一九七八年一月十九日(星期四)晚七時至十時，在該校文學院第一講堂舉行「學科與學科間的研究」研討會，此爲作者當晚所提出的一篇演講稿。

註二：傅孟眞師語，見傅孟眞先生集中編甲，中國古代文學史講義，風三『戰國時一種之詭詞承風之名』。

註三：再生緣共二十卷，淸乾隆時代錢塘才女陳端生所著長篇彈詞小說。十七卷以後，爲另一才女梁楚生續。

註四：見陵川集卷十九，論『經史』。

註五：見隨園文集卷十史學例議序。隨園隨筆卷二十四『古有史無經』條引劉道原亦有說。

註六：見史記韓非列傳。

註七：見昭明文選第四十五卷。

註八：見南洋大學研究院人文與社會科學研究所研究論文 No. 47.

註九：見傅孟眞先生集中編戊，史記研究參考品類。

註十：一九四七年七月，我曾寫『章太炎莊子解故正誤』一篇，發表在文史雜誌第六卷第三期。

註十一：大意如此，可惜那封寶貴的信我留在家鄉，不可得見了！

談「好讀書不求甚解」

一、引　言

五柳先生傳，同學們可能在小學已經讀過了，至遲在中學已經讀過了。「好讀書不求甚解」這句話，我們口頭經常在說，寫文章經常在用，還有什麼可談的呢？我想還有可談的。這句話究竟應該怎麼樣講才好？怎麼樣講才比較接近陶淵明的本意？研究起來就不容易了。

「好讀書不求甚解」出於五柳先生傳，最早引用五柳先生傳的，是齊梁時代沈約的宋書隱逸傳。沈約寫宋書大約在陶淵明死後三十多年，十分接近。其次是昭明太子蕭統的陶淵明傳，是陶淵明卒後將近一百年所作的，也把五柳先生傳引進去。再往下，就是唐朝李延壽南史的隱逸傳，唐太宗勅撰的晉書隱逸傳。因爲五柳先生傳是陶淵明的自傳，當然，寫陶淵明傳就應該引用進去。至於用「好讀書不求甚解」這句話來談讀書的態度問題，據我現在所注意到的，應該是以南宋王應麟的「困學紀聞」爲始：

善讀書者，或不求甚解；或務知大義。——困學紀聞二十雜識。

他以「不求甚解」爲「善讀書」，但對「不求甚解」的意義，卻沒有解釋；至於說「務知大義」，當然是讀書的目的。不過，如果對字句沒有下過切實的功夫，所知的大義可不可靠，就是問題了。

第二位是明朝的楊慎，他說：

「陶淵明讀書，不求甚解」。自兩漢來，訓詁盛行，陶心知厭之，而晚廢訓詁。俗士不達，便謂其不求甚解矣。——丹鉛雜錄一。

我們說陶淵明不重視訓詁，可以這麼說。但要說他廢棄訓詁，這話未免說得太重了。

第三位應用這句話的，是清朝林雲銘，他說：

此老胸中浩浩落落，總無一點粘着。即好讀書，亦不知有章句。——評註古文析義二編卷五。

說陶淵明心裏面一點沾着都沒有，這倒不見得。當然陶淵明是很高淡的人。可是，他也有他的不平之氣，也有他的憂愁幽思。清朝龔定盦有兩句批評陶淵明的詩：「莫信詩人竟平淡，二分梁父一分騷。」這就比林雲銘所了解的陶淵明深切多了。至於說陶淵明讀書不知有章句，這太空洞，把陶淵明說得太輕率了。

第四位是清朝方宗誠，他說：

淵明詩曰：「區區諸老翁，爲事誠殷勤。」蓋深嘉漢儒章句訓詁之有益於六經；然又曰：「好讀書，不求甚解。」蓋又嫌漢儒章句訓詁之多穿鑿附會。——陶詩眞詮。

一方面說陶淵明深嘉漢儒章句訓詁之有益於六經；一方面又認爲陶淵明嫌漢儒章句訓詁多穿鑿附會。豈非自相抵觸？並且章句訓詁穿鑿附會之失比較少，講義理穿鑿附會之失才比較多。這是方宗誠似乎還未了解的了。

第五位是時賢饒宗頤先生。他說：

古今之論淵明者多矣。皆欲以其所知，以明人之所不知。以其深解，而求勝於前人之解。此豈淵明之意耶？淵明喜讀書，不求甚解。夫惟泛覽，故無往而不樂。流觀，則何幽而不燭。

——楊勇陶淵明集校箋序。

饒先生的意思，以爲「不求甚解」是不求深解。不求深解，才能泛覽、流觀。其實泛覽就難免令人看到不樂處，何能無往而不樂？流觀就很難深入，何能燭照幽隱？能燭照幽隱，已經是能深入了。

我還記得，梁啓超曾說：「不求甚解，正多讀書之謂。」不知出於他那篇文章。這句解釋很有理。但只求多讀書，是否眞正的了解，就是問題了。

總之，不管以上諸家對「好讀書不求甚解」的解釋如何，「不求甚解」決不是一般世俗所謂的馬馬虎虎的讀，隨隨便便的讀。我認爲五柳先生傳既是陶淵明的自傳，傳中好些重要的話，往往牽涉到他一生的問題。所謂牽一髮而動全身。我們不能單憑一句或兩句去猜測他的意思，應該根據他一句或兩句重要的話，參證他全部的作品，來歸納出他的本意所在。現在依我的淺見，把「好讀書不求甚解」這個問題加以詳細的論析。先談「好讀書」。

二、好讀書

蕭統陶淵明傳，稱陶淵明「博學善屬文」。博學，非好讀書辦不到的。淵明癸卯歲十二月中作與從弟敬遠詩：

歷覽千載書，
時時見遺烈。

既然是「歷覽千載書」，所以他才稱得上博學。

又始作鎮軍參軍經曲阿詩：

弱齡寄事外，
委懷在琴書。

辛丑歲七月赴假還江陵夜行塗口詩：

詩書敦宿好，
林園無俗情。

飲酒詩之十六：

少年罕人事，

遊好在六經。

以上這些詩句都可以證明陶淵明是好讀書的。我們再進一步問，他好讀書，是不是整天都在讀書呢？就又不然。我們知道他隱居田園之後，就成了農夫，農夫應該以耕種爲重。所以他的「讀山海經十三首」的第一首有這樣的句子：

既耕亦已種，

時還讀我書。

這裏「時」字當「即」字講，耕種過後，就回去讀書了。可以知道他在耕種之暇才好讀書的。又，譬如他說：

開春理常業，

歲功聊可觀。——「庚戌歲九月中於西田穫早稻一首」

春天來時好好地耕種，「歲終之功」，就是歲終的收成，才有可觀的。這裏所謂「常業」指的是農務，也就是農事。再看他的另外詩句：

息交遊閒業，

臥起弄書琴。——「和郭主簿二首」之一

注意一個是「閒業」，一個是「常業」。陶淵明把書琴當成閒業，把農耕當作常業。因爲他是農夫，必須把農耕當作生活的重心，農耕之暇，才有心情玩賞閒業。所以說，他好讀書是在農務之暇，而不是整天都在讀書的。

我們再進一步追問：陶淵明好讀書，是好讀哪些書呢？既然他自己說：「歷覽千載書」，那麽他讀過的書可就多了。我們看他詩文當中用的典故、陳言，可知他是經、傳、子、史都喜歡讀的。他詩裏面最愛用的是詩經，化用到詩經的有一百四十次，其次是論語、莊子、楚辭、史記、漢書，這些都是純正的書。他的朋友顔延之在他死後爲他做了一篇「陶徵士誄」，裏面有一句說陶淵明「心好異書」。可知陶淵明還好讀「異書」的。他的「讀山海經十三首」便是根據山海經和穆天子傳兩部書寫成的，山海經是記載種種人物山川，絕域殊方的神怪故事，可以說是異書。穆天子傳則記載周穆王乘八駿馬周遊天下的奇異故事，也可以說是異書。其他，譬如「燕丹子」，記載荆軻刺秦始皇的故事，有些奇怪的記載，陶淵明在詩中也用過很多次。又如，劉向的「列仙傳」，甚至連「緯書」的資料，他都用過。他用的還有幾個典故，我們查不出來歷。由此證明，他的朋友說他「心好異書」是不錯的。

陶淵明對於純正的書與奇異的書都喜歡讀。單就他的詩而言，所用的典故、陳言就有一百八十三種之多。不過，我們要知道，陶淵明雖然廣讀羣書，然而，因爲他的本性淳厚而高淡的關係，他的思想受論語、莊子兩部書的影響最大、最深。他在詩裏用論語用了六十七次，用莊子用了一百三十五次(這是根據我寫的「陶淵明詩箋證稿」裏的統計。)所以陶淵明有儒家的誠篤，兼有道家的超脫。

我們說陶淵明耕種之暇好讀書，他有沒有不好讀書的時候呢？有的。譬如他的「詠貧士七首」裏面的第二首：

傾壺絕餘瀝，
闚竈不見煙，
詩書塞座外，
日昃不遑研。
閒居非陳厄，
竊有慍見言。

所謂「詩書塞座外，日昃不遑研」。不是正可以證明陶淵明也有把書堆在旁邊不讀的時候嗎？然而，我們卻應該同情陶淵明，他的生活實在太窮苦，沒有酒喝不必說了；連飯都沒有吃的，怎麼把書讀得下去呢！再看「閒居非陳厄，竊有慍見言」兩句，用的是論語衞靈公篇的典故。孔子在陳絕糧，從者病，莫能興。子路慍見曰：「君子亦有窮乎？」子曰：「君子固窮，小人窮斯濫矣。」陶淵明很風趣，他用這個典故，說他閒居不像孔子在陳遭受困厄，沒有飯吃。可是太太卻要向他發脾氣，說些不高興的話。(「竊」字此處當「卻」解。)還有，請注意，「詠貧士」第三首，陶淵明先生說他太太不了解他。根據這兩首詩，可以證明昭明太子的「陶淵明傳」裏面曾經提到「淵明妻翟氏」，說她「亦能安勤苦，與其同志。」是不完全可靠的。他的太太還是有抱怨的時候。不過，我們站在陶太太的立場想，丈夫飯都沒得吃了，還想喝酒，也夠難受的。我們一方面同情陶淵明的窮苦，一方面也同情陶太太，她是應該發脾氣的。

三、談「好讀書不求甚解」

陶淵明的「歸去來辭」有兩句說他自己「質性自然，非矯厲所得」。他的本質、本性是自然的，不是勉強的。他讀書的態度也是順乎自然，不求勉強的解釋，但，並不是不求深解。我們讀他的「移居二首」，裏面有兩句，你們都知道的：

　　奇文共欣賞，
　　疑義相與析。

如果他讀書不求深解，怎麼可以欣賞奇文？怎麼可以解析疑義？讀書不求深解，有時候是很危險的，譬如「歸去來辭」的序有幾句話：「余家貧，耕植不足以自給，幼稚盈室，缾無儲粟。」關於「缾無儲粟」，蘇東坡有解釋。以下這段話是在東坡題跋裏：

　　俗傳書生入官庫，見錢不識，或怪而問之。生曰：「固知其爲錢，但怪其不在紙裹中耳。」余偶讀陶淵明歸去來辭云：「瓶無儲粟，」乃知俗傳信而有證。使瓶有儲粟，亦甚微也！此翁平生只於瓶中見粟也邪？

蘇東坡太隨便，他沒有求深解。他所用的「瓶」字是「缾」字的或體。說文：「缾，罋也，從缶幷聲。瓶，或從瓦。」罋，隸書變作罋，也作甕。陶淵明所謂缾，是指的甕，是用古義。甕是相當大的陶器，即罈子之類。非如後世所謂細小的瓶。「缾無儲粟」，意思是說甕罈裏面沒有米了，絕不是指細小的瓶子裏沒有米。因爲我是生長在民間的，我很了解農夫，我常去他們家裏，再窮苦的農夫也是用甕罈裝米，不會用小的瓶子裝米。有的都市裏沒落了的有錢人家，可能用酒瓶裝米，因爲怕別人看到他買的米太少，就用瓶子裝，假裝是買的酒。而農夫，即使再窮苦，也不會用小瓶子裝米。所以，這裏蘇東坡對於瓶字不求深解，才鬧了這麼一個笑話。不過，蘇東坡是天才詩人，他對於文字、訓詁偶爾有疏失，不足爲病，我們可以原諒他，然而，我們卻要借這個例子來警惕我們自己，不要隨隨便便看到就解釋。有幾句很有意思的古諺，不知道你們看過沒有？是這樣的：

少所見，多所怪，看見駱駝：馬腫背。

這個諺語形容一個少見多怪的人，從來沒見過駱駝，見了駱駝以爲是馬的背腫了。這當然是笑話，但是做學問或是作批評，看見駱駝就認爲是馬腫背，甚至於自以爲這就是他的新的觀點、新的看法，那就太可怕了！

讀書不求深解要鬧笑話。可是，有時太求深解也要鬧笑話的。譬如「郢書燕說」這個典故出於韓非子外儲說左上篇，是這樣的：

郢人有遺燕相國書者，夜書，火不明，因謂持燭者曰：「舉燭。」而誤書「舉燭」。舉燭，非書意也。燕相國受書而說之，曰：「舉燭者，尚明也。尚明也者，舉賢而任之。」燕相白王，王大悅！國以治，治則治矣，非書意也。今世學者，多似此類。

韓非子看出當時的學者解釋古書很多都是「郢書燕說」，他們爲了爭取功名富貴，往往利用古書的辭句去做穿鑿附會的解釋，這話很足以令我們警惕。「今世學者多似此類」，我想，其實我們這個時代的學者，又何嘗不是「多似此類」呢？太求深解，反而失掉了書的原意。

陶淵明是個眞性情的人，昭明太子「陶淵明傳」，說他「任眞自得」。他的詩句裏也很多談到「眞」的地方。譬如下面這些句子：

任眞無所先。——「連雨獨飲一首」

此事眞復樂。——「和郭主簿二首」之一

眞想初在襟。——「始作鎭軍參軍經曲阿一首」

其他如，「此中有眞意，欲辯已忘言」。很多的。只是，其中最重要的是「任眞」二字。陶淵明爲人處世都離不開「眞」字。他讀書的態度也是這樣，他的「好讀書不求甚解」應該是愛好讀書而不求勉強的解釋，勉強解釋反而失去了書的眞意。論語爲政篇說：「知之爲知之，不知爲不知，是知也。」知之爲知之，不知爲不知，正是不求甚解。陶淵明讀書就是知之爲知之，不知爲不知。另外，莊子齊物論篇及庚桑楚篇同樣有一句話：

知止其所不知，至矣。

不知道的地方就說不知道，不要去穿鑿附會，或隨便解釋。這句話與「知之爲知之，不知爲不知」的意義很符合。「知止其所不知」，也就是不求甚解。我想，如果用論語的「知之爲知之，不知爲不知」，莊子的「知止其所不知」來解釋陶淵明先生的「不求甚解」，不敢說就是他的本意，卻可說相當恰當的。「知止其所不知」，不僅可以借用來了解陶淵明的讀書態度，對於了解莊子的思想也很重要。莊子所說的道理非常空靈、超脫；然而，他是從「知止其所不知」來的，從實在中得來，從體驗裏得到，絕不是空談，這一點十分要緊。研究學問，強不知爲知，是我們最大的忌諱，不僅欺人，也是欺己。我讀了幾十年書，總覺得有很多句子，我都不懂，我不敢輕易去懂，不敢勉強去懂。

四、不求甚解與會意

五柳先生傳裏面所謂「好讀書，不求甚解，每有會意，便欣然忘食。」我們都很熟悉。他還有另外幾句話有同樣的意思，即與子儼等疏所說：「少好琴書，偶愛閒靜，開卷有得，便欣然忘食。」能夠會意就是有得，眞正得到書中的意義了。這個「意」字，要特別注意。書中的字句就是「言」，要下過一番切實體會的功夫，才能得到意的，不是隨隨便便就可以得到的。陶淵明的詩裏屢次提起言與意的問題，這是個重大的問題，譬如：

言盡意不舒。——贈羊長史。

寄意一言外。——與從弟敬遠。

還有，他飲酒詩第五首裏面的「此中有眞意，欲辯已忘言。」也是談的言與意的問題。

言與意的問題在陶淵明以前已經有很長的歷史。戰國時代，假託孔子所作的「易經繫辭」，裏面孔子曾說：「書不盡意。」莊子外物篇裡的：「言所以在意，得意而忘言。」(注意「在」「得」是互文，「在意」就是「得意。」)到了漢朝，研究學問分成兩派，一派是章句派，重視言；一派是大義派，重視義。秦始皇焚書以後，漢儒搜求遺書，解釋字句的工作還是比較重要，所以漢代學術仍是以言爲重。到了魏、晉時代也談言、意的問題。魏、晉的玄學就是談言、意，不過就輕言重意了。言與意的比較，當然意比言重要。我們讀書的目的就在了解意，但是沒有言，從何去體會意？言即是「字句」，是體會意的基礎，所以莊子才說：「言者所以在意。」意是從言而得的，「得意而忘言」，要得到意了之後才把言忘去。沒有言就無從得意了。漢儒章句跟大義兩派不能調和，就是言與意各有偏重。重章句的毀謗重大義的「疏略」，重大義的毀謗重章句的「破碎」。魏晉是玄學最盛的時代，也是輕言重意的時代，談的道理玄妙深遠，可是很難切合實際。陶淵明承繼言意之辯的風氣，卻反對不切實的玄妙深遠之談，所以他的飲酒詩第十二首有這樣的句子：

去去當奚道，
世俗久相欺，
擺落悠悠談，
請從余所之。

譯成現代話是：「去吧，去吧，還有什麼可說的。世俗的人長久以來口頭談的是高深的道理，而行爲卻蠻不是那麼一回事。彼此都在互相欺騙，請把深奧的玄談擺脫掉，跟着我來，到我去的地方吧。」

陶淵明重視行，重視言行一致，了解陶淵明，這是很重要的一點，他寫的詩，理趣那麼深，境界那麼高，然而，他卻要擺脫悠悠之談，這是他最了不起的地方。正如莊子，他的境界那麼的空靈超脫，他卻說：「知止其所不知」。了解莊子，要從實在處去了解。了解陶淵明也是一樣。陶淵明是最眞實的人，「好讀書不求甚解」是他讀書的眞實態度，也惟有以這種眞實態度去讀書，才可以體會出書中的眞實意義。體會出書中的眞實意義，無怪乎他「欣然忘食」了！

五、陶淵明先生五子不好讀書

陶淵明自號五柳先生。眞巧，他剛好有五個兒子。他好讀書，他的五個兒子偏偏不好讀書，既懶且笨。我們看他的責子詩：

白髮被兩鬢，
肌膚不復實。
雖有五男兒，
總不好紙筆。
阿舒已二八，

懶惰故無匹。
阿宣行志學，
而不愛文術。
雍端年十三，
不識六與七。
通子垂九齡，
但覓梨與栗。
天運苟如此，
且進杯中物。

父母太聰明，往往子女當中就有很笨的；父母太愛讀書，往往子女當中就有很懶的。不過，那有像陶淵明一樣，五個兒子都又懶又笨呢？因爲兒子都懶都笨，他就想有女兒。他在和劉柴桑詩中有兩句：

弱女雖非男，
慰情良勝無。

表示有個女兒總比沒有女兒好。他本意是把「弱女」比「薄酒」的，但是爲什麼他要用「弱女」來比呢？正因爲他不滿意他的五個兒子，而自己又沒有女兒啊！我有首七古，全首很長，我只唸前四句給各位聽：

五柳先生有五子，
五柳柔弱五子愚。
乃知先生思弱女，
慰情良可勝於無。——「四餘齊詩草」最后一首。

我想，陶淵明是希望有個聰明而好讀書的女兒的。

六、結　語

陶淵明的爲人處世、讀書態度，最值得我們尊敬和效法的，就是一個「眞」字。他所寫的五柳先生傳，沈約宋書隱逸傳、昭明太子的陶淵明傳、南史晉書隱逸傳都引進去。他們引進全文之後，都有一句按語：「時人謂之實錄」。是說，陶淵明當時的人就認爲五柳先生傳是實實在在的紀錄。這眞是不容易。一篇作品的內容，要後世不了解實情的人承認是眞實的容易，但要當時的人承認，那就不簡單了。

我常常想，我們讀書眞不應該盡信書。我眼見一些人，品性很不好，可是他在詩中把自己寫得很清高。這詩如果傳到後世，豈不是把他認爲很清高的人嗎？你想想，可怕不可怕！五柳先生傳裏的每一句話，不僅沈約、蕭統他們認爲是實錄，即連當時的人都已經認爲是實錄。當時的人和後世的人對陶淵明都有這樣的信仰。即使我們現在，對於陶淵明留下來的每一篇作品，除掉僞作的以外，我們也承認是實錄。因爲陶淵明是個任眞自得的人，沒有絲毫的虛假。我們不僅嚮往，而且要學習他的讀書態度。須得注意的是，我們不要把「薄食淺嘗」認爲是不求甚解，也不要把「郢書燕說」，認爲是得到深義，這樣才能體會到書中的眞實意義。體會到書中的眞實意義，相信那種快樂是不可言喻的，也許我們也會跟陶淵明一樣，「欣然忘食」吧。

最後，我有一首「淵明好讀書」五言古體詩，跟這次講的題目有關，贈送給各位做紀念：

淵明好讀書，
而不求甚解。
欣然會其意，
泛覽歷千載。
所得發爲詩，
奇情詠山海。
更崇先師淳，
樂道足模楷。
亦有莊生達，
超然能無待。

我今讀書史，
所樂竟何在。
沈潛章句中，
但恐蔽眞宰。
恍然聽鷄鳴，
風雨正如晦！

* * * *

一九七六年四月廿四日，我擬定這個題目，在新加坡公教初級學院演講，一九七九年五月十一日，我又在臺北臺灣大學重講一次，內容詳細得多，由陳秀芳同學根據錄音帶記錄，經我清理後寫定。

培養實事求是的學風

一、「實事求是」的根據

大學生畢業後進入社會服務，把他們在校時所見所聞、所學習的、所濡染的，運用在他們的工作上和行爲上。他們對工作是否認眞，他們的行爲是否端正，跟他們在校幾年所受的影響關係很大。他們所受最大的影響，自然是由敎師而來。敎師們要使學生的品德、學識都好，在平時須得培養一種良好的學風，即是實事求是的學風。「實事求是」這句話，出自漢書景十三王傳中的河間獻王傳。傳裡稱讚河間獻王「修學好古，實事求是。」修學，即是研究學問。大學是研究學問的最高學府，用「實事求是」這句話，來談我們應該培養的學風，我認爲是相當恰當的。

二、教學與尊師重道

教師們的實事求是，應該是學術上不斷求進步，教書經常有興趣。也就是所謂「學不厭，教不倦。」「學不厭，教不倦。」是不容易辦到的。然而，這卻是教師們應該辦到的。這是教師們的本分事。試想，教師如果學而厭，自己怎麼會有進步？如果教而倦，怎麼會引導學生進步？自己不進步，又不能使學生進步，就失掉教師的本分了！我們常常聽說，教師們也常常在感慨：現在一般學生，不尊師重道。誠然，有的學生是不知師之可尊，道(學術)之可貴。不過，我們身為教師，也應該自我反省的。反省我們的品德，是否值得尊敬？反省我們所傳授的學術，是否值得學生尊重？如果教師的生活散漫，不求進步；所傳授的學術又平庸膚淺，就不必希望學生尊師重道了。「夫子教我以正，夫子未出於正。」(借用孟子語。)怎麼能使學生心悅誠服呢！我認為能夠把研究、教導合而為一，始終不感厭倦的教師，絕對會受到學生尊重的。

三、新課與專長

關於開課，應該寧缺無濫，不必要的課，當然不必開。即使是重要的課，沒有專長的教師，也不要輕易開。如果勉強一位教師開陌生的課，不僅使他受苦而且使他受罪。教的效果怎麼會好？可能把好課教成壞課去了！至於教師本人，也不要隨便甚麼課都敢開，尤其是比較高深的課，如果只是參考一些普通資料，沒有自己的創見，開了一年，對學生有何好處？開自己專長的課，學生當然受益多。

但，這並不是說除了自己專長的課，甚麼課都不開。我認爲跟自己專長接近的課也應該開的，這樣的新課，準備起來也不會太困難，可以擴充自己研究的範圍，可以增加學生的新知識，又何樂而不爲呢？

四、研討課問題

關於研討課，因爲學生人數多寡懸殊，當然辦法就不同，或者是不規定學生寫報告，只擬定題目，到時由學生提出來討論，教師作結論；或者是由學生自由辯論，教師坐在旁邊作壁上觀。但是，我認爲高年級的研討課，教師比較辛苦而比較有意義的辦法是這樣的：由學生或教師幫助學生擬定研討題目，擬定大綱，介紹些重要參考書，再由學生去擴充參考資料，寫成一篇報告，經過教師修改，然後提出來研討。研討後如尚有問題，教師再協助學生修訂。這樣指導一篇報告，等於指導一篇小型論文，教師當然比較辛苦，學生卻獲益較多。不過，這樣的研討課，每週不能超過四組，每組不能超過二十個學生。超過了，教師太辛苦，受不了！

五、師生如家人

教師的尊嚴，並不在形式上。我們應該師而忘師，是教師而不以教師自居，不必使學生望而生畏。應該和藹可親，使學生樂於跟我們在一起，有如一家人。當然，接見學生的時間太多，對我們的研究有妨碍。不過，學生看見教師太忙，也不會躭擱教師的時間太久的。教師應該樂於接見學生，不能說教了幾點鐘課就算盡責了。多接見學生，多跟學生解析疑難，多跟學生談爲人處世之道，比在教室中講課的功效還要大。不僅此也，有時在閒談中學生提出的問題，往往出乎我們意料之外，對我們也有啓發性。這也可以說是教、學相長。所以教師不要道貌岸然，使學生怕見你。至於有的教師與學生相處，不僅如一家人，更能使學生有如坐春風、沐化雨的感受，這又是更上一層樓的境界了。

六、學生敦品勵學

學生的實事求是，應該是敦品、勵學。敦品，所以健全人格。勵學，所以充實知識。品、學兼修，才可以進步成爲一個完人。我們南大的讀書風氣很好，學生中不乏英才。同學們都應該特別珍惜這三、四年的寶貴光陰，求得眞實的學識，養成純正的品德。有了眞實的學識和純正的品德，不愁畢業後沒有出路。即使短時間內沒有出路，總不會長久被埋沒的。作一個堂堂正正的讀書人，才是第一義。在學校唸書，切忌投機取巧，自私自利。譬如寫報告，把前一期同學的報告照抄，這就是投機取巧。參考圖書館的書報雜誌，把自己需要的資料撕去，這就是自私自利。這種行爲，既害己，又損人，絕對要避免的。學生在校，受教師的薰陶，只要有一位學生有這種行爲，我們身爲教師的，都感到慚愧！

七、實事求是的遠景

我們這個時代，重知識，輕品德，弄得是非混淆，人性失落！大學訓練服務社會的人才，更應該學術與品德並重。學術重在言教，品德重在身教，身教尤重於言教。我最嚮往戰國時代最偉大的哲人莊周（前三六八？—前二八八？）他所說的兩句話：「不言而飲人以和，與人並立而使人化。」無須言教，而收潛移默化的功效，談何容易！我們身爲教師，當然離不開言教。然而我們課外的行爲對學生的影響力，往往更大於課室內的影響力。我們平時能貫徹「學不厭，教不倦」的精神，有實事求是的習慣，自然就會影響學生敦品、勵學，形成一種良好的風氣。這不是空口告誡學生的問題，而是教師身體力行的問題。培養實事求是的學風，是我們教師的責任，使學生欣欣向善，使南大一天比一天更進步，逐漸成爲國際上第一流的大學，並非奢望。光輝燦爛的景象，並非遠不可期。

一九七五年十一月二日應南大學術人員協會之邀，所擬演講稿。

提　要

根據我自己教學的經驗；以及在南大所觀察到的實事，我提出「培養實事求是的學風」這個題目。主要的意思是：教師應該貫徹「學不厭，教不倦」的精神，引導學生敦品、勵學；教師應該本着自己的專長開課；應該指導並修改學生的研討報告；應該經常與學生接觸，使師生間親切如一家人。這些都是教學的實際問題，也就是實事求是的問題。希望我這點意見，有助於南大教學的進步。

慕盧雜著

尚書斠證

昔年讀尚書，時有箋識，草率凌亂，未及疏理。既而吾友屈翼鵬教授尚書釋義問世，（現代國民基本知識叢書第四輯，中華文化出版事業委員會一九五六年八月出版。）中外學人，莫不推重。釋義篇第，據孫星衍尚書今古文注疏。惟孫疏以綴輯之泰誓列入正文，屈書則剔出之，以入於附錄一之尚書逸文中。（見釋義凡例。）茲稿篇第，一依屈書。斠證諸說，則屈書所略而不論；或釋而未盡者也。補輯逸文及斠證僞古文，並列爲附錄，亦準屈書之例。

虞夏書

堯典

曰放勳。

釋文：『馬云：「放勳，堯名。」皇甫謐同。一云：「放勳，堯字。」』案治要引勳作勛，注：『勛，功也。』（今本僞孔傳勛作勳。）勛，古文勳。僞古文大禹謨：『其克有勳。』書鈔十八引勳作勛，亦同例。藝文類聚十一引（皇甫謐）帝王世紀、敦煌本唐虞世南帝王略論並以放勛爲堯名。金樓子興王篇以爲堯字。

敬授人時。

案中論曆數篇、玉燭寶典序、北堂書鈔十二、十七引人並作民。劉子九流篇亦云:『敬授民時。』作民是故書。

平秩南訛。

案玉燭寶典五引訛作僞,十二引作譌。疑作僞是故書,僞,古爲字。

否德忝帝位。

案『否德』猶『鄙德。』釋文:『否,又音鄙。』是也,史記五帝本紀正作鄙。淮南子人閒篇:『善鄙同。誹譽在俗。』(今本同上衍不字,王念孫雜志有說。)文子微明篇鄙作否,亦否、鄙通用之證。

納于大麓,

案論衡正說篇引納作入,史記同。

舜讓于德,弗嗣。

案史記『弗嗣』作『不懌。』集解:『徐廣曰:今文尚書作「不怡,」怡,懌也。』索隱:『古文作「不嗣,」今文作「不怡,」怡猶懌也。』嗣乃怡之借字,義與懌同。五帝本紀之『不懌,』正以詁堯典之『弗嗣』也。

東巡守，至于岱宗，……

案論衡書虛篇：『堯典之篇：舜巡狩，東至岱宗，南至霍山，西至太華，北至恒山。』（守、狩古通，白虎通巡狩篇引守亦作狩。）書鈔一一二引下文『協時、月，正日；同律、度、量、衡。』玉燭寶典五引下文『五月，南巡守，至于南岳，如岱禮。』亦並以爲堯典之文。咸存尚書之舊，足證僞古文舜典之妄。

惟刑之恤哉！

案書鈔四三引恤作卹，存古本之舊。盤庚：『永敬大恤，』多士：『罔不明德恤祀。』敦煌本恤並作卹，與此同例。

流共工于幽洲。

案淮南子脩務篇、大戴禮五帝德篇洲並作州。

殛鯀于羽山。

案左昭七年傳：『昔堯殛鯀於羽山，』釋文：『殛，本作極。』殛、極古通，極猶困也。楚辭天問：『永遏在羽山。』遏、極義近。路史後紀十三：『書：「殛于羽山。」殛者，致之死地而不返云爾。』是也。敦煌本唐虞世南帝王略論：『鯀治洪水九年，其功不成，堯放之於羽山。』以殛爲放，其義亦近。

帝乃殂落。

案重栞宋本孟子萬章篇、治要引此並作『放勛乃徂落。』殂、徂古通，唐石經孟子亦作殂。

四海遏密八音。

案密借爲謐，說文：『謐，一曰無聲也。』

惇德允元。

僞孔傳：『敦，厚也。』案治要引惇作敦，與僞孔傳合。惇、敦正、假字，說文：『惇，厚也。』

惟時懋哉！

案書鈔十八引懋作楙，僞古文大禹謨：『予懋乃德。』仲虺之誥：『德懋懋官，功懋懋賞。』畢命：『惟公懋德。』亦並引作楙。蓋古本如此。懋、楙正、假字。說文：『懋，勉也。』

黎民阻飢。

案書鈔五一引阻作徂，古通。

播時百穀。

案爾雅釋詁：『時，是也。』『播時百穀』者，『播是百穀』也。書鈔引時正作是。

五品不遜。

僞孔傳：『遜，順也。』案淮南子人閒篇作『五品不愼。』（莊逵吉校云：御覽愼作順。）愼亦順也。

皐陶謨

案書鈔四三、治要引皐陶並作咎繇，蓋古本如此。僞古文大禹謨：『帝曰：皐陶！』『皐陶曰，』治要亦並引作咎繇。

能哲而惠，

案能、而互文，而猶能也。史記夏本紀作『能知能惠，』是其證。

無敎逸欲有邦。

案敎當作敢，字之誤也。『無敢』猶『不敢，』周書無逸：『不敢荒寧。』即其例。敢，古文作敌，與敎形近；敦煌本古文尚書敢多作敔（無逸之『不敢，』即作敔），敔與敎形尤近，故易亂也。今本史記敢亦誤敎，日本古寫本不誤。

朕言惠可底行？

案左襄二十六年傳：『寺人惠牆伊戾，』孔穎達正義引服虔曰：『惠、伊皆發聲。』竊疑此文惠爲語助，史記作『吾言底可行乎？』無惠字。語助，故可略之。（僞孔傳釋惠爲順，恐非。）

隨山刊木。

釋義云：『刊，史記、說文並作栞。說文云：栞，槎識也。』案淮南子脩務篇刊亦作栞，古通。路史後紀十二：『行山表木。』栞亦表也。

在治忽。

王引之云：『忽讀爲滑。滑，亂也。「在治滑，」謂「察治亂」也。滑、忽古同聲相通，史記正作滑。』案史記作『來始滑。』『來始』乃『采治』之誤，采亦借爲在，爾雅釋詁：『在，察也。』史記索隱：『古文尚書作「在治忽；」今文作「采政忽。」』竊疑今文本作『采治忽，』亦謂『察治亂』也。唐人避高宗諱，以政代治耳。淮南子氾論篇：『禹之時，以五音聽治。』初學記十六、白帖六二引治並作政。與此同例。

明庶以功。

阮元校勘記云：『庶，古本作試。』案庶借爲度，與試義近。周書無逸：『以庶邦惟正之供，』敦煌本庶作度，莊子應帝王篇：『以己出經式義，度人孰敢不聽而化諸！』陳碧虛闕誤引張君房本度作庶，並庶、度通用之證。（昔年撰莊子校釋，疑度爲庶之誤，未審。）

無若丹朱傲，

案治要引傲作奡，奡、傲正、假字。

傲虐是作，

阮元云：『岳本傲作敖。』案書鈔四一引此亦作敖。僞孔釋傲爲『傲戲，』則當以作敖爲正。廣雅釋詁：『敖，戲也。』

乃賡載歌曰，

案敦煌本帝王略論歌作哥，下同。哥，古歌字。

禹貢

大野既豬，

案書鈔四引作『大埜既瀦。』敦煌古文本野亦作埜。埜乃壄之省。壄，古文野。豬、瀦古、今字，下文『彭蠡既豬，』論衡書虛篇亦作瀦。

甘誓

有扈氏威侮五行，

阮元云：『古本威作畏。』案威、畏古通，本書習見。威當借爲猥，畏、猥古亦通用，莊子庚桑楚篇：『以北居畏壘之山。』釋文：『畏，本又作猥。』即其證。僞古文泰誓下：『今商王受狎侮五常。』『猥侮』猶『狎侮』也。

又案書鈔二一引『五行』作『五常。』『五常』亦謂『五行』，莊子天運篇：『天有六極五常。」成玄英疏:「五常謂五行。」即其例。

商書

盤庚

惟汝自生毒。

案書鈔十八引生作求。

相時憸民,猶胥顧于箴言。

王引之云:「憸,說文引作思。」案敦煌本憸作思,蓋思之變;又猶作猷,下同。書鈔一百引猶作由,猶、猷、由,古並通用。

各恭爾事,

案敦煌本恭作龔,下文「顚越不恭,」無逸:「嚴恭寅畏,」僞古文說命上:「恭默思道,」敦煌本恭皆作龔。牧誓:「惟恭行天之罰。」治要引恭作龔,存古本之舊。

嗚呼!古我前后,

案敦煌本「嗚呼」作「烏虖,」凡「嗚呼」字敦煌本多如此作,書鈔、治要引書亦同。

古我先后,

案敦煌本后作王,上下文並作「古我先王。」

茲予有亂政同位，

案有猶其也，（本篇上文『民不適有居。』有亦與其同義，吳昌瑩經詞衍釋三有說。）亂借爲率，（本書多借亂爲率，述聞四有說。）政與正同。『茲予有亂政同位，』猶言『茲予其率正同位。』商書微子：『殷其弗或亂正四方。』亂亦率之借字。敦煌本率多作䢦，周書無逸：『乃變亂先王之正刑。』敦煌本亂作䢦，亦亂、率通用之證。

無遺育，無俾易種于茲新邑。

案史記伍子胥列傳引作『俾無遺育，無使易種于茲邑。』上文『予若籲懷茲新邑，』敦煌本新字補在茲字下旁，或原本亦無新字。

將多于前功，

釋義云：『多猶大也。』案『將多』複語，將亦大也。爾雅釋詁、方言一並云：『將，大也。』

高宗肜日

越有雊雉。

案漢書外戚傳下引越作粵，古通。微子：『越至于今。』敦煌本亦作粵。

惟先格王，

案漢書外戚傳上引格作假，古通。周書君奭：『格于皇天，』『格于上帝，』史記燕世家格並作假，即其比。

惟天監下民，

案此文及下文『民中絕命。』敦煌本並無民字，史記殷本紀同。

微子

我祖底遂陳于上。

案敦煌本遂作遺，下文『殷遂喪，』遂亦作遺。遺乃遹之變，說文：『遹，古文遂。』

周書

牧誓

釋義云：『牧，說文作坶。』案玉篇亦作坶，云：『古文尚書作𤳮。』敦煌本作梅，梅與坶、𤳮同。長沙仰天湖戰國楚簡九有『一坆』字。饒宗頤先生箋證云：『「一坆」殆即「一枚」。」』是也。坆、枚同字，猶坶、𤳮、梅同字矣。

古人有言曰，

案治要引此無曰字，疑涉上文『王曰』而衍。史記周本紀亦無曰字。

惟家之索。

案焦氏易林六注引惟作爲，義同。僞古文說命下：『乃曰予弗克俾厥后惟堯、舜。』朱熹孟子萬章篇集注引惟作爲，即其比。

昏弃厥遺王父母弟，不廸。

釋義云：『此語史記周本紀說爲「昏棄其家國，遺其王父母弟不用。」似「厥遺」二字之間，當有「家國」二字。然漢石經「厥遺」二字連文，是知史記之說，乃太史公解釋之語，非本有「家國」二字也。』

案此文疑本作『昏弃厥家邦，厥遺王父母弟，不廸。』今本脱『厥家邦』三字，史記諱邦爲國。『厥遺』之厥，義與且同。『厥遺王父母弟，』謂『且遺王父母弟』也。

俾暴虐于百姓，

案治要引『百姓』上有爾字。

洪範

案論衡感虛篇、潛夫論卜列篇、淮南子脩務篇高誘注引洪並作鴻，史記宋世家同。蓋古本如此。

鯀則殛死，

案則猶既也。

睿作聖。

釋義云:『睿，尚書大傳作容，乃睿之誤。睿、睿同字。〔吳汝綸〕尚書故說。』

案書鈔一五三引睿亦作容，容亦睿之誤，蓋世人多見容，少見睿，故致誤耳。

無偏無陂，

案書鈔三七引陂作頗，存古本之舊。潛夫論釋難篇亦作頗。

無偏無黨，王道蕩蕩；無黨無偏，王道平平。

案墨子兼愛下引作『王道蕩蕩，不偏不黨；王道平平，不黨不偏。』無猶不也。史記張釋之馮唐列傳贊引此作『不偏不黨，王道蕩蕩；不黨不偏，王道便便。』集解引徐廣曰:『便，一作辨。』平、便、辨，古並通用。

民之有作福作威玉食，其害于而家。

案之猶若也。(釋詞九有說。)其猶則也。

曰豫，恆燠若。

釋文:『豫，徐音舒。』孔疏云:『鄭、王本豫作舒。』案論衡寒溫篇、書鈔十五引豫並作舒，史記宋世家同。豫、舒古通，史記五帝本紀:『貴而不舒。』大戴禮五帝德篇舒作豫，亦其比。

曰蒙，恆風若。

案書鈔引蒙作霧。

俊民用章，

案書鈔十一引俊作畯，存古本之舊。多士：『俊民甸四方。』君奭：『明我俊民。』僞古文說命下：『旁招俊乂。』敦煌本俊皆作畯。

月之從星，則以風雨。

案論衡感虛篇引以作有，義同。

金縢

公乃自以爲功，

釋義云：『功，事也。史記說功爲質，謂周公以身爲質也。亦通。』

案爾雅釋詁：『功、質，成也。』功、質並訓成，則功亦可訓質矣。史記周本紀、魯世家說功爲質，是也。

爲三壇同墠。

案史記魯世家爲作設。論衡死僞篇作『設三壇同一墠。』

植璧秉珪，乃告太王、王季、文王。

案史記珪作圭，告下有于字。論衡珪亦作圭，告下有焉字。珪，古文圭。焉猶于也。竊疑此文告下本有焉字，史記說焉爲于，正得其義。今本蓋淺人所删耳。

史乃册祝曰，

案論衡曰上有辭字。

是有丕子之責于天，

釋義云：『丕，史記作負。負，荷也。猶保也。』

案史記索隱引鄭玄曰：『丕讀曰負。』是也。(惟孔疏引鄭注作『丕讀曰不。』)丕、負古通，莊子大宗師篇：『堪坏得之，以襲崐崘。』釋文：『堪坏，崔(譔)作邳；淮南作欽負。』(今本淮南子覽冥篇、齊俗篇並作鉗且，誤。)坏、邳之通負，猶丕之通負矣。

能多材多藝，

案論衡無能字。

乃元孫不若旦多材多藝。

案論衡『元孫』下有某字，史記作『乃王發不如旦多材多藝。』上文兩避諱某字，史記皆作發，以此例之，則『元孫』下蓋本有某字矣。

我之弗辟，我無以告我先王。

案史記、金樓子說蕃篇無上並無我字，是也。此涉上下文我字而衍。

天大雷電以風。

案金縢子以作且，以猶且也。

大木斯拔。

案越絕吳內傳斯作盡，斯猶盡也。（禮記檀弓：『我喪也斯沾。』鄭玄注：『斯，盡也。』）金縢子斯作皆，皆亦盡也。

以彰周公之德。

案金縢子作『彰公之德。』周字似不當有，上文『昔公勤勞王家。』亦無周字。史記則上文、此文皆有周字，蓋增周字以說之。

大誥

若涉淵水，

案『淵水』猶『深水，』小爾雅廣詁：『淵，深也。』

若考作室，

案書鈔十八引若作厥，義同。

乃有友伐厥子，

案友當作交，漢書翟方進傳作効，交、効古通。交，隸書作𠀋，與友形近，往往相亂。韓詩外傳一：『比周而友。』(莊子讓王篇同。)新序節士篇友作交，史記范雎列傳：『願與君爲布衣之友。』藝文類聚三三引友作交，並其比。

酒誥

越小大邦用喪，

案治要引越作曰，古通。

人無於水監，當於民監。

案治要引監作鑒，下同。蓋古本如此。梓材：『王啓監，』阮元云：『古本監作鑒，下皆同。』與此同例。

梓材

釋文：『梓，本亦作杍。』案敦煌本正作杍。

召誥

其惟王勿以小民淫用非彝，亦敢殄滅。

案亦猶而也，『亦敢殄滅』者，『而敢殄滅』也。管子法禁篇引書泰誓云：『紂有臣億萬人，亦有億萬之心；武王有臣三千，而一心。』(僞古文泰誓有删改。)亦、而互文，亦猶而也。日本古鈔卷子本淮南子兵略篇：『故紂之卒百萬，而有百萬之心；武王之卒三千人，皆專而爲一。』（今本有脱文，詳拙著淮南子斠證。）即本泰誓，亦正作而。史記滑稽列傳：『對曰：「臣飲一斗亦醉，一石亦醉。」威王曰：「先生飲一斗而醉，惡能飲一石哉？」』上言『一斗亦醉，』下言『一斗而醉，』明亦與而同義。王引之經傳釋詞無亦、而同義之說；而述聞釋此文云：『不以小民非彝而殄戮之者，先教化而後刑罰也。』所謂『而殄戮之者，』豈非釋正文之亦爲而邪？蓋王氏得其義而不自覺也。

洛誥

我卜河朔黎水。

案敦煌本黎水下有上字，據僞孔傳：『我使人卜河北黎水上，不吉。』孔疏：『我使人卜河北黎水之上，不得吉兆。』正文蓋本有上字。

我又卜瀍水東，

案敦煌本又作亦，疏：『我亦使人卜瀍水東。』似所據本又亦作亦。又與亦古通，莊子讓王篇：『兩臂重於天下也；身亦重於兩臂。』呂氏春秋審爲篇亦作又，史記田横列傳：『使使召之，至，則聞田横死，亦皆自殺。』御覽四三八引亦作又，並其比。

拜手稽首誨言。

案敦煌本拜上有王字。僞孔傳：『成王盡禮致敬於周公，求教誨之言。』疑所據本原有王字。

孺子其朋，其往。

阮元云：『「其往，」古本其上有愼字。』案敦煌本『其往』上正有愼字。僞孔傳：『少子愼朋黨，戒其自今已往。』似所據本原有愼字。

厥攸灼，

案敦煌本作『厥逌焯，』同。立政：『灼見三有俊心。』說文引灼作焯，『我其克灼知厥若，』敦煌今字本灼作焯，並同此例。

伻嚮即有僚，

案敦煌本伻作平，上文『伻來以圖，』校勘記引羣經音辨作平，與此同例。

汝永有辭。

案辭借爲嗣，堯典：『舜讓于德，弗嗣。』今文嗣作怡（詳前。）；史記周本紀：『怡悅婦人。』集解引徐廣曰：『怡，一作辭。』嗣、辭並可通怡，則辭亦可通嗣矣。

予小子其退即辟于周，命公後。

案敦煌本命上有而字。

多士

弗弔，旻天大降喪于殷。

案君奭：『弗弔，天降喪于殷。』與此句法同。

將天明威，

案敦煌本威作畏，畏亦借爲威。惟作畏與下文『惟天明畏』一律。

大淫泆，有辭。

釋文：『泆，又作佾。』案敦煌本泆正作佾，下文『誕淫厥泆，』泆亦作佾。

告爾多士，

案敦煌本爾下有殷字，據上文『爾殷多士，』下文『告爾殷多士，』則有殷字是。

移爾遐逖。

案敦煌本逖作逷，多方：『離逖爾土。』敦煌今字本亦作逷。逷，古文逖。

爾乃尚有爾土，爾乃尚寧幹止。

案敦煌本下乃字上無爾字。僞孔傳：『汝多爲順事，乃庶幾還有汝本土，乃庶幾安汝故事止居。』孔疏：『汝若多爲順事，汝乃庶幾還有汝本土，乃庶幾安汝故事止居。』似正文本作『乃尚寧幹止。』今本乃上有爾字，疑涉上文而衍。

時予乃或言，爾攸居。

僞孔傳：『我乃有教誨之言，則汝所當居行。』段玉裁古文尚書撰異云：『唐石經「或言」

二字，初刻是三字，隱然可辨。「或言」之間多一字，諦視則是誨字，與傳「敎誨之言」合。』案段氏據傳以證諦視正文之誨字，是也。孔疏亦云：『我乃有敎誨之言。』誨，古文作䛁，敦煌本『或言』之間正有䛁字，（僞古文說命上：『朝夕納誨，』敦煌本誨亦作䛁。）可證成段說。

無逸

案敦煌本作亡逸，論衡儒增篇引作毋佚，並同。

肆高宗之享國，五十有九年。

釋義云：『史記作「五十五年。」』

案史記『五年，』疑本作『九年，』涉上五字而誤；或九誤爲×，復易爲五耳。×，古文五字。（此文『五十，』敦煌本作『又十，』又乃×之誤。）

不敢侮鰥寡。

案敦煌本無敢字，治要引同。史記魯世家亦無敢字。

自朝至于日中昃，不遑暇食。

釋文：『昃，本亦作仄。』案敦煌本正作仄。治要引作昗，御覽七七引尸子、史記並同。昃，或昗字。仄，借字。又案『不遑暇食，』敦煌本遑作皇，皇、遑古、今字。御覽引尸子作

『不暇飲食。』史記作『不暇食。』『遑暇，』複語，遑亦暇也，故可略其一。

以庶邦惟正之供。

述聞依後漢書郅惲傳注所引，改供爲共。案敦煌本供正作共，下同。供、共古通，淮南子道應篇：『臣有所與供儋纆采薪者九方堙，』列子說符篇供作共（釋文：『共，一本作供。』）即其比。

則皇自敬德。

釋義云：『皇，遽也。』案敦煌本自下有疾字，則皇借爲兄，孔疏引王肅本皇作況（云：況，滋。益用敬德也。）兄、況古、今字。『則皇自疾敬德』者，『則益自急敬德』也。

殺無辜。

案敦煌本殺下有戮字。

君奭

天難諶，

案敦煌本諶作忱，與上文『若天棐忱』一律。諶、忱古通，僞古文咸有一德：『天難諶，』治要引諶亦作忱。

天壽平格，

釋義云：『驟詁疑壽當讀爲疇，平當爲丕。』案平疑本作來，來，隸書作来，平蓋来之壞字。多方：『惟帝降格于夏，』『來格』猶『降格』也。

其集大命于厥躬。

案敦煌本躬作身。

嗚呼！篤棐時二人，

阮元云：『古本首有「公曰」二字。』案敦煌本首正有『公曰』二字。上下文『嗚呼』上皆有『公曰』二字，此亦當有。孔疏：『周公言而嘆曰：嗚呼！我厚輔是二人之道而行之，』是所據本亦有『公曰』二字。

多方

叨懫日欽，

釋義云：『懫，說文作⿱孫至，云：「忿戾也。」孫疏說。』案書鈔三十引懫作躓，躓亦借爲⿱孫至。懫，俗字。

嗚呼！王若曰：誥告爾多方，

案告字疑涉誥字右旁而衍。僞孔傳：『歎而順其事，以告汝衆方。』蓋詁誥爲告；孔疏：『以言告人謂之誥，我告汝衆方諸侯，』足證正文本作『誥爾多方』矣。

我不惟多誥。

案敦煌今字本誥下旁補女字。僞孔傳：『我不惟多誥汝而已，』孔疏：『不惟多爲言誥汝而已，』似正文本作『我不惟多誥女。』

立政

曰王左右常伯，

案敦煌今字本塗去王字。

籲俊尊上帝，

案敦煌今字本籲作喻，籲、喻正、假字。說文：『籲，呼也』。

茲乃三宅無義民。

阮元云：『古本義作誼，下「義德」同。』案敦煌今字本義正作誼，下『義德』同。

惟羞刑暴德之人，同于厥邦。

王引之云：『爾雅：「刑，法也。」法謂之刑；法之亦謂之刑。』案羞借爲修，修，習也。禮記學記：『藏焉，脩焉，』鄭玄注：『脩，習也。』脩與修同。『羞刑暴德之人，』猶云『習法暴德之人，』與下文『庶習逸德之人』對言，庶借爲度，度亦法也。說詳後。

乃惟庶習逸德之人，同于厥政。

案乃猶又也，史記匈奴列傳：『東胡以爲冒頓畏之，乃使使謂冒頓，欲得單于一閼氏。』通鑑漢紀三乃作又，即其證。庶借爲度，左昭四年傳：『度不可改。』杜預注：『度，法也。』法謂之度；法之亦謂之度。『庶習逸德之人，』猶云『法習逸德之人。』又案敦煌今字本逸作佾，佾乃佾之誤。佾之通逸，猶佾之通泆矣。(詳前多士篇。)

惟有司之牧夫，是訓用違。

案之猶與也，釋詞有說。『用違，』猶言『用與不用。』此謂用與不用，惟有司與牧夫是順也。

其勿誤于庶獄。

案敦煌今字本于作乎。

顧命

嗣守文武大訓，

案書鈔十七引大作丕，義同。僞古文君陳：『爾惟弘周公丕訓。』傳詁『丕訓』爲『大訓。』

無壞我高祖寡命。

案書鈔一一四引寡作之。

費誓

善敹乃甲冑，

案說文引敹字同，云：『擇也。』史記魯世家敹作陳，竊疑司馬遷所據此文本作敶，故以陳說之。敶，古陳字。（敶蓋敹之省。）微子：『我祖底遂陳于上。』敦煌本陳作敶，即其證。

杜乃擭，

釋文：『杜，本又作𢾧。』阮元云：『說文：「𢾧，閉也。讀若杜。」』案書鈔十八引杜正作𢾧。

牿之傷，

案之猶若也。

魯人三郊三遂，

案敦煌本遂作逋，下同。逋乃述之誤，述，古文遂。

呂刑

釋義云：『呂，孝經、禮記及史記等俱作甫。（本孫疏。）』案論衡變動篇呂亦作甫。

奪、攘、矯、虔。

案說文引奪作敓，云：『彊取也。』敓、奪古、今字。淮南子本經篇高誘注：『奪，取收也。』孟子滕文公篇趙岐注：『攘，取也。』矯借爲撟，淮南子要略篇許愼注：『撟，取也。』

』漢書武帝紀韋昭注：『強取曰虔。』玉篇：『虔，強取也。』『奪、攘、矯、虔。』四字疊義。（古書四字疊義之例甚多，詳拙著斠讎學九一頁。）

無或私家于獄之兩辭。

案說文：『家，居也。』（段注本改居爲凥，凥、居古、今字。）『私家』猶『私居』耳。

文侯之命

用賚爾秬鬯一卣，

案書鈔三十兩引此文，一引賚作錫；一二五亦兩引此文，一引作錫，一引作賜，賚、錫、賜，並同義。作賚是故書。

盧弓一，盧矢百。

阮元云：『古本盧並作玈。』案書鈔一二五兩引此文，並作『盧弓矢千。』與左僖二十八年傳及史記晉世家所記周襄王賜晉文公者合。彼文盧並作玈。（史記正義：玈，音盧。）

秦誓

案敦煌本誓作𣂺，下同。𣂺當作𣂔，傳寫小變耳。𣂔，籀文折。誓、折正、假字。（參看述聞三『誓字古文』條。）

民訖自若是多盤。

案敦煌本盤作般，古通。爾雅釋詁：『般，樂也。』

若弗云來。

阮元云：『古本云本員，下「雖則云然」同。』案敦煌本云正作員，下同。

則罔所愆。

阮元云：『漢書李尋傳注師古引此經愆爲諐。』案敦煌本愆正作諐，下同。諐，籀文愆。書鈔一百引作僁，俗。僞古文冏命：『繩愆糾謬，』治要引愆作諐，書鈔一百引作僁，（冏命：『思免厥愆。』書鈔三十引亦作僁。）亦同此例。僞古文大禹謨：『帝德罔愆，』治要引愆亦作諐。

不啻如自其口出。

案敦煌本如作而，義同。

人之彥聖，而違之，俾不達。

僞孔傳：『見人之有美善通聖者，而違背壅塞之，使不達於在上。』案而猶則也。敦煌本違下有背字，『而違背之，』不似春秋時語，疑涉傳文而衍。

尚書逸文

禹貢　虞夏書　夏書

荆洲：奉菁茅貢于天子。（書鈔三一。疑是『包匭菁茅』句之古注。）

無逸　周書

大社惟松，東社惟柏，南社惟梓，西社惟栗，北社惟槐。天子之社濶五丈，諸侯社半之。（書鈔八七。）

屈萬里曰：『案書鈔此文，蓋據白虎通社稷篇。白虎通引此文作「尚書曰」云云。疑編書鈔時，題曰「尚書逸篇」（陳立白虎通疏證即作「尚書逸篇曰」云云。）；後人傳鈔、傳刻，遂於「逸」字上誤加「無」字，而又刪去「篇」字耳。此數語與無逸之文不類，似既非本篇逸文，亦無處著此注語。惟究係尚書逸篇之文，抑出於書緯，乃至爲召誥「乃社于新邑」句下漢人之註語？今則莫能詳矣。』

陳槃曰：『案白虎通疏證曰：「北史劉芳傳亦引尚書逸篇大社唯松。又郊特牲疏、初學記引其大社唯松五句，稱尚書無逸篇。無字當衍文也。」孔廣陶北堂書鈔校注曰：「類聚、御覽皆引作尚書逸篇。」今考涵芬樓景元大德刊宋本白虎通作「尚書亡篇」，「亡」「逸」義同；又「亡」「毋」「無」古今字，尚書無逸，周本紀作無佚、魯世家作毋逸、漢書梅福傳作亡逸、漢石經作毋劮。然則曰「尚書亡篇」、「尚書逸篇」，自易曼衍作「尚書亡逸篇」。不知者以「亡逸」爲篇名，則成「尚書無逸篇」矣，若書鈔之等是矣。然湖北崇文書局翻元大德刊本（即百子全書本）及翼鵬先生引明刊白虎通並作「尚書曰」，無「逸篇」「亡篇」字，即謂此爲原本面目，蓋亦可能。同書禮樂篇引「禮記曰：黃帝樂曰咸池……」；考黜篇亦引「禮記」九錫之文，皆緯書，非大小戴記之謂也。以此推之，則此白虎通之所謂「尚書曰」，蓋亦是尚書緯之類，不必定爲尚書之「逸篇」，似亦無不可也。』又曰：『別有所謂尚書金縢者，搜神記六引其文曰：「山徙者，人君不用道士，賢者不興，或祿去公室，賞罰不由君，私門成羣。不救，當爲易世變號。」案此亦尚書緯文，而冒襲金縢之目。豈白虎通所引書緯，本亦襲用無逸之目題作尚書無逸篇（或亡逸篇），後人疑之，輒以肊芟削，故或作「尚書亡篇」，或作「尚書逸篇」，或則「亡」「逸」二字並亦芟去；獨書鈔、郊特牲正義、初學記引作「尚書無逸篇」者爲得其實耶？莫能明也。』

多方　周書

害虐烝民。（書鈔四一。僞古文武成有此句。）

逸書

懷遠以德。（書鈔十。）

內脩諸己，思先王之道。（書鈔十七。）

順命尊文。（書鈔十七。）

狄舜正。（書鈔二一。）

賞不加功。（書鈔三十。）

日月不可離，故曰歲得閏餘爲雌。注曰：閏，共也。四歲合一月謂冬至。（書鈔一五三。疑是尚書緯之文）

附錄二

僞古文尚書斠證

大禹謨

稽于衆，

郭忠恕汗簡云：『古文尚書稽作乩。』案書鈔一百引此稽正作乩。乩乃卟之變，說文：『卟，卜以問疑也。讀與稽同。書云：卟疑。』（前賢多疑『書云：卟疑』四字爲徐鉉所增。）今周書洪範卟作稽，與此可互證。

儆戒無虞。

阮元云：『儆，古文作敬。』案治要引儆正作敬。

侮慢自賢，

案治要引慢作嫚，古通。荀子君子篇：『慢賢者亡。』治要引慢作嫚，史記留侯世家：『皆以爲上慢侮人。』漢書慢作嫚，並其比。

三旬，苗民逆命。

案治要引苗上有有字，與上下文一律。

五子之歌

徯于洛之汭。

案治要引徯作傒，義同。

懍乎若朽索之馭六馬。

案治要引懍作廩，注：『廩，危皃也。』（今本僞孔傳廩作懍。）廩借爲凜。說文：『凜，寒也。』引申有危義。懍，俗字。僞古文泰誓中：『百姓懍懍。』治要引作『廩廩，』與此同例。說苑政理篇：『懍懍焉如以朽索御奔馬。』家語致思篇：『懍懍焉若持腐索之扞馬。』劉子慎隟篇：『懍懍焉若朽索之馭六馬也。』此文『懍乎，』疑本作『懍懍乎。』乎、焉同義。僞孔傳：『懍，危貌。』疑本作『懍懍，危貌。』孔疏：『懍懍，心懼之意。故爲危貌。』可證也。

甘酒嗜音，峻宇彫牆。

阮元云：『孫志祖云：「玉篇口部引作：酣酒嗜音。」宋臨安石經彫作雕。』案書鈔二一引甘亦作酣；敦煌本帝王略論彫亦作雕。

乃厎滅亡。

案書鈔四二引作『國乃滅亡。』

荒墜厥緒，

案治要引墜作墮，義同。

雖悔可追！

案可猶何也。晏子春秋外篇重而異者第七：『夫作密近，不爲大利變。』治要引何作可，文子九守篇：『禍福之間，可足見也！』景宋本可作何。並可、何古通之證。（說互詳斠讎學四五頁。）

胤征

先王克謹天戒，

案書鈔九引謹作勤，勤亦借爲謹。

遒人以木鐸徇于路，

案書鈔十引徇作循，古通。僞古文泰誓中：『王乃徇師而誓曰，』傳：『徇，循也。』即其證。徇乃𢓊之隸變，說文：『𢓊，行示也。』

仲虺之誥

佑賢輔德，顯忠遂良。

案治要引佑作右，遂作進。佑、右古通，敦煌本佑多作右。遂、進同義，僞孔傳：『良則進之。』正以進詁遂。

德日新，萬邦惟懷；志自滿，九族乃離。

案書鈔八引德上有惟字，疑涉下句而衍。『萬邦惟懷；』『九族乃離，』惟、乃互文，惟猶乃也。莊子至樂篇：『彼惟人言之惡聞，奚以夫譊譊爲乎！』惟亦與乃同義。

湯誥

克綏厥猷惟后。

案書鈔十引猷作繇，古通。

其爾萬方有罪，在予一人；予一人有罪，無以爾萬方。

案論衡感虛篇：『傳書言湯遭七年旱，以身禱於桑林，自責以六過，天乃雨；或云五年。禱辭曰：余一人有罪，無及萬夫；萬夫有罪，在余一人。』唐趙蕤長短經大私篇：『湯曰：朕身有罪，無及萬方；萬方有罪，朕身受之。』此文『無以爾萬方，』論衡、長短經以並作及，以與及同義。

伊訓

先王肇修人紀，

案治要引『先王』作『先后，』義同。

太甲中

王拜手稽首曰，

案治要引此無手字。僞古文說命中、說命下並云：『說拜稽首曰。』與此句例同。

太甲下

有言逆於汝心，必求諸道；有言遜于汝志，必求諸非道。

案書鈔一百引兩汝字並作爾。

說命上

若金，用汝作礪；若濟巨川，用汝作舟楫；若歲大旱，用汝作霖雨。啓乃心，沃朕心。若藥弗瞑眩，厥疾弗瘳；若跣弗視地，厥足用傷。

案潛夫論五德志篇：『若金，用汝作礪；若濟巨川，用汝作舟楫；若時大旱，用汝作霖雨。

啓乃心，沃朕心。若藥不瞑眩，厥疾不瘳；若跣不視地，厥足用傷。」

疇敢不祗若王之休命。

案治要引疇作誰，義同。作疇是故書。

說命中

不惟逸豫惟以亂民。

案書鈔九引以作其，義同。

惟干戈省厥躬。

釋文：『省，一本作眚。』案敦煌本省正作眚。省、眚古通，釋名釋天：『眚，省也。』

說命下

一夫不獲，則曰時予之辜。

釋文：『古本辜作罪。』案書鈔四九引作『一夫不得所，爲己罪。』僞孔傳：『伊尹見一夫不得其所，則以爲己罪。』似所據本獲下原有所字。

專美有商。

案敦煌本美作媺，媺、美古、今字。

敢對揚天子之休命。

阮元云：『唐石經無之字。』案敦煌本之字補在子字下旁，疑原本亦無之字。

泰誓上

阮元云：『泰誓當作太誓。』案書鈔一一六兩引，一引泰作太。史記周本紀亦作太。

大會于孟津。

案治要引孟作盟，古通。史記殷本紀、周本紀並作盟津。

明聽誓。

案書鈔一一六引作『咸聽誓言。』據僞孔傳：『無不皆明聽誓。』似所據本明上原有咸字。

刳剔孕婦。

案治要引剔作狄。狄，蓋古文剔。剔、狄同字，猶逷、逖同字也。

泰誓中

王乃徇師而誓曰，

案書鈔十八引徇作巡，誓下有衆字。徇、巡古通，廣雅釋言：『徇，巡也。』

百姓懍懍，

案書鈔四一引懍作凜；治要引作廩。本字作癛。凜，隸省；廩，借字；懍，俗字。（參看五子之歌。）

乃一德一心，立定厥功。

案書鈔十八引作『一迺心，立定厥功。』迺與乃同，傳：『汝同心立功，』亦不言德。大禹謨：『爾尚一乃心力，其克有勳。』與此句法相似。

泰誓下

斮朝涉之脛，剖賢人之心。

案呂氏春秋過理篇：『截涉者脛而視其髓，……殺比干而視其心。』淮南子俶眞篇：『剖賢人之心，析才士之脛。』褚少孫補史記龜策傳：『聖人剖其心，壯士斬其胻。』集解：『胻，脚脛也。』

作奇技淫巧以悅婦人。

案以，疑本作台，台誤爲㠯，復易爲以耳。史記周本紀說太誓作『用變亂正聲怡說婦人。』台、怡古、今字。

奉予一人，恭行天罰。

案史記說太誓：『故今予發，維共行天罰。』又見下文說牧誓。（周書牧誓共作恭。）共、恭古通。

武成

乃偃武修文，歸馬于華山之陽，放牛于桃林之野。示天下弗用。

案書鈔十五引馬下、牛下並無于字。韓詩外傳三：『馬放華山之陽，示不復乘；牛放桃林之野，示不復服也。』史記樂書：『馬散華山之陽，而弗復乘；牛散桃林之野，而不復服。』留侯世家：『今陛下能偃武行文，不復用兵乎?……休馬華山之陽，示以無所爲。……放牛桃林之陰，以示不復輸積。』(又見新序善謀篇、漢書張良傳。)說苑指武篇：『縱馬華山，放牛桃林。示不復用。』

血流漂杵。

案論衡藝增篇、恢國篇漂並作浮。說文：『漂，浮也。』

一戎衣天下大定。

案治要引一作壹，書鈔十三引衣下有而字，並與中庸合。

釋箕子囚，封比干墓，式商容閭，散鹿臺之財，發鉅橋之粟。

阮元云：『唐石經干下旁增之字，容下同。』案荀子大略篇：『表商容之閭，釋箕子之囚，哭比干之墓。』韓詩外傳三：『封比干之墓，釋箕子之囚，表商容之閭。』淮南子主術篇：『發鉅橋之粟，散鹿臺之錢，封比干之墓，表商容之閭，……解箕子之囚。』道應篇：『封比干之墓，表商容之閭，柴箕子之門，……發鉅橋之粟，散鹿臺之錢。』泰族篇：『表商容之閭，封比干之墓，解箕子之囚。』史記殷本紀：『釋箕子之囚，封比干之墓，表商容之閭。』齊世家：『散鹿臺之錢，發鉅橋之粟以振貧民。封比干墓，釋箕子囚。』留侯世家：『表商容之閭，釋箕子之拘（集解：『徐廣曰：拘，一作囚。』）封比干之墓，……發鉅橋之粟，散鹿臺之錢以賜貧窮。』（又見新序善謀篇、漢書張良傳。）說苑指武篇：『於是發巨橋之粟，散鹿臺之財。』

旅獒

太保乃作旅獒，

　案治要引太作大。

無有遠邇，

　案書鈔三一、治要引邇並作近，義同。

分寶玉于伯叔之國，

　案治要引寶作珤，下同。珤，古文寶。

犬馬非其土性不畜。

　案治要引性作生，生、性古通。據僞孔傳：『非此土所生不畜。』所據本蓋原作生。

爲山九仞，功虧一簣。

案論語子罕篇：『譬如爲山，未成一簣。』

蔡仲之命

乃命諸王邦之蔡。

案書鈔四六引之下有於字。左僖二十七年傳作『見諸王而命之以蔡。』以猶於也。

惟厥終，

案治要引厥作其，同。

周官

各率其屬，

案治要引率作帥，古通。書鈔五三兩引此文，一引亦作帥。

欽乃攸司，

案書鈔十八引攸作逌，敦煌本攸字多如此作。

畢命

政由俗革，

案書鈔二七引由作繇，蓋古本如此。

君牙

紀于太常。

案治要引太作大，逸周書嘗麥篇同。

今命爾予翼，

案治要引翼作翊，翼、翊正、假字。

冋命

今予命汝作大正，

阮元云：『古本正上有僕字。』案治要引正上亦有僕字。

懋乃后德，

傳：『勉汝君爲德。』案書鈔一百引作『懋乃厚悳。』后爲君后字，則不當作厚。蓋由后誤爲後，復易爲厚耳。（釋名釋言語：厚，後也。）悳，古德字。

一九六四年一月二十一日脫稿於新嘉坡大學中文系研究室。

論語斠理

昔年讀論語，參驗羣籍，於字句之疑滯者，時有點勘，丹鉛雜施，積稿凌亂。近人討治是書，發明大義者多，斠理字句者少，區區之見，未忍棄置。因據景宋巾箱本，條次成篇，此尋行數墨之得，未敢敝帚自珍也。

學而第一

學而時習之，

案之猶焉也。

有朋自遠方來，

陸德明釋文：『有，或作友。』

阮元校勘記云：『白虎通辟雍篇引「朋友自遠方來。」又鄭氏康成注此云：「同門曰朋，同志曰友。」是舊本皆作友字。』

洪頤煊讀書叢錄七：『文選陸機挽歌：「友朋自遠方。」李善注引論語爲證，有亦當作友。』

案鄭注言朋及友，或連類及之，所據正文是否作友，未敢遽斷。此猶皇侃義疏：『同處師門曰朋，同執一志爲友。』亦朋友並言。而所據正文實作『有朋自遠方來』也。文選陸機挽歌注引此文，宋淳熙本作『友朋自遠方來。』

其爲人也孝弟，

釋文：『弟，本或作悌，下同。』

阮元云：『皇本弟作悌，注及下並同。』

案日本正平本弟亦作悌，下同。治要、御覽四一六引下文並同。白虎通三綱六紀篇：『弟者，悌也。心順行篤也。』

孝弟也者，其爲仁之本與！

阮元云：『攷文引足利本無爲字。』

俞樾平議云：『爲字乃語詞，阮氏校勘記曰：「足利本無爲字。」蓋語詞無實義，故省之也。「其爲仁之本與！」猶云「其仁之本與！」』

案正平本亦無爲字，治要引同。

與朋友交而不信乎？

阮元云：『皇本、高麗本交下有言字。』

案正平本交下有言字，據下文『與朋友交，言而有信。』疑有言字是。阮氏所稱高麗本，實即正平本。楊守敬古逸叢書覆正平本論語集解後序云：『錢遵王述古堂一通，因得自朝鮮，遂誤以爲朝鮮刊本，蓋彼時未知正平爲日本年號也。』阮氏蓋亦沿此而誤耳。

道千乘之國。

釋文：『道，音導。本或作導。』

阮元云：『皇本、高麗本道作導。』

案治要引道亦作導。道、導古通，爲政篇：『道之以政。』史記酷吏列傳、治要、御覽五二三、六三五並引作導；子張篇：『道之斯行。』敦煌何晏集解本（伯目二六二八）、正平本道並作導，亦同例。

夫子至於是邦也，

案史記仲尼弟子列傳『至於是』作『適是，』田叔列傳贊引作『居是。』

夫子之求之也，其諸異乎人之求之與！

阮元云：『皇本與下有也字。攷文引足利本作「夫子之求也，其諸異乎人求之與！」』

案敦煌皇侃義疏本（伯目三五七三）與下無也字。今皇本有也字，蓋由與，一本作也，遂並溷入耳。史記仲尼弟子列傳與正作也。正平本此文作『夫子之求也，其諸異乎人求之與！』

與足利本同。求下、人下並脫之字。

可謂好學也已。

阮元云：『漢石經作「可謂好學已矣。」皇本作「可謂好學也已矣。」筆解作「可謂好學也矣。」』

案正平本作『可謂好學也已矣。』與皇本合，是也。子張篇亦云：『可謂好學也已矣。』漢石經脫也字，筆解脫已字，此本脫矣字（唐石經同）。泰伯篇：『泰伯其可謂至德也已矣。』子罕篇：『吾末如之何也已矣。』（又見衞靈公篇。）先進篇：『亦各言其志也已矣。』顏淵篇：『可謂明也已矣。』『可謂達也已矣。』皆以『也已矣』連文。

子貢曰：貧而無諂。

阮元云：『皇本作「子貢問曰。」』

案敦煌皇本無問字。史記仲尼弟子列傳有問字，與今皇本合。

未若貧而樂，

阮元云：『皇本、高麗本樂下有道字。下二節孔疏及皇、邢兩疏亦有道字。』（參看洪頤煊讀書叢錄七、劉寶楠論語正義一。）

案敦煌皇本樂下無道字。下文皇氏義疏：『云「未若貧而樂道者。」』敦煌本亦無道字。

告諸往而知來者。

阮元云：『皇本者下有也字。』

案敦煌皇本無也字。正平本有也字，與今皇本合。

不患人之不己知，患不知人也。

釋文：『「患不知也。」本或作「患己不知人也。」俗本妄加字。今本「患不知人也。」』

阮元云：『皇本作「不患人之不己知也，患己不知人也。」〔臧琳〕經義雜記云：「據釋文知古本作『患不知也。』蓋與里仁『不患莫己知，求爲可知也。』先進『居則曰：「不吾知也。」如或知爾，則何以哉？』語意同。今邢疏及集注本皆作『患不知人也。』人字亦淺人所加。」此節皇本有「王肅曰：但患己之無能知也。」十一字注，各本皆脫。』

劉寶楠云：『高麗、足利本亦作「患己不知人也。」』

案皇本『不己知』下有也字，涉下也字而衍。『患不知人也。』臧氏從釋文本作『患不知也。』惟據王肅注『但患己之無能知也。』則此文蓋本作『患己不知也。』釋文引或本、皇本、高麗本（即正平本）、足利本患下皆有己字，是也；惟知下皆衍人字。唐石經及今本亦皆衍人字。『不患人之不己知，患己不知也。』憲問篇：『不患人之不己知，患己無能也。』句例正同。

為政第二

吾十有五而志于學。

阮元云：『漢石經、高麗本于作乎。皇本于作於。』

案敦煌皇本于亦作乎。

七十而從心所欲。

案敦煌皇本從作縱，御覽三七六引同。

舉直錯諸枉，

釋文：『錯，鄭本作措，投也。』

阮元云：『措，正字。古經傳多假錯為之。』

案御覽四二七引錯亦作措。顏淵篇：『舉直錯諸枉，』治要引錯作措；子路篇：『則民無所措手足。』史記孔子世家措作錯。錯並措之借字。

舉善而教不能，則民勸。

案善與『不能』對言，能猶善也。史記萬石列傳『有姊能鼓琴』，御覽五一七引能作善，即能、善同義之證。『舉善而教不能』，猶言『舉善以教不善』耳，注疏諸家並未得能字之義。

十世可知也？

釋文：『鄭本作「可知。」』

案敦煌皇本『可知』下亦無也字。

雖百世可知也。

阮元云：『皇本、高麗本可上有亦字。』

案敦煌皇本可上無亦字，知下無也字。正平本知下亦無也字。

八佾第三

天子穆穆。奚取於三家之堂！

阮元云：『皇本「穆穆」下有矣字。』

案敦煌皇本『穆穆』下無矣字。有矣字，不詞。蓋奚字之誤而衍者。

女弗能救與？

阮元云：『皇本、高麗本弗作不。』

案御覽五二五引弗亦作不。

美目盼兮。

阮元云：『毛本盼作盻，下竝同。說文：「盼，詩曰：『美目盼兮。』从目，分聲。盻，恨視也。从目，兮聲。」音義迴別。毛本改从分，是。』

案皇本盼亦作盼。宋史繩祖學齋佔畢一引同。

子曰：『關雎，樂而不淫，哀而不傷。』

案敦煌皇本此章，與下『哀公問社於宰我』章互易。

使民戰栗。

阮元云：『皇本、高麗本栗下有也字。』

案敦煌皇本無也字。

焉得儉？

阮元云：『皇本、高麗本儉下有乎字。』

案敦煌皇本無乎字。

然則管仲知禮乎？

案御覽一八五引『管仲』作『管氏。』

邦君爲兩君之好有反坫，管氏亦有反坫。

阮元云：『毛本坫竝誤玷。』

案敦煌皇本坫亦並誤玷。

從之，純如也。

阮元云：『孔子世家從作縱，後漢書班固傳注亦引作縱。當是古論。』

案卷子本玉篇糸部引從亦作縱。

里仁第四

富與貴，是人之所欲也。

案弘明集一漢牟融理惑論引此無也字；下文『是人之所惡也。』亦無也字（正平本亦無也字）。

貧與賤，是人之所惡也；不以其道得之，不去也。

論衡問孔篇：『貧賤何故當言得之？顧當言「貧與賤，是人之所惡也；不以其道去之，則不去也。」當言去，不當言得。得者，施於得之也；今去之，安得言得乎？獨富貴當言得耳。』

案富貴當言得，貧賤不當言得，王說是也。惟此文如作『不以其道去之，不去也。』則上文言富貴，當作『不以其道得之，不得也。』文乃一律。上文既作『不以其道得之，不處也。』則此文得字義雖不通，亦不當作去也。竊疑此文本作『不以其道棄之，不去也。』棄與去相應，猶上文得與處相應。棄之作得，即涉上文得字而誤耳。

我未見力不足者。

阮元云：『皇本「不足者」下有也字。』

案正本乎者下亦有也字。

人之過也。

阮元云：『皇本、高麗本人作民。』

案治要引人亦作民。

不能以禮讓爲國，

案治要引國下有乎字。

患所以立。

案王符潛夫論忠貴篇、唐趙蕤長短經是非篇並引作『患己不立。』

公冶長第五

雖在縲絏之中，

釋文本絏作紲，云：『本今作絏。』

阮元云：『皇本、高麗本絏作紲，宋石經亦作紲。案字本作紲，唐人避太宗諱改作絏。』

劉寶楠云：『說文無縲字，纍下云：「綴得理也；一曰，大索也。」縲與纍同。史記此文作累，累即纍之省。』

案卷子本玉篇系部引『縲絏』作『累紲。』莊子外物篇：『夫揭竿累。』釋文：『累，本亦作纍。』累亦纍之省也。

屢憎於人。

阮元云：『高麗本作「屢憎民。」』

案論衡荅佞篇人亦作民。

乘桴浮于海。

阮元云：『皇本于作於。』

案正平本于亦作於。

吾與女弗如也。

案論衡問孔篇『弗如也。』作『俱不如也。』據包注：『復云「吾與女俱不如」者，蓋欲以慰子貢也。』疑所見本與論衡同。

朽木不可雕也。

阮元云：『唐石經、宋石經俱作彫。漢書董仲舒傳、論衡問孔篇、詩大雅棫樸正義，亦俱引作彫，是。作雕者，用假借字。』

案漢書董仲舒傳引『朽木』作『腐朽之木，』與下『糞土之牆』對言。皇本、正平本雕亦並作彫。

糞土之牆不可杇也。

釋文本杇作圬，云：『本或作杇，鏝也。』

阮元云：『皇本杇作圬。史記弟子列傳、漢書董仲舒傳俱作圬。蓋論語古本作圬。說文：「杇，所以塗也。」杇當是正字，圬乃杇之假借耳。』

案圬，或杇字，非杇之假借也。御覽三九三、七六四引杇並作污，義略同。說文：『污，一曰涂也。』

子路有聞，未之能行。

阮元云：『皇本、高麗本無之字。』

案皇本有之字，阮氏失檢。

孔文子何以謂之文也？

案治要引無也字；下文『是以謂之文也。』亦無也字。

子張問曰，

案論衡問孔篇無曰字，御覽四四五引同。

棄而違之。

劉寶楠云：『唐石經棄作弃，即古棄字。』

案御覽四四五引棄亦作弃。子路篇：『雖之夷狄，不可棄也。』『以不教民戰，是謂棄之。』

治要引棄亦並作弃。

或乞醯焉。

阮元云：『高麗本或下有人字。』

案正平本或下無人字，阮氏恐失檢。

敝之而無憾。

阮元云：『皇本敝作弊。敝，正字。弊，俗字。』

案藝文類聚二六、御覽四百六引敝亦並作弊。子罕篇：『衣敝縕袍，』卷子本玉篇糸部、御覽六九三引敝並作弊，亦俗字。

不如丘之好學也。

案御覽六一四引也下有『已矣』二字。本書多以『也已矣』連文。

雍也第六

冉子爲其母請粟。

案御覽八百四十引『冉子』作『冉有。』史記仲尼弟子列傳同。

子曰：『女得人焉耳乎？』

案御覽四二九引『子曰』作『孔子問之曰。』

述而第七

子曰：述而不作。

案廣弘明集八釋道安二教論君爲教主三，引述上有吾字。據皇疏：『孔子自言：我但傳述舊章，而不新制禮樂也。』或所見本亦有吾字與？

德之不脩，學之不講，聞善不能徙，不善不能改。

阮元云：『皇本、高麗本每句下竝有也字。』

案治要引徙下、改下，亦並有也字。

富而可求也，雖執鞭之士，吾亦爲之；如不可求，從吾所好。

劉寶楠云：『史記伯夷列傳引「富貴如可求。」此出古論，以「富貴」連文。而與如義通也。』

案韓詩外傳一、說苑立節篇、鹽鐵論貧富篇、景宋本白帖九引求下並無也字，與史記同。鹽鐵論引士作事，士猶事也，說文：『士，事也。』說苑引『如不可求，』作『富而不可求。』

齊、戰、疾。

釋文：『齊，本或作齋，同。』

案御覽五百三十引齊亦作齋；又引鄉黨篇：『齊，必有明衣、布。齊，必變食。』齊亦並作齋。

曰：『古之賢人也。』

案文選左太沖招隱詩注引曰上有子字。

子曰：『加我數年，五十以學易，可以無大過矣！』

釋文：『易，如字。魯讀易爲亦，今從古。』

錢穆先秦諸子繫年卷一孔子五十學易辨云：『論語：「子曰：加我數年，五十以學易，可以無大過矣。」此條解者，從來不一。易乾鑿度云：「孔子占易，得旅，息志停讀，五十，究作十翼。」田藝蘅留青日札云：「此言『五十，』即乾鑿度之『五十』也。」是謂孔子以五十之年學易也。世家云：「孔子晚而喜易，序、彖、繫、象、說卦、文言。讀易，韋編三絕，曰：假我數年，若是，我於易則彬彬矣。」或云：「古五字如七，孔子晚而好易，或是此語。」是謂孔子以七十之年學易也。兪樾續論語駢枝云：「此當以『加我數年』爲一句。『五十』爲一句。『以學易』爲一句。『五十』二字，承『加我數年』而言，言或五或十也。」是亦取世家「晚而喜易」之說，而略變之也。今按：惠棟論語古義云：「魯論易爲亦，君子愛日以學，及時而成。五十而學，斯爲晚矣！然，秉燭之明，尚可寡過。此聖人之謙辭也。」陳鱣論語古訓云：「『五十以學』者，即『蘧伯玉行年五十而知四十九年之非』意也。『亦可以無大過矣』者，即『欲寡其過』意也。」毛奇齡論語稽古篇云：「古者四十強仕，五十服官政，六十則不親學矣。」通觀諸說，魯論爲是。又正義曰：「此章孔子言其學易年也。『加我數年。』方至五十，謂四十七時也。」林春溥曰：「正義以爲『四十七時』語，嘗疑其無據，及讀史記，『孔子四十七歲，以陽虎叛，不仕。退修詩、書、禮、樂，弟子彌衆。』乃知斯語之非妄。」（林說，見開卷偶得卷六。）今按：孔子以五十一出宰中都，其前皆不仕，正義「四十七時」語，殆爲近是。惟古者無六經之目，易不與詩、書、禮、樂同科，孔子實未嘗傳易。今十傳皆不出孔子，世家亦但言「孔子四十七，不仕，而修詩、書、禮、樂。」並不及易。而正義謂「言其學易之年，」明爲誤矣！世家又謂「孔子晚而喜易，序易傳。」蓋皆不足信。」

案景宋本白帖二五引『以學』作『而學，』義同。錢先生詳徵衆說，從魯論；並證孔子未嘗傳易，是也。惟此文從魯論讀易爲亦，亦字自當屬下讀；從古論作易，易字亦當屬下讀，易、亦古通，荀子儒效篇：『抑亦變化矣，天下厭然猶一也。』元本、明沈津百家類纂本、清百子全書本亦並作易。黃帝內經素問氣厥論篇：『謂之食亦，』唐王冰注：『亦，易也。』骨空論篇：『易髓無空，』注：『易，亦也。』列子黃帝篇：『二者亦知，』張湛注：『亦當作易，』殷敬順釋文引一本作易。皆其證。後人不識易爲亦之借字，誤信孔子傳易之說，遂以易字屬上斷句耳。（說互詳拙著斠讎學通例章二〇六葉。）

好古敏以求之者也。

劉寶楠云：『皇本敏下有而字。』

案正平本以作而，義同。皇本既有而字，則不當復有以字。

三人行，必有我師焉。

阮元云：『唐石經、皇本三上有我字，有作得。案釋文出「我三人行，」云：「一本無我字。」下出「必得我師焉。」云：「本或作『必有。』」與唐石經、皇本合。觀何晏自注及邢昺疏竝云：「言我三人行，」即朱子集注亦云：「三人同行，其一我也。」當以皇本爲是。』馮登府石經補攷云：『石經三上多一我字，有作得。皇本、正平本、江熙注、穀梁注，引此文竝有我字。至有作得，釋文亦同。史記孔子世家亦作「三人行，必得我師。」皇本、正平本亦作得。蓋古本如此。』（節引。參看劉寶楠正義。）案治要引三上亦有我字，有亦作得。有猶得也。王符潛夫論德化篇引此文與今本同。

其不善者而改之。

案潛夫論引『而改之，』作『我則改之。』

二三子以我爲隱乎？

阮元云：『皇本隱下有子字。』

案正平本隱下亦有子字，不詞。蓋涉上子字而衍。

孔子曰：『知禮。』

案御覽五四三引曰上有對字。

君子亦黨乎？君取於吳，爲同姓。

案正平本無『君子亦黨乎』句，取作娶。娶、取正、假字。釋文本亦作娶。

子與人歌而善，必使反之，

案史記孔子世家必作則，則猶必也。（王引之經傳釋詞、吳昌瑩經詞衍釋並無此義。）陽貨篇：『君子三年不爲禮，禮必壞；三年不爲樂，樂必崩。』北堂書鈔八十引兩必字並作則，亦同例。劉子誡盈篇：『勢積則損，財聚必散（明程榮漢魏叢書本、清王謨重刻漢魏叢書本、王灝刻畿輔叢書本必並作則）。』明謙篇：『高必以下爲基，貴則以賤爲本（國策齊策、淮南子道應篇引老子則並作必）。』則、必並互用，明其義相同也。

誄曰：『禱爾于上下神祇。』

釋文：『誄，說文作讄。』

案卷子本玉篇引誄亦作讄，于作乎。

奢則不孫，儉則固；與其不孫也，寧固。

釋文：『孫，音遜。』

阮元云：『皇本孫作遜，後放此。依說文當作愻。』

案正平本孫亦並作遜。弘明集一漢牟融理惑論、御覽四九三引並同。憲問篇：『危行言孫，』陽貨篇：『惡不孫以爲勇者，』『近之則不孫。』正平本孫亦皆作遜。

泰伯第八

案治要引泰作太，同。呂氏春秋（劉知幾史通疑古篇引）、御覽四二三引下文亦並作太。

民無得而稱焉。

案風俗通過譽篇引稱下有之字。

巍巍乎唯天爲大，唯堯則之。

案下文已言『巍巍乎其有成功也！』此不當有『巍巍乎』三字。蓋涉下文而衍。孟子滕文公上篇、論衡初稟篇、自然篇、齊世篇、須頌篇、曹子建求通親親表、敦煌本唐虞世南帝王略論引此文，皆無『巍巍乎』三字。

巍巍乎其有成功也！煥乎其有文章！

案文選皇甫士安三都賦序注、治要，引『文章』下並有也字，與上文一律。

三分天下有其二，以服事殷；周之德，其可謂至德也已矣！

案史通疑古篇引作『大矣，周之德也！三分天下有其二，猶服事殷。』恐非此文之舊。惟易以爲猶，最得其義。曹植周文王贊亦云：『三分有二，猶復事商。』

禹，吾無閒然矣！菲飲食而致孝乎鬼神；惡衣服而致美乎黻冕。

案治要引下乎字作于。史記夏本紀正義引孝經鉤命決云：『禹，吾無閒然矣！菲飲食而致孝乎鬼神；惡衣服而致美乎黻冕。』蓋本於此。

卑宮室而盡力乎溝洫。

案說文水部引乎作于，御覽七五引作於。

子罕第九

子罕言利，與命，與仁。

史繩祖學齋佔畢一『與命與仁別句』條云：『論語謂「子罕言利，與命與仁。」古注及諸家皆以爲三者子所希言，余獨疑之。利者，固聖人深恥而不言也。雖孟子猶言「何必曰利，」況孔聖乎？故魯論中止言「放於利而行，多怨。」及「小人喻於利。」之外，深斥之，而無言焉。至如命與仁，則自乾坤之元，孔子文言已釋爲「體仁」矣。又曰「乾道變化，各正性命。」曷嘗不言？且考諸魯論二十篇，問荅言仁，凡五十三條，張南軒已集爲洙泗言仁，斷之曰言矣。又命字亦非一，如「道之將行？命也；道之將廢？命也。公伯寮其如命何？」又曰「亡之，命矣夫！」又曰「五十知天命。」又曰「死生有命。」又曰「不幸短命。」又曰「不知命，無以爲君子。」是豈不言哉？蓋子罕言者，獨利而已。當以此句作一義；曰命曰仁，皆平日所深與，此句別作一義。與者，許也。論語中與字自作兩義，如「吾與點也，」「吾無行而不與二三子者，」又「與其進也」，「與其潔也，」「吾非斯人之徒與而誰與？」「義之與比，」「丘不與易也，」「吾不與也。」等字，皆其比也。當以理推之。』

案前儒注釋此文，大都以『罕言』二字，兼利、命、仁三者言之，即以兩與字爲聯詞。然論語中言利之文固少；言命、言仁之例則頗多，並以爲罕言，雖百端曲解，終覺未安。史氏以『子罕言利。』爲一義；『與命與仁。』別作一義，云『與者，許也。』吾友楊希枚先生極贊其說，曾撰『論語子罕章句問題評斷』一篇，（載民主評論第六卷第二十四期。）謂此文『應讀作「子罕言利；與命，與仁。」意即孔子贊言仁、命，而罕言利。與字爲動詞，即「贊譽、」「許與」之與或譽。』蓋可謂決千古之疑者矣！惟兩與字之義，似尚可進一解，竊以爲與當讀爲舉，（周禮地官師氏：『王舉則從。』鄭注：『故書舉爲與。』史記呂后本紀：『蒼天舉直。』徐廣注：『舉，一作與。』並與、舉通用之證。）舉猶言也。（禮記雜記下：『過而擧君之諱則起。』鄭注：『擧猶言也。』）『與命，與仁』者，『言命，言仁』也。孔子罕言利；而言命，言仁。上用言字；下用兩與字，文義相同。偶檢宋羅泌路史發揮卷五大麓說云：『命者，安亂禦妄之正理也。論語二十篇，終之以「不知命；」而今之君子皆曰「孔子不言命。」夫命孔子之所與也，曷不言哉！』又有注云：『「與命，與仁。」豈不言仁！』謂孔子言命，言仁。是也。

今拜乎上，泰也。

案正平本無也字，是也。『今拜乎上，泰。』與上文『今也純，儉。』對言。

我叩其兩端而竭焉。

案卷子本玉篇言部引叩作⿰言口；並引說文云：『⿰言口，扣也。』扣、叩古、今字。

鳳鳥不至，河不出圖，吾已矣夫！

案藝文類聚九十引鶡冠子亦有此文。

末由也已！

案史記孔子世家末作蔑，義同。

韞匵而藏諸？求善賈而沽諸？

釋文：『匵，本又作櫝。馬云：「匱也。」鄭同。』

阮元云：『二字音、義皆同。』

案御覽七一三、八百四引匵並作櫝。說文匵、櫝並訓匱。御覽又引賈作價，俗。下文『我待賈者也。』文選馬季長長笛賦注引賈亦作價。

未成一簣，止，吾止也。

案下止字疑本作已，『止，吾已也。』與下文『進，吾往也。』相對成義。荀子宥坐篇作『如丘而止，吾已矣。』可正此文下止字之誤。

歲寒，然後知松柏之後彫也。

釋文：『彫，字當作凋。』

阮元云：『皇本彫作凋。彫是假借字。』

案文選潘安仁西征賦注、殷仲文南州桓公九井作詩注引雕並作凋，史記伯夷列傳、潛夫論交際篇並同。『後彫』猶『不凋，』史記項羽本紀：『項王已死，楚地皆降，獨魯不下，』荀悅漢紀三不作後，即不、後同義之證。

唐棣之華，偏其反而。

阮元云：『春秋繁露竹林篇、文選廣絕交論注並引作「棠棣。」』

案道藏本劉子明權篇：『若棠棣之華，反而更合也。』廣弘明集十三釋法琳辨正論十喻篇下

：『反常合道，詩人美棠棣之華。』唐亦並作棠。

未之思也夫！

釋文：『未，或作末者，非。』

案末猶未也，王引之經傳釋詞十有說。

鄉黨第十

恂恂如也。

案文選任彥昇宣德皇后令注引作『恂恂然。』

紅紫不以爲褻服。

案卷子本玉篇糸部、玉燭寶典六引褻並作褺，俗。下文『褻裘長，』御覽六九四引褻亦作褺。

當暑，袗絺綌。

阮元云：『皇本袗作縝。縝，俗字。』

案御覽八一九引袗亦作縝。

褻裘長，

阮元云：『說文引作「紲衣長。」』

案卷子本玉篇糸部引褻亦作紲；並云：『字書亦褻字也。』

魚餒而肉敗，

阮元云：『餒，說文作餧。从食，委聲。餧、餒古、今字。』

劉寶楠云：『史記世家作餧。』

案卷子本玉篇食部引餒亦作餧。衞靈公篇：『耕也，餒在其中矣。』卷子本玉篇引餒亦作餧。

沽酒、市脯，

劉寶楠云：『沽與酤同。說文云：「酤，一宿酒也。一曰，買酒也。」「沽酒，」當謂「買酒」也。』

案御覽八二八引沽正作酤。

不撤薑食。

阮元云：『石經考文提要引宋本九經撤作徹。說文無撤字，撤乃徹之俗字。』

案史繩祖學齋佔畢三引撤亦作徹。

祭於公，

案御覽八六三引公作君，周生烈注：『助祭於君，』字亦作君。君、公古通，莊子天道篇：『然則君之所讀者，古人之糟魄已夫！』謝靈運山居賦自注、北堂書鈔一百並引君作公，亦同例。

色斯舉矣。

王引之經傳釋詞八云:『「色斯,」猶「色然。」驚駭貌也。呂氏春秋審應篇曰:「蓋聞君子猶鳥也,駭則舉。」哀六年公羊傳曰:「諸大夫見之,皆色然而駭。」何注曰:「色然,驚駭貌。」義與此相近也。』

案王說是也。此文之『色斯舉,』猶呂氏春秋之『駭則舉。』(斯猶則也。)惟色無駭義,蓋㰥之借字。哀六年公羊傳:『皆色然而駭。』一切經音義四六引色作㰥;並引埤蒼云:『㰥,恐懼也。』『恐懼』與駭義合。王引之公羊傳述聞,謂『色者,㰥之借字。』以彼例此,則此文色亦㰥之借字矣。

時哉時哉!

阮元云:『太平御覽九百十七引此文「時哉」二字不重。』

案景宋本御覽九一七引此文『時哉』二字重。

先進第十一

南容三復白圭。

案御覽六一六引圭作珪,史記仲尼弟子列傳同。珪,古文圭字。

以吾從大夫之後,不可徒行也。

阮元云：『「不可徒行也。」皇本、高麗本不上有「吾以」二字，無也字。』

案不上有『吾以』二字，不詞，蓋涉上文『以吾』字而衍。正平本行下有也字。阮氏言高麗本無也字，恐失檢。

子曰：噫！

案卷子本玉篇言部引噫作譩，同。子張篇：『子夏聞之，曰：噫！』卷子本玉篇亦引作譩。

非夫人之爲慟而誰爲！

案論衡問孔篇非上有吾字。

未能事人，焉能事鬼！

案弘明集二宋宗炳明佛論引兩能字並作知。鹽鐵論論鄒篇引鬼下有神字，與上文『問事鬼神』一律。

敢問死。

阮氏校勘記出『曰：敢問死。』云：『朱子集注本無曰字。皇、邢本竝有曰字。又匡謬正俗引此文亦有曰字。』

劉寶楠云：『唐、宋石經「敢問」上有曰字。』

案正平本作『曰：敢問事死。』事字蓋涉上文『事人、事鬼』而衍。

焉知死！

案宗炳明佛論引焉作安，義同。

子路率爾而對曰，

阮元云：『皇本率作卒，注同。率、卒古字通，莊子人間世注：「率然拊之。」釋文：「率，本或作卒。」』

案『率爾、』『卒爾，』義並可通。惟率、卒非通用字。率，隸書或作卛，與卒形近，往往相亂，莊子人間世注：『率然拊之，』本或作卒，亦此類也。韓詩外傳二亦有『子路率爾而對』之文，則作率蓋此文之舊矣。卷子本玉篇率部引此文亦作率（並引何晏注：『率爾，先三人而對也。』）；又引而作如，如猶而也。

因之以饑饉。

釋文：『饑，鄭本作飢，同。』

阮元云：『飢乃飢餓字，當作饑。』

案藝文類聚二六引饑亦作飢。

莫春者，

釋文：『莫，音暮。本亦作暮。』

案玉燭寶典三、文選何敬祖贈張華詩注、陸士衡樂府日出東南隅行注、藝文類聚三、二六、御覽一百六十、三九五、五六七引莫皆作暮。莫、暮正、俗字。御覽六三引『莫春者，』作『暮春之月。』

浴乎沂，風乎舞雩，詠而歸。

釋文：『歸，鄭本作饋，謂酒食也。魯讀饋爲歸。今從古。』

阮元云：『論衡明雩篇作「詠而饋。」與古論合。』

案玉燭寶典三引兩乎字並作于，歸亦作饋。歸、饋正、假字。史記仲尼弟子列傳集解引徐廣注亦云：『一作饋。』

顔淵第十二

克己復禮爲仁。

阮元云：『皇本克作尅，下及注同。』

案正平本克亦作尅，下及注同，俗。

斯謂之仁已乎？

阮元云：『皇本、高麗本作「斯可謂之仁已矣乎？」』

案史記仲尼弟子列傳謂上亦有可字。

斯謂之君子已乎？

阮元云：『皇本、高麗本作「斯可謂君子已乎？」』

案史記仲尼弟子列傳謂上亦有可字。

子貢曰：『必不得已而去，於斯二者何先？』

阮元云：『皇本無「子貢」二字。』

案論衡問孔篇、治要引亦並無『子貢』二字。

自古皆有死，民無信不立。

阮元云：『皇本無作不。』

案治要引無亦作不；呂氏春秋審己篇高誘注、魏志王肅傳引無並作非，劉子履信篇：『自古皆有死，人非信不立。』即本此文，無亦作非。（民作人，乃唐人避太宗諱改。）無、不、非，義並同。

棘子成曰，

阮元云：『漢書古今人表、三國志秦宓傳作「革子成。」』

案棘、革古通，列子湯問篇：『殷湯問於夏革曰，』路史前紀二引革作棘（莊子逍遙遊篇同），即其比。

何以文爲！

阮元云：『高麗本作「爲文。」』

案正平本作『何以文爲矣！』（阮氏恐失檢。）矣字疑涉上文『而已矣』而衍。

虎豹之鞹，猶犬羊之鞹。

阮元云：『皇本、高麗本鞹作鞟。說文：「鞟，去毛皮也。」即引此文。今作鞹者，省文耳。』

案藝文類聚二二、御覽七六六引鞹亦並作鞟。文心雕龍情采篇：『虎豹無文，則鞟同犬羊。』即本此文，字亦作鞟。

亦祗以異。

阮元云：『祗當作祇，唐石經作祇，五經文字、廣韻亦作祇。』

案皇本祗亦作祇。

片言可以折獄者，

釋文：『魯讀折爲制，今從古。』

阮元云：『古多假折爲制，墨子尚同中引書呂刑「制以刑，」作「折則刑。」』

劉寶楠云：『折、制字通，廣雅釋詁：「制，折也。」大戴禮保傅篇：「不中于制獄。」

即「折獄」也。』

案阮、劉說並是。淮南子詮言篇：『聽獄制中者，皋陶也。』尸子仁意篇作『折中，』亦折、制通用之證。

子帥以正。

劉寶楠云：『皇本作「而政。」』

案治要引以亦作而，義同。

雖賞之不竊。

案文選潘安仁西征賦注引竊下有也字。

季康子問政於孔子。

案治要、御覽四百三引此並無政字，說苑政理篇同。

君子之德風；小人之德草。

阮元云：『皇本、高麗本草下、風下有也字。漢書董仲舒傳及說苑政理篇引此文，亦竝有也字。』

案治要引風下，草下亦並有也字。孟子滕文公上篇同。

夫達也者，

阮元云：『皇本、高麗本無也字；下「夫聞也者，」同。』

案史記仲尼弟子列傳亦無也字。

子路第十三

奚其正？

案此對孔子『必也正名乎』而言。其，猶必也。

故君子名之必可言也，

案史記孔子世家故作夫，義同。

請學爲圃。

案史記仲尼弟子列傳無爲字，與上文『請學稼，』一律。

冉有僕。

阮元云：『皇本有作子。風俗通義十反卷及論衡問孔篇竝引作子；又春秋繁露仁義法篇亦稱「冉子，」與皇本合。』

案治要引有亦作子。

善人爲邦百年，

案史記孝文本紀贊引作『善人之治國百年。』邦之作國，避高祖諱改。

必世而後仁。

案史記孝文本紀贊引而作然，義同。

一言而喪邦，有諸？

阮元云：『皇本而下有「可以」二字，高麗本亦有可字。』

案藝文類聚十九引而作『可以。』當從皇本作『一言而可以喪邦，』與上文『一言而可以興邦，』一律。

葉公語孔子曰，

案淮南子氾論篇高誘注引作『葉公子高謂孔子曰。』

硜硜然小人哉！

案卷子本玉篇石部引哉作也。

何足算也！

釋文：『算，本或作筭。』

案正平本算亦作筭，古通。

剛、毅、木、訥，近仁。

案御覽四六四引仁下有矣字。

以不教民戰，

案劉子閱武篇、長短經教戰篇引此，並無以字。

憲問第十四

可以爲仁矣？

案史記仲尼弟子列傳矣作乎，義同。

南宮适問於孔子曰，

釋文：『适，又作括。』

案史記仲尼弟子列傳适亦作括。

奡盪舟。

劉寶楠云：『盪，說文𠘨部引作湯。盪字說文所無。』

案卷子本玉篇水部引盪亦作湯。

夫子不言、不笑、不取乎？

案論衡知實篇引乎作『有諸。』

人不厭其言。

阮元云：『皇本、高麗本言下有也字；下「其笑、」「其取」下並同。』

案論衡儒增篇引言下及下『其笑、』『其取』下，亦並有也字。治要引言下亦有也字；下『其取』下同。

其然！豈其然乎？

案論衡儒增篇、知實篇並引作『豈其然乎！豈其然乎！』

子言衞靈公之無道也。康子曰，

案治要引言作謂，康上有季字。

則爲之也難。

阮元云：『高麗本作「則其爲之也難。」』

案正平本作『則其爲之難也。』阮氏恐失檢。大戴禮記曾子立事篇盧辯注引作『其後爲之難。』

今之學者爲人。

案正平本人下有也字。

夫子何爲？

案論衡問孔篇爲下有乎字。

君子道者三，

案者，疑本作有，皇疏：『言君子所行之道有三。』可證。有、者形近；又涉下文『仁者、』『知者、』『勇者』諸者字而誤耳。

下學而上達，知我者其天乎！

案文選顏延年赭白馬賦注引論語撰考讖云：『下學上達，知我者其天乎！』蓋本於此。

賢者辟世。

阮元云：『皇本、高麗本辟作避，是正字，下皆同。』

案文選張景陽七命注引辟亦作避，下同。微子篇：『趨而辟之，』皇本、正平本辟亦並作避；『且而與其從辟人之士也，豈若從辟世之士哉！』文選班孟堅幽通賦注引辟亦作避。

有荷蕢而過孔氏之門者。

阮元云：『皇本、高麗本氏作子。』

案皇本氏字同，阮氏失檢。

脩己以敬。

案正平本敬下有人字，疑涉下文『脩己以安人』而衍。

吾見其居於位也，

案正平本居作踞。居、踞古、今字。

衞靈公第十五

衞靈公問陳於孔子。

釋文本陳作陣，云：『本今作陳。』

案卷子本玉篇阜部、御覽三百一、七五九引陳亦並作陣，俗。

在輿，則見其倚於衡也。

案卷子本玉篇車部引倚作輢，輢亦借爲倚。

志士仁人，無求生以害人，有殺身以成人。

案莊子讓玉篇郭象注引作『士志於仁者，有殺身以成仁，無求生以害人。』（日本舊鈔卷子本『士志於仁者，』作『志士仁人。』與今本此文合。）

人無遠慮，

阮元云：『皇本、高麗本人下有而字。』

案治要引人下亦有而字。

有一言而可以終身行之者乎？

劉寶楠云：『皇本行下無之字。』

案治要引無以、之二字。

如有所譬者，其有所試矣。

案其猶必也，漢書薛宣傳引此文，師古注：『所以言譬人者，必當試之以事。』正得其義。

則亂大謀。

阮元云：『高麗本無則字。』

案治要引亦無則字。

季氏第十六

虎兕出於柙。

釋文本柙作匣，云『本今作柙。』

阮元云：『柙訓檻，匣訓匱。是柙爲正字，匣爲假借字。』

劉寶楠云：『漢書文三王傳引亦作匣。』

案御覽七一三引柙亦作匣。

邦分崩離析而不能守也，

案卷子本玉篇山部引邦作封。上文『且在邦域之中矣。』釋文引或本邦作封（阮元云：邦與封古字通。）；下文『而謀動干戈於邦內。』釋文引鄭本邦作封，與此文作封一律。

侍於君子有三愆。

劉寶楠云：『爾雅釋言：「㥶，過也。」說文：「愆，過也。㥶，籀文。」』

案卷子本玉篇阜部引愆作諐。御覽三百九十引作愆，俗。

君子有三戒。

案御覽三七五引戒作誡，下同。戒、誡正、假字。

學而知之者，次也。

案論衡實知篇者作其，屬下讀。

死之日民無德而稱焉。

阮元云：『皇本、高麗本德作得。得與德字雖通，然此處自當作德。王注云：「此所謂以德爲稱。」正義云：「此章貴德也。」又云：「及其死也，無德可稱。」又云：「其此所謂以德爲稱者與？」皆以斯字卽指德言，直截自然。若改爲得，頗乖文義。』劉寶楠云：『皇疏云：「生時無德而多馬。」又云：「言多馬而無德。」是皇本亦作德。今字作得，當出異域所改。』

案治要引德亦作得，細審文義，此處實當作得。『無得而稱』者，謂無有可稱者也。不必專指德言。作德者，借字。泰伯篇：『三以天下讓，民無得而稱焉。』與此作得之本合。

無以立。

案正平本立下有也字。

陽貨第十七

公山弗擾以費畔。

案御覽六十引畔作叛；下文『佛肸以中牟畔。』正平本畔亦作叛，御覽九八七引同。叛、畔正、假字。

子路曰：昔者由也聞諸夫子曰，

案論衡問孔篇『子路』下有『不說』二字。

子之往也如之何？

案御覽九八七引往上有欲字，與上文『子欲往』相應。史記孔子世家作『子之欲往，』亦有欲字。

有是言也。

案正平本無也字，御覽九七八引同。

涅而不緇。

阮元云：『史記孔子世家及論衡問孔篇，俱作「不淄。」淄與緇古字通。後漢書后妃紀云：「恩隆好合，遂忘淄蠹。」以淄爲緇；又隸釋載費鳳別碑有云：「涅而不滓；」史記屈原賈生傳云：「皭然泥而不滓者也；」後漢書隗囂傳亦云：「賢者泥而不滓。」似皆本此，此當是古、魯異文。』

劉寶楠云：『緇，新語道基篇、文選座右銘注亦作淄。』

案文選崔子玉座右銘：『在涅貴不淄；』謝靈運過始寧墅詩：『淄磷謝清曠，』注引此文緇亦作淄。並與作淄之本合。文選夏侯孝若東方朔畫贊：『涅而無滓。』又與作滓者合。

由也，女聞『六言』『六蔽』矣乎？

阮元云：『皇本無也字。』

案治要引亦無也字。

其未得之也，患得之。

阮元云：『高麗本無也字。』

案文選潘安仁西征賦注引此亦無也字。

惡利口之覆邦家者。

阮元云：『皇本者作也。』

案治要引者亦作也。

百物生焉。

案御覽十七引百作萬。

君子義以爲上。

案史記仲尼弟子列傳以作之；之猶以也。史記倉公列傳：『臣意飲以大齊湯。』卷子本玉篇水部引以作之，即其比。

君子有勇而無義爲亂；小人有勇而無義爲盜。

案漢書地理志下引兩無字並作亡，兩爲字上並有則字。亡與無同。史記仲尼弟子列傳兩爲字並作則，則、爲同義，（吳昌瑩經詞衍釋二有說。）漢書引作『則爲亂，』『則爲盜，』蓋由爲，一本作則，傳寫並溷入耳。

賜也亦有惡乎？

阮元云：『皇本、高麗本乎作也。』

案治要引乎亦作也。

微子第十八

柳下惠爲士師，三黜。

案新序雜事三黜作絀，下同。黜、絀古通，莊子大宗師篇：『墮枝體，黜聰明。』淮南子覽冥篇黜作絀，即其比。

夫執輿者爲誰？

案史記孔子世家夫作彼，夫猶彼也。

耰而不輟。

阮元云：『漢石經耰作櫌。說文亦引作櫌。』

馮登府云：『集韻：「櫌，或從耒。」則櫌本字也。』

案敦煌何晏集解本耰亦作櫌。（鄭注：『耰，覆種也。』敦煌本亦作櫌。）

鳥獸不可與同羣。

阮元云：『皇本、高麗本羣下有也字。』

案敦煌本羣下亦有也字。

以杖荷蓧。

阮元云：『皇本蓧作篠。史記孔子世家引包氏注：「蓧，草器名也。」字當从艸無疑。今包注作「竹器。」竹乃艸字之訛。皇本竟改从竹作篠，並云：「籮簏之屬。」誤益甚矣！』

案敦煌何晏集解本蓧亦作篠，則改从竹，非始於皇本矣。

四體不勤。

案敦煌本勤作懃，俗。莊子寓言篇：『孔子勤志服知也？』日本舊鈔卷子本勤作懃，亦同例。

長幼之節，不可廢也。

案敦煌本廢作癈；下文『如之何其廢之！』『廢中權。』亦並作癈。廢、癈正、假字。

如之何其廢之！

案敦煌本作『如之何其可癈之也！』

道之不行，

阮元云：『皇本、高麗本行下有也字。』

案敦煌本行下亦有也字。

不辱其身，

阮元云：『皇本、高麗本身下有者字。』

案敦煌本身下亦有者字。

鼓方叔入於河。

阮元云：『唐石經、皇本於作于；下「入於漢，」「入於海，」同。』

案敦煌本、正平本於亦並作于，下同。下『入於海，』漢石經亦作于。

播鼗武入於漢。

釋文：『鼗，亦作鞉。』

案敦煌本鼗亦作鞉。

則不棄也。

案敦煌本作『則不相遺弃也。』唐石經、治要引棄亦並作弃。弃，古棄字。說已見前。

子張第十九

其不可者拒之。

案敦煌本拒亦作距，下同。

阮元云：『漢石經、皇本、高麗本拒作距，下並同。』

異乎吾所聞。

案敦煌本、正平本聞下並有也字。

嘉善而矜不能。

案敦煌本矜作矝；下文『則哀矜而勿喜，』矜亦作矝。漢石經、正平本下文亦並作矝。矝乃矜之隸變（馮登府石經考異下文有說。）

當洒掃、應對、進退則可矣。

釋文：『掃，本今作埽。』

案唐石經掃作埽。埽、掃正、俗字。（參看阮元校勘記。）卷子本玉篇言部引應作譍，並引埤蒼云：『譍，對也。』應與譍同。

本之則無如之何！

案敦煌本無則字，包注作『不可無其本，故云：「本之無如之何！」』今本包注『本之』下有則字，非其舊也。

譬諸草木。

案敦煌本譬作辟，譬、辟正、假字。

然而未仁。

案敦煌本仁下有也字。

吾聞諸夫子：人未有自致者也。

阮元云：『漢石經作「吾聞諸子：人未有自致也者。」』

案漢石經諸下蓋脫夫字。敦煌本『者也』亦作『也者。』

是難能也。

阮元云：『皇本、高麗本無能字。』

案敦煌本作『是難矣。』亦無能字。

子貢曰：紂之不善，不如是之甚也。

阮元云：『「紂之不善，」皇本、高麗本善下有也字。「不如是之甚也。」漢石經之作其。』

案論衡語增篇、齊世篇『子貢』並作『孔子，』『不如』並作『不若。』若猶如也。治要引善下亦有也字。『之甚也，』漢石經之作其，之猶其也（馮登府云：『作其字爲順。』未審。）；敦煌本也作矣。又案史通疑古篇引此文作『子貢曰：桀、紂之惡，不至是。』蓋非此文之舊。

如日月之食焉。

阮元云：『皇本、高麗本「食焉」作「蝕」也。』

案御覽四引食亦作蝕，敦煌本作䖃，同。食，借字。

而亦何常師之有！

案弘明集一漢牟融理惑論引有下有乎字。

譬之宮牆。

阮元云：『漢石經作「辟諸宮牆。」皇本、高麗本作「譬諸宮牆也。」白虎通社稷篇亦引作諸，與漢石經合。譬，正字；辟，假借字。』

馮登府云：『石經牆作薔，下「賜之牆，」同。之作諸。薔，假借字。石經「而在蕭牆之內，」亦作薔。之作諸，義同。』

案敦煌本之亦作諸。皇本牆下無也字，阮氏失檢。御覽一七四引風俗通佚文引此文之作如，義亦同。

賜之牆也及肩，闚見室家之好。

阮元云：『閩本、北監本、毛本，闚作窺，朱子集注本亦作窺。五經文字云：「窺與闚同。」』

案敦煌本牆下無也字，闚亦作窺。御覽一八七引同。漢石經牆作𤖯，下闕二字，蓋亦無也字；又漢石經闚亦作窺。

夫子之牆數仞，

案御覽一七四引風俗通佚文引此文之作宮。

仲尼，日月也。

阮元云：『皇本、高麗本日上有如字。後漢書孔融傳、列女傳二注引此文，竝有如字。』

案敦煌本日上亦有如字。

人雖欲自絶，

阮元云：『皇本、高麗本絶下有也字。』

案敦煌本絶下亦有也字。

堯曰第二十

簡在帝心。

馮登府云：『〔漢〕石經簡作蕑，蕑是隸變。』

案正平本簡亦作蕑。

萬方有罪，罪在朕躬。

阮元云：『漢石經、皇本、高麗本不重罪字。書湯誥云：「其爾萬方有罪，在予一人。」國語周語引湯誓云：「萬夫有罪，在余一人。」墨子兼愛篇下亦云：「萬方有罪，卽當朕身。」呂氏春秋季秋紀云：「萬夫有罪，在予一人。」說苑貴德篇云：「百姓有過，在予一人。」與此竝大同而小異。核其文義，俱不重罪字。』

案論衡感虛篇：『萬夫有罪，在余一人。』長短經大私篇引湯曰：『萬方有罪，朕身受之。』亦可證今本此文誤重罪字。

信則民任焉。

阮元云：『漢石經、皇本、高麗本竝無此句。此句疑因陽貨篇「子張問仁」章誤衍。』（參看馮登府石經考異。）

案治要引亦無此句。

子張問於孔子曰，

阮元云：『皇本、高麗本問下有政字。』

案治要引問下亦有政字。

因民之所利而利之。

阮元云：『易益卦注、周禮旅師疏及文選洞簫賦注引此文，竝作「因民所利而利之。」皇疏兩述經文，皆無上之字，疑後人據俗本誤增。』

案治要、廣弘明集二五釋道宣等敍朝宰會議沙門致拜君親事九首引此文，亦並無上之字。

一九六二年二月九日，脫稿於臺北慕廬

論語『傷人乎不問馬』新解

論語鄉黨篇：

廄焚，子退朝，曰：『傷人乎？』不問馬。

關於『廄，』舊有『公廄』『家廄』兩說。此載孔子退朝問廄焚事，當解作『家廄，』前賢已有定論，茲不贅。孔子之家馬舍焚燬，孔子退朝返家，問：『傷人乎？』而不問馬。孔子不愛馬邪？蓋不然。禮記檀弓下篇：『仲尼之畜狗死，使子貢埋之，曰：吾聞之也，敝帷不棄，爲埋馬也；敝蓋不棄，爲埋狗也。丘也貧，無蓋，於其封也，亦予之席，毋使其首陷焉。』孔子於死馬、死狗，尚愛憐如此。何況馬舍焚燬，但問傷人，而不問傷馬乎？孟子盡心上篇：『親親而仁民；仁民而愛物。』仁人之心，固有緩急。孔子問傷人之後，應卽問馬，所謂有緩急也。如但問傷人，而不及馬，是愛人不愛物，似非仁人之用心也。楊雄太僕箴云：『廄焚問人，仲尼深醜。』『深醜』猶言『深恥。』似謂孔子但問傷人，而不問馬，乃深可恥之事。岷以爲孔子不致於但問人，不問馬。此在『傷人乎？不問馬。』應如何解釋耳。茲先論舊解：

一、鄭玄注：重人賤畜也。

此解後儒從之者多。據桓寬鹽鐵論刑德篇:『魯廐焚,孔子罷朝,問人不問馬,賤畜而重人也。』蓋又鄭注所本。惟孔子卽重人賤畜,而在廐焚之後,旣已問人。似亦不得不愛憐馬之傷否而不問。故此解終覺未安。

二、王弼注:不問馬者,矯時重馬者也。

此眞妙想。其意蓋以爲孔子本欲問馬。所以不問者,因矯正時俗之重馬者也。然孔子當時是否重馬,無從取證。卽時風重馬,可以矯正之方甚多。如謂孔子不顧己馬之傷亡以矯俗,殊非仁者之懷。故此解終是臆說。

三、陸德明釋文:『傷人乎』絕句。一讀至不字絕句。

讀至不字絕句,卽是『傷人乎不?問馬。』不與否同。謂孔子問傷人之後,卽問馬也。此頗得聖人仁民愛物之心。然如此斷句,終嫌牽強。

四、李匡乂資暇集上:『陸氏釋文云:「一讀至不字句絕。」誠以不爲否,則宜至乎字句絕。不字自爲一句。何者?夫子問:「傷人乎?」乃對曰:「否。」旣不傷人,然後問馬。又別爲一讀,豈不愈於陸云乎?』

此於釋文一讀之外,又出新讀。卽是『傷人乎?不。問馬。』亦頗得聖人仁民愛物之心。然如此斷句,仍嫌勉強。

五、朱熹注：非不愛馬，然恐傷人之意多，故未暇問。蓋貴人賤畜，理當如此。

舊解『貴人賤畜，』是釋問人不問馬之故。朱子轉從『不暇問』爲說，用意甚善。然問人之後卽問馬，順理合情，何不暇之有！故此解仍是曲說。

以上五解，各申所見，以推測孔子仁愛之懷。岷以爲『傷人乎？』爲孔子問辭，文意甚明。『不問馬。』邢昺疏以爲『記者之言。』亦無可疑。然二句應如何解釋，乃最符聖人之心，而又毫不牽強，問題祇在一『不』字。古籍中『不』『後』二字，往往同義。此前人所未發者也。此文『不』字，義與『後』同。『傷人乎？不問馬。』猶言『傷人乎？後問馬。』文意粲然明白。聖人仁民愛物之心，表達無遺。無須曲解；亦無須曲爲斷句。請申論『不』『後』同義之證。

論語子罕篇：

歲寒然後知松柏之後凋也。

何晏注：

大寒之後，衆木皆死，然後知松柏之小凋傷。

史記伯夷列傳集解引何注，『小凋傷，』作『少凋傷。』（唐寫本少仍作小。）小猶少也。然『少凋傷，』仍是有所凋傷。何注未得『後凋』之義。孫綽秋日詩：『撫菌悲先落，鬱松羨後凋。』以『後』爲先後字。不知『後凋』仍是凋也。然則『後凋』之義云何？『後』與『不』同義。『後凋』猶言『不凋』耳。莊子德充符篇載魯哀公傳國於哀駘它，哀駘它『悶然而後應，氾若而辭。』（今本『若而』二字誤到。）田子方篇載文王以臧丈人爲太師，臧丈人『昧然而不應，泛然而辭。』兩文末二句文義全同。『後應』猶『不應』也。史記項羽本紀：『項王已死，楚地皆降，獨魯不下。』荀悅漢紀三『不』作『後，』『後』與『不』同義。陸機擬古詩：『嘉樹生朝陽，凝霜封其條。執心守時信，歲寒終不凋。』弘明集七宋釋慧通駁顧道士夷夏論：『松柏歲寒之不凋。』劉子新論大質篇：『寒嶺之松，處於積冰，終歲而枝葉不凋。』諸言『不凋，』正論語『後凋』之義也。莊子讓王篇：『大寒既至，霜雪既降，吾是以知松柏之茂也。』（今本『大』誤『天。』又見呂氏春秋愼人篇、淮南子俶眞篇、風俗通窮通篇。）所謂『茂，』亦卽『不凋』矣。一九六五年岷所發表古書虛字新義，九『後』條，一九六七年岷所發表史記伯夷列傳斠證，『歲寒然後知松柏之後凋』條，並有此說。同好之士，多已引用。今茲所論，略詳於前。

近偶檢日本竹添光鴻論語會箋，亦有似是之說，箋云：

『後凋』者，凋，泛係衆木。後，獨係松柏。後之而不凋也。非後而後凋之謂。春秋傳稱人之善，往往言『後亡』者，後於人之亡，而獨不亡也。『後凋』亦同。不必說大寒非常之歲。冬月唯松柏青青，故曰後於凋。『後凋』只作『不凋』講，後字活看。

僅就竹添氏所謂『後凋』只作『不凋』講，似已得『後』字之義。然所以講作『不凋』，乃從『後之而不凋』轉入，仍是迂曲。蓋未達一閒耳。鄭艮樹學弟近語岷云：

戰國策趙策：『魯仲連曰：「昔齊威王嘗爲仁義矣。率天下諸侯而朝周。周貧且微，諸侯莫朝，而齊獨朝之。居歲餘，周烈王崩，諸侯皆弔，齊後往。周怒，赴於齊，曰：『天崩地坼，天子下席。東藩之臣田嬰齊後至，則斮之！』威王勃然怒曰：『叱嗟！而母，婢也！』卒爲天下笑。」』兩『後』字蓋並與『不』同義，非先後之『後』。齊不往周，不至周，故周怒而赴於齊以責之也。

此說誠是。則岷『不』『後』同義之說，又得新證矣。論語子罕篇之『後凋，』『後』與『不』同義；鄉黨篇之『不問馬，』『不』與『後』同義。正可互證。『後凋』猶『不凋。』爲岷之舊說；『不問馬』猶『後問馬。』爲岷之新解。訓詁之學，自漢訖今，已歷兩千餘年。晚近甲骨金石之學大昌，於訓釋古書，已開闢一新境界。往往一字之義，可決千古之疑。此有待於從事此學者之發揚。區區『不』『後』同義之見，尚未足自珍也。

一九七一年十月二十四日，脫稿於斑苔谷慕廬四餘齋。

孟子斠理

一九四九年冬，任教臺灣大學中國文學系，爲諸生講習孟子，常感趙注、【僞】孫疏，義多未值；下及俞樾平議、茶香室經說，亦有未盡。因撰孟子校補一篇，刊入臺灣大學文史哲學報第一期。惜彼時行篋乏書，未暇博涉，僅據管闚，略加發正而已。既復續有創獲，補苴前說，忽忽又十餘年矣。寄迹星洲，索居無俚，據十三經注疏重栞宋本孟子，繕清舊稿，成此新篇，亦聊以備初學之采擇耳。一九六四年五月廿五日，叔岷記於新嘉坡大學中國文學系第三研究室。

梁惠王章句上

亦將有以利吾國乎?

案史記魏世家、孟子荀卿列傳有並作何，何即有之塙詁。陸賈新語輔政篇：『察察者有所不見，恢恢者何所不容。』有、何互文，其義一也。

亦有仁義而已矣。

案治要引『亦有』作『亦曰，』與下文一律。有、曰同義。

苟爲後義而先利，不奪不饜。

案義上疑當有仁字，上下文皆以『仁義』與利對言。趙岐注：『誠令大臣皆後仁義而先自利，』即兼『仁義』言之。告子篇：『是君臣、父子、兄弟終去仁義懷利以相接，』亦以『仁義』與利對言，與此同例。

湯誓曰：時日害喪？予及女皆亡！

阮元校勘記云：『閩、監、毛三本皆作偕。』

案商書湯誓害作曷，害與曷同，何時也。史記殷本紀說之云：『是日何時喪？予及女皆亡！』最得其義。（參看丁聲樹先生詩經中的胡曷何，載中央研究院歷史語言研究所集刊第十本。）朱熹集注本皆亦作偕。

鄰國之民不加少，寡人之民不加多，何也？

案莊子秋水篇：『禹之時十年九潦，而水弗爲加益。湯之時八年七旱，而崖不爲加損。』兩加字與此文用法同。淮南子原道篇：『收聚畜積而不加富，布施稟授而不益貧。』加、益互文，加猶益也。

狗彘食人食而不知檢，塗有餓莩而不知發。

趙注：『言人君但養犬彘使食人食，不知以法度檢斂也。餓死者曰莩，詩曰：「莩有梅。」莩，零落也。』

案漢書食貨志贊引作『狗彘食人之食不知斂，野有餓莩而弗知發。』鹽鐵論水旱篇引作『野有餓殍，不知收也。狗豕食人食，不知檢也。』（王先謙校勘小識云：治要檢作斂。）檢之作斂，與注義合。斂、檢正、假字。莩借爲𠬪，說文：『𠬪，物落也。』（據段注本。）莩、殍並俗字。（參看朱駿聲說文通訓定聲。）

人死，則曰：『非我也，歲也。』是何異於刺人而殺之，曰：『非我也，兵也。』

案鹽鐵論引作『爲民父母，民饑而死，則曰：「非我也，歲也。」何異乎以刃殺之，則曰：「非我也，兵也。」』

無以，則王乎！

注：『既不論三皇五帝，殊無所問，則尚當問王道耳。』

案以猶已也，『無已』卽『不得已。』『無以，則王乎！』猶云：『不得已，則言王道耳！』本篇下文『無已，則有一焉。』與此句法同。注於彼釋『無已』爲『不得已，』是也；而於此釋『無以』爲『殊無所問，』失之矣。亦作『勿已，』莊子徐無鬼篇：『勿已，則隰朋可。』卽其例。

故推恩足以保四海，不推恩無以保妻子。

案說苑貴德篇上保字作及，無作『不足。』公孫丑篇：『苟能充之，足以保四海；苟不充之，不足以事父母。』亦足與『不足』對言。

善推其所爲而已矣。

案說苑爲作有，有猶爲也。

蓋亦反其本矣？

阮元云：『韓本、足利本蓋作盍。』

案蓋與盍同，下文『則盍反其本矣？』卽回應此文，字正作盍。盍，何不也。反猶求也。（墨子非攻篇：『必反大國之說。』莊子則陽篇：『暍者反冷風乎冬。』今本誤作『反冬乎冷風。』反並與求同義。）矣猶乎也。（盡心篇：『敢問何如斯可謂狂矣？』『何如斯可謂之鄉原矣？』矣亦並與乎同義。）『蓋亦反其本矣？』猶云：『何不亦求其本乎？』

天下之欲疾其君者，皆欲赴愬於王。

俞樾云：『兩欲字異議，上欲字猶好也，「欲」「疾」二字平列。欲其君者，謂好其君者也；疾其君者，謂惡其君者也。天下之好、惡其君者，莫不來告，故曰：「皆欲赴愬於王。」』

案俞說未審。天下之所以『皆欲赴愬於王，』正由疾（惡）其君也。欲（好）其君者，尚何必赴愬於王邪？上欲字蓋涉下文『皆欲』或涉上文『皆欲』而衍，不必強爲之說。春秋繁露隨本消息篇：『天下之疾其君者，皆起愬而乘之。』卽本此文，疾上正無欲字。

此惟救死而恐不贍，

案而與猶同義，『而恐不贍，』猶言『猶恐不贍。』萬章篇：『千乘之君求與之友，而不可得也，』『而不可得，』猶言『猶不可得，』吳越春秋王僚使公子光傳：『一面而別，雖死而生。』『而生』猶言『猶生。』並同此例。

梁惠王章句下

寡人之囿，方四十里。

案治要、文選揚子雲羽獵賦注引里下並有耳字。

以遏徂莒。

案新序雜事三作『以按徂旅。』與詩合。

文王一怒而安天下之民。

案書鈔十二引而作能，能猶而也。

一遊一豫，

案左昭二年傳正義引服虔注引此文豫作譽，豫、譽古通，老子十七章：『其次親之譽之，』唐景龍碑本譽作豫，即其比。

於是始興發補不足。

案『興發』猶『興廢，』與『補不足』平列。謂廢者興之，不足者補之也。發、廢古通，莊子列禦寇篇：『先生既來，曾不發藥乎？』釋文引司馬彪本作廢，荀子禮論篇：『大昏之未發齊也，』史記禮書發作廢，列子仲尼篇：『發無知，何能情？發不能，何能爲？』釋文引一本發作廢，皆其比。

聿來胥宇。

注：『於是與姜女俱來相土居也。』

案新序雜事三胥作相，與注義合。

未聞弒君也。

案文選陳孔璋檄吳將校部曲文注引弒下有其字，與上文作『弒其君』一律。

民望之，若大旱之望雲霓也。

案民下當有之字，公孫丑篇：『民之悅之，猶解倒懸也。』與此句法同。御覽十四引正有之字，滕文公篇亦作『民之望之。』

老弱轉乎溝壑。

案轉借爲專，國語魯語下：『獲骨焉，節專車。』（又見史記孔子世家、說苑辨物篇、家語辯物篇。）『專車』猶『滿車；』『轉乎溝壑』猶『滿乎溝壑。』莊子人間世篇：『死者以國

量乎澤若蕉。』呂氏春秋期賢篇：『無罪之民，其死者量於澤矣。』高誘注：『量，滿也。』所謂『量乎澤，』或『量於澤，』猶此文之『轉乎溝壑』也。

何哉？君所爲輕身以先於匹夫者，以爲賢乎？

注：『君何爲輕千乘而先匹夫乎？』

僞孫奭正義：『君今所爲，自輕薄其身以先往見於一匹之夫。』

案注及正義並未得『所爲』之義。爲猶謂也，下文『何哉？君所謂踰者，前以士，後以大夫；前以三鼎，而後以五鼎與？』與此對言，此作『所爲，』彼作『所謂，』互文也。風俗通義窮通篇引此『所爲』正作『所謂。』

行、止，非人所能也。吾之不遇魯侯，天也。

案風俗通義引『非人』下有之字，『不遇』下有於字。

公孫丑章句上

民之悅之，

案文選孔文擧論盛孝章書注引作『民悅而歸之。』

北宮黝之養勇也，

案『養勇』上當有所字，與下文『孟施舍之所養勇也，』句法一律。注：『言所養育勇氣如是也。』是所見本所字未脫。

思以一豪挫於人，

案思猶使也，下文『思與鄉人立，其冠不正，望望然去之。』思亦猶使也。（吳昌瑩經詞衍釋一八謂『思，詞之惟也』未審）說苑辨物篇：『思無忘職業。』史記孔子世家思作使，即思、使同義之證，此義前人未發。

然而孟施舍守約也。

案此言『孟施舍守約，』與下言『曾子之守約』抵梧，『守約』當作『守氣，』孟施舍之『能無懼，』直是『守氣』耳，不得謂之『守約』也。下文『孟施舍之守氣』即承此言，則此文原作『守氣』，明矣。（明王恕石渠意見補缺亦以『守約』爲『守氣』之誤，岷昔年寫校補時，未見王書。）

自反而不縮，雖褐寬博，吾不惴焉？

注：『己內自省有不義不直之心，雖敵人被褐寬博一夫，不當輕驚懼之也。』

正義：『自反己之勇爲非義，則在人者有可陵之辱，故雖一褐寬博之獨夫，我且不以小恐惴之，而且亦大恐焉。』

案注未得『吾不惴焉』之義；正義尤迂曲可笑。焉猶乎也，『吾不惴焉？』猶『吾不惴乎？』（裴學海古書虛字集釋二亦云：『不惴焉，』即『弗惴乎。』岷昔年寫校補時，未見裴書。）此言『自反而於理不直，雖被褐之獨夫，我豈不懼乎？』文意粲然明白。梁惠王篇：『王若隱其無罪而就死地，則牛羊何擇焉？』滕文公篇：『齊、楚雖大，何畏焉？』離婁篇：『於禽獸又何難焉？』萬章篇：『孔子奚取焉？』諸焉字亦並與乎同義。

必有事焉而勿正心。勿忘；勿助長也。

日知錄七引倪文節（思）云：『當作「必有事焉而勿忘。勿忘；勿助長也。」傳寫之誤，以忘字爲「正心」二字。言養浩然之氣，必當有事而勿忘。既已勿忘；又當勿助長也。』案倪氏謂忘字誤爲『正心』二字，其說至塙。亾、正形近易亂，淮南子精神篇：『若然者，亾肝膽，遺耳目』今本亾誤正，卽其比。此文忘字上半旣誤爲正，又誤分爲『正心』二字，遂不可通矣。

詖辭知其所蔽。淫辭知其所陷。邪辭知其所離。遁辭知其所窮。

案離借爲羅，（莊子天地篇：『故離此患也。』盜跖篇：『故服其殃、離其患也。』成玄英疏離並作罹，卽離、罹通用之證）罹有困義。蔽、陷、離、窮，義並一律。注以爲『離間』字；正義以爲『離畔』字；朱熹集注亦云：『離，叛去也。』皆望文生訓。

自有生民以來，未有孔子也。

案上有字涉下有字而衍。下文『自生民以來，未有夫子也。』『自生民以來，未有盛於孔子也。』上句並無有字。文心雕龍序志篇：『自生人以來，未有如夫子者也。』上句亦無有字，可爲旁證。

智足以知聖人。汙不至阿其所好。

案二句相對成義，智與知、汙與阿，義各相應。晏子春秋問下篇：『不阿以私。』（以猶所也，古書虛字集釋一有說。）此文汙猶私也，『汙不至阿其所好，』猶言『私不至阿其所好。』左成十四年傳：『盡而不汙。』杜預注：『盡其事實，無所汙曲。』（杜訓汙爲曲，汙與紆同，考工記矢人：『中弱則紆。』鄭玄注：『紆，曲也』）戰國策秦策一：『賞不私親近，』高誘注：『私猶曲也。』汙、私並可訓曲，則汙亦可訓私矣。

覇，必有大國。

案有猶爲也。史記張釋之列傳：『使其中有可欲者，雖錮南山猶有郄。』漢紀八『有郄』作『爲隙。』亦有、爲同義之證。

治天下可運之掌上。

案治要、御覽三百七十引之下並有於字。

皆有怵惕惻隱之心。

案治要引皆上有則字。

子路人告之以有過，則喜。

案治要、御覽四六七引『有過』並作『其過。』注：『子路樂聞其過。』是趙本原作『其過。』有與其本同義，（吳昌瑩經詞衍釋三有說。）此有字當是其之形誤。

公孫丑章句下

不幸而有疾，不能造朝。

案此對上文齊王之『有寒疾』而言，而猶亦也，『不幸而有疾，』即『不幸亦有疾。』左隱十一年傳：『王室而既卑矣！』『天而既厭周德矣！』莊子山木篇：『少君之費，寡君之欲，雖無糧而乃足。』淮南子原道篇：『是故無所私，而無所公，靡濫振蕩，與天地鴻洞；無所左，而無所右，蟠委錯紛，與萬物終始。』『無所大過，而無所不逮。』『是故無所喜，而無所怒；無所樂，而無所苦。』精神篇：『無所甚疏，而無所甚親。』齊俗篇：『雖之夷狄徒倮之國，結軌乎遠方之外，而無所困矣。』史記淮陰侯列傳：『食時信往，而不爲具食。』（據白帖十六引。今本無而字，蓋淺人所刪。）諸而字皆與亦同義。（拙著淮南子斠證續補泰族篇及斠讎學第肆章，標而、亦同義之例甚詳。孟子此文『不幸而有疾，』古書虛字集釋七亦有『而猶亦也』之說。岷昔年未見裴書。）

有采薪之憂。

注:『憂,病也。曲禮云:有負薪之憂。』

案文選阮嗣宗詣蔣公一首注引『采薪』作『負薪,』與注引曲禮合。

不如是,不足以有爲也。

案朱子集注本以作與,與猶以也。

王餽兼金一百而不受。

案下文『於宋,餽七十鎰而受;於薛,餽五十鎰而受。』此文『一百』下當先有鎰字,文意乃明。論衡刺孟篇引此正有鎰字。

養弟子以萬鍾。

注:『使養教一國君臣之子弟,與之萬鍾之祿。』

案『弟子』當作『子弟,』趙注可證。下文『又使其子弟爲卿,』與此作『子弟』一律。

王庶幾改之。

案論衡刺孟篇引之作諸,義同。

充虞路問曰,

案論衡引路作塗。

彼一時,此一時也。

案論衡引『彼一時』下有也字。滕文公篇：『彼丈夫也，我丈夫也。』與此句法同。

夫天未欲平治天下也！

案論衡引也作乎，義同。

不欲變，故不受也。

注：『不欲卽去，若爲變詭，見非太甚，故且宿留。心欲去，故不復受祿。』

俞樾云：『趙氏以變爲「變詭」是也。以「不欲變」爲「不欲卽去，」非也。孟子所以不受祿者，正以旣受之而旋辭之，近於變詭，故不受耳。若如趙注以爲「不欲卽去，」則與下句不屬矣。』

案趙注未得；俞說亦非。『不欲變，故不受也。』緊承上文『退而有去志』而言，『不欲變，』謂不欲變其去志也。（朱熹集注『變，謂變其去志。』是也。）不欲變其去志，故不受其祿，文意甚明。下言『久於齊，非我志也。』正見其去志之不欲變也。

滕文公章句上

草上之風必偃。

注：『尙，加也。』

阮元云：『石經、廖本、孔本、韓本上作尙。』

案趙本上作尙，注文可證。朱熹集註本亦作尙（云：『論語作上，古字通也。』）。之猶若也，『草尙之風，』猶言『草上若風』耳。（離婁篇：『君之視臣如手足，則臣視君如腹心；君之視臣如犬馬，則臣視君如國人；君之視臣如土芥，則臣視君如寇讎。』三之字亦並與若同義，吳昌瑩經詞衍釋九有說。）

是率天下而路也。

案下文『是亂天下也。』此文路亦亂也。荀子議兵篇：『路亶者也。』新序雜事三路作落，莊子天地篇：『無落吾事，』呂氏春秋長利篇落作慮，高誘注：『慮，亂也。』路、落、慮，並古字通用。

爲天下得人者謂之仁。

案治要及正義引此並無者字，與上下文句法一律。

孔子曰：大哉堯之爲君！惟天爲大，惟堯則之。蕩蕩乎，民無能名焉！君哉舜也，巍巍乎，有天下而不與焉！

俞樾云：『君猶美也，美猶大也。孔子稱堯曰「大哉，」稱舜曰「君哉，」其意相近。』

案君當訓尊，於義較勝。說文：『君，尊也。』巍巍乎以狀舜之尊，蕩蕩乎以狀堯之大，文理甚明。

巨屨、小屨同賈，人豈爲之哉？

案『巨屨、小屨同賈，』與上文『屨大小同，則賈相若。』同旨。『爲之』猶言『如此，』『人豈爲之哉？』猶言『人豈肯如此哉？』戰國策韓策三：『非爲此也，山東無以救亡。』『爲此』猶『如此，』（裴氏古書虛字集釋二訓『爲』爲『如似，』未審。）與此文『爲之』同義。

滕文公章句下

不由其道而往者，與鑽穴隙之類也。

注：『如不由其道，亦與鑽穴隙者無異。』

王引之釋詞一：『與，語助，無意義。』俞樾云：『此句文義未定，孔廣森經學卮言曰：「與，音歟，絕句。」然於義亦未安。與當訓爲如，廣雅釋言曰：「與，如也。」不由其道而往者，如鑽穴隙之類也。與訓爲如，則文義自明矣。』

案與字之義，舊說皆未安。與當讀爲舉，與、舉古通，（周禮地官師氏：『王舉則從，』鄭注：『故書舉爲與。』史記呂后本紀：『蒼天舉直。』集解引徐廣曰：『舉，一作與。』並其證。）告子篇：『凡同類者，舉相似也。』與此句法同。舉，皆也；（左宣十七年傳：『舉言羣臣不信，』哀六年傳：『君舉不信羣臣乎？』杜注並云：『舉，皆也。』本書公孫丑篇：『天下之民舉安，』舉亦皆也。）與亦皆也。（墨子天志篇：『故天下之君子與謂之不祥，』荀子正論篇：『則與無益於人也，』與並與皆同義。）不由其道而往者，皆鑽穴隙之類也。與詁爲皆，於義似勝。韓非子五蠹篇：『今欲以先王之道，治當世之民，皆守株之類也。』與此句法尤合。

不以泰乎？

案論衡刺孟篇引以作亦，義同。（裴氏古書虛字集釋一有此說，岷昔年寫校補補遺時，見金匱論古綜合刊第一期，頁十六。未見裴書。）荀子賦篇：『與愚以疑，』山堂考索十九引以作亦，亦二字同義之證。

葛伯率其民，要其有酒食黍稻者奪之，不授者殺之。

案水經汳水注引率上有又字，『殺之』上有則字。

在於王所者，長幼尊卑皆薛居州也。

案於字疑涉上文『使之居於王所』而衍，下文『在王所者，長幼尊卑皆非薛居州也。』與此句法一律。

壞宮室以爲汙池，民無所安息；棄田以爲園囿，使民不得衣食。邪說暴行又作，園囿汙池沛澤多而禽獸至。

俞樾云：『「邪說暴行又作」六字，衍文也。「邪說暴行」四字上文未見，乃云「又作，」義不可通，一也。「園囿汙池」句，緊承「壞宮室以爲汙池，棄田以爲園囿」而言，著此六字，文義隔絕，二也。疑此六字當在下文「聖王不作，諸侯放恣，處士橫議」之下，蓋「世衰道微」節已云「邪說暴行有作，」故此云「又作」也。尋又字之義，則此句宜在彼處無疑。』案『民無所安息』句，民上當有使字，與下文『使民不得衣食，』句法一律。『邪說暴行又作』六字，俞氏以爲衍文，是也；惟疑此六字當在下文『聖王不作，諸侯放恣，處士橫議』之下，則非。下文『世衰道微，邪說暴行有作，』『有作』即『又作，』有、又古通。（本篇上文『聖人有憂之，』梁惠王篇：『殆有甚焉，』公孫丑篇：『大舜有大焉。』有並與又同義。）『有作』下緊承以『臣弒其君者有之；子弒其父者有之。孔子懼，作春秋。春秋，天子之事也。是故孔子曰：「知我者，其惟春秋乎！罪我者，其惟春秋乎！」聖王不作，諸侯放恣，處士橫議，楊朱、墨翟之言盈天下。天下之言，不歸楊，則歸墨。』所謂『臣弒其君，子弒其父，』是暴行又作也；所謂『楊朱、墨翟之言盈天下，』是邪說又作也。文理甚明。『處士橫議』下所述，僅爲邪說，未涉暴行，若復加『邪說暴行又作』六字，非特與上文『邪說暴行有作』句複；且亦不可通矣。俞氏蓋未細繹文理耳。

楊朱、墨翟之言盈天下。

案風俗通義窮通篇引盈下有於字。

人將相食。

案風俗通義引食下有也字。

豈好辯哉?予不得已也!

案此與上文『予豈好辯哉?予不得已也!』相應,豈上亦當有予字,風俗通義引此正作『予豈好辯哉?』

居於陵,

案論衡刺孟篇引居下有於字,下文『處於於陵,』與此一例。

井上有李,螬食實者過半矣。

注:『李實有蟲食之過半。』

案文選張景陽雜詩注引實字在李字下,趙注亦以『李實』連文;『螬食者過半,』者猶之也,趙注得之。

匍匐往將食之。

正義:『但匍匐往而取食之。』

案將猶而也。(裴氏古書虛字集釋八亦有是說。)文選注引將下有而字,則『將而食之』猶『取而食之。』正義似即訓將爲取。

然後耳有聞,目有見。

案文選注引見下有也字。

避兄離母，

案水經濟水注引避作僻，朱熹集注本作辟。僻、辟並借爲避。

己頻顣曰，

阮元云：『音義：「頻，亦作嚬。」案文選注引孟子曰：「嚬蹙而言。」正作嚬字。』

案阮氏所引文選注，爲陸士衡弔魏武帝文注。六帖九五引『頻顣』亦作『嚬蹙。』（論衡引顣亦作蹙。）

離婁章句上

繼之以六律正五音。

案正上疑脫以字，『繼之以六律以正五音，』與上文『繼之以規矩準繩以爲方員平直，』句法一律。

國之所存者，幸也。

案所猶可也。

不仁而可與言，

案而猶如也。

滄浪之水清兮，可以濯我纓；滄浪之水濁兮，可以濯我足。

案文選嵇叔夜幽憤詩注引兩我字並作吾。楚辭漁父同。

所惡勿施爾也。

注：『爾，近也。勿施行其所惡，使民近則民心可得矣。』

案趙氏蓋讀爾爲邇，故訓爲近，其說非也。爾猶『而已』也，言民之所惡則勿施而已也。(裴氏古書虛字集釋七亦有此說。)

存乎人者，莫良於眸子。

案『存乎人者，』卽『察乎人者。』說文：『在，存也。』爾雅釋詁：『在，察也。』則存亦可訓察矣。

嫂溺不援，

案淮南子氾論篇高誘注引作『嫂溺而不拯。』

若曾子，則可謂養志也。

案六帖二五引作『若曾子者，所謂養志也。』則與者，可與所，古並通用。

離婁章句下

君之視臣如手足，則臣視君如腹心；君之視臣如犬馬，則臣視君如國人；君之視臣如土芥，則臣視君如寇讎。

案治要引三『則臣』下並有之字。

晉之乘，楚之檮杌，魯之春秋，一也。

案杜預春秋序引作『楚謂之檮杌，晉謂之乘，而魯謂之春秋，其實一也。』史通六家篇引作『晉謂之乘，楚謂之檮杌，而魯謂之春秋，其實一也。』

此亦妄人也已矣！

案亦猶必也，唐羅隱兩同書敬慢篇：『夫尺蠖求伸，亦因其屈；鷙鳥將擊，必先以卑。』亦、必互文，其義相同。史記范雎列傳：『楚、趙皆附，齊必懼矣。』唐趙蕤長短經七雄略篇注必作亦，亦亦、必同義之證。

今有同室之人鬬者，救之。雖被髮纓冠而救之，可也。

俞樾云：『阮元校勘記曰：「考文古本而下有往字。」愚案往字宜補，「救之」二字衍文也。上有「救之」字，此不必更言「救之」矣。本作「今有同室之人鬬者，救之，雖被髮纓冠而往，可也。」涉下文「被髮纓冠而往救之」句，誤衍「救之」二字，考文古本是也；校者不刪「救之」二字，而誤刪往字，今各本是也。』

案此文本作『今有同室之人鬬者，雖被髮纓冠而往救之，可也。』與下文『鄉鄰有鬬者，被髮纓冠而往救之，則惑也。』對言，句法亦一律。今本上『救之』二字，卽涉下文而衍。俞氏從考文古本補往字，是也；惟以下『救之』二字爲衍文，則未審。

施施從外來，驕其妻妾。

案意林引驕上有猶字。

萬章章句上

號泣于旻天。

案文選陸士衡贈從兄車騎一首注引『號泣』上有日字，與書僞大禹謨合。

人悅之，

案人當作士，此承上文『天下之士悅之』而言。上文多人字，故士誤爲人耳。

使浚井，出，從而揜之。

注：『使舜浚井，舜入而卽出。瞽瞍不知其已出，從而蓋其井，以爲死矣。』

俞樾云：『竊謂出者，非舜出也，乃出井中之土地。蓋舜入井後，井中之土，必瞽瞍與象縋而出之，瞍與象卽以所出之土揜舜於井，故曰「從而揜之」也。』

案趙注固迂曲；俞說亦嫌牽強。竊疑出乃土之誤，『使浚井土』爲句，文意粲然明白。出，隸書或省作士，與土形近，故出、土往往相溷。管子形勢解：『後必相咄，』意林引咄作吐

（宋本同），莊子天道篇：『天德而土寧，』今本土誤出，漢書外戚傳：『必畏惡吐棄我，』漢紀吐誤咄，敦煌本文選陸士衡演連珠第十九首：『鑽燧出火，』今本出誤吐，皆其比。

萬章曰：『堯以天下與舜，有諸？』孟子曰：『否。』

案文選陸士衡荅賈長淵一首注引否下有『不然』二字，當據補。『否，不然。』乃重駁之之辭。下文『萬章問曰：「人有言：『至於禹而德衰，不傳於賢而傳於子。』有諸？」孟子曰：「否，不然也。」』『萬章問曰：「人有言：『伊尹以割烹要湯。』有諸？」孟子曰：「否，不然」』『萬章問曰：「或謂：『孔子於衞主癰疽；於齊主侍人瘠環。』有諸乎？」孟子曰：「否，不然也。」』『萬章問曰：「或曰：『百里奚自鬻於秦養牲者，五羊之皮、食牛，以要秦穆公。』信乎？」孟子曰：「否，不然。」』皆與此文例同。

夫然後之中國，踐天子位焉。

案文選劉越石勸進表注引作『夫而後歸中國，踐天子之位焉。』『而後』猶『然後』也。史記五帝本紀亦作『而後。』踐讀爲纘，說文：『纘，繼也。』禮記中庸：『踐其位，』鄭注：『踐讀爲纘。』與此同例。

既而幡然改曰，

案文選應休璉與從弟君苗冑書注引改下有之字。

或謂：孔子於衞主癰疽，

案癰疽(戰國策衞策同)，衞靈公狎近之人。說苑至公篇載此文作雍睢(下同)，記纂淵海六八引此作雝疽(下同。雍乃雝之隸變)，韓非子難四篇作雍鉏，戰國策趙策作雍疽，司馬遷報任少卿書、史記孔子世家、文選報任少卿書注引家語並作雍渠(孔子世家、家語並以爲宦者)，皆同。

於齊主侍人瘠環，有諸乎？

案說苑侍作寺(下同)，瘠作脊(下同)，無乎字。侍、寺古通。瘠諧脊聲，瘠、脊亦可通用。

孔子進以禮，退以義。

案說苑進下、退下並有之字。

而主癰疽與侍人瘠環，是無義、無命也。

注：『若主此二人，是爲無義、無命者也。』

案注訓而爲若，是也。下文『若孔子主癰疽與侍人瘠環，』與此相應，而正作若。(說苑下文若作如，義亦同。)說苑無『無義』二字，『是無命也，』專承上文『得之不得曰有命』而言。

孔子不悅於魯、衞，遭宋桓司馬，將要而殺之。

案『遭宋桓司馬，』與上文不相含接，疑本作『適宋，遭桓司馬。』說苑作『將適宋，遭桓司馬。』將字涉下『將要而殺之』而衍。

是時孔子當阨，

案說苑當作嘗，古通。

吾聞：觀近臣，以其所爲主。

案說苑聞下有之字。

何以爲孔子？

案說苑孔子下有乎字。

知虞公之不可諫而去之秦，年已七十矣。

俞樾云：『何焯讀書記謂：「此當以『知虞公之不可諫而去』九字爲句，去謂去位也。『之秦』二字自爲句，屬下讀，方與史記虜晉走宛諸事合。」然，眞德秀四書集編、趙順孫四書纂疏，所載經文並作「知虞公之不可諫而去之，」是南宋時舊本有無秦字者。據下文「知虞公之將亡而先去之，」亦無秦字，疑此秦字直衍文耳。』案此以『知虞公之不可諫而去之秦』爲句，亦自可通。萬章但問百里奚要秦穆公事，故孟子僅就去虞之秦一事荅之，非謂其去虞卽之秦也。與史記虜晉走宛諸事並不抵梧，何說泥矣！注：『百里奚知虞公之不可諫而去之秦，』是所見本已有秦字，南宋舊本無秦字，當是誤脫；或後人妄刪。下文『知虞公之將亡而先去之，』乃與『知穆公之可與有行也而相之』對言，『去之』下自不當有秦字，惡可據之以證此文衍秦字邪？俞說疏矣！

萬章章句下

思與鄉人處，如以朝衣朝冠坐於塗炭也。

案六帖二八引思作羞，坐上有而字；二九引『坐於塗炭也，』作『坐於塗炭之上。』

懦夫有立志。

案有猶能也。

遺佚而不怨，

案六帖二七引佚作逸，古通。

由由然不忍去也。

案六帖引『由由』作『悠悠，』由、悠古通。

伯夷，聖之淸者也。伊尹，聖之任者也。柳下惠，聖之和者也。

案抱朴子內篇辨問引作『伯夷，淸之聖者也。柳下惠，和之聖者也。伊尹，任之聖者也。』

僞古文尚書湯誥篇孔疏引三聖字下並有人字。

告子章句上

義，猶桮棬也。

案六帖十三引『桮棬』作『杯圈，』同。

決諸東方則東流，決諸西方則西流。

案世説新語尤悔篇注引作『決之東則東，決之西則西。』諸與之同義。

然則耆炙亦有外與？

注：『如耆炙之意，豈在外邪？』

案：『有外』當作『在外，』注文可證。下章『然則飲食亦在外也？』與此句法同。今本在作有，有、在形近，又涉上文『有然』字而誤也。

雨露之養，

案齊民要術大小麥第十引養上有所字。

則凡可以得生者，何不用也？

案用猶爲也。下文『則凡可以辟患者，何不爲也？』用、爲互文，其義相同。老子八十章：『使人復結繩而用之。』索紞本用作爲，亦二字同義之證。

使人之所惡，莫甚於死者，則凡可以辟患者，何不爲也？

案『莫甚於死者，』者字涉下文『辟患者』而衍。上文『如使人之所欲，莫甚於生，則凡可以得生者，何不用也？』與此句法一律。

舍其路而弗由，放其心而不知求。

案韓詩列傳四引此無知字，二句正相偶。今本知字，疑後人據下文『知求之』及『不知求』而加。

學問之道無他，求其放心而已矣。

案韓詩外傳『無他』下有焉字，梁惠王篇：『古之人所以大過人者無他焉，善推其所爲而已矣。』與此句法同。

終亦必亡而已矣！

案『終亦』蓋『亦終』之誤倒，下文亦云：『亦終必亡而已矣！』

仁之勝不仁也，猶水勝火。

案『猶水勝火，』治要、御覽五八引並作『猶水之勝火也。』御覽四一九引『猶水』下亦有之字。

告子章句下

先名實者，爲人也；後名實者，自爲也。

案說苑雜言篇兩也字上並有者字。

其趨一也。

案說苑趨作趣，古通。

魯繆公之時，

案說苑繆作穆，下文『秦繆公用之而霸。』繆亦作穆，古通。

不用賢則亡。削，何可得歟？

案說苑不上有故字，歟作也，也、歟同義。

緜駒處於高唐，

案初學記十五引緜駒作緜居。

有諸內必形諸外。

案說苑下諸字作於，義同。

有則髠必識之。

案說苑之下有矣字。

不用。從而祭，燔肉不至。

案說苑而字在不字上，燔作膰，本字作⿰炙番，說文：『⿰炙番，宗廟火孰肉。』燔，借字。膰，俗字。

不稅冕而行。

正義：『未及脫祭祀之冕而適他國。』

案說苑稅作脫，與正義合。稅、脫古通。

不知者，以爲爲肉也；其知者，以爲爲無禮也。

案說苑作『其不善者，以爲爲肉也；其善者，以爲爲禮也。』禮上疑脫無字。

君子之所爲，衆人固不識也。

案說苑『君子』上有故字，不下有得字。

盡心章句上

莫非命也，順受其正。

案論衡刺孟篇引命上有天字。朱熹注：『人物之生，吉凶禍福，皆天所命。』亦就『天命』言之。『順受其正，』其猶爲也。

盡其道而死者，正命也；桎梏死者，非正命也。

案論衡引作『盡其道而死者，爲正命也；桎梏而死者，非正命也。』較今本爲優。趙注：『盡修身之道以壽終者，爲得正命也。』（本脫爲字，非。）疑所見本『正命也』上亦有爲字。

窮則獨善其身，達則兼善天下。

案舊鈔本文選王仲寶褚淵碑文注引上則字作故，義同。白居易與元九書引下善字作濟。

善政不如善敎之得民也。

注：『善政使民不違上，善教使民尚仁義，心易得也。』

正義：『善政使民不違上，又不若善敎之得民易也。』

案『得民』下疑原有易字，注及正義可證。『善敎不如善敎之得民易也，』與上文『仁言不如仁聲之入人深也』對言。

雞鳴而起，孳孳爲善者，舜之徒也。雞鳴而起，孳孳爲利者，蹠之徒也。

案藝文類聚十一引兩雞字下並有初字。善、利對言，猶義、利對言。禮記緇衣篇：『章善癉惡。』釋文本善作義，韓非子姦劫弒臣篇：『廢正適而立不義。』韓詩外傳四義作善，並善與義同義之證。

盡心章句下

若固有之。

注：『如固自當有之也。』

案注未得固字之義，固與故同，故猶本也。（荀子性惡篇：『凡禮義者，是生於聖人之僞，非故生於人之性也。』楊倞注：故猶本也。卽其證。）『若固有之』者，『如本有之』也。

告子篇：『仁義禮智，非由外鑠我也，我固有之也。』固亦與故同。

古之爲關也，將以禦暴；今之爲關也，將以爲暴。

案意林引古下、今下並有人字。藝文類聚六引兩暴字下並有也字。

君子行法，以俟命而已矣。

案上文『言語必信，非以正行也。』此文『行法，』緊承『正行』言之。法猶正也，論語憲問篇：『齊桓公正而不譎。』漢書鄒陽傳引正作法，荀子宥坐篇：『主量必平似法，』大戴禮記勸學篇法作正，並法、正同義之證。

曰：『何如斯可謂之鄉原矣？』曰：『「何以是嘐嘐也？言不顧行，行不顧言，則曰：古之人！古之人！」「行何爲踽踽涼涼？生斯世也，爲斯世也，善斯可矣。」閹然媚於世也者，是鄉原也。』

俞樾云：『曰：「何以是嘐嘐也？」「言不顧行，行不顧言，則曰：古之人！古之人！行何爲踽踽涼涼？」此三十字當在「其志嘐嘐然」之下，「夷考其行」之上。「曰：何以是嘐嘐也？」萬章問也；「言不顧行」以下，孟子荅也。「踽踽涼涼」正與「嘐嘐」相反，踽踽者，獨也。詩云：「獨行踽踽，」是也。涼涼者，薄也。說文水部：「涼，薄也。」是也。凡物之衆者、厚者，皆有大義。殷訓大，亦訓衆；膴訓大，亦訓厚，是其證也。然則獨與薄，皆有小義矣。趙氏訓「嘐嘐」爲「志大言大，」是「踽踽涼涼」正與相反也。狂者言行不相顧，故常以古人之行爲隘小而非笑之，每曰：「古之人！古之人！行何爲是踽踽涼涼？」此狂者譏古人之詞也。及考其所爲，則實未能大過古人，故曰：「夷考其行而不掩焉者也。」自此三十三字誤移在後文，則與論鄉原何涉？趙注、朱注，皆曲爲之說，而義不可通。前文止存「曰：古人之！古人之！」七字，此乃文字爛脫之未盡者，今當爲衍文矣。」

案俞氏謂『踽踽涼涼』與『嘐嘐』之義相反，是也。惟以『曰：何以是嘐嘐也？』至『行何爲踽踽涼涼？』三十字爲前文之錯簡，則謬。『何以是嘐嘐也？言不顧行，行不顧言，則曰：古之人！古之人！』乃孟子述鄉原譏狂者之言也。『則曰：古之人！古之人！』即據狂者所稱『古之人！古之人！』而譏之，與前文正相應。（前文『曰：古之人！古之人！』決非衍文。）『行何爲踽踽涼涼？生斯世也，爲斯世也，善斯可矣。』乃孟子述鄉原譏獧者之言也。『行何爲踽踽涼涼？』卽因獧者之『不屑不潔』而譏之，與前文亦相應。（『行何爲踽踽涼涼？』決非狂者譏古人之詞。）蓋鄉原既不願如狂者之進取；又不願如獧者之有所不爲；惟求同流合汙，媚世取容耳。故孟子斥之曰：『閹然媚於世也者，是鄉原也。』此節文理，本甚明白，俞氏欲移易正文，反亂其眞矣！

惡鄭聲，恐其亂樂也。

案意林引樂上有雅字，『雅樂』與『鄭聲』對言，論語陽貨篇亦作『惡鄭聲之亂雅樂也。』

今本無雅字，疑後人求與上下文句法一律而刪之。

老子賸義

近人治老子，用力最勤，綴緝繁富者，當推朱晴園（謙之）老子校釋。（一九六一年七月臺北世界書局初版。）是書所據版本書目計一百三種，所用考訂書目計一四六種。可謂富矣！朱氏於拙說亦略有所取，如二十章『衆人熙熙，若享太牢。』下云：『莊子馬蹄篇：「含哺而熙。」書鈔一五引熙作嘻，初學記九、事文類聚後集二十引並作嬉。』二十四章『企者不久。』下云：『莊子秋水篇：「掇而不跂，」釋文：「跂，一本作企。」庚桑楚篇：「人見其跂，」古鈔卷子本作企。』五十五章『終日號而不嗄，和之至。』下云：『莊子庚桑楚篇：「兒子終日嗥而嗌不嗄，和之至也。」釋文：「嗥，本又作號。嗄，本又作嚘。」古鈔卷子本正作「兒子終日號而嗌不嚘。」』蓋並本拙著莊子校釋之說也。昔年讀老子，曾撰校記。檢對朱書，立說閒有相同者。茲本朱書之例，以唐景龍碑本爲底本，棄同錄異。區區賸義，聊以補朱書之未備；且便於讀朱書者之參驗耳。一九六四年三月十九日叔岷記。

老子道經一卷

一章

常有，欲觀其儌。

羅振玉云：『儌，敦煌本作曒。』

案敦煌唐景龍三年鈔本『其儌』作『所曒。』所與其同義。莊子知北遊篇：『死生有待邪？皆有所一體。』所亦與其同義。

二章

是以聖人處無爲之事，行不言之敎。

案淮南子主術篇：『人主之術：處無爲之事，而行不言之教。』劉子九流篇：『居無爲之事，行不言之教。』

四章

道冲而用之，久不盈。

朱謙之云：『冲，傅奕本作盅，盅卽冲之古文……器中之虛曰盅，盅則容物，故莊子應帝王篇曰：「太盅莫勝。」』

案莊子應帝王篇作『太沖莫勝。』不作盅。盅、沖正、假字。冲，俗沖字。淮南子道應篇引久作又。

解其忿。

案意林引忿作紛。

五　章

多言數窮，

案敦煌景龍本言作聞。數讀爲速。

六　章

綿綿若存，用之不勤。

朱謙之云：『「綿綿」諸本作「緜緜。」綿爲俗字。』

案『緜緜，』微小貌。勤猶盡也。淮南子原道篇：『旋緜而不可究，纖微而不可勤。』高誘注『緜猶小也，勤猶盡也。』（今本正文、注文緜並誤縣，王念孫雜志有說。）與此文義相符。

七　章

以其无私，故能成其私。

朱謙之云：『遂州碑本作「此其無尸，故能成其尸。」……私作尸，非也。』

案此與以同義。敦煌景龍鈔本兩私字亦並誤尸。

八　章

水善利萬物，又不爭。

案御覽五八引又作而，義同。

故幾於道。

釋文：『幾，近也。』案六帖六引幾正作近。傅奕本道下有矣字，宋潘自牧記纂淵海一引同。

與善人。

案敦煌景龍鈔本人作仁。

九　章

持而盈之，不若其以。

案敦煌景龍鈔本盈作滿，以作已，義並同。

揣而鋭之，不可長保。

案敦煌景龍鈔本鋭作棁，保作寶。

功成、名遂、身退，天之道。

嚴可均云：『王弼作「功遂、身退。」』釋文：「功遂，本又作成。」』

案王弼云：『四時更運，功成則移。』是王本本作『功成、身退。』敦煌景龍鈔本作『名成、功遂、身退。』六帖六十、記纂淵海五二、宋祝穆事文類聚前集三二、宋謝維新合璧事類前集四二、宋蔡夢弼杜工部草堂詩箋七引此並作『功成、名遂、身退。』與此石同。又事文類聚、合璧事類、草堂詩箋引道下並有也字。

十　章

能嬰兒？

朱謙之云：『能下傅奕本、室町本有如字。奚侗曰：「傅奕本能下有如字，乃增字以足其誼。淮南道應訓引能下有無字，蓋涉『無離、』『無爲、』『無疵、』『無知』等無字而衍。

」』

案河上注：『能如孾兒，』王弼注：『能若嬰兒之無所欲乎？』疑所據本能下並有如字。淮南子道應篇引作『能如嬰兒乎？』奚、朱二氏並失檢。

愛人治國，能无爲？天門開闔，能爲雌？明白四達，能无知？

案敦煌景龍鈔本作『愛民治國，而无知？明白四達，而无爲？天門開闔，而爲雌。』三而字並與能同義。

十一章

埏埴以爲器。

案敦煌景龍鈔本埴作殖。殖亦借爲埴，說文：『埴，黏土也。』

十二章

五色令人目盲；五音令人耳聾；五味令人口爽。

案呂氏春秋本生篇高誘注：『老子曰：五聲亂耳，使耳不聰；五色亂目，使目不明；五味實口，使口爽傷。』與此文不類，蓋誤以淮南子精神篇之文爲老子語也。僞文子九守篇：『五色亂目，使目不明；五音亂耳，使耳不聰；五味亂口，使口厲爽。（今本『厲爽』作『生創，』乃淺人妄改，據雲笈七籤九一引正。）』，亦鈔襲淮南子而僞託爲老子語。

十三章

何謂寵辱？辱爲下。

案敦煌景龍鈔本作『寵爲下。』

吾所以有大患，爲我有身。及我无身，吾有何患！

案弘明集七宋釋慧通駁顧道士夷夏論引作『吾所以有大患者，爲吾有身也。及吾無身，吾又有何患！』又字疑臆加。

十四章

摶之不得，名曰微。

朱謙之云：『摶，王本作搏。……易順鼎曰：「搏乃摶之誤。」……馬敘倫曰：「莊子知北遊篇『摶之而不得，』蓋本此文，亦作摶。」』

案此石及敦煌景龍鈔本並作『摶之不得，』摶，俗搏字。搏蓋摶之誤。莊子知北遊篇『摶之而不可得也。』明世德堂本搏誤摶，蓋卽馬氏所據。淮南子道應篇亦云：『搏之而不得，』可證此文當作搏。說文：『搏，索持也。』段玉裁注：『索持，謂摸索而持之。』淮南子俶眞篇：『捫之不可得也。』說文：『捫，撫持也。』捫與搏義亦相近，可證作搏不誤。

其上不皦，在下不昧。

朱謙之云：『各本在並作其，作其是也。』

案在字不誤，其、在互文，在猶其也。（其亦可訓在，裴學海古書虛字集釋五有說。）

繩繩不可名，

釋文：『繩，河上本作繩。』案敦煌景龍鈔本『繩繩』作『蠅蠅。』竊疑釋文所謂『河上本作繩，』繩乃蠅之誤。否則與王弼本作繩同，無煩重舉也。文選王子淵洞簫賦：『蠅蠅翊翊。』（注：蠅蠅，遊行貌。）與此作『蠅蠅』同例，惟取義各殊。此文蠅亦借爲繩，說文：『繩，索也。』小爾雅廣器：『大者謂之索，小者謂之繩。』『繩繩』乃『微小』之義，六章『綿綿若存，』『繩繩』與『綿綿』同旨。

執古之道，以語今之有。

嚴可均云：『「以語今之有，」各本作御。』

案語亦借爲御，墨子公孟篇：『厚攻則厚吾，薄攻則薄吾。』王引之云：『吾讀爲列禦寇之禦，禦，古通作吾。』（讀書雜志七之四。）語之通御，猶吾之通禦矣。

以知古始，是謂道己。

嚴可均云：『「以知古始，」御注、王弼作「能知。」「是謂道己，」御注、河上作「道紀。」』

朱謙之云：『作紀是也，己字無義。』

案以與能同義，詩大雅烝民：『既明且哲，以保其身。』漢書司馬遷傳贊引以作能，即其比。己與紀同義，釋名釋天、廣雅釋言並云：『己，紀也。』即其證。朱說非。

十五章

敦若朴，混若濁，曠若谷。

案敦煌景龍鈔本作『混若樸，曠若谷，肫若濁。』混、肫二字疑當互易，肫乃肫之隸變，肫借爲惇，說文：『惇，厚也。』敦亦借爲惇。樸者樸之隸變，樸、朴正、假字。（二十八章『復歸於朴。朴散爲器，』三十二章『朴雖小，天下不敢臣。』三十七章『化而欲作，吾將鎮之以无名之朴。无名之朴，亦將不欲。』敦煌景龍鈔本朴亦皆作樸。）

保此道者，不欲盈。

馬敍倫云:『莊(逵吉)本淮南道應訓引保作復。』

案莊本淮南子道應篇引保作服,馬氏失檢。明朱東光本淮南子作保,與此同。

能弊復成。

案景宋本淮南子道應篇引作『是以能弊而不新成。』

十六章

夫物云云,

案舊鈔本文選江文通雜體詩注引『云云』作『芸芸。』

忘作,凶。

嚴可均云:『「忘作凶,」各本作「妄作凶。」』

案敦煌景龍鈔本忘字同。

容能公,公能王,王能天,天能道,道能久。

嚴可均云:『「容能公,」御注、河上、王弼能作乃,下四句皆然。又「公能王」四句,邢州本作「公能生,生能天。」』

案能與乃同義。敦煌景龍鈔本兩王字亦並作生。朱氏引勞健說,謂王、生並是全之壞字。疑是。

十七章

其次，親之豫之。

案敦煌景龍鈔本豫作譽。譽、豫正、假字。孟子梁惠王篇：『一遊一豫，爲諸侯度。』左昭二年傳服虔注引豫作譽，卽二字通用之證。

十八章

大道癈，有人義。智惠出，有大僞。

朱謙之云：『癈當作廢。「人義」當從諸本作「仁義。」』

案敦煌景龍鈔本癈字同，（三十六章『將欲癈之，』癈字亦同。）廢、癈正、假字。論語微子篇：『長幼之節，不可廢也；君臣之義，如之何其廢之也？』敦煌集解本廢並作癈，與此同例。敦煌景龍鈔本惠作慧，後漢書仲長統傳注引同（王先謙集解云：『官本慧作惠。』）。古多以惠爲慧。

六親不和，有孝慈。國家昏亂，有忠臣。

案敦煌景龍鈔本昏作𣅳，二十章『俗人昭昭，我獨若昏。』亦作𣅳。文選潘安仁西征賦注引忠作貞。意林引愼子：『孝子不生慈父之家。忠臣不生聖王之下。』（唐趙蕤長短經反經篇『聖王』作『聖君。』）

十九章

此三者，爲文不足。

案敦煌景龍鈔本不作未，義同。

二十章

善之與惡，

武內義雄云：『敦、遂二本善作美。』

案說文：『美與善同意。』

忙□其未央！

案敦煌景龍鈔本作『莽其未央。』

若享太牢。

嚴可均云：『釋文作「若亨，」引河上作饗。』

朱謙之云：『玉燭寶典三引作「而饗。」』

案而與若同義。敦煌景龍鈔本亨亦作亨。亨讀爲享，享與饗通。莊子山木篇：『故人喜，命豎子殺鴈而亨之。』（今本亨作烹，乃後人妄改。王念孫讀書雜志餘編上有說。）呂氏春秋必己篇亨作饗，與此同例。

若嬰兒未孩。

案敦煌景龍鈔本嬰作攖。

乘乘無所歸！

嚴可均云：『王弼作「儽儽兮若無所歸。」』

朱謙之云：『傅奕本作「儡儡兮其不足，以無所歸。」……遂州本、顧歡本作「魁無所歸。」』

案儽、儡同義，字亦作纍，禮記玉藻：『喪容纍纍。』鄭玄注：『纍纍，羸憊貌。』文選潘安仁寡婦賦注引纍作儡。史記孔子世家：『纍纍若喪家之狗。』白虎通壽命篇纍作儡，說文繫傳引白虎通作儽。卽儽、儡、纍通用之證。敦煌景龍鈔本此文亦作『魁无所歸。』楚辭九思憫上：『魁纍擠摧兮常困辱。』王逸注：『魁纍，促迫也。』（纍一作壘，古亦通用。）

『魁櫐』連文，其義相同。王氏訓『魁櫐』爲『促迫，』與『羸憊』義亦相近。

我愚人之心，純純。

案六帖九三引『純純』下有然字。

俗人昭昭。

釋文：『昭，一本作照。』案敦煌景龍鈔本昭正作照。昭、照音、義同。

淡若海，

案敦煌景龍鈔本作『忽若晦。』

漂无所止。

案敦煌景龍鈔本漂作寂。

我獨異於人，而貴食母。

案敦煌景龍鈔本獨作欲。黃帝內經素問一上古天眞論注引『而貴食母，』作『而貴求食於母。』

二十一章

孔得之容，

案敦煌景龍鈔本得作德，古通。

道之爲物，唯恍唯忽。忽恍中有象，恍忽中有物。

案敦煌景龍鈔本三忽字並作惚，象作像，像、物二字互易。象、像古、今字。鶡冠子夜行篇：『芴乎芒乎，中有象乎！窈乎芴乎，中有物乎！』

窈冥中有精，其精甚眞，其中有信。

朱謙之云：『莊子德充符篇：「夫道有情有信，無爲無形，可傳而不可受，可得而不可見。」情亦當爲精，「有情有信，」即此云「其中有精，其中有信」也。』

案鶡冠子：『窅乎冥乎，中有精乎！』窈、窅正、假字。朱氏所引莊子德充符篇，乃大宗師篇之誤。莊子精作情，情、精古通，莊子大宗師篇：『有旦宅而無死情。』（今本『死情』二字誤倒。）淮南子精神篇情作精，即其比。

二十二章

曲則全，枉則正。

朱謙之云：『〔淮南子〕道應訓引上二句〔正〕作直。』

案景宋本淮南子作正。意林引此正作直。

弊則新。

案淮南子俶眞篇：『弊而復新。』

多則或。

案林意引或作惑。

不自見故明；不自是故彰。

案敦煌景龍鈔本二句倒置，彰作章，彰、章正、假字。

故天下莫能與之爭。

案敦煌景龍鈔本作『故莫能與爭。』

二十三章

驟雨□終日。

案敦煌景龍鈔本驟作趍。趍，俗趨字。文子九守篇、列子說符篇驟並作暴。事文類聚前集五引莊子亦云：『驟雨不終日。』

故從事而道者，道德之；同於德者，德德之。

嚴可均云：『古得、德字通，「德之」卽「得之」也。』

案『從事而道者，』而與於同義。敦煌景龍鈔本兩『德之』並作『得之。』

二十四章

企者不久，

案敦煌景龍鈔本企作喘。

自伐无功，

案敦煌景龍鈔本伐作饒。小爾雅廣詁：『饒，多也。』

其在道，曰餘食贅行。

朱謙之云：『贅字館本、遂州本作餟，非。』

案敦煌景龍鈔本贅亦作餟，餟與贅通。詩大雅桑柔：『具贅卒荒。』傳：『贅，屬也。』段玉裁云：『贅爲綴之假借。』（說文贅字注。）餟之通贅，猶綴之通贅矣。

物或有惡之，

案敦煌景龍鈔本無或字。三十一章亦有此文，無有字。

二十五章

吾強爲之名曰□。

朱謙之云：『此句各本無吾字。』

案敦煌景龍鈔本有吾字，文選任彥昇宣德皇后令注引同，與此石合。唐无能子聖過篇：『吾彊名之曰人。』郎本此文，亦有吾字。各本曰下有大字，當補，大借爲达，說文：『达，達或从大。』达與下逝、遠、返，文義一律。

遠曰返。

案敦煌景龍鈔本返作反。

而王處一。

案淮南子道應篇引作『而王處其一焉。』

二十六章

是以君子終日行，不離輜重。

嚴可均云：『「是以君子」河上、王弼作「是以聖人。」』

朱謙之云：『韓非解老作「君子。」』

案敦煌景龍鈔本作『君子，』與此石同。韓非子喻老篇、册府元龜四八一引此亦並作『君子。』朱氏所稱韓非解老，乃喻老之誤。

如何萬乘之主，

嚴可均云：『「如何」各本作「奈何。」』

案敦煌景龍鈔本作『如何，』與此石同。

輕則失臣，

案敦煌景龍鈔本臣作本。

二十七章

善行，无轍迹，

案卷子本玉篇言部引作『善行者無遠近。』引下文『善閉』下亦有者字。傅奕本『善行』下亦有者字，下文『善言、』『善數、』『善閉、』『善結』下皆有者字。敦煌景龍鈔本轍作徹，徹、轍古、今字。

善言，無瑕讁；

案意林引作『善言者，無瑕讁。』敦煌景龍鈔本『瑕讁』作『瑕適。』瑕、瑕正、假字。讁、適正、假字。讁，俗字。

善計，不用籌策；

案傅奕本作『善數無籌策。』玉海急就篇四補注引計字同。數亦計也，說文：『數，計也。』策，策之隸變。顏氏家訓書證篇：『簡策字竹下施朿，末代隸書似杞宋之宋。』此其例也。敦煌景龍鈔本筞作笇，笇，俗筭字。

善閉，无關鍵不可開。

案淮南子道應篇引作『善閉者，无關鍵而不可開也。』六帖十一引『善閉』下亦有者字。敦煌景龍鈔本鍵作揵。揵，俗楗字。楗、鍵正、假字。

善結，无繩約不可解。

案淮南子道應篇引作『善結者，无繩約而不可解也。』鶡冠子泰鴻篇陸佃注引『善結』下亦有者字。

是以聖人常善救人，而无棄人；常善救物，而无棄物。

嚴可均云：『「而无棄人，」各本而作故，下句亦然。』

案敦煌景龍鈔本兩而字並同。而與故同義。劉子適才篇：『是以君子善能拔士，故無棄人；良匠善能運斤，故無棄材。』即本此文，與作故之本合。

善人，不善人之師；不善人，善人之資。

案事文類聚前集二三引作『故善人者，不善人之師也；不善人者，善人之資也。』

雖知大迷，

案敦煌景龍鈔本知作智。

二十八章

朴散爲器，

朱謙之云：『玉篇引老子曰：「璞散則爲器。」文選演連珠注引尸子曰：「鄭人謂玉未理者爲璞。」』

案戰國策秦策三亦云：『鄭人謂玉未理者璞。』璞與樸同，文選王子淵聖主得賢臣頌：『鑄干將之璞，』漢書王褒傳作樸，即其比。朴亦借爲樸，説已見前。

是以大制无割。

羅振玉云：『敦煌本制作㓨。』

案㓨乃制之誤，淮南子主術篇：『其立君也，所以㓨有司使無專行也。』文子上義篇㓨作制，㓨亦制之誤。張守節史記正義論字例云：『制字作㓨。』此並其例也。

二十九章

天下神器，不可爲。爲者敗之；執者失之。

案淮南子原道篇：『故天下神器，不可爲也。爲者敗之；執者失之。』卽本此文。『爲者敗之，』承『不可爲也』而言；『執者失之』四字無著。文子道德篇作『天下大器也，不可執也；不可爲也。爲者敗之；執者失之。』多『不可執也』四字，與『執者失之』相應，極是！今本老子、淮南子並脫四字，當補。據王弼注：『萬物以自然爲性，故可因而不可爲也；可通而不可執也。』是所見老子原有『不可執也』四字矣。（此岷舊說，見拙著淮南子斠證補遺，臺灣大學文史哲學報第七期。與朱氏校釋引易順鼎之說略同。）若以此石（敦煌景龍鈔本同。）例之，則『不可爲』下當補『不可執』三字。（據文子則補在『不可爲』上。）

夫物或行或隨，

嚴可均云：『「夫物」各本作「故物。」』

案故與夫同義，論語子路篇：『故君子名之必可言也，』史記孔子世家故作夫，史記鄒陽列傳：『故偏聽生姦，』漢紀九故作夫，並其比。

三十章

果而不得以，是果而勿強。

嚴可均云：『各本以作已，無是。』

魏稼孫曰：『御注已下有是字，與碑同。』

案敦煌景龍鈔本以作已，下亦有是字。

物壯則老，

魏稼孫云：『御注壯作壯，與德經一句同。德經句，碑亦作壯，此壯字誤。』

案敦煌景龍鈔本壯作壯。壯，俗壯字。壯卽壯之誤。管子山至數篇：『狠壯以至於馮會之日。』明朱東光本壯作壯，淮南子地形篇：『壯士之氣，御于赤天。』景宋本壯作壯，並二字相亂之例。

三十一章

夫佳兵者，不祥之器。

釋文：『佳，河上：「飾也。」』

王念孫云：『佳當作隹，字之誤也。隹，古唯字。』

案王說是也。雲笈七籤九十、大正藏讀經疏部二淨土三部經音義集二引佳並作飾，蓋據河上注妄改。

恬惔爲上，

嚴可均云：『御注作「恬淡，」河上作「恬恢，」王弼作「恬澹。」』

朱謙之云：『傅本作憺。』

案敦煌景龍鈔本惔字同。河上本作恢，恢蓋惔之形誤。惔、淡、澹並憺之借。莊子刻意篇：『夫恬惔寂漠、虛無無爲，此天地之平，而道德之質也。』敦煌唐寫本惔作淡，道藏褚伯秀義海纂微本作澹，亦同此例。

煞人衆多，

嚴可均云：『此句上御注、河上有「言以喪禮處之」六字，蓋注語羼入正文。』

案敦煌景龍鈔本此上亦有『言以喪禮處之』六字，與下文『以喪禮處之』復，當是注文竄入正文者。

三十二章

萬物將自賓。

案爾雅釋詁：『賓，服也。』

人莫之令而自均。

案敦煌景龍鈔本人作民。

天將知止。

案敦煌景龍鈔本作『夫亦將知止。』

三十三章

自知者明。

韓非子喻老篇：『故知之難，不在見人，在自見。故曰：自見之謂明。』王先愼云：『「自見」老子作「自知，」無作見之本。此見字即緣上兩見字而誤，非韓非所見本有不同也。』

案韓非子引老子『自見之謂明，』以證上文『不在見人，在自見』之義。作見，決非誤字。蓋別有所本，與此文『自知者明』無涉。長短經是非篇引老子佚文：『內視之謂明。』『內視』猶『自見』也。

自勝者強。

朱謙之云：『韓非子喻老作「自勝之謂強。」』

案韓非子引老子『自勝之謂強，』乃別有所本，不必與此強同。長短經是非篇引老子佚文：『自勝之謂強。』與韓非子合。

三十四章

大道氾，

案敦煌景龍鈔本氾作汎。

萬物恃之以生而不辭。

案敦煌景龍鈔本無之字。

成功不名有。

嚴可均云：『「成功」各本作「功成。」』

案敦煌景龍鈔本作『成功，』與此石同。

三十五章

道出言，淡无味。

嚴可均云：『「道出言，」御注、河上、王弼作「道之出口。」』

羅振玉云：『敦煌本口作言，淡作惔。』

案卷子本玉篇水部引此作『道之出言，淡乎其無味也。』羅氏稱敦煌本淡作惔，淡、惔正、假字。莊子齊物論篇：『大言炎炎。』釋文：『炎，李作淡。』炎亦借爲淡。

用不可既。

嚴可均云：『王弼作「用之不足既。」』

朱謙之云：『永樂大典王本作「用之不足既，」他王本足亦作可。』

案王注：『乃用之不可窮極也。』是王本足本作可。作足，涉上文兩足字而誤。卷子本玉篇引此作『而用之不可既。』

三十六章

將欲翕之，必故張之；

嚴可均云：『「翕之，」河上作「噏之，」王弼作「歙之，」簡文作「歙之。」』

案敦煌景龍鈔本翕字同。意林、玉海百四十並引作噏，與河上本同。集韻入聲十引作歙，與王弼本同。當從簡文本作歙爲正。莊子山木篇：『有一人在其上，則呼張歙之。』淮南子本經篇：『開闔張歙，不失其敍。』字並作歙。意林引故作固，下『故強』同。故、固古通。

將欲癈之，必固興之；將欲奪之，必固與之。

勞健云：『興當作舉，叶下句「必固與之。」』

案敦煌景龍鈔本興作與。與讀爲舉，周禮地官師氏：『王舉則從，』鄭注：『故書舉爲與。』史記呂后本紀：『蒼天舉直。』集解引徐廣曰：『舉，一作與。』並與、舉通用之證。敦煌景龍鈔本奪作奞。奞，俗奪字。顏氏家訓書證篇：『奮、奪從萑。』奞又萑之變也。

柔勝剛，弱勝強。

案敦煌景龍鈔本作『柔弱勝剛強。』

魚不可脫於淵，

蔣錫昌云：『後漢書隗囂公孫述列傳云：「老子曰：魚不可脫於泉。」翟酺傳注引淵亦作泉，是古本淵或作泉也。』

朱謙之云：『此章淵、人爲韻，唐人避高祖諱改淵爲泉。唐人避諱多改淵爲深，則亦可改淵爲泉也。』

案莊子外物篇：『予自宰路之淵，』文選郭景純江賦注引淵作泉，亦避唐高祖諱改，與此同例。

國有利器，不可示人。

嚴可均云：『「國有」各本作「國之。」』

案敦煌景龍鈔本有字同。有與之同義，史記孟嘗君列傳：『其賤妾有子名文。』通鑑周紀二有作之，卽其比。『不可示人，』敦煌景龍鈔本作『不可以視人。』示、視古通，史記高祖本紀：『亦示項羽無東意。』漢書示作視，卽其比。

三十七章

侯王若能守，

案敦煌景龍鈔本『侯王』作『王侯。』

不欲以靜，天下將自正。

案敦煌景龍鈔本作『无欲以靜，天地自正。』不、无同義。『天下』之作『天地，』蓋聯想之誤。

老子德經

三十八章

下德□□而有以爲。

案敦煌唐天寶十載鈔本作『下德爲之而有以爲。』

三十九章

侯王得一以爲天下正。其致之。

案敦煌天寶鈔本正字同。唐釋湛然輔行記二二引此亦同。『其致之』三字，天寶鈔本同，朱氏校釋失錄。

萬物無以生將恐滅。

羅振玉云：『敦煌本無此句。』

案敦煌天寶鈔本有此句，無作无。（上下文無皆作无。）

故貴以賤爲本，高以下爲基。

案戰國策齊策四顏斶引作『雖貴必以賤爲本，雖高必以下爲基。』（雖與故同義。）文子道原篇兩以字上亦並有必字。劉子明謙篇：『高必以下爲基，貴則以賤爲本。』必，則互文，則猶必也。

是以侯王自謂孤寡不轂。

案敦煌天寶鈔本『侯王』二字倒。

此其以賤爲本耶非？

案敦煌天寶鈔本同此石。疑『耶非』乃『非耶』之誤倒，史記伯夷列傳：『若伯夷、叔齊可謂善人者，非邪？』與此作『此其以賤爲本，非耶？』句例正同。

故致數車無車。

嚴可均云：『御注、王弼作「數輿無輿。」』

案敦煌天寶鈔本作『故致數與无譽。』與、譽互文，與猶譽也。輿、與古亦通用，八十章：『雖有舟轝，无所乘之。』敦煌鈔本轝（同輿）作與，莊子逍遙遊篇：『吾聞言於接輿，』大宗師篇：『子祀、子輿、子犁、子來四人相與語曰，』釋文並云：『輿，本又作與。』並其證。作車則非矣。

不欲琭琭如玉，落落如石。

嚴可均云：『「落落」王弼作「珞珞。」』

高延弟云：『「琭琭」史記平原君傳作「錄錄。」』

案集韻入聲九：『琭，玉皃。』敦煌天寶鈔本『琭琭』作『祿祿。』卷子本玉篇石部：『老子：『珎〻如玉，硌〻如石。』王弼曰：「玉名碌〻，硌〻。」』珎乃俗珍字，與所引王注作碌不符，又注『玉名』乃『玉石』之誤，今本可證。注『碌〻硌〻，』與今本作『琭琭珞珞』（正文同）亦殊。藝文類聚七三、御覽四百八十引史記平原君傳『錄錄』並作『碌碌，』與卷子本玉篇引此文王注合。容齋三筆十三云：『今人用「碌碌」字本出老子，云：「不欲碌碌如玉，落落如石。」孫愐唐韻引此句，及王弼別本，以爲「琭琭。」然又爲「錄錄、」「娽娽、」「鹿鹿、」「陸陸、」「祿祿。」凡七字。史記毛遂云：「公等錄錄，因人成事。」唐韻以爲「娽娽。」漢書蕭何贊云：「錄錄未有奇節。」顏師古注：「錄錄猶鹿鹿，言在凡庶之中也。」馬援傳：「今更共陸陸。」（岷案李賢注：「陸陸猶碌碌也。」）莊子漁父篇：「祿祿而受變於俗。」（岷案釋文引司馬彪本祿作錄。）後生或不盡知。』所引老子作『碌碌，』亦與卷子本玉篇引王注合。

四十一章

勤而行之。

案敦煌天寶鈔本作『懃能行。』五十二章：『終身不勤，』天寶鈔本亦作懃。懃與勤同，古本多如此作。莊子寓言篇：『孔子勤志服知也？』日本古鈔卷子本勤作懃，亦同例。而之作能，古聲近通用。

不咲不足以爲道。

羅振玉云：『敦煌本笑下有之字。』

案敦煌天寶鈔本同此石。

故建言有之。

羅振玉云：『敦煌本作「是以建言有之曰。」』

案敦煌天寶鈔本作『是以建言有之。』

質眞若渝。

朱謙之云：『傅奕本作「質直若輸，」柰卷眞亦作直。渝、輸古字通。』

案眞、直形近，往往相亂。（莊子田子方篇：『吾所學者，眞土梗耳。』釋文本眞作直，知北遊篇：『眞其實知，』淮南子道應篇眞作直，並其比。）竊疑此文本作『質直，』論語顏淵篇：『質直而好義。』淮南子原道篇：『質直皓白，』史記張丞相列傳：『御史大夫周昌，其人堅忍質直。』崔駰杖賦：『合天生之質直。』抱朴子內篇明本：『摛華騁豔，質直所不尚。』鍾嶸詩品中評陶潛詩：『世嘆其質直。』皆以『質直』連文，與此同例。

四十二章

沖氣以爲和。

案敦煌天寶鈔本冲作沖，沖，俗沖字。四十五章：『大盈若沖。』天寶鈔本亦作沖。

人之所惡，唯孤寡不轂，而王公以爲稱。

案敦煌天寶鈔本轂作穀。『爲稱』作『自名。』

或益之而損。

案敦煌天寶鈔本無或字，意林引同。

我亦教之。

案敦煌天寶鈔本作『亦我義教之。』『亦我』蓋『我亦』之誤倒。義猶宜也，（釋名釋言語：『義，宜也。』）『我亦義教之』猶言『我亦宜教之』矣。

吾將以爲教父。

案敦煌天寶鈔本教作學，學猶教也，廣雅釋詁：『學，教也。』

四十三章

天下之至柔，馳騁天下之至堅。

羅振玉云：『敦煌本無騁字。』

朱謙之云：『范本作「天下之至柔，馳騁於天下之至堅。」並云：「淮南子有於字。與古本合。」案淮南子原道、道應二篇今本引此均無於字，與范所見不同。』

案『天下之至柔，』記纂淵海一引天上有水字。敦煌天寶鈔本『馳騁』字同。景宋本及道藏本淮南子原道、道應二篇引『馳騁』下並有於字，與范所見同。

無有入於無閒。

案敦煌天寶鈔本作『无有入无間。』

四十四章

名與身熟親？身與貨熟多？得與亡熟病？

朱謙之云：『熟，各本作孰。孰、熟古通用。』

案敦煌天寶鈔本三熟字同，意林引作孰。熟，俗字。五十八章『熟知其極？』亦同此例。

是故甚愛必大費，

案意林引無『是故』二字。

四十五章

大成若𦙶，

朱謙之云：『𦙶，各本作缺。』

案敦煌天寶鈔本𦙶字同。五十八章：『其人𦙶𦙶，』敦煌景龍鈔本、天寶鈔本𦙶字亦同。𦙶，俗缺字。

大辯若訥。

案敦煌天寶鈔本訥作吶，吶與訥同。禮記檀弓：『其言吶吶然，如不出諸其口。』與此同例。

清靜以爲天下正。

案敦煌天寶鈔本作『清靜爲天下政。』

四十七章

不窺牖，見天道。

羅振玉云：『牖，牗之別體。』

案敦煌天寶鈔本作『不闚牖，知天道。』意林引牖作牗，牖乃牗之誤，非別體也。晏子春秋內篇諫下第二：『兆在路寢之臺牖下。』御覽五五五引牖作牖，亦二字相亂之例。知與見同義，呂氏春秋自知篇：『知於顏色。』高誘注『知猶見也。』史記黥布列傳：『勝敗之數，未可知也。』荀悅漢紀四知作見。並其證。

四十八章

無爲無不爲。

案意林引『無爲』下有而字。

取天下常以無事。

兪樾云：『常乃當字之誤。河上公注曰：「取，治也。治天下常當以無事。」疑河上原注作「治天下當以無事，」後人因經文譌作常，因於注文增入常字耳。』案兪氏疑河上原注作『治天下當以無事，』是也。惟正文常非當之誤，常、當古通，（管子版法解：『惡不公議而名當稱。』明朱東光本當作常，晏子春秋外篇重而異者第七：『則虞、夏當存矣。』明活字本當作常，墨子耕柱篇：『是所謂經者口，殺常之身者也。』（舊衍也字。）明李卓吾叢書本常作當，本書七十四章：『若使民常畏死，』卷子本玉篇可部河上注正以當釋常。今本注文當上有常字，蓋涉正文而衍。

四十九章

聖人在天下。怵怵；爲天下，渾其心。

案在猶得也。管子弟子職篇：『所求雖不在，』明宋東光本在作得，即其證。莊子外物篇：『荃者所以在魚，得魚而忘荃；蹄者所以在兔，得兔而忘蹄；言者所以在意，得意而忘言。』在、得互文，明其義相同。敦煌天寶鈔本『渾其心』作『混心。』渾、混古通。

五十章

兵無所容其刃。

案釋名釋姿容：『容，用也。』『容其刃』猶言『用其刃』也。

五十一章

勢成之。是以万物莫不尊道而貴德。

案敦煌天寶鈔本作『埶成之。是以萬物尊道貴德。』埶字誤。

故道生之，德畜之，長之育之，成之熟之，

嚴可均云：『「成之熟之，」王弼作「亭之毒之。」』

案『德畜之，』吳建衡二年索紞寫本無德字。劉子九流篇：『亭毒萬物，不有其功。』卽本此文，是所見本『成之熟之，』亦作『亭之毒之。』

五十二章

既得其母，又知其子。

朱謙之云：『室町又下有以字。』

案索紞本作『既得其母，以知其子。』以與又同義，淮南子人間篇：『冬間無事，以伐林而積之。』御覽六二七引以作又，卽其比。室町本又下有以字，蓋由又一本作以，寫者誤合之耳。

塞其兌，閉其門，終身不勤。

俞樾云：『兌當讀爲穴，文選風賦：「空穴來風，」注引莊子「空閱來風。」閱從兌聲，可叚作穴，兌亦可叚爲穴矣。』

朱謙之云：『俞說是也。兌叚借爲閱，實爲穴爲竅，耳目鼻口是也。……莊子德充符：「通而不失於兌，」亦指耳目而言。淮南道應訓：「太公曰：塞民於兌，」高誘注：「兌，耳目鼻口也。」』

案文選潘安仁悼亡詩注、白帖一引莊子『空閱來風，』閱並作穴，亦閱、穴通用之證。莊子德充符篇：『通而不失於兌，』淮南子精神篇兌作充，高誘注：『充，實也。』是也。兌乃充之誤，不當據彼以證此。淮南子道應篇注乃許慎注，非高誘注，朱氏亦未達。又案『終身不勤，』索紞本勤作懃。

復歸其明。

案玉海六經天文編上引其作于，義同。

是謂習常。

案王弼本謂作爲，義同。索紞本習作襲。釋文本亦作襲，音習。

五十三章

唯施是畏。

案敦煌天寶鈔本是作甚，蓋涉下文諸甚字而誤。

大道甚夷，而人好徑。

案索紞本作『大道甚夸，而民好徑。』夸字於義無取，蓋涉下文『是謂盜夸』而誤。民之作人，唐人避太宗諱改。俓乃徑之俗省。敦煌天寶鈔本『而人好徑，』作『民甚好俓。』

服文綵，帶利劍，厭飲食，財貨有餘。

嚴可均云：『「厭飲食，」御注作猒。』

羅振玉云：『厭，敦煌本作饜。』

案索紞本綵作采，『財貨』作『資財。』六帖九一引綵亦作采。猒、厭古、今字。饜，俗字。

是謂盜夺。非道也哉！

嚴可均云：『王弼「盜夸」下復有「盜夸」二字，釋文引河上本同。』

朱謙之云：『范本作「盜夲。」』

案索紞本作『是謂盜誇。非道哉！』敦煌天寶本作『是謂盜誇。盜誇非道。』夸、誇古通，夺、夲並夸之俗變。

五十四章

子孫祭祀不輟。

羅振玉云：『祀，敦煌本作祠。』

朱謙之云：『輟，武內敦本作醊，羅卷作餟，均非。』

案索紞本『子孫』下有以字。祀、祠古通，史記孝武本紀：『是時而李少君亦以祠竈、穀道、却老方見上。』藝文類聚八十引祠作祀，卽其比。輟、餟正、假字。醊，或餟字。

脩之身，其德乃眞；脩之家，其德有餘；脩之鄉，其德乃長；脩之於國，其德乃豐；脩之於天下，其德乃普。

案『其德有餘，』索紞本有作乃。『脩之於國、』『脩之於天下。』索紞本無兩於字。敦煌天寶鈔本作『脩之身，其德能眞；脩之家，其德能有餘；脩之鄉，其德能長；脩之國，其德能豐；脩之天下，其德能普。』能與乃同義。豊乃豐之俗變。

吾何以知天下之然？

案索紞本然下有哉字。

五十五章

毒虫不螫，

案索紞本虫作蟲，虫卽蟲之俗省。

猛獸不據，玃鳥不搏。

武內義雄云：『此二句敦本作「攫鳥猛狩不搏。」』

馬敍倫云：『此文當作「猛獸不攫，鷙鳥不搏。」淮南齊俗訓曰：「鳥窮則搏，獸窮則攫；

」禮記儒行篇曰：「鷙鳥搏攫。」並搏、攫連文，可證。』

朱謙之云：『玃乃攫之別構。』

案索紞本作『猛獸不攫，鷙鳥不搏。』與馬說合。惟淮南子齊俗篇作『鳥窮則噣，獸窮則觕。』非搏、攫互用，馬氏失檢。敦煌天寶鈔本作『鸇鳥猛狩不猼。』攫之作鸇，蓋因鳥字聯想而誤。獸、狩正、假字。搏、猼正、俗字。

骨弱筋柔而握固。

案索紞本荕作筋。

未知牝牡之合而□作，精之至。

案索紞本而下空格作峻，戴侗六書故二八引同。敦煌天寶鈔本作酸，蓋峻之誤。索紞本至下有也字。

終日號而不嗄，和之至。

案索紞本而下有嗌字，至下有也字。

益生曰祥。

武內義雄云：『祥字羅振玉所藏敦煌本作詳。』

案敦煌天寶鈔本亦作詳，祥、詳古通。七十八章：『受國不祥，』敦煌景龍鈔本祥作詳，即其比。

物壯則老，謂之不道。不道早已。

羅振玉云：『兩不字敦煌本並作非。』

朱謙之云：『作不是也。……河上「物壯則老」作「物壯將老。」』

案河上本則作將，將與則同義，史記楚世家：『三年不蜚，蜚將沖天；三年不鳴，鳴將驚人。』吳越春秋王僚使公子光傳兩將字並作則，卽其比。索紞本『謂之』作『是謂。』敦煌天寶鈔本兩不字亦作非，非與不同義，管子國蓄篇：『然則人君非能散積聚，』通典十二引非作不，莊子讓王篇：『先生不受，豈不命邪？』呂氏春秋觀世篇下不字作非，淮南子齊俗篇：『然非待古之英俊而人自足者，』治要引非作不，皆其比。

五十六章

知者不言，言者不知。

朱謙之云：『輔行記引者作則。』

案則與者同義，莊子天道篇：『動則得矣。』文選江文通雜體詩注引則作者，呂氏春秋精諭篇：『淺智者之所爭則末矣。』淮南子道應篇則作者，列子湯問篇：『此不爲遠者小而近者大乎？』意林引者作則，皆其比。

解其忿，

案索紞本忿作紛。

故不可得而親，不可得而疎；

案索紞本無故字，敦煌景龍鈔本、天寶鈔本並無兩而字。

不可得而利，亦不可得而害；

案索紞本無亦字。敦煌景龍鈔本、天寶鈔本並作『不可得利，不可得害。』

不可得而貴，亦不可得而賤，故爲天下貴。

朱謙之云：『莊子徐無鬼篇：「故無所甚親，無所甚疏，抱德煬和，以順天下，此謂眞人。」語意同此。』

案索紞本無亦字。敦煌景龍鈔本天寶鈔本首二句並作『不可得貴，不可得賤。』莊子徐无鬼篇：『故無所甚疏，無所甚親，抱德煬和，以順于天，此謂眞人。』親、天、人爲韻，今本疏、親二字誤錯，『于天』誤作『天下，』遂失其韻，（拙著莊子校釋四有說。）卽朱氏所據者也。又淮南子精神篇：『是故無所甚疏，而無所甚親，抱德煬和，以順於天。』文子九守篇：『無所疏，無所親，抱德煬和，以順於天。』並可參證。

五十七章

以正治國，

朱謙之云：『柰卷作「以正之國，」顧歡作「以正理國。」』

案長短經大體篇引此亦作『以正理國。』敦煌天寶鈔本作『以政之國。』治作之、作理，並唐人避高宗諱改。

吾何以知其然？

案敦煌景龍鈔本、天寶鈔本並作『吾何以知天下之然？』索紞本然下有哉字。

天下多忌諱，而人彌貧；人多利器，國家滋昏。

案索紞本『而人彌貧，』人作民，敦煌景龍鈔本人作民（避太宗諱缺末筆），下人字作民，昏作昬。敦煌天寶鈔本兩人字並作民，昏亦作昬。

人多伎巧，

案索紞本作『民多技巧。』技、伎正、假字。敦煌景龍鈔本作『民多知巧，』天寶鈔本作『民多知巧。』古書往往以『知巧』連文，莊子達生篇：『是純氣之守也，非知巧果敢之列。』（又見列子黃帝篇。）卽其比；或以『知巧』互用，韓非子揚推篇：『去智與巧，』（知與智同。）即其例。

法物滋彰，盜賊多有。

案索紞本物作令，朱謙之謂『物字涉上文「奇物」而誤。』是也。敦煌景龍鈔本、天寶鈔本令亦並誤物，舊鈔本文選王元長永明九年策秀才文注引同。抱朴子內篇明本云：『法令明而盜賊多，』外篇君道云：『爾乃錙滋章之法令，』並本老子，亦可證物字之誤。彰、章古通。景龍鈔本彰誤鄣。

我無爲，人自化；我好靜，人自正；我無事，人自富；我無欲，人自朴。

朱謙之云：『鹽鐵論周秦篇引老子「無欲」句，在「無事」句上。』

案索紞本四人字並作『而民，』朴作樸。（史記曹相國世家集解稱漢書音義引上兩人字亦並作『而民。』成玄英莊子逍遙遊篇疏引『人自化，』亦作『而民自化。』）敦煌景龍鈔本作『我無爲，民自化；我無事，民自富；我好靜，民自正；我無欲，民自朴。』天寶鈔本同。惟正作政，朴作樸。樸（亦作撲，詳十五章），樸之隸變。鹽鐵論周秦篇引老子云：『上無欲，而民樸；上無事，而民自富。』樸上蓋脫自字。

五十八章

其政悶悶，其人醇醇。

武內義雄云：『敦、遂二本「醇醇」作「蠢蠢。」』

案景宋本淮南子道應篇引『悶悶』作『惛惛，』惛、悶正、假字。說文：『惛，不憭也。』敦煌天寶鈔本『其人醇醇，』作『其民𧍢𧍢。』𧍢卽蠢之俗省。醇、蠢並惇之借字，說文：『惇，厚也。』

其政察察，其人鈌鈌。

羅振玉云：『敦煌本無「其政」二字。』

案敦煌景龍鈔本、天寶鈔本並有『其政』二字，人並作民。索紞本『其人鈌鈌，』作『其民缺缺。』淮南子道應篇、意林引並同。鈌，俗缺字，說已詳前。

禍，福之所倚；福，禍之所伏。熟知其極？

朱謙之云：『諸本熟皆作孰。』

案索紞本作『禍兮福兮！禍爲福所倚，福爲禍所伏。孰知其極？』敦煌景龍鈔本熟亦作孰。天寶鈔本作熟。劉子禍福篇：『禍之所倚，反以爲福；福之所伏，還以成禍。』卽本老子。

其無正！政復爲奇，善復爲妖。

案索紞本正下有耶字，政作正，妖作妭。妭乃妖之俗變。敦煌景龍鈔本政亦作正，妖作訞。

天寶鈔本正作政，妖亦作訞。訞乃訞之俗變。

人之迷，其日固久。

案索紞本作『民之迷，其日固久矣。』曰乃日之誤。敦煌景龍鈔本日亦誤曰。

是以聖人方而不割，廉而不害。

嚴可均云：『「廉而不害，」御注作「不穢，」王弼作「不劌。」』

案敦煌天寶鈔本脫『是以聖人』四字，害作穢。景龍鈔本害亦作穢。劌、穢正、假字。

光而不曜。

案敦煌景龍鈔本、天寶鈔本曜並作燿，韓非子喻老篇、意林引並同。曜與燿同，釋名：『曜，燿也。光明照燿也。』（朱謙之引兩燿字作耀。）耀，俗燿字。

五十九章

治人事天，莫若嗇。

案敦煌景龍鈔本事作及，嗇作式，及字疑誤。天寶鈔本嗇亦作式。

夫唯嗇，是謂早服。

案敦煌景龍鈔本、天寶鈔本並作『夫唯式，是以早伏。』下文服亦並作伏。以與謂同義，後多此例。服、伏古通，厥例恒見。

重積德則無不剋，無不剋則莫知其極。

案敦煌景龍鈔本剋並作尅，莫上無則字。天寶鈔本剋並作克，莫上亦無則字。爾雅釋詁：『剋，勝也。』阮元校勘記云：『閩本、監本、毛本改尅。』剋、尅並勊之俗變，與克古通用。莊子讓王篇：『湯遂與伊尹謀伐桀，剋之。』道藏成玄英疏本剋作尅；羅勉道循本本作克，與此同例。

莫知其極，可以有國。有國之母，可以長久。

朱謙之云：『嚴本有作爲。』

案『莫知其極，』承上文『則莫知其極』而言，敦煌景龍鈔本、天寶鈔本莫並作能，恐非。景龍鈔本『有國』二字誤不疊。嚴本有作爲，爲與有同義。

是謂深根固蔕、長生久視之道。

案敦煌景龍鈔本、天寶鈔本謂並作以，以、謂同義。索紞本蔕作柢。

六十章

治大國若亨小鮮。

案索紞本亨作烹。敦煌天寶本亨亦作烹，鮮作腥。景龍鈔本鮮亦作腥。

以道莅天下，其鬼不神。

易順鼎云：『淮南俶眞訓注云：「以道𨽸天下，其鬼不神。」知高誘所見老子本作𨽸。』

案索紞本莅作蒞。道藏本列子黃帝篇張湛注引莅亦作蒞（影北宋本作涖；元本、明世德堂本並作位），下下有者字。六帖九十引莅作涖。意林引下下亦有者字。說文：『𨽸，臨也。』莅、涖並俗字，蒞又莅、涖二字之合。（作位者，借字。）淮南子俶眞篇注：『老子曰：以道涖天下，其鬼不神。』景宋本涖作治。作𨽸者，乃通行之淸莊逵吉本。莊本常妄改今從古，非高誘所見老子本作𨽸也。

故得交歸。

朱謙之云：『韓非子解老故作則。與范本同。』

案則與故同義。索紞本作『故德交歸焉。』意林引同。敦煌景龍鈔本得亦作德。天寶鈔本與此石同。

六十一章

天下之交，天下之牝。牡常以靜勝牝，以靜爲下。

朱謙之云：『「天下之交，」敦煌辛本及遂州本交作郊，……又「天下之郊」重疊，……無「以靜爲下」句。』

案敦煌景龍鈔本、天寶鈔本並作『天下之郊。天下之郊，牝常以靜勝牡。』並無『以靜爲下』句。索紞本『牡常以靜勝牝，』牡、牝二字亦互易，是也。

則取大國。

案敦煌景龍鈔本、天寶鈔本取並作聚。

故或下以取，或下如取。

嚴可均云：『御注下句作「或下而聚。」河上、王弼、高翿作「而取。」』

俞樾云：『古以字與而字通。……。故「或下以取，或下而取。」兩句文義無別，疑有奪誤。』

案下取字與聚同，則兩句文義有別，無奪誤。以、而、如古並通用，索紞本如亦作而。敦煌天寶鈔本此文作『故惑下而取，惑下而聚。』惑、或古通；景龍鈔本『如取』亦作『而聚』。

大國不過欲兼畜人，小國不過欲入事人。此兩者各得其所欲，大者宜爲下。

案敦煌景龍鈔本、天寶鈔本『大國』上並有夫字，此並作夫，『大者』上並有故字。此與夫同義。索紞本此亦作夫，『所欲』二字誤疊，『大者』上亦有故字。

六十二章

不善，人之所不保。

案敦煌景龍鈔本、天寶鈔本並作『不善，人所不保。』

何弃之有？

案敦煌景龍鈔本、天寶鈔本並作『奚棄之有？』弃、棄古、今字。索紞本弃亦作棄，意林引同。

雖有拱璧以先駟馬，

案索紞本雖从虽作雖，璧作辟。虽蓋草書虽字，璧、辟正、假字。敦煌天寶鈔本作『雖有供之璧以先四馬，』拱、供古通，之字蓋涉上下文而衍，四、駟古通。景龍鈔本拱亦作供。

古之所以貴此道者何？不曰求以得，有罪以勉？

案索紞本何下有也字，勉作免，下有耶字。勉、免古通，敦煌景龍鈔本、天寶鈔本亦並作免。

六十三章

啚難於易，爲大於細。

案敦煌景龍鈔本、天寶鈔本並同此石。索紞本作『圖難於其易，爲大於其細。』圖、啚正、俗字。意林引此亦作圖。太史公自序：『圖難於易，爲大於細。』本此。

天下大事，必作於細。

案敦煌景龍鈔本、天寶鈔本並作『大事必作於小。』

是以聖人終不爲大，故能成其大。

案敦煌景龍鈔本、天寶鈔本並無此十三字。

六十四章

其脆易破，

釋文：『脆，河上本作膬。』

朱謙之云：『范本脆作脃，……作脆俗。』

案敦煌景龍鈔本脆作晚；天寶鈔本作毳。晚蓋脃之誤；膬、毳正、假字。脃與膬同。

爲之於未有，治之於未亂。

羅振玉云：『敦煌庚本於下有其字。』

朱謙之云：『史記蘇秦傳於並作其，下並有也字。』

案其與於同義，敦煌庚本於下有其字，蓋由於，一本作其，傳寫誤合之耳。戰國策楚策：『臣聞治之其未亂，爲之其未有也。』即史記蘇秦傳所本。

合抱之木，生於毫末；九層之臺，起於累土。

羅振玉云：『層，敦煌壬本作曾。』

案層、曾正、假字。索紞本毫作豪，豪、毫正、俗字。敦煌景龍鈔本、天寶鈔本毫亦並作豪，層並作重。

千里之行，始於足下。

案敦煌天寶鈔本作『百刃之高，起於足下。』刃借爲仭。

爲者敗之；埶者失之。是以聖人無爲，故無敗；無埶，故無失。

羅振玉云：『景福、敦煌庚、壬三本均無「是以」二字。又敦煌壬本「無執」下，有「聖人」二字。』

朱謙之云：『埶字乃執之別構。』

案索紞本兩埶字同，無『是以』二字。敦煌景龍鈔本、天寶鈔本埶並作執，餘與此石同。

復衆人之所過。

案敦煌景龍鈔本、天寶鈔本復並作備。

六十五章

非以明人，將以愚之。

案索紞本人、之二字並作民。敦煌景龍鈔本、天寶鈔本人亦並作民。天寶鈔本愚作娛，非。

以其多智。

嚴可均云：『「以其多智，」各本作「智多。」』

案敦煌景龍鈔本作『多智，』同此石；天寶鈔本作『以其知。』脫多字。

以智治國，國之賊；不以智治國，國之福。

案敦煌景龍鈔本、天寶鈔本『以智治國，』以上並有故字；『國之福，』福並作德。莊子達生篇：『開天者德生，開人者賊生，』德、賊對文，與此同例；成玄英疏引此文福亦作德。

知此兩者，亦揩式。常知揩式，是謂玄德。

案索紞本揩並作楷，常作能。楷、揩正、俗字，敦煌景龍鈔本、天寶鈔本亦並作楷。

玄德深遠，與物反；然後乃至大順。

案索紞本作『玄德深矣遠矣，與物反矣；乃至於大順。』敦煌景龍鈔本、天寶鈔本並同此石，惟乃作迺。爾雅釋詁：『迺，乃也。』

六十六章

江海所以能爲百谷王，以其善下之。

案索紞本、敦煌景龍鈔本、天寶鈔本王下皆有者字。記纂淵海四五引『江海』下有之字，『以其善下之，』之下有也字。編珠一、六帖六、錦繡萬花谷後集五引之並作也。

是以聖人欲上人，必以言下之；欲先人，必以身後之。

案索紞本兩人字並作民。敦煌景龍鈔本、天寶鈔本人亦並作民，兩『必以』並作『以其。』七章：『是以聖人後其身而身先。』與此『欲先人，以其身後之』同旨。

是以聖人處上而人不重，處前而人不害，是以天下樂推而不厭。

案索紞本兩『而人』並作『而民。』又『不厭』上有民字，蓋涉上文兩民字而衍。敦煌景龍鈔本、天寶鈔本並無『聖人』二字，疑是。景龍鈔本兩『而人』亦並作『而民。』天寶鈔本上『而人』作『其民，』下『而人』作『而民。』其與而同義。淮南子主術篇：『故百姓載之上弗重也，錯之前弗害也，舉之而弗高也，推之而弗猒。』（又見文子道德篇。）卽本老子。猒、厭古、今字，說已詳前。抱朴子內篇明本云：『處上而人不以爲重，居前而人不以爲患。』亦本老子。

以其不爭，故天下莫能與之爭。（朱氏校釋脫能字。）

案淮南子道應篇引作『夫唯不爭，故莫能與之爭。』記纂淵海四三引『以其』亦作『夫唯，』四五引作『夫惟，』惟與唯同。案敦景龍鈔本、天寶鈔本『不爭』並作『无爭，』无與不同義。淮南子原道篇：『以其無爭於萬物也，故莫能與之爭。』（今本能作敢，據王念孫雜志校改。）亦本老子。

六十七章

天下皆謂我大，不肖。

案敦煌景龍鈔本謂作以，肖作唊，下二肖字同；天寶鈔本謂亦作以，肖作唉，下二肖字同。以與謂同義。唉，俗笑字；唊又唉之俗變也。

夫唯大，故不肖。若肖，久矣其細！

案敦煌景龍鈔本作『夫大，故不唊。若唊，久其細。』天寶鈔本作『夫唯大，故不唉。若唉，久其小。』

持而寶之。

案索紞本、敦煌景龍鈔本、天寶鈔本皆作『寶而持之。』

三曰不敢爲天下先。

羅振玉云：『敦煌辛本無敢字。』

案敦煌景龍鈔本、天寶鈔本並有敢字。

夫慈，故能勇；

案索紞本無夫字。

今捨慈且勇，捨儉且廣，捨後且先，死矣！

朱謙之云：『「死矣」嚴本作「則死矣。」御注作「且死矣。」』

案敦煌景龍鈔本『捨慈且勇，』捨下有其字，下文兩捨字並作『赦其。』天寶鈔本三捨字皆作『赦其。』嚴本『死矣』上有則字，御注本『死矣』上有且字，且與則同義。史記李斯列傳：『臣戰戰栗栗，唯恐不終，且陛下安得爲此樂乎？』且亦與則同義。

夫慈，以戰則勝；

案敦煌景龍鈔本無夫字，戰作陳。天寶鈔本戰亦作陳，勝作政。

六十八章

古之善爲士者不武，

嚴可均云：『「古之善爲士者，」各本無「古之。」』

案敦煌景龍鈔本、天寶鈔本並有『古之』二字。

善戰者不怒，善勝敵者不爭，善用仁者爲下。

嚴可均云：『「不爭」河上、王弼作「不與。」』

案敦煌景龍鈔本、天寶鈔本並無三者字，仁並作人。仁猶人也。索紞本爭作与，仁亦作人，下上有之字。与與與同。

是以用人之力，

案索紞本、敦煌景龍鈔本、天寶鈔本以皆作謂。

六十九章

是謂行无行，攘无臂，仍无敵，執无兵。

案索紞本上兩无字並誤吾。敦煌景龍鈔本下二句作『執无兵，仍无款。』天寶鈔本同，惟款作敵。埶乃執之別構，已詳前。歒、敵並敵之俗變。

禍莫大於輕敵，輕敵幾喪吾寶。

案敦煌景龍鈔本作『禍莫大於侮敵，侮歒則幾亡吾寶。』天寶鈔本同，惟歒作敵。

故抗兵相加，則哀者勝。

嚴可均云：『各本作「哀者勝矣。」無則字。』

案敦煌景龍鈔本、天寶鈔本加並作若，『則哀者勝，』並同此石。

七十章

是以不我知。

案敦煌景龍鈔本、天寶鈔本我並作吾。

則我者貴。

案索紞本作『則我貴矣。』

是以聖人被褐懷玉。

案敦煌景龍鈔本被作披，被、披古通。顏氏家訓勉學篇：『被褐而喪珠。』說郛本被作披，與此同例。

七十一章

是以聖人不病，以其病病，是以不病。

案敦煌景龍鈔本、天寶鈔本並同此石。索紞本『是以聖人不病，』作『夫唯病、，是以不病，聖人不病。』(『病、』卽『病病，』索紞本疊字皆如此作。)

七十二章

大威至。

案敦煌景龍鈔本、天寶鈔本大上並有則字。索紞本至下有矣字。

夫唯不厭，

案索紞本唯作惟。

是以聖人自知不自見，

案敦煌景龍鈔本、天寶鈔本『是以』並作故。

七十三章

知此兩者或利或害。天之所惡，孰知其故？

嚴可均云：『「孰知其故，」此句下各本有「是以聖人猶難之。」』

案索紞本、敦煌景龍鈔本此上並無知字。孰並作孰。天寶鈔本此上亦無知字。又景龍鈔本、天寶鈔本並無『是以聖人猶難之』句，與此石同。

不召而自來，□然而善謀。

案淮南子主術篇：『弗招而自來。』（文子精誠篇招作召。）史記貨殖列傳：『不召而自來。』並本老子，召、招古通。索紞本然上空格作坦，集韻上聲六引作墠。敦煌景龍鈔本、天寶鈔本並作『不言而善謀，』與上文『不言而善應』作『不言』複，蓋涉上文而誤。

七十四章

民不畏死，奈何以死懼之？若使常畏死，而爲奇者，吾執得而煞之。孰敢？

朱謙之云：『尹文子大道下、愼子外篇均引老子曰：「民不畏死，如何以死懼之。」與傅、范本作「如之何」略同。』

案『民不畏死，』敦煌景龍鈔本、天寶鈔本民下並有常字。『奈何』傅、范本作『如之何，』治要引尹文子大道下篇同。『若使常畏死，』索紞本使下有民字，容齋續筆五引同；續筆十引使下有人字，承唐人避太宗諱改。景龍鈔本、天寶鈔本並作『若使常不畏死，』不字涉上文而衍。『吾執得而煞之，』天寶鈔本執作誠，索紞本『執得』作『得執，』容齋續筆五、十引亦並作『得執。』疑是。『熟敢？』卷子本玉篇可部引熟上有夫字。索紞本、景龍鈔本熟並作孰。容齋續筆五、十引並同。

常有司煞者煞。夫代司煞者，是謂代大匠斵。

案索紞本作『常有司殺者。夫代司殺者殺，是謂代天斲。天，大匠也。』與諸本特異。『是謂代大匠斵，』敦煌景龍鈔本作『是代大近劉，』天寶鈔本作『是代大近斵。』近，俗匠字。(莊子人間世篇：『匠石之齊，』玉燭寶典二引匠作近，史記孝文本紀：『嘗欲作露臺，召匠計之。』敦煌本唐虞世南帝王略論匠作近，並其比。)斲、斵、劉、並俗斲字。

夫代大匠斵，希有不傷其手。

案索紞本斵作斲，下有者字，手下有矣字。意林引此亦有者、矣二字(斵作斲，亦俗)。敦煌景龍鈔本、天寶鈔本希下並無有字。六帖八三引作『無不傷其手。』

七十五章

民之飢，

案敦煌景龍鈔本、天寶鈔本民並作人。

民之難治，以其上有爲，是以難治。

案『民之難治，』敦煌景龍鈔本、天寶鈔本民並作『百姓。』『以其上有爲，』索紞本上下有之字。『是以難治，』天寶鈔本難作不。

人之輕死，以其生生之厚。

案索紞本人作民。『生生』作『求生。』敦煌景龍鈔本、天寶鈔本人亦並作民，『生生』與此石同。

七十六章

人生之柔弱，

案之與也同義，下文『万物草木生之柔脆，』亦同例。敦煌天寶鈔本『人生之』作『人之生；』景龍鈔本作『毛之生，』毛字疑涉下文『柔毳』字而誤。

万物草木生之柔脆，

朱謙之云：『遂州本脆作毳，蓋卽脆之或體。』

案敦煌景龍鈔本、天寶鈔本脆並作毳。脆，俗胞字。毳借爲臎，胞與臎同。（參看六十四章。)朱說非。

故堅強者死之徒，柔弱者生之徒。

案索紞本作『故柔弱者生之徒，堅強者死之徒。』二句倒置，是也。

木強則共。

案索紞本、敦煌景龍鈔本、天寶鈔本共字並同。

故堅強處下，

案敦煌景龍鈔本、天寶鈔本處並作居。

七十七章

天之道，其猶張弓！

案索紞本弓下有乎字。

不足者與之。

案索紞本與作補。敦煌景龍鈔本作興，蓋與之誤。(天寶鈔本、藝文類聚七四引並作與，同此石。)

天之道損有餘而補不足；人道則不然，損不足，奉有餘。

案敦煌景龍鈔本『而補不足』無而字。景龍鈔本『而補不足』至下文『熟能有餘』十九字並脫。意林引『人道』人下有之字，『損不足』足下有以字。

熟能有餘以奉天下？其唯有道者。

案索紞本熟作孰，唯上無其字。敦煌景龍鈔本、天寶鈔本亦並無其字；景龍鈔本道下無者字。

是以聖人爲而不恃，功成不處，斯不見賢。

朱謙之云：『「斯不見賢，」斯卽廝字，……詩毛傳「賢，勞也。」聖人能損有餘，補不足，裒多以益寡，抑高而舉下，豈勞煩廝役者耶？』

案索紞本『功成』下有而字，『斯不見賢，』作『其不欲見賢；』敦煌景龍本作『斯不貴賢；』天寶鈔本作『其不欲示賢。』斯與其同義，『斯不見賢，』緊承上文『聖人爲而不恃，功成不處』而言，文意粲然明白，朱說穿鑿，不足據。

七十八章

天下柔弱莫過於水，而攻堅強，莫之能先。

朱氏校釋『而攻堅』句。『強莫之能先』句。云：『「而攻堅」句，與四十二章「天下之至柔，馳騁天下之至堅。」語意正同。堅與先叶。』

案索紞本弱下有其字，強下有者字，先作勝。敦煌景龍鈔本、天寶鈔本強（並作彊）下亦並有者字。白帖二八引『而攻堅強，』作『而能攻堅，』堅、先爲韻。諸本強字疑涉下文『弱勝強』而衍，朱氏以強字屬下讀，頗牽強。

故弱勝強，柔勝剛，天下莫能知，莫能行。

案『故弱勝強，柔勝剛，』索紞本作『弱之勝強，柔之勝剛；』敦煌景龍鈔本、天寶鈔本並作『故柔勝䂓，弱勝彊。』䂓，䂓之省。䂓，或剛字。『天下莫能知，』索紞本、天寶鈔本能並作不，是也。能字涉下文『莫能行』而誤。

故聖人云，

案敦煌景龍鈔本、天寶鈔本並作『是以聖人言。』

受國之垢，是謂社稷主。受國不祥，是謂天下王。

案傅奕本主上、『不祥』上、王上並有之字。索紞本『不祥』上亦有之字，是也。敦煌景龍本祥作詳，祥、詳古通，說已見前。『是謂天下王，』王弼本謂作爲，義同。

七十九章

不責於人。

案索紞本不上有而字。敦煌景龍鈔本責誤貴。

故有德司契，无德司徹。

案索紞本無故字。敦煌景龍鈔本徹作橄。天寶鈔本作撤。撤、橄並撤之變，徹、撤正、俗字。

天道无親，常與善人。

案書鈔一四九引太公六韜、文選陳孔璋爲袁紹檄豫州一首注引太公金匱並云：『天道無親，常與善人。』左僖五年傳引周書云：『皇天無親，惟德是輔。』（又見僞古文尚書蔡仲之命。）國語晉語六：『天道無親，唯德是授。』唯與惟同。常與惟同義（漢秦嘉贈婦詩之二：『皇靈無私親，爲善荷天祿。』爲亦與惟同義。）與猶親也，管子霸言篇：『諸侯之所與也。』尹知章註：『與，親也。』『常與善人，』猶言『惟親善人』耳。（周書之『惟德是輔，』輔亦親也。荀子非十二子篇：『輔然端然。』楊倞注：『輔然，相親附之貌。』是其證。晉語之『唯德是授。』授借爲受，受亦有親義，廣雅釋詁三：『受，親也。』（王念孫疏證據衆經音義改受爲愛，未審。）是其證。

八十章

小國寡人，使有什伯之器而不用。

案索紞本、敦煌景龍鈔本、天寶鈔本人並作民，索紞本佰下有人字，王弼本、景龍鈔本佰並作伯，古通。

使人重死而不遠徙。雖有舟轝，无所乘之。雖有甲兵，无所陳之。使民復結繩而用之。

案索紞本『使人』作『使民，』兩雖字並作𨿽，（[illegible]乃草書虽字，說已見前。）『陳之』陳作用，『用之』用作爲。敦煌景龍鈔本、天寶鈔本『使人』亦並作『使民，』無兩雖字。天寶鈔本轝作與，陳作陣，與，借字。陣，俗字。景龍鈔本『甲兵』作『鉀兵，』鉀，俗字。

鄰國相望，雞狗之聲相聞，民至老死，不相往來。

嚴可均云：『「雞狗之聲，」御注、高翿作「雞犬之音，」王弼作「鷄犬之聲。」』

案索紞本隣作鄰，意林引同。隣，或鄰字。敦煌景龍鈔本、天寶鈔本隣亦作鄰，『民至老死，』並作『使民至老。』『鷄狗之聲，』道藏成玄英疏本莊子胠篋篇作『雞犬之音，』與御注本、高翿本合；意林引作『雞犬之聲，』與王弼本合；景龍鈔本狗作[illegible]，俗。

八十一章

善者不辯，辯者不善。知者不博，博者不知。

案敦煌天寶鈔本『知者不博』二句，在『善者不辯』二句之上。莊子知北遊篇：『且夫「博之不必知，辯之不必慧，」聖人以斷之矣。』即本此文，之與者同義。

既以爲人己愈有，既以與人己愈多。

朱謙之云：『「既以與人」句，莊子田子方篇引同。』

案索紞本上句脫以字。敦煌景龍鈔本爲作與，爲猶與也。莊子田子方篇：『既以與人己愈有。』即本此文上句，朱氏誤以爲下句。

羣書治要節本愼子義證

羣書治要卷三十七載節本愼子，有威德、因循、民雜、知忠、德立、君人、君臣凡七篇，晉滕輔注，來源甚早。清錢熙祚守山閣叢書子部有愼子校文，並輯愼子逸文。至於四部叢刊景印江陰繆氏蕅香簃藏寫本，乃從明萬曆間吳人愼懋賞刻本鈔錄者，分內外二篇，內篇三十六事，外篇五十事，末附逸文及孫毓修校文。愼懋賞本爲後人僞託，論證者已多。甚至南宋末王柏天地萬物造化論（見魯齋集二）亦鈔襲於外篇中，其晚出可知。竊疑此本卽愼懋賞有意尊崇愼到爲其先人而僞託者也。莊子天下篇論愼到之道術，幾全似道家，司馬遷亦謂愼到『學黃、老道德之術。』（附見孟子荀卿列傳。）荀子解蔽、非十二子兩篇及韓非子難勢篇則專從法家觀點論愼到之學。漢志遂正式列愼到於法家。治要所載愼子節本七篇，道、法之說已可徵驗，可謂化道入法，兼涉及儒家、名家之說。一九七三年十一月至七四年初，湖南長沙馬王堆漢墓中發現甲、乙本帛書老子，乙本卷前有古佚書經法、十大經、稱、道原四種，其中稱篇之文詞，往往與治要所載愼子有關，最爲可貴。治要有影唐寫卷子本，未見。茲錄四部叢刊景印日本天明七年刊本，依次標擧愼子每篇原文，逐條詳證其義。如有未備，且待來日之補苴矣。

威德

案治要本缺篇名，明陶宗儀說郛本、周子義子彙本並標『威德一』三字，清張海鵬墨海金壺本、錢熙祚守山閣叢書校本並標威德篇名。孫毓修愼子內篇校文第一節，亦標威德篇名，校云：『題依治要補。』不知治要本無題（篇名）。其校文多本錢熙祚之說，錢氏標威德篇名之後，卽據治要校此篇首句，孫氏蓋誤以錢氏所據治要有威德篇名，遂未檢原書而臆說耳。錢本之有篇名，蓋據明本補之也。

天有明，不憂人之闇也；地有財，不憂人之貧也；聖人有德，而不憂人之危也。天雖不憂人之闇也，闢戶牖必取已明焉、則天無事也；地雖不憂人之貧也，伐木刈草，必取已富焉，則地無事矣；

案古佚書稱亦云：『天有明，而不憂民之晦也。〔百〕姓辟其戶牖而各取昭焉，天无事焉；地有〔財〕，而不憂民之貧也。百姓斬木刌（剞？）新（薪）而各取富焉，地亦无事焉。』又淮南子詮言篇：『天有明，不憂民之晦也。百姓穿戶鑿牖，自取照焉；地有財，不憂民之貧也，百姓伐木芟草，自取富焉。』以此驗之，愼子三人字蓋本作民，唐人避太宗諱以人代民也。據稱，愼子三『不憂』上皆當有而字，今僅『不憂人之危』上有而字，說郛本、子彙本、愼懋賞本、墨海金壺本、守山閣叢書本皆略此而字，與淮南子合，非其舊也。御覽一八四引慎子『已明』作『以明，』義同。

則聖人無事矣。

案自『天有明不憂人之闇也。』至此『則聖人無事矣。』蓋發明老子『聖人處無爲之事，』（二章）及『事無事』（六十三章）之義。司馬遷謂慎到『學黃、老道德之術，因發明序其指意。』此其驗矣。

衣之以皮⿰亻䫏，

注：『荀卿曰：仲尼之狀，面若蒙⿰亻䫏。』

案⿰亻䫏，說文作䫏，云：『䫏，醜也。今逐疫有䫏頭。』段注：『此舉漢事以爲證也。周禮方相氏注云：冒熊皮者，以驚敺疫癘之鬼，如今魌頭也。』藝文類聚十八、長短經是非篇、文選宋玉神女賦及王子淵四子講德論李善注引此文，⿰亻䫏皆作倛。荀子非相篇：『仲尼之狀，面如蒙倛。』楊注：『倛，方相也。』並引慎子此文亦作倛。此文滕注引荀子作⿰亻䫏，蓋依此正文作⿰亻䫏改之也。⿰亻䫏乃倛、䫏之合體，別體又作魌也。守山閣本此文作倛，疑據藝文類聚、長短經、文選注改之。

走背跂踚，

案背，借爲奔北字。踚，說文作𧾩，云：『𧾩，趠𧾩也。』繫傳：『𧾩猶躍也。』集韻十八藥，𧼮下引說文云云，並云：『謂疾走。』廣雅釋詁：『踚，拔也。』然則『跋踚』猶『拔踚』也。

雲罷霧霽，與蚯蚓同，則失其所乘也。

錢熙祚云：御覽九百三十三及九百四十七引〔霽〕作散，後漢書隗囂傳注引作除。

案韓非子難勢篇引愼子此文『雲罷霧霽，』王先愼集解云：『初學記二、御覽十五、事類賦三引霽作散。』與御覽九三三引此文同。惟影宋本御覽九四九引此文霽作除，與後漢書注引同。後漢書注、御覽九四七引乘下並有故字。

不能使其鄰家。

錢熙祚云：御覽六百三十八引此句作『不能使家化。』

案御覽六三八引此作『不能使隣家。』僅略其字。

賢不足以服不肖，而勢位足以服不肖，而勢位足以屈賢矣。

案御覽引此無『而勢位足以服不肖』句，乃涉下上文而衍，守山閣本略此句，是也。韓非子難勢篇引愼子作『賢智未足以服衆，而勢位足以缶賢者也。』（缶爲屈或御之壞字。）亦其證。淮南子主術篇亦云：『賢不足以爲治，而勢可以易俗明矣。』

今也國無常道，官無常法，是以國家日繆。

案韓非子飾邪篇：『語曰：國有常法，雖危不亡。』

道理匱則慕賢智，慕賢智則國家之政要在一人之心矣。

案莊子天下篇稱愼到『笑天下之尚賢。』又引愼到云：『无用賢聖。』荀子解蔽篇謂『愼子蔽於法而不知賢。』愼到固不慕賢智也。

故立天子以爲天下也，非立天下以爲天子也。

案商君書修權篇云：『堯、舜之位天下也，非私天下之利也，爲天下位天下也。』（位乃莅之省。）義亦相近。

夫投鉤分財，投策分馬，非鉤策爲均也。

錢熙祚云：御覽四百二十九引此文非下有已字，古已與以通。

案藝文類聚二二、御覽四二九、六三八引非下皆有以字。君人篇作『非以鉤策爲過人智也。』亦有以字。荀子君臣篇：『探籌投鉤者，所以爲公也。』劉子去情篇：『使信士分財，不如投策探鉤。』

使得美者不知所以賜，得惡者不知所以怨。

案藝文類聚、御覽引賜並作德，四部叢刊本、守山閣本亦並作德，疑據藝文類聚、御覽改之。古佚書稱云：『得焉者不受其賜，亡者不怨。』

此所以塞怨望使不上也。

案說郛本所作可，義同。又略『使不上』三字。子彙本、愼懋賞本、墨海金壺本、守山閣本皆作『此所以塞願望也。』『怨望，』複語，史、漢中習見，願字誤。守山閣本此句下，補入『故著龜，所以立公識也；權衡，所以立公正也；書契，所以立公信也；度量，所以立公審也；法制禮籍，所以立公義也。凡立公，所以棄私也。』五十一字。錢校云：『自「故著龜」至此，凡五十一字，原刻並脫，依類聚二十二、御覽四百二十九引此文補。』愼懋賞本此句下，已補入『故著龜，所以立公識也；權衡，所以立公正也；書契，所以立公信也；法制禮籍，所以立公義也。凡立公，所以棄私也。』四十二字，『公信也』下蓋脫『度量，所以立公審也。』八字。

明君動事必由惠，定罪分財必由法，

案說郛本、子彙本、愼懋賞本、墨海金壺本、守山閣本惠皆作慧，下文『惠不得兼官，』愼本亦作慧，古字通用。上文『聖人有德，』『三王五伯之德，』德惠爲儒家所重。法家如商鞅之『天資刻薄，』（史記商君傳贊。）韓非之『慘礉少恩，』（史記韓非傳贊。）皆反對德厚者也。卽管子法法篇亦云：『惠者，民之仇讎也。法者，民之父母也。』亦重法而反惠。然則愼到重法兼重德惠，誠可貴矣。

行德制中必由禮。

案制借爲折，廣雅釋詁：『制，折也。』淮南子詮言篇：『聽獄制中者皐陶也。』尸子仁意篇制作折。並制、折通用之證。

愛不得犯法，貴不得踰規，

案說郛本、子彙本、愼懋賞本、墨海金壺本、守山閣本規皆作親，規乃親之誤。陶淵明桃花源記：『聞之，欣然規往，』俗本規誤親，亦二字相亂之例。後君臣篇：『官不私親，法不遺愛。』（又見管子君臣篇。）文義與此相符。

惠不得兼官，工不得兼事，

案說郛本、子彙本、墨海金壺本、守山閣本惠皆作士，當從之。惠字涉上文『必由惠』而誤，上文『工不兼事，士不兼官。』韓非子用人篇：『使士不兼官。』淮南子主術篇：『工無二伎，士不兼官。』（又見文子下德篇。）皆作士。又韓非子難一篇：『明主之道，一人不兼官，一官不兼事。』

因循

案司馬談論道家要指：『其術以因循爲用。』愼子因循篇正發明道家因循之用者也。

天道因則大，化則細。因也者，因人之情也。

案趙蕤長短經是非篇引孟子佚文：『天道因則大，化則細。因也者，因人之情也。』與愼子此文全同。是否誤引，存疑。淮南子泰族篇：『聖人之治天下，非易民性也，拊循其所有而滌蕩之，故因則大，化則細。』（文子自然篇『滌蕩』作『條暢』。）發明愼子之說者也。

是故先王不受祿者不臣，祿不厚者不與入難。人不得其所以自爲也。則上不取用焉。故用人之自爲，不用人之爲我，則莫不可得而用矣。此之謂因。

守山閣本『先王』下有見字，錢校云：原脫見字，據長短經是非篇補。

案長短經引愼子『先王』下有見字，乃涉彼下文『見魯仲子』而衍，不足據。古佚書稱云：『不受祿者，天子弗臣也。祿泊（薄）者，弗與犯難。故以人之自爲，□□□□□□』末所缺八字，據本文及愼子文驗之，前六字當是『不以人之爲我。』以猶用也。管子法法篇亦略有類此之文：『爵不尊、祿不重者，不與圖難犯危，以其道爲未可以求之也。』長短經是非篇亦引語曰：『祿薄者不可與入亂，賞輕者不可與入難。』又淮南子兵略篇：『善用兵者，用其自爲用也。不能用兵者，用其爲己用也。用其自爲用，則天下莫不可用也。用其爲己用，則其所得者鮮矣。』（末句『則其』二字，據日本古鈔卷子本補。）是善用兵者亦本於因循之道也。

民雜

是以大君因民之能爲資，盡苞而畜之，無能去取焉。

案末句能猶得也。老子云：『聖人常善救人，故無棄人。』（二十七章。）大君常善用人，亦無棄人也。

君臣之道，臣事事，而君無事。君逸樂而臣任勞，臣盡智力以善其事，而君無與焉，仰成而已，故事無不治。

案莊子在宥篇：『有天道，有人道。無爲而尊者天道也。有爲而累者臣道也。主者天道也。臣者人道也。』淮南子主術篇：『人主之術，處無爲之事，而行不言之教，清靜而不動，一度而不搖，因循而任下，責成而不勞。』即愼子所謂『仰成而已。』

勞則有倦，

案有猶必也，法言學行篇：『求而不得者有矣夫，未有不求而得之者也。』論衡命祿篇『未有』作『未必，』必猶有也。有、必互通，此義前人未發。

是以人君自任而躬事，則臣不事事矣。是君臣易位也，謂之倒逆。倒逆則亂矣。

案韓非子揚權篇：『上下易用，國故不治。』

知忠

案韓非子忠孝篇與愼子知忠篇有關。

治國之人，忠不偏於其君。亂世之人，道不偏於其臣。

案忠與道對文，下文『同有忠、道之人，』承此忠與道而言。道猶諂也，莊子天地篇：『忠臣不諂其君。』諂則非忠臣矣。又天地篇：『謂己道人，則勃然作色。』『道人』猶『諂人，』王念孫史記雜志趙世家有說。

同世有忠、道之人。

治要上欄有校語云：『同世』之世疑衍。

案世字涉上文『治亂之世』而衍。

無遇比干、子胥之忠，而毀瘁主君於闇墨之中。

案無猶雖也。『毀瘁，』複語。文選陸機歎逝賦：『悼堂構之隤瘁。』李善注：『瘁猶毀也。』『闇墨』猶『闇黑，』廣雅釋器：『墨，黑也。』古人言忠臣，往往兼舉比干與子胥。莊子盜跖篇：『世之所謂忠臣者，莫若王子比干、伍子胥。子胥沉江，比干剖心。』韓非子人主篇：『王子比干諫紂，而剖其心。子胥忠直夫差，而誅於屬鏤。』並其證。

遂染溺滅名而死。

案『染溺』猶『濡溺，』惟『染溺』連文，他書無徵，存疑。

父有良子，而舜放瞽叟。桀有忠臣，而過盈天下。

案韓非子忠孝篇：『父有賢子，君有賢臣，適足以爲害耳，豈得利焉哉！……瞽瞍爲舜父，而舜放之。』

然則孝子不生慈父之義，而忠臣不生聖君之下。

注：六親不和，有孝慈也。國家昏亂，有貞臣也。

守山閣本義作家，錢校云：原作義，依意林引此文改。

案長短經是非篇引此文義亦作家。老子云：『六親不合，有孝慈。國家昏亂，有忠臣。』（十八章。）卽愼子所本，滕注是也。長短經自注、意林二引滕注『貞臣』並作『忠臣，』與今傳老子合。商君書畫策篇：『所謂治主無忠臣，慈父無孝子。』蓋直本於愼子。

守職之吏，人務其治，而莫敢淫偷其事。官正以敬其業和吏人務其治而莫敢淫偷其事。官正以順以事其上。

守山閣本和下删去『吏人務其治而莫敢淫偷其事官正以』十五字，錢校云：吏原作史。又於和下復衍『吏人』至『正以』十五字，今依文義删正。

案『守職之吏，』吏未誤爲史，錢氏失檢。惟刪去『吏人』至『正以』十五字則是。原文讀作『官正以敬其業，和順以事其上。』

治國之君，非一人之力也。將治亂在乎賢使任職，而不在於忠也。故智盈天下，澤及其君。忠盈天下，害及其國。

案威德篇謂『慕賢智則國家之政要在一人心矣。』而『君之智未必最賢於衆也。』（民雜篇）一君之力不足以治國，故當使賢智皆爲己用。至於忠臣，則出於昏亂之世耳。

故廊廟之材，蓋非一木之枝也。

案宋祝穆事文類聚後集二三載莊子已引愼子此文。

狐白之裘，

守山閣本狐作粹，錢校云：粹原作狐，依意林引此文改。

案意林引此文狐字同，未知錢氏所據何本。

德　立

立天子者，不使諸侯疑焉；立諸侯者，不使大夫疑焉；立正妻者，不使嬖妾疑焉；立嫡子者，不使庶孽疑焉。疑則動，兩則爭，雜則相傷。

案古佚書稱云：『故立天子〔者，不使〕諸侯疑焉；立正敵（嫡）者，不使庶孽疑焉；立正妻者，不使婢妾疑焉。疑則相傷，雜則相方。』疑借爲比擬字。方借爲妨，說文：『妨，害也。』段注：『害者傷也。』管子君臣下篇：『國之所以亡者四：內有疑妻之妾，此宮亂也；庶有疑適（嫡）之子，此家亂也；朝有疑相之臣，此國亂也；任官無能，此四亂也。』韓非子說疑篇：『故曰：孽有擬適之子；配有擬妻之妾；廷有擬相之臣；臣有擬主之寵。此四者，國之所危也。』蓋直本於管子。又難三篇：『貴妾不使二后；愛孽不使危正適。』亡徵篇：『后妻賤而婢妾貴；太子卑而庶子尊。……可亡也。』『婢妾』連文，與稱同。似較晚出。

害在有與，不在獨也。

案與、獨對文，莊子養生主篇：『天之生是使獨也，人之貌有與也。』亦同例。

故臣有兩位者，國必危。臣兩位而國不亂者，君猶在也。恃君而不亂，失君必亂。子有兩位者，家必亂。子有兩位而家不亂者，親猶在也。恃親而不亂，失親必亂。

案古佚書稱云：『臣有兩位者，其國必危。國若不危，君臾存也。失君必危，失君不危者，臣故跂（佐）也。子有兩位者，家必亂。家若不亂，親臾存也。〔失親必〕危。失親不亂，子故跂（佐）也。』兩臾字帛書原作申，聞唐蘭氏定爲臾，云：『據愼子，帛書臾字當讀爲猶。』蓋是。『臣故、子故』兩故字，亦與猶同義。（故、猶同義，拙著古書虛字新義三〇、『故』條有說。）『〔失親必〕危。』危當作亂，四亂字與上四危字相配爲文。寫者涉上文四危字而誤書亂爲危耳。

君人

君舍法而以心裁輕重，則是同功而殊罰也，怨之所由生也。

案韓非子用人篇：『釋法術而任心治，堯不能正一國。』又商君書修權篇：『君臣釋法任私必亂。』

非以鉤策爲過人智也。

錢熙祚云：長短經適變篇引作『非以鉤策爲過人之智也。』

案爲猶有也。錢氏所稱長短經適變篇引此文，乃適變篇自注引此文也。（後同。）

君臣

案漢書元帝紀師古注引劉向別錄：『申子學號刑名，……宣帝好觀其君臣篇。』御覽二二一引劉歆七略亦云：『宣皇帝重申不害君臣篇。』漢志道家稱黃帝君臣十篇。商君書、管子亦並有君臣篇。

據法倚數，以觀得失。

案御覽六三八引申子：『聖君任法而不任智，任數而不任說。』管子任法篇：『聖君任法而不任智，任數而不任說。……舍法而任智，故民舍事而好譽。舍數而任說，故民舍實而好言。』『據法倚數，』爲法家所重。道家雖不任智、說，而於法與數亦以爲非治之本。莊子天道篇：『禮法度數，形名比詳，治之末也。』是已。

官不私親，法不遺愛。

案威德篇：『愛不得犯法，貴不得逾親。』與此文同義，前已有說。

一九八二年六月十五日脫稿於南港中研院歷史語言研究所

論司馬遷述愼到、申不害及韓非之學

壹、引　言

太史公自序稱其父談『太史公習道論於黃子。』裴駰集解引徐廣曰：『儒林傳曰：黃生好黃、老之術。』然則司馬談所習之道論，卽黃、老之術也。司馬遷承其父之學，亦崇尚黃、老。後漢書班彪傳，載彪後傳略論，謂司馬遷『其論術學，則崇黃、老而薄五經。』漢書司馬遷傳贊亦謂遷『論大道，則先黃、老而後六經。』遷雖未必『薄五經』或『後六經，』然其崇尚黃、老，當無可疑。由其崇尚黃、老，進而探討道家與法家之關係，因有法家愼到、申不害及韓非諸子之學皆淵源於黃、老之特識。今本其所述，不憚辭費，廣爲論證如次。

貳、論司馬遷述愼到之學

史記中述及愼到者兩見，其一田完世家：

〔齊〕宣王喜文學游說之士，自如騶衍、淳于髡、田駢、接子、愼到、環淵之徒七十六人，皆賜列第爲上大夫，不治而議論。

其一孟子荀卿列傳：

自騶衍與齊之稷下先生，如淳于髡、愼到、環淵、接子、田駢、騶奭之徒，各著書，言治亂之事，以干世主。……愼到，趙人。田駢、接子齊人。環淵楚人。皆學黃、老道德之術，因發明序其指意。故愼到著十二論……

據司馬遷所述，愼到雖名『爲上大夫，』且『言治亂之事。』而終其身不干與政治，無政績可稱，不過齊稷下之一淸客而已。其所著十二論已不可考。羣書治要卷三十七節引其威德、因循、民雜、知忠、德立、君人、君臣七篇，遷謂其『學黃、老道德之術，因發明序其指意。』已可徵驗。漢書藝文志道家，有黃帝君臣十篇，原注：『起六國時，與老子相似也。』愼到乃戰國中期賢人，(漢志法家愼子下，原注：先申、韓，申、韓稱之。)與老子相似之黃帝書，當較晚出，到不及見。黃、老並稱，乃漢初風尙，謂到『學黃、老道德之術，』不過以黃附老而已。司馬談論道家要指有云：

其術以因循爲用。

愼子有因循篇，卽發明因循之義。其文云：

天道因則大，化則細。因也者，因人之情也。化而使之爲我，則莫可得而用矣。是故先王不受祿者不臣，祿不厚者不與入難。人不得其所以自爲也，則上不取用焉。故用人之自爲，不用人之爲我，則莫不可得而用矣。此之謂因。

道家重在『因人之情，』雖用人，而使人『得其所以自爲。』法家矯人之情，意在『化而使之爲我。』此愼到爲法家而不同於法家處。

民雜篇：

大君因民之能爲資，盡苞而畜之，無能去取焉。是故不設一方以求於人，故所求者無不足也。

此亦因循之道，合乎司馬遷所謂發明序黃、老之指意者也。

又威德篇：

天有明，不憂人之闇也；地有財，不憂人之貧也；聖人有德，而不憂人之危也。天雖不憂人之闇也，闢戶牖必取已明焉，則天無事也；地雖不憂人之貧也，伐木刈草，必取已富焉，則地無事矣；聖人雖不憂人之危也，百姓準上而比於其下，必取已安焉，則聖人無事矣。故聖人處上，能無害人，不能使人無己害也，則百姓除其害矣。聖人之有天下也，受之也，非取之也。百姓之於聖人也，養之也，非使聖人養己也，則聖人無事矣。

案老子二章：『聖人處無爲之事。』六十三章：『事無事。』威德篇此節，由比喻以申論『聖人無事』之義甚詳，似發明序老子之指意也。

知忠篇：

> 父有良子，而舜放瞽叟。桀有忠臣，而過盈天下。然則孝子不生慈父之家（原誤義），而忠臣不生聖君之下。

晉滕輔注：『六親不和，有孝慈也。國家昏亂，有貞臣也。』（唐趙蕤長短經反經篇自注、意林二引愼子注『貞臣』並作『忠臣』。）案老子十八章：『六親不合，有孝慈。國家昏亂，有忠臣。』卽滕注所本。正見知忠篇云云，乃發明序老子之指意也。（商君書畫策篇：『所謂治主無忠臣，慈父無孝子。』似直本愼子。）

司馬遷僅謂愼到『學黃、老道德之術，』不言其與法家之關係。荀卿、韓非則專就愼到法家思想而言。荀子解蔽篇：

> 愼子蔽於法而不知賢。

非十二子篇：

> 尚法而無法，下脩而好作。上則取聽於上，下則取從於俗，終日言成文典。反紃察之，則倜然無所歸，不可以經國定分。然而其持之有故，其言之成理，足以欺惑愚衆，是愼到、田駢也。

『下脩而好作』句，王念孫雜志謂『「下脩」當爲「不循，」謂不循舊法也。』岷謂下乃不之誤，良是。脩非循之誤，『不脩而好作，』猶言『不作而好作，』與司馬遷所謂『不治而議論』之意相近。（張以仁弟云：『據荀子非十二子篇，非惠施、鄧析「不法先王。」則王念孫謂此文「『下脩』當爲『不循，』謂不循舊法也。」說亦可通。』惟與荀子重在法後王之旨不合耳。）荀子謂愼到『蔽於法，』又謂其『尙法而無法。』未免言之太過。治要所引愼子七篇中，固亦頗有論法之文可徵。威德篇：

法雖不善，猶愈於無法。夫投鉤分財，投策分馬，非鉤策爲均也。使得美者不知所以賜，得惡者不知所以怨，此所以塞怨望使不上也。明君……定罪分財必由法。

君人篇：

君人者，舍法而以身治，則誅賞奪與從君心出矣。然則受賞者雖當，望多無窮；受罰者雖當，望輕無已。君舍法而以心裁輕重，則是同功而殊罰也。……故曰：大君任法而弗躬爲，則事斷於法矣。法之所加，各以其分。蒙其賞罰，而無望於君也。

君臣篇：

爲人君者，不多聽，據法倚數，以觀得失。無法之言，不聽於耳；無法之勞，不圖於功；無勞之親，不任於官。官不私親，法不遺愛，上下無事，唯法所在。

此皆愼到尙法之論，荀子謂其『尙法而無法，』或以爲愼到僅言及法之當尙，而未論及法之內容與？

韓非更就愼到法家思想進而難愼子之重勢。難勢篇引愼子曰：

飛龍乘雲，騰蛇遊霧。雲罷霧霽，而龍蛇與螾螘同矣。則失其所乘也。賢人而詘於不肖者，則權輕位卑也。不肖而能服於賢者，則權重位尊也。堯爲匹夫，不能治三人。而桀爲天子，能亂天下。吾以此知勢位之足恃，而賢智之不足慕也。夫弩弱而矢高者，激於風也。身不肖而令行者，得助於衆也。堯敎於隸屬，而民不聽；至於南面而王天下，令則行，禁則止。由此觀之，賢智未足以服衆，而勢位足以缶(當作屈，或作御)賢者也。

韓非重賢，賢者之材美，故堯有勢而天下治。桀不肖，其材薄，雖有勢而天下亂。此其所以難愼子者。(後有詳說。)其所引愼子文，亦見於愼子威德篇：

騰蛇遊霧，飛龍乘雲，雲罷霧霽，與蚯蚓同，則失其所乘也。故賢而屈於不肖者。權輕也。不肖而服於賢者，位尊也。堯爲匹夫，不能使其隣家；至南面而王，則令行禁止。由此觀之，賢不足以服不肖，而勢位足以屈賢矣。

較韓非所引爲略，句亦有異。

司馬遷專從黃、老述愼子之學。荀卿、韓非專從法家評愼子之術，漢書藝文志遂正式列愼子於法家。至唐楊倞注荀子，始合而言之，楊氏荀子解蔽篇注云：

愼子本黃、老，歸刑名。

所謂『本黃、老，』就司馬遷所述言之也。『歸刑名，』就荀子所評言之也。司馬遷述申不害、韓非之學，並兼黃、老與刑名言之。獨於愼到僅言其『學黃、老道德之術。』此與莊子論述愼到之道術頗相似。莊子天下篇：

彭蒙、田駢、愼到……齊萬物以爲首。曰：『天能覆之而不能載之，地能載之而不能覆之，大道能包之而不能辯之。知萬物皆有所可，有所不可。故曰選則不偏，教則不至，道則無遺者矣。』是故愼到棄知去己，而緣不得已。泠汰於物以爲道理。曰：『知不知，將薄知而後（復）鄰傷之者也。』謑髁無任，而笑天下之尙賢也。縱脫無行，而非天下之大聖〔也〕。椎拍輐斷，與物宛轉，舍是與非，苟可以免。不師知慮，不知前後，魏然而已矣。推而後行，曳而後往，若飄風之還，若磨石之隧，全而無非，動靜無過，未嘗有罪。是何故？夫無知之物，無建己之患，無用知之累，動靜不離於理，是以終身無譽。故曰：『至於若無知之物而已，無用賢聖，夫塊不失道。』

所謂『齊萬物』云云，與莊子齊物論之言相似。『棄知去己，而緣不得已。』及『推而後行，曳而後往。』亦卽莊子刻意篇『感而後應，迫而後動，不得已而後起。去知與故，循天之理。』之意。『笑天下之尚賢，』與老子三章『不尚賢』之旨相似。『動靜無過，』及『終身無譽，』莊子山木篇亦言『無譽無訾。』『塊不失道，』與莊子知北遊篇『道在瓦甓』相似。惟莊子之意在『道無不在，』愼子則喻道如土塊死寂之物。一空靈，一執著，此其似同而實異也。此節論述，僅『椎拍輐斷，與物宛轉』二語與法家之旨相符，意卽『笞撻行刑（本成玄英疏），隨事而定。』郭象注：『法家雖妙，猶有椎拍。』就法家而言，是也。惟『與物宛轉，』亦頗似道家言。然則天下篇論述愼到之道術，幾全似道家言矣。司馬遷謂愼到『學黃、老道德之術，』亦視愼到之學爲道家也。天下篇乃莊子學派之人所著；司馬遷崇尚黃、老，論述愼到，並著眼於道家，固其宜矣。

叁、論司馬遷述申不害之學

史記韓世家：

〔昭侯〕八年，申不害相韓，脩術行道，國內以治，諸侯不來侵伐。……二十二年，申不害死。

老莊申韓列傳（原名老子韓非列傳）：

申不害者，京人也。故鄭之賤臣，學術以干韓昭侯。昭侯用爲相，內脩政敎，外應諸侯，十五年，終申子之身，國治兵彊，無侵韓者。申子之學，本於黃、老，而主刑名。著書二篇，號曰申子。……申子著書傳於後世，學者多有。太史公曰：申子卑卑，施之於名實。世家所謂『脩術，』列傳所謂『學術，』申子所脩所學，乃黃、老及刑名之術也。司馬遷此所謂黃、老，亦以黃附老，蓋申子亦戰國中期賢人，亦如愼到不及見中期以後始出之黃帝書也。茲先論『申子之學，本於黃、老。』次論其『主刑名。』

一、本黃、老

羣書治要卷三十六引申子大體篇，已可證其學本於黃、老，如：

善爲主者，倚於愚，立於不盈，設於不敢，藏於無事，竄端匿疏，示天下無爲。……剛者折，危者覆，動者搖，靜者安。

『竄端匿疏』句，疏當作踈，踈卽跡字。（韓非子主道篇：『掩其跡，匿其端。』淮南子人間篇：『夫事之所以難知者，以其竄端匿迹。』並本申子。迹、跡正、俗字。）疏，俗書作疎，亦譌爲踈，踈誤爲踈，復易爲疏耳。申子之言，詞義皆與老子相似，如老子云：

古之善爲道者，非以明民，將以愚之（六十三章）

我愚人之心也哉！（二十章）

道沖而用之，又不盈。（四章）

夫唯不盈，能弊復成。（十五章）

不敢爲天下先。（六十七章）

勇於不敢則活。（七十三章）

取天下常以無事。（四十八章）

以無事取天下。（五十七章）

事無事。（六十三章）

聖人處無爲之事。（二章）

爲無爲則無不治。（三章）

柔之勝剛。（七十八章）

守靜篤。（十六章）

靜爲躁君。（二十六章）

清靜爲天下正。（四十五章）

此皆其驗也。司馬談論道家要指：『其術以因循爲用。』司馬遷老子傳贊亦云：『老子所貴道，虛無因應。』申子大體篇亦有重因之說：

鏡設精無爲，而美惡自備。衡設平無爲，而輕重自得。凡因之道，身與公無事，無事而天下自極也。

精借爲淸，（韓非子飾邪篇精作淸。）身猶私也。因之道，即無爲、無事之道，此與老子之旨相符者也。

申子之言，尙有與莊子之詞義極相合者，大體篇亦可驗之，如：

君設其本，臣操其末。君治其要，臣行其詳。

案莊子天道篇：

本在於上，末在於下。要在於主，詳在於臣。

此與申子之言偶合？或受申子言之影響與？天道篇固學莊之徒所述者也。

二、主刑名

淮南子要略篇：

申子者，韓昭釐侯之佐。韓，晉別國也。地墽民險，而介於大國之間。晉國之故禮未滅，韓國之新法重出。先君之令未收，後君之令又下。新故相反，前後相繆，百官背亂，不知所用，故刑名之書生焉。

韓非子定法篇已有類此之文，惟未涉及『刑名之書。』淮南子未道及申子之學與黃、老之關係。而謂申子著刑名之書，則與司馬遷謂『申子之學主刑名』相符。法家之刑名有二義，一爲循名責實，簡言之卽名實，此申不害之刑名也。一爲信賞必罰，簡言之卽賞罰，此商鞅之刑名也。韓非子定法篇：

申不害言術，而公孫鞅爲法。術者，因任而授官，循名而責實，操殺生之柄，課羣臣之能者也。此人主之所執也。法者，憲令著於官府，刑罰必於民心，賞存乎愼法，而罰加乎姦令者也。此臣之所師也。……此不可一無。

申子之術重名實，商鞅之法重賞罰，亦卽二子刑名之不同。史記韓非傳集解引新序云：

申子之書，言人主當執術無刑（同形），因循以督責臣下，其責深刻，故號曰術。商鞅所爲書，號曰法。皆曰刑名。

謂申子之術，商鞅之法，皆曰刑名。是也。漢書元帝紀師古注引劉向別錄云：

申子學號刑名。刑名者，以名責實，尊君卑臣，崇上抑下。

此釋申子刑名之義最爲切實。司馬遷謂申子『主刑名，』又贊其『施之於名實。』固已昭示申子之刑名卽名實矣。申子大體篇有貴正名之論：

名，自正也。事，自定也。是以有道者，自名而正之，隨事而定之也。鼓不與於五音，而爲五音主。有道者不爲五官之事，而爲治主。君知其道也，官人知其事也。十言十當，百言百當者，人臣之事，非君人之道也。昔者堯之治天下也以名，其名正則天下治。桀之治天下也亦以名，其名倚而天下亂。是以聖人貴名之正也。主處其大，臣處其細。以其名聽之，以其名視之，以其名命之。

『官人知其事也』句，義不可通。唐趙蕤長短經大體篇注引作『臣知其事也。』『官人』當作『人臣、』下文『人臣之事』可證。臣誤爲官，復倒在人字上耳。欲因名求實，名實相副，則不得不貴正名。此節所論，申子『以名責實，尊君卑臣，崇上抑下。』之義，已可概見。

前引韓非子定法篇，專從法家觀點以論申不害言術。韓非之師荀卿，則從法家觀點以論申子蔽於勢。解蔽篇云：

申子蔽於埶而不知知（智）。

楊倞注：

其說但貴得權埶以刑法馭下，而不知權埶恃才智然後治。亦與慎子意同。

韓非子難勢篇，難慎子之重勢，而忽略材美。荀卿則論申子蔽於勢，而不知才智。師生著眼點相同，而所評之人則異。據御覽六三八引申子曰：

堯之治也，蓋明法察令而已。聖君任法而不任智，任數而不任說。黃帝之治天下，置法而不變，使民安樂其法也。（管子任法篇有類此之文。）

申子既謂『聖君任法而不任智，』則荀子謂申子不知智，固有所本。惟據意林卷二引申子云：

百世有聖人，猶隨踵。千里有賢人，是比肩。

是申子甚重聖賢，重聖賢，則非不恃才智矣。惟法令既定，則不必恃才智耳。最可注意者，申子謂黄帝置法，『使民安樂其法。』與商鞅、韓非之立法殘刻，使民苦痛大不同。此乃申子立法之精神，所稱黄帝，不過託古而已。欲使民安樂其法，則法必須公正。藝文類聚卷五四引申子曰：

君必有明法正義，若懸權衡，以稱輕重。

『明法正義，』謂明白法令，公正意義也。北堂書鈔卷一四九引申子曰：

天道無私，是以恆正。天常正，是以清明。地道常靜，是以方正。

老子謂『天得一以清，地得一以寧。』（三十九章。）申子以爲天之清明，地之寧靜，是以保其正。乃其公正之法與老子之旨貫通處。御覽卷六二四引申子曰：

明君治國，而晦晦，而行行，而止止。故一言正而天下定，一言倚而天下靡。

卷三百九十引『一言正』上，尚有『三寸之機運而天下定，方寸之謀正而天下治。』十八字。『而晦晦，而行行，而止止』三句，而讀爲能，能、而古聲近通用。此謂『能隱晦則隱晦，能推行則推行，能停止則停止』也。不勉強，不強迫，惟言正、謀正而已，故民皆安樂其法也。

荀卿、韓非並專就法家觀點以論申不害，不如司馬遷謂『申子之學，本於黄、老而主刑名』之周備。『本黄、老，』易流於陰謀權變，甚至權詐。『主刑名，』易流於殘刻寡恩，甚至無恩。申子學兼二者，獨能不失於正，此其所以相韓十五年，國治兵彊，而未聞其不善終者與？申不害，可謂無害矣。意林卷二引劉向云：

申子學本黃、老，急刻無恩，非霸王之事。

司馬遷僅謂『終申子之身，國治兵彊，無侵韓者。』固非霸王之事。（韓非子定法篇已譏申子『託萬乘之勁韓，不至於霸王。』）惟遷所謂『申子之學，本於黃、老，而主刑名。』申子之刑名，乃循名責實，非劉氏所謂『急刻無恩。』商鞅之刑名，爲信賞必罰，乃『急刻無恩。』劉氏蓋誤以申子之刑名爲商鞅之刑名矣。申不害傳『主刑名。』瀧川資言考證引王鳴盛曰：『刑非刑罰之刑，與形同，古字通用。刑名猶言名實，故其論云：「申子卑卑，施之於名實。」商君列傳：「少好刑名之學。」義同。』王氏謂申子之刑名猶言名實，是也。謂商鞅之刑名義同，則又誤以商鞅之刑名爲申子之刑名矣。

淮南子泰族篇：

申子之三符。

許慎注：『申不害治韓，有三符驗之術。』三符爲何？許注猶如未注。論衡效力篇：

韓用申不害，行其三符，兵不侵境，蓋十五年。

三符之術，或與黃、老、刑名並有關，今不可考矣。

肆、論司馬遷述韓非之學

史記韓非傳：

韓非者，韓之諸公子也。喜刑名法術之學，而其歸本於黃、老。非爲人口吃，不能道說，而善著書。與李斯俱事荀卿，斯自以爲不如非。非見韓之削弱，數以書諫韓王，韓王不能用。於是非疾治國不務脩明其法制，執勢以御其臣下，富國彊兵，而以求人任賢，……觀往者得失之變，故作孤憤、五蠹、內外儲、說林、說難十餘萬言。然非知說之難，爲說難書甚具，終死於秦，不能自脫。

太史公曰：韓子引繩墨，切事情，明是非。其極慘礉少恩，皆原於道德之意。

據此所述，韓非之學，及其爲人與遭遇，已可概見。（秦始皇本紀、六國年表、韓世家，亦略載非死於秦事。）據非『喜刑名法術之學，其歸本於黃、老，』及『與李斯俱事荀卿。』知非之學，法家而兼道、儒。又據非『喜刑名法術之學，』及『非疾治國不務脩明其法制，執勢以御臣下。』可知非兼重法、術、勢，卽兼愼到（重勢）、申不害（重術）、商鞅（重法）三家之長，茲分別論證之。先論證其本黃、老。

一、本黃、老

司馬遷謂愼到、申不害之學，並淵源於黃、老。實則僅與老有關，與黃無涉。前已有說。謂韓非之學，『其歸本於黃、老。』則黃與老並可徵，蓋其時黃帝書已流傳矣。遷又謂『其極慘礉少恩，皆原於道德之意。』亦兼黃、老言之也。司馬貞索隱云：

按劉氏云：『黃、老之法，不尚繁華，清簡無爲，君臣自正。韓非之論，詆駮浮淫，法制無私，而名實相稱。故曰「歸於黃、老。」』斯未爲得其本旨。今按韓子書有解老、喻老兩篇，是大抵亦崇黃、老之學耳。

韓非子解老，重在解釋文義；喻老，重在史實印證。其他涉及老子之說亦甚多。劉伯莊闡釋韓非之論，歸於黃、老之義，雖語焉不詳，實未遠離本旨。即驗以解老、喻老二篇，亦略相符。傅孟眞先生史記研究老子韓非列傳第三云：

如據今本韓子論，韓子乃歸於陰謀權術之黃、老耳。（傅孟眞先生集中編二。）

史記陳丞相世家：『陳平曰：我多陰謀，陰謀是道家之所禁。』陰謀權術，本非道家之旨，然如老子三十六章：『將欲歙之，必固張之。將欲弱之，必固強之。將欲廢之，必固興之。將欲奪之，必固與之。……魚不可脫於淵，國之利器不可以示人。』極似陰謀權術之言。喻老篇已引證之矣。解老、喻老僅涉及老，而不及黃。揚權篇則明引黃帝之言：

黃帝有言曰：上下一日百戰，下匿其私，用試其上。上操度量，以割其下。

韓非申其義云：

故度量之立，主之寶也；黨與之具，臣之寶也。臣之所不弑其君者，黨與不具也。故上失扶寸，下得尋常。君不可不愼。(末句據意林卷一所引補。)

可證韓非甚重視黃帝之言。惜今傳韓非子明引黃帝之言，僅此一見。其暗用黃帝書之文，或尚有之，惜無從印證。與韓非同時之呂不韋，其賓客所撰之呂氏春秋，則屢引黃帝之言，如去私篇：

黃帝言曰：聲禁重，色禁重，衣禁重，香禁重，味禁重，室禁重。

圜道篇：

黃帝曰：帝無常處也，有處者乃無處也。

應同篇：

黃帝曰：芒芒昧昧，從天之威，與元同氣。

遇合篇：

嫫母執乎黃帝，黃帝曰：厲女德而弗亡，與女正而弗衰，雖惡何傷？

審時篇：

黃帝曰：四時之不正也，正五穀而已矣。

序意篇：

文信侯曰：『嘗得學黃帝之所以誨顓頊矣。爰：有大圜在上，大矩在下，汝能法之，爲民父母。』

爰與曰同，俞樾呂氏春秋平議有說。以此驗之，是韓非、呂不韋之時，黃帝書已普徧流傳，司馬遷謂韓非之學，『其歸本於黃、老，』本於老自明白可據，本於黃亦不虛矣。

尤可注意者，韓非之學非僅本於黃、老，其思想與莊子亦相通。如韓非子五蠹篇：

今有美堯、舜、禹、湯、武之道於當今之世者，必爲新聖笑矣。是以聖人不期循古，不法常可，論世之事，因爲之備。……夫古今異俗，新故異備。

案莊子天運篇：『禮義法度者，應時而變者也。今取蝯狙而衣以周公之服，彼必齕齧挽裂，盡去而後慊。觀古今之異，猶蝯狙之異乎周公也。』外物篇：『夫尊古而卑今，學者之流也。且以狶韋氏之流觀今之世，夫孰能不頗！』此莊、韓論古今之異相通者也。

韓非子揚權篇：

聖人之道，去智與巧。……因天之道，反形之理。

顯學篇：

學士而求賢智，亂之端，未可與爲治也。

案莊子刻意篇：『去知與故，循天之理。』（故猶巧也。）庚桑楚篇：『舉賢則民相軋，任知則民相盜。』此莊、韓反巧故賢智之論相通者也。

韓非子主道篇：

虛靜以待令，……虛則知實之情，靜則知動者正。

案莊子天道篇：『夫虛靜恬淡，寂漠無爲者，天地之平，而道德之至。故帝王聖人休焉。休則虛，虛則實，實者備矣。虛則靜，靜則動，動則得矣。』此莊、韓論虛實、靜動之理相通者也。

又御覽四五九引韓子佚文：

天下有至貴，而非勢位也；有至富，而非金玉也；有至壽，而非千歲也。原悳反性，則貴矣；適情知足，則富矣；明生死之分，則壽矣。

王先愼韓非子集解佚文中亦輯存此條。此條又見淮南子繆稱篇，惟『原悳』作『原心。』案莊子天運篇：『至貴，國爵幷焉；至富，國財幷焉。』（釋文：幷，棄除也。）至樂篇：『夫富者，苦身疾作，多積財而不得盡用，其爲形也亦外矣；夫貴者，夜以繼日，思慮善否，其爲形也亦疏矣；人之生也，與憂俱生，壽者惛惛，久憂不死，何之苦也！其爲形也亦遠矣。』此莊、韓輕貴、富、壽之論相通者也。以上爲岷一九七七年一月所撰韓非子與莊子一文之舊說。既而思之，御覽所引此條，最符莊子之旨，與韓非思想實大相逕庭，韓非焉能體悟及此至貴、至富、至壽之境界？因重檢御覽卷四五九，引韓子此條前，引淮南子；再前，引韓子。或所引此條，本淮南子（繆稱篇）之文，因涉及再前一條，而誤爲韓子之文與？姑存疑焉。淮南子之文往往最符合莊子之旨也。

韓非之學，雖本於黃、老；且亦頗受莊子之影響。然不過化道家之說以爲己用。其不合於己意者，則棄絕之。故有所取於道家，又復反對道家，如韓非子忠孝篇：

> 恬淡，無用之教也。恍惚，無法之言也。……言論忠信法術，不可以恍惚。恍惚之言，恬淡之學，天下之惑術也。

此韓非反恬淡恍惚之說也。案老子十四章：『是謂無狀之狀，無物之象，是謂惚恍。』三十一章：『恬淡爲上。』莊子刻意篇：『夫恬淡寂寞、虛無無爲，此天地之平，而道德之質也。』至樂篇：『芒乎芴乎，而無從出乎！芴乎芒乎，而無有象乎！』（芒、芴猶恍、惚。）是老、莊並重恬淡恍惚也。韓非之反對恬淡恍惚，卽反對老、莊矣。

韓非子八經篇：

> 慈仁聽則法制毀。

五蠹篇：

> 斬敵者受賞，而高慈惠之行，……治強不可得也。（管子法法篇亦有反惠之說。）

顯學篇：

> 慈母有敗子。

此韓非反慈之說也。案老子六十七章：『我有三寶，持而保之。一曰慈，……慈故能勇。……夫慈以戰則勝，以守則固。天將救之，以慈衞之。』是老子重慈之說也。韓非之反慈，卽反對老子。商君書說民篇：『慈仁，過之母也。』是商鞅亦反慈矣。韓非之反慈，或亦受商鞅之影響也。

韓非子五蠹篇：

> 微妙之言，上智之所難知也。今爲衆人法，而以上智之所難知，則民無從識之矣。……今所治之政，民間之事，夫婦所明知者不用，而慕上智之論，則其於治也反矣。故微妙之言，非所務也。

此韓非反微妙之言之說也。案老子十五章：『古之善爲士者，微妙玄通，深不可識。』莊子秋水篇：『知不知論極妙之言，而自適一時之利者，是非埳井之䵷與？』是老、莊並重微妙之言也。韓非反微妙之言，卽反對老、莊矣。商君書定分篇：『夫微妙意志之言，上知之所難知也。……故夫知者而後能知之，不可以爲法，民不盡知；賢者而後能知之，不可以爲法，民不盡賢。故聖人爲法，必使明白易知。』是商鞅亦反對微妙之言矣。韓非反微妙之言，或亦受商鞅之影響也。

又韓非子六反篇：

> 老聃有言曰：『知足不辱，知止不殆。』夫以殆、辱之故而不求於足之外者，老聃也。今以爲足民而可以治，是以民爲皆如老聃也。故桀貴在天子，而不足於尊；富有四海之內，

而不足於寶。君人者雖足民，不能足使爲天子，而桀未必以天子爲足也。則雖足民，何可以爲治也？

此韓非明白反老子知足之說也。

二、事荀卿

荀卿之學，博於孟子，亦雜於孟子，蓋雜糅道、名、法三家之學於儒。韓愈原道云：『荀與揚也，擇焉而不精，語焉而不詳。』讀荀子：『荀與揚大醇而小疵。』其評揚雄是否允當，非兹所論。評荀『擇焉而不精，』正見其雜。惟評荀『大醇而小疵。』則非『擇焉而不精』矣。韓非師事荀卿，韓非子中稱及其師者兩見。難三篇：

燕子噲賢子之而非孫卿，故身死爲僇。

顯學篇：

自孔子之死也，有子張之儒，有子思之儒，有顏氏之儒，有孟氏之儒，有漆雕氏之儒，有仲良氏之儒，有孫氏之儒，有樂正氏之儒。……儒分爲八。

清顧廣圻識誤云：『孫，孫卿也。難三篇云：燕子噲賢子之而非孫卿。』韓非僅以孫卿爲儒家八派之一，似不甚尊崇其師。然其思想學說固深受其師之影響者也。荀子性惡篇：

人之性惡，其善者僞也。

又云：

古者聖人以人之性惡，以爲偏險而不正，悖亂而不治，故爲之立君上之勢以臨之，明禮義以化之，起法正以治之，重刑罰以禁之。

性惡說乃荀卿所首倡，古無是也。所稱『古者聖人以人之性惡，』乃託古耳。禮義爲儒家所重，勢、法正、刑罰乃法家所重，荀子了解僅憑禮義不足以成化，必須配合勢、法正、刑罰，乃可以爲治。其言論已傾向法家。

正名篇：

夫民易一以道，而不可與共故。故明君臨之以埶，……禁之以刑。今聖王歿，天下亂，姦言起，君子無埶以臨之，無刑以禁之，故辯說也。

首句所謂道，驗以下文，已非純儒家之道，蓋兼儒、法之道而言。所稱勢與刑，純乎法家之見矣。

又非相篇：

欲觀聖王之跡，則於其粲然者矣，後王是也。彼後王者，天下之君也。舍後王而道上古，譬之是猶舍己之君而事人之君也。

此法後王之說。韓非子顯學篇：

欲審堯、舜之道於三千歲之前，意者其不可必乎？無參驗而必之者，愚也；弗能必而據之者，誣也。故明據先王、必定堯、舜者，非愚則誣也。

此說蓋受其師法後王之影響。荀子之法後王，主性惡，啓示韓非思想，此人所習知。實則荀卿之直接重視法正、權勢、刑罰，其影響於韓非者尤大。

又非十二子篇：

不法先王，不是禮義，而好治怪說，玩琦辭，辯而無用，多事而寡功，不可以爲治綱紀。然而其持之有故，其言之成理，足以欺惑愚衆，是惠施、鄧析也。

荀子重禮義，法後王，此責惠施、鄧析，『不法先王，』殊不可解。或以爲『好治怪說，玩琦辭，』尚不如法先王與？惟謂惠旋、鄧析，『治怪說，玩琦辭，』則大可注意。淮南子詮言篇：『鄧施巧辯而亂法。』劉向鄧析子敍錄云：『其論無厚，言之異同，與公孫龍同類。』莊子德充符篇謂惠施『天選子之形，子以堅白鳴。』堅白之論，亦卽白馬非馬之類。天下篇稱惠施之學：『無厚，不可積也，其大千里。』是惠施、鄧析之怪說琦辭，卽堅白、無厚之類。（今傳鄧析子無厚篇說辭淳正，乃後人僞託。）韓非子問辯篇：

堅白、無厚之詞章，而憲令之法息。

蓋就惠施、鄧析等之怪說、琦辭而言，與荀子之意相符，或亦受其師之影響與？

孔子重仁。孟子重仁義，加一義字，針對其時重利而言。荀子重禮，有禮論。孔子用禮以表達仁，荀子重禮以啓示法。勸學篇：

禮者，法之大分。

謂禮爲法之大本也。此言禮、法之關係，最可注意。管子樞言篇亦云：『法出於禮。』

荀子禮論篇：

無僞則性不能自美。

禮之作用，在矯正人之惡性，可以使性惡變爲性美。惟禮之作用不積極，有限度，禮記坊記：『禮者，因人之情而爲之節文以爲民坊者也。』管子心術上篇：『禮者，因人之情、緣義之禮而爲之節文者也。』史記叔孫通傳：『叔孫通曰：禮者，因時世人情爲之節文者也。』禮因人情而設，可以守，可以不守，因此韓非進而重法，法當絕對服從。禮因人情，重分別，別貴賤親疏賢愚善惡。法絕人情，重齊一，無貴賤親疏賢愚善惡。故法出於禮，而異於禮。

荀子性惡篇論『人之性惡』有數端：

今人之性，生而有好利焉，順是故爭奪生而辭讓亡焉；生而有疾惡焉，順是故殘賊生而忠信亡焉；生而有耳目之欲有好聲色焉，順是故淫亂生而禮義文理亡焉。

韓非似特注意其師人性生而好利之說，因強調人之利己心，如二柄篇：

人臣之情非必能愛其君也，爲重利之故也。

既言『非必能，』是亦有能者矣。此言重利未概其全。備內篇：

醫，善吮人之傷，含人之血，非骨肉之親也，利所加也。

案漢文帝病癰，鄧通吮之，文帝使太子唶癰而有難色，（詳史漢佞幸傳及王符潛夫論賢難篇。）然則骨肉之親亦難恃矣！外儲說左上篇：

人行事施予，以利之爲心，則越人易和；以害之爲心，則父子離且怨。

六反篇：

父母之於子也，產男則相賀，產女則殺之。此俱出父母之懷衽，然男子受賀，女子殺之者，慮其後便，計之長利也。

韓非以爲人與人之間，甚至父母子女間，皆以利爲重。其著眼既在利，則凡不利無利者皆非所取。於是有反儒家重德厚、仁義之說。如顯學篇：

夫嚴家無悍虜，而慈母有敗子。吾以此知威勢之可以禁暴，而德厚之不足以止亂也。

此反德厚之說也。論衡非韓篇：『韓子豈不知任德之爲善哉？以爲世衰事變，民心靡薄，故作法術專意於刑也。』頗能道出韓子反德厚之故。韓非子亡徵篇：

見大利而不趨，聞禍端而不避，淺薄於爭守之事，而務以仁義自飾者，可亡也。

外儲說左上篇：

道先王仁義而不能正國者，此亦可以戲，而不可以爲治也。夫慕仁義而弱亂者，三晉也。不慕而治強者，秦也。

此反仁義之說也。案商君書畫策篇：『仁者能仁於人，而不能使人仁；義者能愛於人，而不能使人愛。是以知仁義之不足以治天下也。』是商鞅亦反對仁義矣。（商君書靳令篇亦反仁義。老、莊亦反仁義，而取義不同。）韓非之反仁義，或亦受商鞅之影響也。孟子道性善，荀子反其說而言性惡。惟孟子重仁義，荀子亦重仁義。荀子議兵篇：『李斯問孫卿子曰：「秦四世有勝，兵強海內，威行諸侯，非以仁義爲之也，以便從事而已。」孫卿子曰：「非女所知也。女所謂便者，不便之便也。吾所謂仁義者，大便之便也。彼仁義者，所以脩政者也。政脩則民親其上、樂其君而輕爲之死。」』此荀子重仁義之明證也。然則韓非承商鞅而反仁義，蓋亦反對其師矣。惟韓非反對儒家之說，有時似亦有分寸，如忠孝篇：

天下皆以孝悌忠順之道爲是也，而莫知察孝悌忠順之道而審行之，是以天下亂。

孝悌忠順爲儒家所重，如忠孝篇之說，韓非非不重孝悌忠順之道，乃重在審行孝悌忠順之道，此當留意者也。

三、喜刑名法術之學

戰國策趙策二：

蘇子（秦）曰：夫刑名之家，皆曰白馬非馬也。

家與人同義，既言『皆曰，』則持白馬非馬之辯者，當不乏人。韓非子外儲說左上篇：

兒說，宋之善辯者也。持白馬非馬也，服齊稷下之辯者。乘白馬而過關，則顧白馬之賦。故籍之虛辭，則能勝一國；考實按形，不能謾於一人。

兒說亦持白馬非馬之辯，與惠施、公孫龍同類。此皆刑名之人，徒逞巧說琦辭，而亂綱紀法制，爲韓非所不取。然非所謂『考實按形，』重在名實相副，亦是刑名之說。司馬遷謂韓非『喜刑名法術之學。』刑名與法術連言，其學實兼慎到、申不害、商鞅之長，又能去三家之短。茲扼要論證如次：

一、韓非與慎到

司馬遷述慎到、韓非之學，並本於黃、老。慎到學本黃、老（以黃附老），無背道家之說。韓非學本黃、老，而有反道家之論。慎到威德篇云：『聖人有德，而不憂人之危也。』又云：『明君動事必由惠。』其重德惠，頗符儒家之旨。韓非師事荀卿之儒，而有反德厚之論。二子之不同如此。莊子天下篇謂慎到『笑天下之尚賢。』荀子解蔽篇謂『慎子蔽於法而不知賢。』韓非子忠孝篇：『廢常上賢則亂，舍法任智則危，故曰：上法而不上賢。』（上與尚同。）是二子不尚賢之旨同，惟慎子知忠篇：『治亂在乎賢使任職。』史記韓非傳稱非『疾治國不務求人任賢。』

是二子重賢之旨亦同。蓋治國固須賢，賢與法相比，二子尤重法耳。愼到於法家中最重勢，韓非則有難勢篇，二子所見又異。然非難愼子之重勢，非非不重勢也。其難勢篇詳引愼到之說，(已詳愼到之學章。)而難之云：

應愼子曰：『飛龍乘雲，騰蛇遊霧，』吾不以龍蛇爲不託於雲霧之勢也。雖然，夫擇賢而專任勢，足以爲治乎？則吾未得見也。夫有雲霧之勢而能乘遊之者，龍蛇之材美也。今雲盛而螾弗能乘也，霧醲而螘不能遊也。夫有盛雲醲霧之勢而不能乘遊者，螾螘之材薄也。今桀、紂南面而王天下，以天子之威爲雲霧，而天下不免乎大亂者，桀、紂之材薄也。且其人以堯之勢以治天下也，其勢何以異桀之勢以亂天下者也？夫勢者，非能必使賢者用己，而不肖者不用己也。賢者用之則天下治，不肖者用之則天下亂。……勢之於治亂本末有位也，而語專言勢之足以治天下者，則其智之所至者淺矣。

韓非雖難愼到之重勢，然其所謂『賢者用之則天下治，不肖者用之則天下亂。』與愼到所謂『堯爲匹夫，不能治三人。桀爲天子，能亂天下。』其旨亦無不合。蓋『堯爲匹夫，不能治三人。』堯是賢者，反言之，則是『賢者用勢則天下治。』『桀爲天子，能亂天下。』卽是『不肖者用勢則天下亂。』特愼到著眼在有勢與無勢，韓非著眼在賢與不肖耳。韓非之所以難愼到者，在到之『專言勢』『專任勢』也。如就賢之作用與勢之作用相較，韓非亦重勢而輕賢。韓非子功名篇：

夫有材而無勢，雖賢不能制不肖。故立尺材於高山之上，下臨千仞之谿，材非長也，位高也。桀爲天子，能制天下，非賢也，勢重也。堯爲匹夫，不能正三家，非不肖也，位卑也。

此說又與愼到之說相符，是韓非亦有所取於愼到之重勢矣。

五蠹篇：

魯哀公，下主也。南面君國，境內之民，莫敢不臣。民者固服於勢，勢誠易以服人。

人主篇：

萬乘之主，千乘之君，所以制天下而征諸侯者，以其威勢也。威勢者，人主之筋力也。今大臣得威，左右擅勢，是人主失力。人主失力而能有國者，千無一人。

藝文類聚卷五十二引韓子佚文：

勢者君之馬也。威者君之輪也。勢固則輿安，威定則策勁。

凡此皆可證韓非亦重勢，與愼到之旨無殊。特非重勢兼重賢，賢與勢當配合。此可以補愼到專重勢之短者也。

二、韓非與申不害

司馬遷謂『申子之學，本於黃、老，而主刑名。』謂韓非『喜刑名法術之學，而其歸本於黃、老。』其學似同而實不同。申子之言說，無論詞句、意義皆深受老子之影響，但與黃帝書無關，且無反道家之意，與愼到相同。韓非有解老、喻老二篇，兼有明引黃帝之言，且更有反道家之論；申子之刑名，重在循名責實。韓非之刑名，兼重循名責實，與商鞅之信賞必罰。二子之不同如此。申子於法家特重術，淮南子泰族篇、論衡效力篇並謂申子行三符之術。所謂三符，已不可詳。新序亦稱『申子言人主當執術無刑（形）。』（已詳前。）申子蓋『內脩政教，外應諸侯。』皆重術。戰國策韓策三云：

韓與魏敵侔之國也。申不害與昭釐侯執珪而見梁君，非好卑而惡尊也，非慮過而議失也。申不害之計事曰：我執珪於魏，魏君必得志於韓，必外靡於天下矣。是魏弊矣。諸侯惡魏必事韓，是我免（俛）於一人之下，而信於萬人之上也。

孔叢子卷中論勢篇亦有此文。『非慮過而議失也』以下，作『與嚴敵爲鄰，而動有滅亡之變，獨勁不能支二難，故降心以相從，屈己以求存也。』執珪乃執附庸國之禮。敵侔之國，而執附庸國之禮，揆諸情勢，暫時屈己求存，此亦術也。蓋老子所謂『曲則全』之術也。韓非子定法篇稱申不害言術，術爲人主之所執，不可無；（已詳前申不害之學章。）更進而論申不害用術而不擅法之患，設爲問對以評之云：

問者曰：『徒術而無法，……其不可何哉？』對曰：『申不害，韓昭侯之佐也。韓者，晉之別國也。晉之故法未息，而韓之新法又生；先君之令未收，而後君之令又下。申不害不擅其法，不一其憲令，則姦多。故利在故法前令則道之。利在新法後令則道之。利在故新相反，前後相悖，則申不害雖十使昭侯用術，而姦臣猶有所譎其辭矣。故託萬乘之勁韓，七十年而不至於霸王者，雖用術於上，法不勤飾於官之患也。』

『七十年而不至於霸王』句，『七十』蓋本作『十五，』五古文作㐅，與七形似，因誤爲七，又倒在十字上耳。史記申不害傳、論衡效力篇並作『十五年，』可證。韓非法與術並重，故五蠹篇云：『明主之道，一法而不求智，固術而不慕信，故法不敗而羣官無姦詐矣。』如申子徒知用術而不用法，則不能禁姦。然據御覽所引申子之言：『聖君任法而不任智。』與韓非所謂『一法而不求智』之意正合。是申子非不知用法矣。且申子之用法，使法不失其正，意在『使民安樂其法。』（並已詳前。）與韓非之『慘礉少恩，』大異其趣。韓非非僅評申子『徒術而無法，』卽申子之言術，亦以爲未盡。定法篇又設爲問答云：

問者曰：『主用申子之術，可乎？』對曰：『申子未盡於術也。申子言「治不踰官，雖知弗言。」治不踰官，謂之守職也可。知而弗言，是謂過也。人主以一國目視，故視莫明焉；以一國耳聽，故聽莫聰焉。今知而弗言，則人主尚安假借矣？』

韓非蓋有所取於申子之重術，但惜申子未盡於術耳。惟申子所謂『治不踰官，雖知弗言。』與論語憲問篇曾子謂『君子思不出其位。』之旨相近。與司馬談論法家要指：『明分職，不得相踰越。』之意亦相符。實則爲人臣者，各守其分，各盡所言，然後人主之視、聽乃得其正也。如踰職而言，反所以亂視、聽矣。韓非責申子之言，似未當。

三、韓非與商鞅。

司馬遷謂『商鞅少好刑名之學，』又謂『其天資刻薄人。』謂韓非『喜刑名法術之學，』又謂『其極慘礉少恩。』二子之學及爲人頗相似。惟遷謂非『其歸本於黃、老。』於鞅則未言其與黃、老有關。考商鞅之言行，與道家亦頗有相似相符處，司馬談論道家要指：『與時遷移，應物變化。』商鞅之不法往古，應時變法，（參看商君書更法篇及史記商君傳。）於義亦略相符；商君書說民篇：『辯慧，亂之贊也。』與老子『大辯若訥，』（四十五章。）及『智慧出，有大僞。』（十八章。）之旨亦近似；而畫策篇：『治主無忠臣，慈父無孝子。』（蓋直本於愼子知忠篇，前已有說。）與老子『六親不和，有孝慈。國家昏亂，有忠臣。』（十八章。）之意則最符。又商鞅欺舊友魏公子卬樂飲罷兵，而襲虜之以破其軍，此與老子『將欲奪之，必固與之。』（三十六章。）之術亦頗合。惟商鞅之言行，偶與道家相似或相符，而不甚顯著。其反對道家之慈及微妙之言，（已詳前。）則昭然若揭。此司馬遷所以不言其學與黃、老有關與？如韓非雖明白反對道家之恬淡恍惚、反慈、反微妙之言，更甚於商鞅，而司馬遷謂其學『歸本於黃、老，』又謂其『原於道德之意，』蓋韓非有解老、喻老兩篇，他篇亦多引證老子之說，又明引黃帝之言，不能不謂其學與黃、老有關也。

商鞅於法家中最重法，淮南子要略篇云：

> 秦國之俗，貪狼強力，寡義而趨利，可威以刑，而不可化以善；可勸以賞，而不可厲以名。被險而帶河，四塞以爲固，地利形便，畜積殷富，孝公欲以虎狼之勢而吞諸侯，故商鞅之法生焉。

秦孝公用商鞅，鞅應時變法，國富兵強，威服諸侯。韓非子定法篇稱公孫鞅爲法，法爲臣之所師，不可無。（已詳申不害之學章。）更進而論商鞅行法而無術之患。設爲問對以評之云：

> 問者曰：『徒法而無術，其不可何哉？』對曰：『公孫鞅之治秦也，設告相坐而責其實，連什伍而同其罪，賞厚而信，刑重而必，是以其民用力勞而不休，逐敵危而不卻，故其國富而兵強。然而無術以知姦，則以其富強也資人臣而已矣。……商君雖十飾其法，人臣反用其資，故乘強秦之資，數十年而不至於帝王者，法不勤飾於官，主無術於上之患也。』

韓非之意，蓋法與術當並重，商鞅徒知行法耳。然鞅之襲虜魏公子卬，固亦知用術者也。特其用術少見而已。商鞅雖重法，韓非以爲其法尚未盡，定法篇又設爲問對云：

> 問者曰：『官（臣）行商君之法，可乎？』對曰：『〔商君未盡〕於法也。……商君之法曰：「斬一首者爵一級，欲爲官者爲五十石之官。斬二首者爵二級，欲爲官者爲百石之官

。」官爵之遷與斬首之功相稱也。今有法曰：「斬首者令爲醫匠。」則屋不成而病不已。夫匠者，手巧也。而醫者，齊藥也。而以斬首之功爲之，則不當其能。今治官者，智能也。今斬首者，勇力之所加也。以勇力之所加，而治智能之官，是以斬首之功爲醫匠也。』

韓非評商鞅未盡於法，所舉例證似不當，蓋『以勇力之所加而治智能之官，』固不當；而『以斬首之功爲醫匠，』尤不倫不類矣。商鞅固未以斬首之功爲醫匠也。

所可注意者，韓非論愼到、申不害、商鞅三子之學各有長短，而非之學受商鞅之影響最深。商鞅反慈、韓非亦反慈；商鞅反微妙，韓非亦反微妙；商鞅反辯慧，韓非亦謂『辯智非所以持國；』（五蠹篇。）商鞅反仁義，韓非亦反仁義。韓非頗採取商鞅之說，於鞅復大加贊揚，如姦劫弑臣篇：

臣得陳其忠而不弊，下得守其職而不怨，此管仲之所以治齊，而商君之所以強秦也。

此贊商鞅兼及管仲，韓非固亦有所取於管仲治齊之法也。（後有說。）然商鞅治秦，固能使下守其職。若謂下不怨，則未必然矣。趙良謂鞅『殘傷民以駿刑，是積怨畜禍。』（見商君傳。）可證也。

又同篇：

孝公行商君之法，……是以國治而兵強，地廣而主尊。此其所以然者，匿罪之罰重，而告姦之所賞厚也。

末二句正商君傳所謂『告姦者與斬敵首同賞，匿姦者與降敵同罰』也。

內儲說上七術篇：

公孫鞅曰：行刑重其輕者，輕者不至，重者不來，是謂以刑去刑。（又見飭令篇。）

所引鞅說，見商君書靳令篇及說民篇，文略異。韓非之所以贊揚商鞅者，在其嚴罰重刑。韓非固亦主嚴刑重罰者也。姦劫弑臣篇：

夫嚴刑重罰者，民之所惡也，而國之所以治也；哀憐百姓，輕刑罰者，民之所喜也，而國之所以危也。

司馬遷商君傳贊謂其『天資刻薄，』於韓非傳謂其『慘礉少恩。』商、韓爲人實相類，然則韓非甚贊商鞅，固其宜矣。後漢書馮衍傳載衍顯志賦有云：『燔商鞅之法術兮，燒韓非之說論。』其於商、韓惡之深矣！

商鞅傳：『太子犯法，衞鞅曰：「法之不行，自上犯之。」將法太子，太子君嗣也。不可施刑，刑其傅公子虔，黥其師公孫賈。』鞅之行法嚴重如此！然不過以爲太子當守法而已。韓非更進而言中主、明主皆當守法，尤大異於其他法家者也。其用人篇云：

釋法術而任心治，堯不能正一國。……使中主守法術，……則萬不失矣。

案管子任法篇：『君臣上下貴賤從法，此之謂大治。』已道及君當從法矣。韓非子有度篇：

明主使其羣臣，不遊意於法之外，不爲惠於法之內，動無非法。

案管子明法篇：『先王之治國也，不淫意於法之外，不爲惠於法之內也，動無非法者。』蓋韓非所本。非甚贊管仲之治齊及商君之強秦，故往往取管、商之說，其刑名法術之學，固集諸家之大成者也。孔叢子答問篇云：

陳人有武臣謂子鮒曰：『韓子立法，其所以異夫子之謂者，紛如也。予每探其意而校其事，持久歷遠，遏姦勸善，韓氏未必非，孔子未必得也。吾今而後乃知聖人無世不有，前聖後聖，法制固不一也。若韓非者，亦當世之聖人也。』子鮒曰：『子信之爲然，是固未免凡俗也。』

武臣所謂『持久歷遠，遏姦勸善，』以論儒家之道則是；若以論法家之術則不然。蓋法家之術長於收效，難於持久歷遠。所以遏姦，而非所以勸善也。至於子鮒謂武臣之見『未免凡俗。』甚當。蓋法家學說之作用正在合乎凡俗，重在適用。韓非子五蠹篇云：『今有美堯、舜、禹、湯、武之道於當今之世者，必爲新聖笑矣。』亦正此意。武臣稱韓非爲『當世之聖人，』非所謂『必爲新聖笑，』蓋亦以新聖自居邪？

結論

一九七三年十一月至七十四年年初，湖南長沙馬王堆漢墓中發現之帛書乙本老子，卷前有古佚書經法、十大經、稱、道原四種，篇名皆在本文之後，與今傳呂氏春秋同，疑是戰國晚期賢者所作。內容雜糅道、法之說，與老子、莊子、愼子、申子、管子、韓非子咸有關，（與名家、兵家之說及淮南子、史記亦皆有關。）經法首句爲『道生法，』十大經且記黃帝事。司馬遷述愼到、申不害及韓非之學皆淵源於黃、老，以古佚帛書驗之，亦有迹可尋。然黃帝書蓋出於愼到、申不害之後，黃、老並稱，始於漢初。遷於愼到之學，專謂『學黃、老道德之術，因發明序其指意。』於愼到之尚法重勢，則略而不論；其述申不害之學，則謂『本於黃、老，而主刑名。』與謂愼到專學黃、老之術不同。申不害主刑名，在明法重術，公正平實，不流於急刻無恩；遷述韓非之學，謂非『喜刑名法術之學，而其歸本於黃、老。』與述申不害之學相似，而實不同。蓋申不害之本黃、老，僅本於老，與黃無關，愼到亦然。韓非之本黃、老，皆有明文可據。遷於贊文中謂『韓子引繩墨，切事情，明是非，其極慘礉少恩，皆原於道德之意。』則其與申不害主刑名之公正平實尤大異矣。遷於自序中又謂『韓非揣事情，循執理。』不言其短。蓋非學之極雖慘礉少恩，實集法家之大成，有不可抹撥者。此猶遷於商君傳贊文中謂鞅『天資刻薄，』而於自序中則言『鞅去衞適秦，能明其術，彊霸孝公，後世遵其法。』其功亦不可沒也。惜遷未道及商鞅之學與黃、老之關係耳。蓋雖有關係，而不太顯著與？遷謂愼到、申不害、韓非之學，皆本於黃、老，固其特識。然淮南子覽冥篇云：『申、韓、商鞅之爲治也，捽拔其根，蕪棄其本，而不窮其所由生何以至此也。鑿五刑，爲刻削，乃背道德之本，而爭於錐刀之末。斬艾百姓，殫盡太半，而忻忻然常自以爲治，是猶抱薪而救火，鑿竇而止水。』此論法家之失極是。而所謂『背道德之本，』與遷『本於黃、老』之說似相反。實則申不害之學本於黃、老，仍合乎道德之意，愼到之學亦然。韓非之『慘礉少恩，』雖『原於道德之意，』實背道德之本。商鞅之『天資刻薄，』其言行雖有似黃、老處，則更背道德之本矣。淮南與遷之說，正可相互發明者也。

一九八二年四月廿八日脫稿於南港史語所一一七之一室。

論今本列子

今本列子八篇，出於東晉，最爲後世所疑。張湛雖注之，已疑後人有所增益，如仲尼篇：『中山公子牟者，魏國之賢公子也。好與賢人游，不恤國事，而悅趙人公孫龍。』注云：

公子牟、公孫龍，似在列子後，而今稱之，恐後人所增益，以廣書義。苟於統例無所乖錯，而足有所明，亦奚傷乎？諸如此，皆存而不除。

即其證也。降及近儒，益復紛拏其辭，直疑全書皆出僞造矣。然如淮南子繆稱篇：

列子學壺子，觀影柱而知持後矣。

此事，實本於列子說符篇，其文云：

子列子學於壺丘子林，壺丘子林曰：『子知持後，則可言身矣。』列子曰：『願聞持後。』曰：『顧若影則知之。』列子顧而觀影，形枉則影曲，形直則影正。然則枉直隨形而不在影，屈伸任物而不在我，此之謂持後而處先。

是淮南所見故本列子已有此文，明矣。至如莊子至樂篇『列子行食於道』章，見列子天瑞篇；應帝王篇『鄭有神巫曰季咸』章，達生篇『子列子問關尹』章，田子方篇『列禦寇爲伯昏無人射』

章，列禦寇篇『列禦寇之齊』章，並見列子黃帝篇；讓王篇『子列子窮』章，見列子說符篇；韓非子喻老篇『宋人有爲其君以象爲楮葉者』章（又見淮南子泰族篇），呂氏春秋審己篇『子列子常射中矣』章，亦並見列子說符篇。凡此所記，皆列子之事，卽作僞者掇拾諸書而成，而諸書亦未必不本於列子原書也。考其各篇之文，實多出自先秦，與莊子關係尤鉅，高似孫謂『是書與莊子合者十七章，』實不止此數。其字句間又常存莊子古本之舊，如莊子齊物論篇：

狙公賦芧，曰：『朝三而暮四。』衆狙皆怒。曰：『朝四而暮三。』衆狙皆悅。

『衆狙皆悅，』北山錄八論業理第十三注引悅作喜，當從之，下文『名實未虧，而喜怒爲用，』喜，怒二字，卽分承『衆狙皆怒』及『衆狙皆喜』而言，列子黃帝篇悅正作喜。

應帝王篇：

鄉吾示之以地文，萌乎不震不正。

釋文引崔譔本『不震不正』作『不誫不止，』陳碧虛莊子闕誤引江南古藏本不正亦作不止。誫與震同，正乃止之形誤。列子黃帝篇正作『不誫不止。』

至樂篇：

種有幾，得水則爲㡭。

闕誤引劉得一本『種有幾』下有『若𪓰爲鶉』四字，列子天瑞篇正有『若𪓰爲鶉』四字。

達生篇：

其佝僂丈人之謂乎？

列子黄帝篇此下更有『丈人曰：汝逢衣徒也，亦何知問是乎？修汝所以，而後載言其上。』二十四字，釋文於逢衣下引向秀注云：『逢衣，儒服厚而長大者。』是向秀本莊子有此文，郭象本已脫之矣。

田子方篇：

發之，適矢復沓。

御覽七五四引適作鏑，是也。『鏑矢復沓，』謂鏑與矢復相連合也。列子黄帝篇適作作鏑。

寓言篇：

而睢睢盱盱，而誰與居。

日本高山寺本盱盱上有而字，蘇軾莊子祠記，事文類聚别集二四，合璧事類續集四二引，並同。此文本以睢、盱、居爲韻，今本脫一而字，則上二句溷爲一句矣。列子黄帝篇盱盱上正有而字。

讓王篇：

子列子見使者，再拜而辭。

據下文『子列子入，』則此文『子列子』下，當有出字，文意乃明，列子說符篇正有出字（呂氏春秋觀世篇、新序節士篇、高士傳並同）。

列禦寇篇：

先生既來，曾不發藥乎？

釋文引司馬彪本發作廢，發，廢古通，作廢是故書，列子黃帝篇正作廢。類此之例，皆極可珍貴者。

莊子逸文，亦多散見於列子中者。如列子天瑞篇云：

故生物者不生，化物者不化。

張注：『莊子亦有此言。向秀注曰：「吾之生也，非吾之所生，則生自生耳。生生者豈有物哉？無物也，故不生也。吾之化也，非物之所化，則化自化耳。化化者豈有物哉？無物也，故不化焉。若使生物者亦生，化物者亦化，則與物俱化，亦奚異於物？明夫不生不化者，然後能爲生化之本也。」』今本莊子無此文，張湛既引向秀注，是向本莊子原有此文也。藝文類聚八七，初學記二八、三〇，御覽九三五、九七八，事類賦二七果部二，並引莊子逸文云：

朽瓜化爲魚，物之變也。

御覽八八七引莊子逸文云：

馬血之爲燐也，人血之爲野火也（又見御覽八六九），大鴿之爲鸛，鸛之爲布穀，布穀之復爲鷂也（又見藝文類聚九一，御覽九二六，廣韻去聲四，天中記五九），鷰之爲蛤也，田鼠之爲鶉也（又見儀禮公食大夫禮疏，御覽九二四，廣韻平聲一，韻府羣玉四），老韭之爲莧也，老羭之爲猨也，魚卵之爲蟲也，此皆物之變者。

皆見於列子天瑞篇，據天瑞篇，則『朽瓜化爲魚』句，蓋原作『朽瓜之爲魚也，』本在『老韭之爲莧也』上。『物之變也』句，乃『此皆物之變者』之省文。世說新語言語篇注，文選江文通雜體詩注，並引莊子逸文云：

海上之人，有好鷗者，每旦之海上，從鷗游。鷗之至者，至數而不止。其父曰：『吾聞鷗鳥從汝游，試取來，吾欲玩之。』明日之海上，鷗舞而不下。

見於列子黃帝篇。又據日本高山寺本莊子天下篇末郭象後語云：『莊子閎才命世，誠多英文偉詞，正言若反，故一曲之士，不能暢其弘旨，而妄竄奇說，……或似山海經；或類占夢書，……辭氣鄙背，竟無深澳，而徒難知，以困後蒙，令沈滯失流，豈所求莊子之意哉？故皆略而不存』。（又略見陸德明釋文序錄。）列子周穆王篇、湯問篇之文，正多似山海經、占夢書者，岷頗疑此乃作僞者鈔襲郭象所刪略之莊子，雖不必全存莊子之舊，而其中必多本於莊子者。如一切經音義四五引莊子逸文云：

龍伯國人釣鼇。

一切經音義八六引莊子逸文云：

鵾螟巢於蚊睫。

一切經音義九三引莊子逸文云：

夸父與日角走，渴死於北地。

皆似山海經之文，而皆存於列子湯問篇，且載之甚詳，斯其明證矣。故列子八篇中，不僅多見郭象本莊子之舊，並多存郭氏刪略以前之舊，此治莊、列二書所當留意者也。

玉海二八云：『列子多引黃帝書，蓋古之微書傳久而差者也。』考列子中不僅引黃帝逸書，又累引鬻子文。如天瑞篇云：

鬻熊曰：運轉無已，天地密移，疇覺之哉？

黃帝篇云：

鬻子曰：欲剛，必以柔守之。欲彊，必以弱保之。積於柔必剛，積於弱必彊。觀其所積，以知禍福之鄉。彊勝不若己，至於若己者剛。柔勝出於己者，其力不可量。

楊朱篇云：

鬻子曰：去名者無憂。

如斯之類，雖不見於今本鬻子，而今本鬻子乃僞書，列子所引，必有所據，蓋亦古書之傳久而差者，幸尚存於列子中也。又如爾雅釋訓注、五行大義三，並引尸子逸文云：

鬼，歸也。古者謂死人爲歸人。

尚存於列子天瑞篇。御覽四百三十引尸子逸文云：

言美則響美，言惡則響惡（又見藝文類聚十九），身長則影長，身短則影短。名者，響也。行者，影也。是故慎而言，將有和之。慎而行，將有隨之。

尚存於列子說符篇（惟今本以爲關尹子語）。凡此，亦極可珍貴者。故列子各篇之文，非特多出自先秦，且多保存先秦諸子之舊，是書之可貴，決不以其晚出而抹殺也。惜昔賢目爲僞書，討治者少，時賢雖有校釋，而疏漏仍多。岷曾參稽羣籍，董理是書，有補正四卷，茲擧數事揚搉沭之：

天瑞篇：

鷂之爲鸇，鸇之爲布穀，布穀久復爲鷂也。

案御覽八八七引莊子有此文，『鷂之爲鸇』上有大字，久作之（已見上文），六帖九五，合璧事類別集六四，引久並作又。當從莊子作之，與上下文句法一律，久、又，並之之形誤。宋徽宗義解云：『或因性而反復，則鷂之爲鸇，鸇之爲布穀，布穀之復爲鷂是也。』是所見本正作之。

黃帝篇：

覆却萬物方陳乎前，而不得入其舍。

案莊子達生篇無物字，疑此文本無方字，蓋後人據莊子注方字於物字旁，傳寫因誤竄入耳。莊子作萬方，此文作萬物，其義一也。莊子山木篇：『化其萬物，而不知其禪之者。』唐寫本作萬方，與此同例，則方字之爲衍文，明矣（俞樾謂莊子萬下脫物字，大謬）。

周穆王篇：

王閒恆，疑蹔亡。

案閒卽嫺習字，釋文本恆下有有字，云：『謂習其常存也。』當從之。『閒恆有』與『疑蹔亡』對文，今本脫有字，則文意不完矣。

仲尼篇：

兼四子之有，以易吾，吾弗許也。

案『以易吾』三字，文意不完，注：『設使兼而有之，求變易吾之道。』疑所見本吾下原有『之道』二字，而今本脫之。論衡定賢篇作：『以三子之能，易丘之道（淮南子人間篇「之道」作「一道」）。』可爲旁證。

湯問篇：

輕重而髮絕，髮不均也。

案下髮字疑涉上而衍，林希逸口義云：『故曰：輕重而髮絕，不均也。』是所見本正無下髮字，墨子經說下篇同。

力命篇：

魏人有東門吳者，其子死而不憂。

案御覽五一八，記纂淵海四八、五一，事文類聚後集七，合璧事類前集三二，引者下並有『年四十』三字，『其子死而不憂，』並作『有一子喪之而不憂，』所據本咸與今本異，今本者下必有脫誤也。

楊朱篇：

何則？其極遠也。

案說苑政理篇，金樓子立言下篇，其下並有志字，當從之。下文：『何則？其音疏也。』志與音對言，今本此文脫志字明矣。

說符篇：

身也者，影也。

案身當作行，下文：『愼爾行，將有隨之。』卽承此言，今本作身，涉上文『身長則影長，身短則影短』而誤。御覽四百三十引尸子作『行者，影也。』可爲旁證。

上舉八例，皆較顯著者，其餘樊然殽亂，亟待諟正之處甚多，又非此所可罄言矣。

今本列子，非特多所殽亂，且亦有所遺逸，如事類賦十三服用部二、御覽三百五十，並引列子云：

飛衞學射於甘蠅，諸法並善，惟嚙法不教。衞密持矢以射蠅（御覽持作將，將猶持也），蠅嚙得鏃矢還射衞，衞遶樹而走，矢亦遶樹而走（御覽走作射）。

此頗似湯問篇『甘蠅古之善射者』章之文，而今本無之。至如藝文類聚八六引列子云：

師門，嘯父弟子，食桃李葩。

合璧事類外集五七、韻府羣玉十六，並引列子云：

古人墜劒水中，刻舟而求之。

師門事，詳見列仙傳（藝文所引列子，未知是否列仙傳之誤）；古人墜劒水中事，詳見呂氏春秋察今篇。類此之例，皆今本列子所無，則不知所附麗矣。

一九四七年殘臘初稿，一九五〇年首夏改定。

劉子集證補錄

拙著劉子集證十卷，（本所專刊之四十四。）重在陳言、故實之探討，訓詁、校勘之發正。近與諸生講習是書，時有新知，增益舊說，因撰補錄一卷。一九六三年一月七日叔岷記於史語所。

防慾第二

故蝎盛則木折，慾熾則身亡。

案嵇康荅難養生論：『故蝎盛則木朽，欲勝則身枯。』

去情第三

身膚強飯，而蒙飽者不以爲惠。

案史記絳侯周勃世家：『取庸苦之，不與錢。』（又見漢書及論衡骨相篇。）亦可證此文『身膚』爲『取庸』之誤。

韜光第四

周雞斷尾，獲免於犧牲。

案史通疑古篇：『譬雄雞自斷其尾，用或免於人犧者焉。』亦可證此文衍牲字。

崇學第五

崐竹未斷，則鳳音不彰。

案御覽五百八十、記纂淵海七八並引史記云：『黃帝使伶倫伐竹於昆谿，斬而作笛，吹之作鳳鳴。』

非淬礪而不銛。

案淬借爲焠，說文：『焠，堅刀刃也。』漢書王褒傳：『淸水焠其鋒，』（文選焠作淬。）師古注：『焠，謂燒而內水中以堅之也。』

蘇生患睡，親錐其股。

案御覽三七二引史記：『蘇秦握錐自厲，流血至踝。』

專學第六

使左手畫方，右手畫圓，令一時俱成，雖執規矩之心，迴剟㔔之手，而不能者，由心不兩用，則手不並運也。

案論衡書解篇：『方、員畫不俱成。』

譬若聾者之歌，效人爲之，无以自樂。

羅錄敦煌本效作敎。案敎猶效也。廣雅釋詁三：『敎，效也。』（前疑敎爲斆之誤，未審。）

辯樂第七

上能感動天地，下則移風易俗。

案能、則互文，則猶能也。（此義王引之經傳釋詞、吳昌瑩經詞衍釋並不載。）左哀十一年傳：『鳥則擇木，木豈能擇鳥。』（史記孔子世家則作能。）亦能、則互用，與此同例。

履信第八

齊桓不背曹劌之盟。

案事又詳史記齊世家。

吳起不虧移轅之賞。

案記纂淵海四九引史記：『吳起欲伐秦，恐士卒軍人不信，書：「有能移此轅置西門者，給田宅百畝，黃金百斤。」有一人來移，卽賜之。於是召募人伐秦，遂克。』

思順第九

蹇利東南，

案明楊愼丹鉛續錄一引『東南』亦作『西南。』

貴農第十一

智者無以施其策，勇者無以行其威。

案程榮本、王謨本、畿輔本上以字並作所，與下以字互用，所猶以也。（此義經傳釋詞、經詞衍釋並不載。）淮南子齊俗篇、文子上義篇兩以字並作所，（已詳集證。）亦明其義相同。

從化第十三

堯、舜之人，可比家而封。

案帝範崇儉篇注引史記：『堯、舜之民，比屋可封。』

法術第十四

故制法者，爲禮之所由，而非所以爲治也。

案史記貨殖列傳：『法令者，治之具，而非制治清濁之源也。』亦可證此文衍制字，禮爲治之誤。

審名第十六

傳彌廣，理逾乖；名彌假，實逾反。

案假借爲遐，廣、遐義近。

周人玉璞，其實死鼠。

案西京雜記六：『物固亦有似之而非者：玉之未理者爲璞，死鼠未屠者亦爲璞。』

鄙名第十七

名言之善，則悅於人心；名言之惡，則忮於人耳。

案兩之字並與若同義。愼言篇：『出言之善，則千里應之；出言之惡，則千里違之。』『之善、』『之惡，』兩之字亦並與若同義。

是以古人制邑名子，必依善名。

案史記褚少孫補日者列傳：『故曰：制宅命子，足以觀士。』

知人第十八

自非神機洞明，莫能分也。

案自猶苟也。心隱篇：『自非明哲，莫能辨也。』自亦猶苟也。

眉睫之微，而形於色；音聲之妙，而動於心。

案妙借爲眇，方言十三、釋名釋疾病並云：『眇，小也。』微、眇義近。

薦賢第十九

昔時人君，拔奇於囚虜，擢能於屠販。

案水經河水注五引司馬遷云：『呂望行年五十，賣食棘津；七十，則屠牛朝歌；行年九十，身爲帝師。』

內薦不避子，外薦不避讎。

案荀子成相篇：『外不避仇，內不阿親，賢者予。』

忠之至也，德之難也。

案難猶盛也，詩小雅隰桑：『隰桑有阿，其葉有難。』傳：『難然，盛貌。』卽其證。至、難義近。

託附第二十一

然，盲風歘至，

案歘，正作欻。說文：『欻，有所吹起。讀若忽。』

蓋斯爲美也。

案論語學而篇：『先王之道，斯爲美。』

心隱第二十二

蛇床之似蘼蕪也。

案淮南說林篇:『蛇牀似麋蕪。』

命相第二十五

華胥履大人之迹，而生伏羲。

案書鈔二三引河圖:『大跡出雷澤，華胥履之，生宓犧。』路史後記一引孝經鉤命決:『華胥履迹，怪生皇羲。』

慶都與赤龍合，而生唐堯。

案論衡奇怪篇:『讖書又言:堯母慶都野出，赤龍感己，遂生堯。』

夫都見白氣貫月，而生殷湯。

案藝文類聚十引河圖:『湯母扶都見白氣貫月，意感而生湯。』

顏徵感黑帝，而生孔子。

案禮記檀弓孔疏引論語緯撰考:『叔梁紇與徵在禱尼丘山，感黑龍之精，以生仲尼。』

老子感火星。

案史記老子列傳正義引玄妙內篇:『玄妙玉女夢流星入口而有娠，七十二年而生老子。』又引上元經:『李母晝夜見五色珠，大如彈丸，自天下，因吞之，即有娠。』

伏羲日角，

案路史後紀一引孝經援神契：『伏羲日角。』宋均注：『日角，額有骨表，取象日所出。』（御覽七八亦引此注，脫額字。）

孔子返宇，

案路史後紀十注：『緯書言：「孔子反宇。」世本云：「反首張面，言頂上窳也。」』史記孔子世家索隱：『孔子頂如反宇。反宇者，蓋屋宇之反，中低而四傍高也。』梁釋僧祐弘明集一漢牟融理惑論作『仲尼反頨。』說文：『頨，頭姸也。』徐鍇繫傳：『書傳多言「孔子反宇，」作此頨字，云：頭頂四崖峻起，象尼丘山。』論衡骨相篇作『孔子反羽。』（已詳集證。）羽蓋頨之省。

臯陶鳥喙。

案程榮本、王謨本、畿輔本陶並作繇。陶、繇古通，尚書臯陶謨，北堂書鈔四三、治要引陶並作繇，即其比。牟融理惑論鳥作馬，與淮南子脩務篇、論衡骨相篇、講瑞篇並同。

後來而產，是子不祥。

案路史後紀十四後作后，祥作勝。

妄瑕第二十六

故天有拆之象，地有裂之形。

案淮南子天文篇：『天傾西北，故日月星辰移焉。地不滿東南，故水潦塵埃歸焉。』（又見列子湯問篇。）

適才第二十七

卞莊子之昇殷庭也，鳴佩趍蹌，溫色怡聲；及其搏虎，必攘袂鼓肘，瞋目震呼。

案史記張儀列傳載卞莊子刺虎事，戰國策秦策二作管莊子，同。

雖使孫、吳用兵，彼必與之拒戰，未肯有望風而退也。

案有猶即也，（王引之經傳釋詞、吳昌瑩經詞衍釋並無此義。）『未肯有望風而退也，』猶『未肯即望風而退也。』戰國策趙策三：『彼則肆然而爲帝，過而遂正於天下，則連有赴東海而死矣。』（又見史記魯仲連列傳。）有亦猶即也，『則連有赴東海而死矣。』猶『則連即赴東海而死矣。』

愼言第三十

故天有卷舌之星。

案漢書劉向傳：『客星見昴、卷舌間。』沈欽韓疏證：『晉天文志：「卷舌六星在昴北，主口語以知讒佞也。」』

斯言一玷，非礷礛所磨；樞機既發，豈駭電所追。

案兩所字，義並與可同。

愼隙第三十三

鴻毳性輕，積之沉舟；繒縞質薄，疊之折軸。

案史記張儀列傳：『積羽沈舟，羣輕折軸。』（本韓策。）

禍之至也，人自生之；福之來也，人自成之。禍與福同門，害與利同鄰，若非至精，莫能分矣。

案史記褚少孫補龜策列傳：『故曰：福之至也，人自生之；禍之至也，人自成之。禍與福同，刑與德雙，聖人察之，以知吉凶。』

大質第三十六

昔子閭之劫也，擬之白刄，而其心不傾；晏嬰之盟也，鉤以曲戟，而其志不廻。

案白公以刄劫子閭事，又詳說苑義勇篇。『擬之白刄，』『鉤以曲戟，』之、以互文，之猶以也。論語陽貨篇：『君子義以爲上，』史記仲尼弟子列傳以作之；淮南子氾論篇：『水激波興，高下相臨，差以尋常，猶之爲平。』高誘解『猶之爲平，』爲『猶以爲平。』並之、以同義之證。史記太史公自序：『故易曰：失之豪釐，差以千里。』(又見漢書東方朔傳。大戴禮保傅篇引易、文選任彥昇齊竟陵文宣王行狀注引易乾鑿度以並作之。)之、以互用，與此同例。

兵術第四十

故水因地而制，

案孫子虛實篇制下有流字，文選王仲寶褚淵碑文注引孫子作『水因地而制行。』(曹子建求自試表注引同，惟誤孫子爲孫卿。)行與流義近。

故醇醪注流，軍下通醉。

案藝文類聚七二引黃石公記：『昔者良將用兵，人有饋一單醪者，使投之於河，令將士迎流而飲之。夫單醪不能味一河水，三軍思爲之死，非滋味及之也？』御覽二百八十引史記：『楚人有饋一簞醪者，楚莊王投之於河，令將士迎流而飲之。三軍皆醉。』

閱武第四十一

司馬法曰：『國家雖大，好戰則亡；天下雖安，忘戰必危。』
案史記主父偃列傳：『司馬法曰：「國雖大，好戰必亡；天下雖平，忘戰必危。」』

貴速第四十三

驥所以見珍者，以其日行千里也。滿旬而取至，則與駑馬均矣。
案淮南子齊俗篇：『夫騏驥千里一日而通。駑馬十駕，旬亦及之。』

類感第五十

故抱薪救火，燥者先燃；平地注水，濕者先濡。
案荀子大略篇：『均薪施火，火就燥；平地注水，水流溼。』

正賞第五十一

古今雖殊，其迹寔同；耳目誠異，其識則齊。

案雖、誠互文，誠猶雖也。(此義經傳釋詞、經詞衍釋並不載。)言苑篇：『故春藥雖茂，假朝露而抽翠；秋葉誠危，因微風而飄零。』雖、誠互用，與此同例。

鬼魅質虛，而犬馬質露也。

案『質露』疑本作『形露，』涉上『質虛』而誤也。下文『形露者，不可誣罔以是非。』卽承此『形露』而言。

齊景公高仰管仲之謀，而不知晏嬰之智。

案程榮本、王謨本、畿輔本並無而字，與上下文一律。

以燕石為美玉者，唯猗頓不謬其眞，

案尸子治天下篇：『凡治之道，莫如因智；智之道，莫如因賢。譬之猶……相玉而借猗頓也。』金樓子立言篇上：『碧盧似玉，猗頓別之。』

不沒纖芥之善，

案論衡感類篇：『孔子作春秋，采毫毛之善，貶纖介之惡。』(芥、介古通。)又見案書篇、對作篇。

激通第五十二

矢驚則能踰白雪之嶺。

案水經睢水注：『闞子稱：「宋景公使弓人爲弓，九年乃成。公曰：何其遲也？對曰：臣不復見君矣！臣之精盡于弓矣！獻弓而歸，三日而死。景公登虎圈之臺，援弓東面而射之，矢踰于孟霜之山，集于彭城之東，餘勢逸勁，猶飲羽於石梁。」』又見水經泗水注、文釋左太沖吳都賦劉淵林注（文並較略），飽明遠擬古詩李善注（闞子誤闞子，『孟霜之山』作『西霜之山』）、北堂書鈔一二五、藝文類聚六〇、宋吳曾能改齋漫錄五。袁註：『矢踰於山，過於彭城之東，勁過石梁，箭又沒其羽。』云云，（詳集證。）蓋本於闞子。惟闞子以爲宋景公事，與袁註作秦穆公亦不符。

主父無親友之蔑，必不窺五鼎之食。

案事又見史記主父列傳。

言苑第五十四

事可以必誠，

案誠借爲成。

情發於中，而形于聲。

案史記樂書：『情動於中，故形於聲。』

是以火焚而怨燧人，

案『是以』猶『是猶，』以與猶同義，（此義經傳釋詞、經詞衍釋並不載。）下文『是以臨渴而穿井，』『是以』亦猶『是猶。』論語泰伯篇：『三分天下有其二，以服事殷。』史通疑古篇以作猶，亦二字通用之例。

九流第五十五

重樂、有命。

案有借爲右，淮南子氾論篇：『右鬼、非命。』高誘注：『右猶尊也。』『有命』猶『尊命』耳。尊、重義近。

則氛亂競起。

案氛與紛同。

附記

明馮惟訥古詩紀前紀卷之十載劉子引古諺云：『深不絕涓泉，稚子浴其淵；高不絕丘陵，跛羊遊其巔。』並於『劉子引古諺』下注云：『劉書，字孔昭。』此爲劉子佚文，已詳集證附錄一。田宗堯學弟檢示明周嬰巵林卷七詮鍾『劉子』一則：

〔明鍾惺〕詩歸載劉子引古諺曰：『深不絕涓泉，稚子浴其淵；高不絕邱陵，跛羊遊其顛。』詮曰：『劉子，其劉勰乎？勰書無此語。惟牟子理惑論曰：「若高不絕山阜，跛羊陵其顛；深不絕涓流，孺子浴其淵。」總非引諺也。』

案周嬰疑劉子爲劉勰，與馮惟訥說異。惟馮氏以爲劉書，亦不知何本。周氏引牟子（漢牟融）理惑論，見梁釋僧祐弘明集一。

劉子集證續補

劉晝之文章，由古拙轉入清秀，時亦有華靡之篇；劉晝之思想，雜采諸子百家以入儒，復由儒而歸心於道。劉子一書，可概見也。一九六一年秋，岷曾寫劉子集證十卷（本所專刊之四十四）；一九六三年春，復撰劉子集證補錄一篇（本所集刊第三十五本）；今春爲諸生講習是書，續有創獲，增訂舊說，擬寫集證續補。適日本神田喜一郎教授惠借日本寶曆刊本劉子五册，爲岷所未涉及者；並賜書云：『寶曆刊本劉子，皆川淇園跋稱「依應永古鈔而刻。」應永當明洪武、永樂間，先於程榮、王謨諸本者幾百數十年。亦爲劉子舊帙之一。或謂「披沙簡金，往往見寶。」不知其果爲如何也？』異邦同好，盛情可感！劉子凡五十五篇，郡齋讀書附志、直齋書錄解題、文獻通考，皆題五卷。百家類纂本、諸子賞奇本、絳雲樓書目卷二陳清景雲註本、皕宋樓藏書志卷五十五明刊本及日本靜嘉堂秘籍志卷二十七明刊本，皆作五卷。（參看劉子集證自序及附錄三。）寶曆本存袁孝政註，亦五卷本。（卷一清神第一至貴農第十一；卷二愛民第十二至心隱第二十二；卷三通塞第二十三至愼隙第三十三；卷四誠盈第三十四至觀量第四十四；卷五隨時第四十五至九流第五十五。）爲日本平安咸愿（伯恭）寶曆八年（一七五八）戊寅正月依應永寫本所刻。咸氏序末云：『丁丑冬，京師之刻劉子者，廣索異本，得應永寫本，就予校之。明版諸本，註皆闕者，此獨歸然。余既哀乎其遺文，而惜其所以存也。乃正其誤訛，而疑者闕焉。』咸氏於寶曆本正文、注文偶有校注，足資參考。劉子刻本，道藏本、子彙本、百子全書本爲一系統，舊合字本近之；程榮漢魏叢書本、王謨重刻漢魏叢書本、畿輔叢書本爲一系統，百家類纂本近之。寶曆本與程榮諸本最爲接近；與道藏諸本較遠。間有溢出二系統之外，而與拙說暗合者。如妄瑕第二十六：『民人知小惡，忘其大美。』集證云：『「民人知小惡，」義頗難通。蓋本作「㠯人之小惡，」㠯，古以字，與民形近而誤；知乃之之音誤。呂氏春秋擧難篇、淮南道應篇並作「以人之小惡。」是其塙證。新序雜事第五作「以其小惡。」亦可證此文民字之誤。』寶曆本『民人知小惡，』正作『以人之小惡。』傷讒第三十二：『毀以譽過，則言以窮惡爲巧。』集證云：『譽，疑本作擧。擧、譽形近，又涉上下文譽字而誤也。』寶曆本譽正作擧。拙說不虛，閱之歡然！惟此本亦頗有脫誤，誠當擇善而從也。隆暑赫曦，復將去臺，清理補訂集證之新說；兼詳校寶曆本之異同，草成此篇，以了宿願焉。一九六七年七月十七日揮汗記於臺北慕廬四餘齋。

清神第一

案淮南齊俗篇：『凡將擧事，必先平意清神。神清意平，物乃可正。』文子九守篇守靜：『

精神雜清而易濁。』

心者，形之本也。

案寶曆本本作主。

吉祥至矣。

寶曆本至字同。咸愿校云：『至當作止。』

案至、止義近，無煩改字。

人不照於昧金，而照於瑩鏡者，以瑩能明也。

寶曆本昧字同。咸校云：『昧，一作爍。』

案能猶則也。下文『以靜能清也。』能亦與則同義。

鏡、水以明、清之性，

案以猶有也。

形靜則神清。

案寶曆本則作而，而猶則也。惟作則與上下文一律。

以此而言，

案寶曆本言下有之字。

況萬物之衆，而能拔擢以生心神哉？

案而猶寧也，豈也。(又集證引孫楷第校釋：『上文「一哀一樂，猶搴正性；」逗此句，即承上文而言。』當訂作『上文「一哀一樂，猶搴正性」逗；此句即承上文而言。』)

耳目誘於聲色，

寶曆本誘字同。咸校云：『一本無誘字。』

則精神馳騖而不守。

寶曆本則上有『七竅於』三字。咸校云：『一本無「七竅於。」』(無字原脫。)

案寶曆本本於應永本。竊疑應永本此文則上原有『七竅□於□□』句，與程榮本合。寶曆本存『七竅於』三字，於字上下未空格，恐非其舊矣。

防慾第二

案清神第一已言『嗜慾連綿』之害，故繼之以防慾第二。

人之禀氣，必有情性。

案論衡無形篇：『人禀元氣於天。』陶淵明飲酒詩二十首之九：『禀氣寡所諧。』寶曆本『情性』二字倒。作『情性』蓋本書之舊。妄瑕篇：『人之情性，皆有細短。』觀量篇：『舒散情性。』並其比。

慾由於情。

案寶曆本由作出，蓋涉上文『情出於性』而誤。

猶煙波之與水火也。

案寶曆本波作冰。

是以珠瑩則塵埃不能附，

案寶曆本以作則，涉上下文則字而誤。此類顯見之誤，後從略。

故林之性靜，

案故猶夫也。

欲熾則身亡。將收情慾，先斂五關。

案寶曆本則作而，『情慾』作『情欲。』欲、慾正、俗字。惟上下文皆作慾，標題亦同。此不必獨作欲。

然，亦以之死，亦以之生；或爲賢智，或爲庸愚。

案亦、或互文，亦猶或也。世德堂本列子力命論：『愛之亦不厚，輕之或不薄。』（他本亦皆作或。）裴學海云：『亦與或爲互文。』（古書虛字集釋三。）與此同例。

必至燋爛。

案寶曆本燋作焦，焦乃𤋎之省，說文：『𤋎，火所傷也。焦，或省。』𤋎、燋正、假字。論衡說日篇：『生物入火中，燋爛而死焉。』嵇康養生論：『終歸燋爛。』並用借字。

所以悅人也。

案寶曆本無也字。程榮本、王謨本、畿輔本並同。

蚊虻噆膚。

案寶曆本虻作蝱。

入室則驅蚊虻，

案寶曆本驅作駈，俗。此類習見俗字，後從略。

必在脆微。

案寶曆本脆壞爲危，下同。

竭池灌火，而不能禁。

案而猶猶也。下文『雖躄情卷慾，而不能收。』貴農篇：『一時爲災，而數年乏食。』正賞篇：『以聖賢之舉措，非有謬也，而不免於嗤誚。』而亦並與猶同義。史記秦始皇本紀：『後雖有淫驕之主，而未有傾危之患也。』賈子新書過秦下而作猶，明其義相同。

去情第三

案防慾第二已言『明者刳情以遺累。』故繼之以去情第三。

有是必有非，能利亦能害。

案有、能互文，能猶有也。（裴氏古書虛字集釋六，亦有能、有同義之說。）必、亦互文，亦猶必也。妄瑕篇：『是以荊岫之玉，必含纖瑕；驪龍之珠，亦有微纇。』亦同此例。淮南人間篇：『雖愈利，後亦無復。』韓非子難一篇亦作必，亦亦、必同義之證。（參看拙著古書虛字新義〔七、亦〕條。）

是以媒揚譽人，而受譽者不以爲德。

案抱朴子內篇序：『求媒揚之美談。』晉書揚作陽，揚、陽古亦通。

挾利以爲己，有情於譽飽。

寶曆本咸校云：『一本「譽飽」下有「不存於害人，無情於傷辱也。有情於譽飽」十六字。』案一本疑是。『挾利以爲己，有情於譽飽。』承上文『媒揚譽人，而受譽者不以爲德；身膚（當作「取庸」）強飯，而蒙飽者不以爲惠』言之；『不存於害人，無情於傷辱也。』承上文『嬰兒傷人，而被傷者不以爲怨；侏儒嘲人，而獲嘲者不以爲辱』言之。

无情於傷辱也，

案寶曆本無也字。

魚不畏網，而畏鵜。

案寶曆本鵜下有鶘字。

使信士分財，不如投策探鉤。

案荀子君道篇：『探籌投鉤者，所以爲公也。』籌猶策也，計數之具。鉤蓋與鬮同。

不如閑局全封。

寶曆本『閑局』作『關鑰。』咸校云：『「關鑰」一作「閉局。」』

及其自照明鏡，摹倒其容，醜狀既露，則內慙而不怨。

案意林五引魏子：『鏡照醜好，而人不怨。』

以辯彼此之得失。

案寶曆本辯作辨。

虛心觸己，雖有忮心而不怒者，

案寶曆本心作舟，雖下脫有字。

是以聖人棄智以全眞，

案寶曆本棄作弃，古棄字。後多此例。

韜光第四

案去情第三篇末言『混然无際，而俗莫能累矣。』『混然無際，』正『韜光』之義也。故繼之以韜光第四。梁昭明太子陶靖節集序：『聖人韜光。賢人遁世。』

是故翠以羽自殘。

案金樓子雜記篇上：『翠所以可愛者，爲有羽也。而人殺之，何也？爲毛也。』

則鑽灼之悲不至。

案寶曆本悲作患。

故窮巖曲岫之梓櫟，

案寶曆本巖作嵒，巖、嵒略同。（說文：嵒，山巖也。）又『梓櫟』作『梓傑。』誤從梓字絕句。

騏驎戲其下，鵷鸞遊其顛，浮雲棲其側，清風激其間。

案寶曆本遊作游，顛作巔。游、遊古、今字。後多此例。蔡邕琴賦：『甘露潤其末，涼風扇其枝，鸞鳳翔其顛，玄鶴巢其岐。』

是以古之德者，

案寶曆本德上有有字。

崇學第五

至道無言，

案莊子齊物論篇：『大道不稱。』知北遊篇：『道不可言。』（淮南道應篇同。）

夫蠒，繰以爲絲，織爲縑紈，續以黼黻，

楊云：『羅校敦煌本無「以爲絲織」四字，「絲以」作「彫以。」……法藏敦煌本全同。……敦煌兩寫本並是。』（詳集證。）

寶曆本『黼黻』作『其黼。』咸校云：『「其黼」當作「黼黻。」』

案兩敦煌本並作『繰爲縑紈，續以黼黻。』爲、以互文，以猶爲也。下文『學爲禮儀，絲以文藻。』（絲當作彫或雕，詳集證。）正賞篇：『不以名實眩惑，不爲古今易情。』並同此例。

學爲禮儀，絲以文藻。

案寶曆本學上有人字，絲作彫。

蠒之不繰，則素絲蠹於筐籠；人之不學，則才智腐於心胸。

案兩之字並與若同義。鄙名篇：『名言之善，則悅於人心；名言之惡，則忮於人耳。』兩之字亦並與若同義。（參看集證補錄鄙名篇。）

川貯珠而岸不枯焉。

案川疑本作淵，此唐人避高祖諱所改也。他書皆作淵，（詳集證。）可證。

近而愈明者，學也。

案寶曆本愈作逾，後多此例。

人性譞惠，

寶曆本咸校云：『譞，一作儇。』

不可以傳聞稱，非得以汎濫善也。

案可、得互文，得猶可也。貴農篇：『魚無水，則不得而生；人失足，必不可以步。』隨時篇：『不可以一道治，不得以一體齊也。』正賞篇：『識齊而賞異，不可以稱正；迹同而評殊，未得以言平（舊誤評）。』皆同此例。

情纏典素，

寶曆本素作索。咸校云：『索，一作素。』

案『典、索，』卽『五典、八索。』此泛指經典而言。

基於一簣之土，

案寶曆本簣作籄，籄蓋簣、匱二字合書爲一字也。

懸巖滴溜，終能穴石；規車牽索，卒至斷軸。水非石之鑽；繩非木之鋸。然而斷、穴者，積漸之所成也。

寶曆本兩穴字並作穿。咸注云：『枚乘曰：泰山之霤穿石，單極之便斷幹；水非石之鑽，索非木之鋸。漸靡伎然也。』（便、伎二字，乃綆、使二字之誤。）

案孔叢子下附連叢子上篇與子琳書云：『山霤至柔，石爲之穿；蝎蟲至弱，木爲之弊。夫霤非石之鑿；蝎非木之鑽，然而能以微脆之形，陷堅剛之體，豈非積漸之致乎？』集證所錄御覽六百七引孔叢子云云，卽此。惟文略有出入耳。

遭醫千里。

案寶曆本作『迎毉千里。』毉與醫同。

故宣尼臨沒，

案漢書平帝紀：『元始元年六月，追謚孔子曰褒成宣尼公。』

有子惡臥，

案寶曆本臥作眠，疑聯想之誤。

專學第六

案巴黎敦煌本專學作專務。（見集證。）說文：『務，趣也。』徐鍇繫傳：『言趣赴此事也。』疾趨一事爲務，學亦務之一，疑作專務乃劉子之舊也。淮南有脩務篇，與此務字同旨。

則聽訟不聞，

案寶曆本訟作誦。

夫兩葉掩目，則冥默无覩；雙珠塡耳，必寂寞无聞。

案寶曆本塡作瑱。又則、必互文，必猶則也。薦賢篇：『是以古之人君，必招賢聘隱；人臣，則獻士舉知。』因顯篇：『火不吹，則無外耀之光；鏡不瑩，必闕內影之照。』適才篇：『伏臘合歡，必歌採菱；牽石拖舟，則歌噓噢。』又云：『若使甯子結客於孟嘗，則未免追車之至，因繫之辱也；若使雞鳴託於齊桓，必不能光輔於霸道，九合諸侯也。』文武篇：『規者所以法圓，裁局則乖；矩者所以象方，製鏡必背。輪者所以輾地，入水則溺；舟者所以涉川，施陸必躓。』誡盈篇：『勢積則損，財聚必散。』又云：『夫知進而不知退，則踐盈泛之危；處存而不忘危，必履泰山之安。』貴速篇：『今焚燃熛室，則飛馳灌火；湍波漂人，必奔游拯之。』激通篇：『登峭嶺者，則欲望遠；臨浚谷者，必欲窺墟。』又云：『衝飆之激則折木，湍波之湧必漂石。』皆同此例。（參看集證明謙篇。）

而離婁察秋毫之末，

案寶曆本末作銳。

有吹笙過者，乍而聽之，則弈敗矣。

案寶曆本咸校云：『一作「有吹笙過者，傾心聽之，將圍未圍之際，問以弈道，則不知也。」』（弈，原誤奕。）

情有蹔闇，

案寶曆本蹔作暫。

窮微盡數，

案窮、盡互文，其義一也。文心雕龍總術篇：『是以執術馭篇，似善弈之窮數。』

聱无耳，

案寶曆本聱作聾，下同。

專與不專也。

寶曆本咸校云：『一本無「專與不專也。」』

而不諦於心。

案寶曆本諦作綿。

雖出於口，則越散矣。

案『越散』複語，越亦散也。左昭四年傳：『風不越而殺。』杜預注：『越，散也。』國語周語下：『氣不沈滯，而亦不散越。』韋昭注：『越，遠也。』遠與散義亦近。

辯樂第七

樂者，天地之聲，中和之紀，人情之所不能免也。

案寶曆本聲作齊。白虎通禮樂篇：『故樂者，天地之命，中和之紀，人情之所不能免焉也。』

形發於動靜，而入於至道。

寶曆本入下無於字。咸校云：『發字疑衍。』

案『形發於動靜，』與上『容發於音聲，』相對爲文，發字非衍文。

形則不能無道，道則不能無亂。

案寶曆本『形則』作『形而，』『道則』作『久則。』久疑々之誤，々，道之疊文也。

是以感人之善惡，不使放心邪氣。

案寶曆本『善惡』作『善心，』放上有於字，於蓋放字之誤而衍者。風俗通聲音篇：『適足以和人意氣，感人善心。』

五帝殊時，不相沿樂；三王異世，不相襲禮。

案宋羅泌路史發揮三：『夫不相沿者樂之器，而樂之情未嘗渝；不相襲者禮之文，而禮之實未嘗易。』

故黃帝樂曰雲門，顓頊曰五莖，帝嚳曰六英，堯曰咸池，舜曰簫韶，禹曰大夏，湯曰大濩，武曰大武。此八樂之所以異名也。

寶曆本『帝嚳曰六英。』咸校云：『一本無帝字。』

案寶曆本大濩作大護，『此八樂之所以異名也，』作『此八代之樂所以異名也。』蔡邕獨斷上：『黃帝曰雲門，顓頊曰六莖，帝嚳曰五英，堯曰咸池，舜曰大韶，一曰大招，夏曰大夏，殷曰大濩，周曰大武。』

非苟欲愉心滿耳，

案苟猶固也，心隱篇：『非苟欲以愚勝賢，』隨時篇：『非苟違性。』正賞篇：『非苟欲以貴彼而賤此。』又云：『非苟相反。』皆同比例。（此義前人未發。）

通九歌之分。

寶曆本咸注云：『周禮鍾師奏九夏：一王夏，二肆夏，三韶夏，四納夏，五章夏，六齊夏，七族夏，八該夏，九驁夏。』

案周禮鍾師，韶夏本作昭夏，該夏本作祴夏，咸引恐誤。據鄭注：『夏，大也。樂之大歌有九。』咸氏以『九夏』釋『九歌，』或以此與？

明王既泯，

寶曆本王作主，咸校云：『主，一作王。』

齊湣願未寒之服。

案寶曆本湣作泯。

趙王遷於房陵，心懷故鄉，作山水之謳。

楊云：『淮南泰族篇：「趙王遷流於房陵，（趙幽王名遷，見史記趙世家。孔昭云：「遷於房陵，」與江淹恨賦同，皆誤讀淮南王書，以「遷流」二字連貫成文，又刪流字，是其疏矣！）……』（詳集證。）

案寶曆本水作木。江淹恨賦：『若乃趙王既虜，遷於房陵。』竊疑江淹、劉晝並以遷代淮南之流，非不知趙王名遷，而誤讀淮南王書也。史記秦始皇本紀正義：『趙幽王遷八年，秦取趙地至平陽，平陽在貝州歷亭縣界。遷王於房陵。』亦同此例。史通疑古篇：『趙嘉遷於房陵。』（清浦起龍通釋云：『嘉當作遷。』）雖遷爲嘉，而言『遷於房陵。』亦與此文及恨賦同也。

所以非爲樂也。

寶曆本咸校云：『非字疑衍。』

不留聰明。

案寶曆本留作流，古字通用。

羽旄以制其目。

案寶曆本旄作毛。旄、毛古通，書禹貢：『齒革羽毛，』史記夏本紀毛作旄，荀子樂論篇：『飾以羽旄，』宋台州本旄作毛。並其比。

履信第八

人非行無以成，行非信無以立。

案成、立互文，立亦成也。廣雅釋詁：『立，成也。』

而首冥山，

案寶曆本首下有向字。

故春之得風。

案寶曆本得作德，下文『夏之得炎，』『秋之得雨，』『冬之得寒，』三得字亦皆作德。

魯：『使季路要我，君無盟矣。』

案寶曆本魯作曰，君作吾。

而聲馳於天下。

案史記游俠列傳：『聲施於天下。』

夫商鞅，秦之柱臣。

寶曆本秦上有強字。咸校云：『一本無強字。』

失誠信之大義，

案寶曆本失作弃。

爲天下笑。

案莊子盜跖篇、史記淮陰侯列傳並云：『卒爲天下笑。』

信之符也。

寶曆本符作行。咸校云：『行，一作符。』

案符作行，義頗難通。蓋涉下文『同敎而行』而誤。

同言而信，信在言前；同敎而行，誠在言外。

案徐幹中論貴驗篇：『同言而信，信在言前也；同令而化，化在令外也。』

以莅事則正。

案寶曆本莅作涖。

思順第九

七緯順度，以光天象。

案玉燭寶典四引尚書考靈曜：『日月如合璧，五星若編珠。』（御覽二八引『合璧』作『懸璧。』）

蹇利東南，

案寶曆本『東南』作『西南。』

違高從下，

案寶曆本違作運，疑誤。

悖傲無禮，

案寶曆本傲作慠，同。

雖愚惷可以立名。

案寶曆本惷作惷。

愼獨第十

故籧瑗不以昏行變節。

案寶曆本籧作蘧。

斯皆愼乎隱微，

案寶曆本無斯字，疑脫。

獨立不慚影，獨寢不愧衾。

案孔叢子詰墨篇引墨子：『晏子曰：聞君子獨立不慙於影。』寶曆本愧作媿，同。

貴農第十一

魚無水，則不得而生；人失足，必不可以步；國失民，亦不可以治。

案寶曆本『則不得而生，』作『則不可以生。』下文必、亦二字，並與則同義。必、則同義，前已有說。貴言篇：『故臣子之於君父，則有獻可替否諷諫之文；知交之於朋友，亦有切磋琢磨相成之義。』則、亦互文，（史記秦本紀：『使鬼爲之，則勞神矣；使人爲之，亦苦民矣。』亦同此例。）又亦、則同義之證矣。知人篇：『龍之潛也，慶雲未附，則與魚鱉爲鄰；驥之伏也，孫陽未賞，必與駑駘同櫪；士之翳也，知己未顧，亦與傭流雜處。』彼文則、必、亦三字互用，與此同例。

土木脉發。

案寶曆本脉作脈，脈、脉正、俗字。慎隟篇：『而人血脉不之傷。』寶曆本亦作脈。

而主者親耕。

案寶曆本主作王。

丈夫丁壯而不耕，天下有受其饑者；婦人當年而不織，天下有受其寒者。

案兩而字並與如同義。寶曆本饑作飢，下同。

智者無以施其策，

案寶曆本以作所。

是以雕文刻鏤，

案寶曆本雕作彫，彫、雕正、假字。

是揚火而欲無炎，撓水而望其靜，不可得也。

案是猶猶也。法術篇：『是刻舟而求劒，守株而待兎。』妄瑕篇：『是書空而尋跡，披水而覓路。』又云：『是見朱橘一子蠹，因剪樹而棄之。』三是字亦皆與猶同義。莊子齊物論篇：『未成乎心而有是非，是今日適越而昔至也。』又云：『萬世之後，而一遇大聖知其解者，是旦暮遇之也。』田子方篇：『彼已盡矣，而女求之以爲有，是求馬於唐肆也。』藝文類聚二十、御覽四百二並引申子：『千里有賢者，是比肩而立也。』韓非子難勢篇：『夫堯、舜、桀、紂千世而一出，是比肩隨踵而生也。』戰國策齊策：『千里而一士，是比肩而生。』諸是字皆與猶同義。御覽四百一引申子：『百世有聖人，猶隨踵而生。』淮南脩務篇：『若此九賢者，千里而一出，猶繼世而生。』顏氏家訓慕賢篇：『千載一聖，猶旦暮也；五百年一賢，猶比肩也。』此並用猶字，與上引諸書用是字同例。是義同猶，斯其塙驗矣。（此義前人未發。）

砂石皆變爲隋珠，

案寶曆本隋作隨。

雖有奪日之鑑，

案日，集證誤目，各本皆作日，今正。

何異畫爲西施，美而不可悅。

案潛夫論實貢篇:『圖西施、毛嬙,可悅於心,而不若醜妻陋妾之可御於前也。』取義復進一層,然喻無用則一也。

可以備非常,救災厄也。

楊云:『法藏敦煌本可作所,所字勝。……』(詳集證。)

案可字今各本皆同。可與所同義,(禮記中庸:『體物而不可遺。』鄭注:『可猶所也。』經傳釋詞五有說。)楊氏未達。寶曆本災作灾,下同。災、灾同字。(集證說有誤,今訂正。)

堯、湯之時,有十年之蓄;及遭九年洪水,七載大旱,不聞饑饉相望,捐棄溝壑者,蓄積多故也。

案賈子憂民篇:『禹水八年,湯旱七年。』無蓄篇:『禹有十年之蓄,故免九年之水;湯有十年之積,故勝七歲之旱。』(集證載楊說,引墨子七患篇云云,謂『韓詩外傳三略同。』案外傳三無此文;楊氏又謂『禹水湯旱年數,荀子王霸篇異。』案荀子王霸篇未涉及禹水湯旱事。楊氏並失檢。又岷所稱『文選應休璉與廣川長岑文瑜書,』書下當補注字。)

今一人耕,

案寶曆本咸校云:『今,一作令。』

勸課農耕,

案寶曆本耕作桑。

民終無害也。

案寶曆本終下有爲字。

愛民第十二

天生烝民，而樹之以君。君者，民之天也。

案寶曆本烝作萬，樹作立，者作則。

以陰陽爲大。

案寶曆本作『以治陰陽爲本。』

土埆無葳蕤之木。

案寶曆本埆作确，同。

猶琴瑟也。

案寶曆本猶作由，古通。

大絃間矣。

案寶曆本間作闕。

亦國之足。

案寶曆本足下有也字。

草木昆蟲，

案寶曆本草作艸，下同。艸、草正、假字。從化篇：『人之從君，如草之從風。……人之情，草之與水也。草之戴風，』三草字寶曆本亦作艸。

奚況在人而不愛之乎？

案寶曆本在作生。

故君者，壤地；人者，卉木也。未聞壤肥而卉木不茂，君仁而萬民不盛矣。

案寶曆本『壤地』作『壤也。』『萬民』作『萬人。』

從化第十三

人之從君，如草之從風。……草之戴風，風鶩東則東靡，風鶩西則西靡，是隨風之東西也。

案鹽鐵論疾貪篇：『夫上之化下，若風之靡草，無不從教。』

晉文公不好服羔裘，

案寶曆本『羔裘』二字作美。

國人咸冠鵕冠。

案寶曆本鵕作鵔。

饑死者多。

案寶曆本饑作餓。

命者，人之所重；死者，人之所惡。今輕其所重，重其所惡者，何也。從君所好也。

案孟子告子篇：『生亦我所欲，所欲有甚於生者，故不爲苟得也；死亦我所惡，所惡有甚於死者，故患有所不辟也。』

堯、舜之人，可比家而封。

案潛夫論德化篇：『故能使民比屋可封，堯、舜是也。』

或爲上化而下不必隨，

案寶曆本『或爲』作『或者以爲。』

漢文節儉，而人庶奢。

案漢書景帝紀贊：『至於孝文，加之以恭儉。』

鈞石雖平，

案說文：『鈞，三十斤也。』石借爲柘，說文：『柘，百二十斤也。』

而三人獨治。

案寶曆本人作仁。

齊景太奢，

案寶曆本太作大。

法術第十四

案韓非子定法篇：『申不害言術，而公孫鞅爲法。』

爲治之樞機也。

案寶曆本無機字。

人用其道而不知其數者，術也。

案『不知其數，』猶言『不知其理。』管子霸言篇：『固其數也。』尹知章注：『數猶理也。』

情僞既動，

案寶曆本僞作爲。

雖能善政，

案孟子盡心篇：『善政不如善教之得民也。』

故能登阪赴險，無覆轍之敗。

案寶曆本阪作坂，轍作軼。

拘法之人，不足以言事。

案寶曆本治作禮。

故制法者，爲禮之所由。

案寶曆本禮作理。

未爲忘也。

案寶曆本忘作衷。

賞罰第十五

治民御下，莫正於法。

案寶曆本法下有教字，疑是。下文『立法施教，』即承此『法教』言之。

事寡而功衆也。

案寶曆本事作用。

以仁化養民，

寶曆本咸校云：『養，一作愛。』

操大威以臨民哉？

案寶曆本操作揀，臨作駈（俗驅字），咸校云：『駈，一作臨。』揀疑操之形誤。

是以明主一賞善罰惡，

案寶曆本無一字。

審名第十六

言以譯理，

案寶曆本譯作繹。

今信言以棄理，

案今猶若也。下文『今指犬似人，』今亦與若同義。

謂犬似玃，玃似狙，

案寶曆本玃並作玀，玀卽玃之俗省。

黃軒四面，

案御覽七九、路史後紀五注並引河圖握拒云：『黃帝名軒。』

東郭吹竽，而不知音。

案東郭與韓非子內儲說上作南郭異；（詳集證。）唐羅隱兩同書眞僞篇：『北郭吹竽，濫食齊祿。』作北郭，又異。

堯粲、禹粮，謂之飲食。

案博物志異草木篇：『海上有草焉，名篩。其實食之如大麥，七月稔熟，名曰自然谷；或曰禹餘糧。』

掘井得人，謂言自土而出。

案寶曆本掘作堀，無謂字。掘、堀古通，詩曹風蜉蝣：『蜉蝣掘閱。』說文土部堀下引掘作堀，即其證。

故狐、狸二獸，因其名便，合而爲一。

案意林引桓譚新論：『人有以狐爲狸，以瑟爲箜篌。此非徒不知瑟與狐，又不知狸與箜篌。』

分爲二。

案寶曆本分下有而字。

而不察其形。

案而猶且也。

鄙名第十七

名者，命之形也；言者，命之名也。

案兩之字並與其同義。

昔畢萬以盈大會福。

寶曆本咸注云：『閔元年傳：「晉獻侯作二軍。公將上軍，太子申生將下軍，趙夙御戎，畢万爲右，以滅耿、滅霍、滅魏。賜趙夙耿，賜畢万魏，以爲大夫。卜偃曰：畢万之後必大！萬，盈數也；魏，大名也。以是始賞，天啓之矣。」』

名之不善，

案之猶若也。

以爲有爵位之象。

案寶曆本象作像，像、象正、假字。

亭名栢人，漢后夜遁。

楊云：『史記張耳傳：「漢八年，上從東垣還。……」』（詳集證。）

案楊氏引史記『漢八年，』八乃七之誤。漢紀四：『趙相貫高伏兵栢人亭，欲爲逆。』與此作『亭名栢人』尤合。

以嬉、雀之徵，

案寶曆本徵作微。

聖賢惡之，

案聖上疑脫而字，『而聖賢惡之，』與上『而世俗愛之，』相對爲文。

則善惡之義，在於名也。

孫云：『義讀爲儀，……說文：儀，度也。』（詳集證。）

案義字承上文『以其名害義』之義而言，不必讀爲儀度字。

莊里有人，

寶曆本莊里作在里，咸校云：『在里可疑。』

案在蓋庄之誤。庄，俗莊字也。

知人第十八

自非神機洞明，

案寶曆本脫『神機』二字。

而監其神智。

案寶曆本監作鑒。

若功成事遂，

案老子十七章：『功成事遂。』

何異耳聞雷霆而稱爲聰，目見日月而謂之明乎？

案爲、之互文，之猶爲也。隨時篇：『非橡、綆之貴，而珠玉之賤。』兩之字亦並與爲同義。

薛燭之賞劒，雖未陸斬玄犀，水截蛟龍，而銳刃之資，亦已露矣。

案寶曆本『蛟龍』作『輕羽。』胡非子：『負長劒，赴榛薄，析兕豹；赴深淵，斷蛟龍。』（文選王子淵聖主得賢臣頌注引。又見意林。）淮南子脩務篇：『純鈞魚腸，水斷龍舟，陸剸犀甲。』東方朔荅驃騎難：『干將莫邪，天下之利劒也。水斷鵠鴈，陸斷馬牛。』王褒聖主得賢臣頌：『及至巧冶鑄干將之璞，水斷蛟龍，陸剸犀甲。』李尤寶劒銘：『龍淵耀奇，太阿飛名，陸斷犀兕，水截鯢鯨。』

堯之知舜，不違桑陰；文王之知呂望，不以永日。

案抱朴子淸鑒篇：『文王之接呂尚，桑陰未移，而知其足師矣。』『桑陰未移，』乃堯知舜事。葛洪說未知所本，疑誤。

韓信之亡於黑水，

案史記淮陰侯列傳、漢書韓信傳並稱信至南鄭而亡，不言『亡於黑水。』

謂之鵵鶉。

案寶曆本鵵作龍。

綺翮焱發。

案寶曆本焱作烔，俗烟字。

面目黧黚，手足胼胝，冠絓不暇取，

案寶曆本黚作黯，絓作掛。掛，俗挂字。絓、挂古通，釋名釋采帛：『絓，挂也。』

故知人之難，

案寶曆本難作君。

蒙知於智伯。

案寶曆本知作異。

漆身趙郊，

寶曆本咸校云：『郊，一作地。』

徒自悲夫！

寶曆本咸校云：『夫當作矣。』

案夫猶矣也，無煩改字。

薦賢第十九

國之乏賢，

案寶曆本脫之字，之猶若也。下文『國之多賢，』『朝之乏賢，』之亦與若同義。

欲望背摩青天，

案寶曆本摩作磨。

終莫由也。

寶曆本終作路，咸校云：『路，一作終。』

案路蓋終之形誤。

非一木所搆，

案寶曆本搆作構。

流睦睦之美。

寶曆本咸校云：『美，一作風。』

周保十亂，播濟濟之詠。

楊云：『論語泰伯篇：「武王曰：『予有亂臣十人。』集解引馬曰：『亂，治也。治官者十人，謂周公旦、召公奭、太公望、畢公、榮公、太顛、閎夭、散宜生、南宮适、其一謂文母。』」（書僞泰誓孔傳同。）』（詳集證。）

案書僞泰誓中釋文載十人之名，非孔傳也。楊氏失檢。

宮奇未亡，獻公不侵；子玉猶存，文公側坐。

楊云：『法藏敦煌本作寑，案侵當作寢，敦煌本作寑，卽寑之或體。寢之作寑，猶「寢宮」之爲「寑宮」矣。』（詳集證。）

案寶曆本侵作寢。史記武安侯列傳：『武安侯貌侵。』集解引韋昭云：『侵，音寑。』是侵、寑古通。寑、寢古、今字。惟法藏敦煌本此文已作⿰彳寑，寑、⿰彳寑正、俗字，則此文蓋本作寑，故岷於集證謂侵爲寑之壞字也。春秋繁露滅國上篇：『楚王髡託其國於子玉得臣，而天下畏之；虞公託其國於宮之奇，晉獻患之。』

蓋人君之舉也。

案寶曆本君作爲。

賢士有脛而不肯至者，蠹才於幽岫，

案寶曆本者作殆。者字蓋涉上下文而衍，淺人不知者爲衍文，乃臆改爲殆，以屬下讀耳。

進賢之美，踰身之賢。

案韓詩外傳七：『子貢曰：然則薦賢賢於賢。』

爲國入寶，不如能獻賢。進賢受上賞，

案寶曆本寶作𡨥，他處皆同。(𡨥，古文寶。)又進作獻。史記蕭相國世家：『上曰：吾聞進賢受上賞。』(漢書蕭何傳同。)

斯前識之良相。

案寶曆本相作規。

因顯第二十

故吹爲火之光，

案寶曆本爲作成。

猶比火、鏡假吹、瑩也。

案寶曆本比誤此。

柳下惠不遇仲尼，則貞潔之行不顯，未免於三黜之臣，無恥之人也。

案法言淵騫篇：「無仲尼，則西山之餓夫與東國之絀臣惡乎聞？」黜、絀古通，淮南覽冥篇：「隳肢體，絀聰明。」文子上禮篇絀作黜，卽其比。

已三旦矣，

案作已於義自通，無煩改字。

案寶曆本咸校云：「已當作比。」

而世人莫賞。

案各本世皆作市，集證誤。

未有爲之顧眄者也。

案寶曆本未誤求，眄作眄。下文眄亦作眄。

輪囷擁腫，

案寶曆本囷作菌，擁作雍，雍亦借爲癰。（孟子萬章篇：「或謂：孔子於衞主癰疽，」說苑至公篇作雍睢，卽雍、癰通用之證。）惟此雍字，疑是擁之壞字。

良工之爲容也。荊磎之珠，

案寶曆本「之爲」作「爲之，」磎作溪。磎、溪並俗谿字。

則莫相眄以愕，按劒而怒。何者？爲無因而至故也。

案寶曆本莫下有不字，故下脫也字。

若物無所因，

案寶曆本因作以，涉上文諸以字而誤。

樟木光於紫殿，珠擊之玉匣。

案寶曆本樟作般，蓋槃之壞字。（般、槃古本通用，此非其比。）又珠下有璧字。於、之互文，之猶於也。

光之以吹、瑩，

案寶曆本光作先。

猶捫虛縛風，

案廣弘明集二四北齊樊孝謙答沙汰釋李詔表云：『求之如繫風，學之如捕影。』

託附第二十一

志希凌霄之遊。

寶曆本希作絺。咸校云：『絺，一本作希。』

案絺亦借爲希。

以茂淩雲之藥。

案寶曆本藥作葉。

以夫鳥獸蟲卉之志，

案寶曆本志作智。

以成其事。何況於人，而無託附以就其名乎？

案寶曆本何作奊，屬上絕句。奊蓋奚之誤，當屬下讀。『奚況』一詞，本書習見。而猶能也。

置之於江湖。

案於字涉上文而衍，下文亦作『置之江湖。』（寶曆本此湖字誤海。）

則披風截波，汎颺長瀾。

案寶曆本颺作揚，古字通用。孟浩然尋天台山詩：『揚帆截海行。』

飛極百步，

案寶曆本飛作蜚，古字通用。後多此例。

附得其所，則重石可浮，短翅能遠。

案可、能互文，可猶能也。法術篇：『故神農不施刑罰而人善，爲政者不可廢法而治人；舜執干戚而服有苗，征伐者不可釋甲而制寇。』淮南氾論篇兩『不可』並作『不能。』亦可、能同義之證。

爛若綬紋，

案寶曆本綬作綾。

則巢破子裂，是所託危也。

案寶曆本是作者，屬上讀。

珠圓羅纚，雖女工運巧，不能爲之。

寶曆本纚作網。咸校云：『網，一作纚。』

案纚之作網，蓋因羅字聯想而誤。又寶曆本工誤子。

然，𧊒風欻至，

案『𧊒風』與『盲風』同，禮記月令：『仲秋之月，盲風至。』鄭注：『盲風，疾風也。』

『疾風』亦『大風』也。

故鳥有擇木之性，（擇，集證誤澤。）

案史記孔子世家：『仲尼曰：鳥能擇木。』（家語正論解能作則。）

心隱第二十二

可以表裏度也。

案寶曆本『表裏』作『圭表。』

夫天地陰陽之難明，

案寶曆本夫上有以字。

情伏於裏，非可以筭數測也。

案寶曆本裏作表，筭作算。算、筭正、假字，『算數』複語，爾雅釋詁：『算，數也。』（說文同。）

難於知天。天有春夏秋冬旦暮之期，人者厚貌深情，

案寶曆本『於知』作『知於，』貌作皃，下同。貌，籀文皃。

假飭於外，

案寶曆本飭作餝，下同。餝亦飭之俗。

物亦照焉。

案寶曆本亦作以，以猶亦也。荀子賦篇：『與愚以疑。』山堂考索十九引以作亦，亦其比。

不可而僞內者也。

案可猶當也。論語述而篇:『富而可求也,雖執鞭之士吾亦爲之。』陶潛與子書:『此亦人子也,可善遇之。』(見蕭統陶淵明傳。)兩可字亦並與當同義。(此義前人未發。)

外之於內,

案寶曆本外誤內。

夫門人去仲尼而皈少正卯。

案寶曆本皈作歸,皈與歸同。

賜也還。

案寶曆本無還字。

順非而澤。

案順借爲訓,謂其敎訓雖非而光潤也。

有此五僞,

案寶曆本僞作爲。

見不能見,

案寶曆本作『而不能見。』

佞與賢相類，

案抱朴子祛惑篇：『姦佞似賢。』

辯與智相亂，愚直相像。

案寶曆本辯作辨，愚下有與字。辯，辨古通，説已見前。論語陽貨篇：『古之愚也直，今之愚也詐而已矣。』

蛇床之似蘼蕪也。

案寶曆本床作牀，（牀、床正、俗字。）蘼作蘪。

莫不自貴而鄙物，

案寶曆本貴作賢。

非苟欲以愚勝賢，

案苟猶固也。觀量篇：『非苟爲艱難，』正賞篇：『非苟欲以貴彼而賤此，』又云：『非苟相反。』並同此例。（參看辯樂篇。）

非可以准衡乎，

案寶曆本乎作平。

而能推己耶？

案寶曆本推下有勝字。

賢愚雜揉，

案寶曆本揉作糅。

通塞第二十三

不專膚斂。

案寶曆本斂作蔽。斂蓋敝之誤，敝、蔽古通。

命至於屈，才通卽壅；遇及於伸，才壅卽通。

案寶曆本上卽字作理，下卽字作迹。

豈非智所迴？

案寶曆本『豈非』作『非其。』

遇苟屬通，

案寶曆本苟作必。

目非暴昧，

寶曆本咸校云：『目，一作日。』

案日乃目之誤。

如騏驥之伏於鹽車，玄猿之束於籠圈，非無千里之駃，萬仞之捷，

案戰國策楚策四：『夫驥之齒至矣，服鹽車而上大行。』伏、服古通。廣雅釋言：『駃，犇也。』駃，俗與快同。

容彩光液，

案寶曆本液作㶬。

快若輕鴻之汎長風，沛若巨魚之縱大壑。

案寶曆本作『漂若輕鷗之汎長波，沛若吞舟之颺大壑。』

水之性情（集證誤情），動壅以堤，則波縚而氣腐。

案動謂動輒也。寶曆本縚作縐，下有音云：『反救反。』蓋『仄救反』之誤。

雖有朽骸爛胔，

案寶曆本胔作卉。

遇不遇第二十四

案北齊書、北史儒林傳，並稱晝撰高才不遇傳。

命運難遇，

　案寶曆本難作應。

愚不必窮。

　案寶曆本愚作遇。

春日麗天，

　案易離：『日月麗乎天。』王弼注：『麗猶著也。』

典官加之以衣，覺而問之，知典官有愛於己者。

　案寶曆本官並作冠，下同。又者作也。

瓶水沃地，

　案寶曆本瓶作缾，缾、瓶正、或字。文武篇：『或挈瓶盂，』辯施篇：『挈瓶丐水。』寶曆本亦並作缾。

遁世幽居，

　案寶曆本世作代。

瘻瘤適齊，

　案寶曆本瘻作宿。

如能臨難而不懾，貧賤而不憂，可爲達命者矣。

案『可爲』猶『可謂。』寶曆本矣作也，義同。鄧析子無厚篇：『故臨難不懼，知天命也；貧賤無懾，達時序也。』

命相第二十五

梁玉繩史記（殷本紀）志疑：『予攷讖緯雜説，……生天子者，往往藉怪徵以誇之。傳諸史册，播諸道路，皆此類也。北齊劉晝新論命相篇，反津津道之，謂聖賢受天瑞相而生者。不亦惑之甚哉！』

案此篇廣陳讖緯雜説，以驗命、相。足證劉晝誠『博物奇才。』收結在於知命，以解妄求之惑。則劉晝豈『惑之甚』者哉？

或感五行三光，

案寶曆本行誤帝。

卽鬼神不能改移。

案寶曆本卽作則，『改移』二字倒。

握登見大虹，而生舜。

案程榮本、王謨本、畿輔本、寶曆本舜上皆有虞字。

薄姬感蒼龍，而生文帝。

案寶曆本無此九字。

皆聖賢受天瑞相而生者也。

案王謨本相改命。（集證改作誤，非。）上文所述，皆聖賢受天瑞命而生之例；且此語又遙承上文『稟天命』而言，則王本改相爲命，是也。

顓頊駢骭。

案寶曆本駢作骿。骿、駢正、假字。

臯陶鳥喙。

案寶曆本鳥作馬。

禹之長頸鳥喙，猶龍有蛇之一鱗，而不可謂之蛇也。

案寶曆本作『句踐之長頸鳥喙，猶蛇有龍之一鱗，而不可謂之龍也。』

叔興知其有後。

案寶曆本叔興作叔向，亦非。

雖貴，猶有禍患。

案寶曆本『雖貴』作『雖富貴。』

大風晦冥，

案寶曆本冥作暝，俗。

是子不祥。

案寶曆本祥作勝。

而妄覬於多貪。

案寶曆本『多貪』誤『分貧。』

皆惑之甚也！

案寶曆本也上有者字。

妄瑕第二十六

故天有拆之象，地有裂之形，日月有薄蝕之變，

案拆、裂互文，拆亦裂也。拆，正作坼。坼，㡿之隸變。說文：『㡿，裂也。』寶曆本薄作謫。

齊桓有貪淫之目。

案寶曆本淫作婬。婬、淫正、假字。

管仲有僭上之名。

案寶曆本僭誤惒。史記平津侯列傳:『管仲相齊有三歸,侈擬於君,桓公以霸,亦上僭於君。』

以夫二儀七曜之靈,

案寶曆本曜作耀,靈誤聖。

桓公、伊、管之賢,

案寶曆本桓公作『桓、文。』

宇宙儒流,奚能自免於怨謗,

楊云:『儒者傭之誤。』(詳集證。)

案寶曆本儒作庸,脫奚字。知人篇:『亦與傭流雜處。』亦可證此儒字之誤。傭、庸古通。

然馳光於千載,飛價於王侯者,以小惡不足傷其大美者也。

案寶曆本咸校云:『載,一作里。飛作蜚。美下無者字。』

是書空而尋跡,

案寶曆本書作畫。

伊尹，夏之庖廚；傅說，殷之胥靡；百里奚，虞之亡虜；段干木，魏之大駔。此四子者，非不賢也。而其迹不免汚也。

案韓非子說難篇：『伊尹爲宰；（史記韓非列傳宰作庖。）百里奚爲虜，皆所以干其上也。此二人者，皆聖人也。然猶不能無役身以進，如此其汚也。』

平雖丈夫，

案寶曆本雖下有美字。

且聞盜嫂而受金。

案魏志武帝紀求賢令：『今天下……得無有盜嫂受金，而未遇無知者乎？』

臣進奇謀之士，

案寶曆本奇誤策。

高祖棄陳平之小諐，

案寶曆本諐誤⿱保言。

而吳起必埋名於貪好，

案寶曆本好作姪。

乃謂英彥。

案寶曆本謂下有之字，與下文『而謂之棄人』一律。

乃全疋而燔之。

案寶曆本疋作匹，說文：『匹，四丈也。』匹、疋正、俗字。

若果眞賢，

案『若果』複語，果猶若也。寶曆本眞作貞。

民人知小惡，忘其大美，

案寶曆本『民人知』作『以人之，』可證成岷說；又忘作妄，與篇名妄瑕用借字合。

九合諸侯，一匡天下。

案素問三部九候論：『天地之至數，始於一，始於九焉。』故數至少言一，至多言九。此文九、一爲相配常數，淮南覽冥篇：『觀九鑽一。』與此同例。又九亦可借爲糾，史記封禪書：『九合諸侯。』書鈔一三九引九作糾，卽其證。

量小不足以包大形，

案寶曆本無以字，包作苞。包、苞古通。

若其略是也，雖有小疵，不足以爲累；若其略非也，雖有衡門小操，未足與論大謀。

案寶曆本兩略字上並有大字。又咸校云：『疵，一作過。』

樊、灌屠販之豎，

案寶曆本豎作豎。

小節不申而大節屈也。

案寶曆本無不字。

適才第二十七

黶菅蒼蒯，編以簑笠。

案寶曆本『黶菅』誤『壓管，』簑作蓑，下同。笠誤芒。以猶爲也，下文『使以噭吹噴聲，』以亦與爲同義。

衮、簑雖異，被服寔同；美、惡雖殊，適用則均。

案寔、則互文，寔猶則也。正賞篇：『古今雖殊，其迹寔同；耳目誠異，其識則齊。』亦同此例。

牽石拖舟，

案寶曆本拖作拕，拕疑挽之誤。

卞莊子之昇殷庭也，鳴佩趍蹌，

案寶曆本殷作殿，殷疑殿之形誤。禮記玉藻：『行則鳴佩玉。』

非不如溫顏下氣之美，

案寶曆本如作知。

蛇𧉾之珠，百代之傳璧，以之彈鵲，則不如泥丸之勁也。

案寶曆本𧉾作銜，銜、𧉾正、俗字；又璧作寳，鵲作䳄。

昔野人棄子貢之辨，

案寶曆本辨作辯，下同。

長脛者使之蹋鍤，

案寶曆本鍤誤鍾。

商歌之士，雞鳴之客，才各有施，不可棄也。

案商歌事，又見列女傳辯通篇齊管妾婧傳。雞鳴事，又見論衡定賢篇。

民之殫害，

案寶曆本殫作殬，舊注：『音丁故反。』說文：『殬，敗也。』

其爲大盜，

案寶曆本盜作益。

嘉其得食而自呼也。

案寶曆本自作相。

詩人歌詠以爲美談矣；況人之有善，而可棄乎？

案寶曆本矣作奚，屬下讀。

良匠善能運釿，

案寶曆本釿作斤。

賢能人、物交泰。

案寶曆本賢作用。

文武第二十八

而適用則均者。盛暑炎蒸，必藉涼風。

案寶曆本無者字，疑涉上文『何者』而衍。又『盛暑』作『暑盛，』是也。『暑盛炎蒸，』與下『寒交冰結』對文。

秋露灑葉，而剔箏席。白羽相望，霜刀競接，

案寶曆本箏作筍，筍、箏古、今字。又刀作刃，各本皆同，集證誤。

不可以九畿慴然而棄武，四郊多壘而擯文。士用各有時，未可偏無也。

案寶曆本慴作摺，疑慴之形誤。慴借爲燮，爾雅釋詁：『燮，和也。』（說文同。）又寶曆本武下有人字，下文『士用各有時，』士字屬上絕句。『九畿慴然而棄武人，四郊多壘而擯文士。』相對爲文。

文武異材，並爲大益。

案寶曆本材作才，古字通用。又大作代，代蓋本作世，唐人避太宗諱所改也。本書多此例。

或提盆榼，或挈瓶盂。

寶曆本提作題，（舊注：『小盆曰題。徒啓切。』）咸校云：『題，有本作提。』案提、挈互文，作題非，疑因『盆榼』字聯想而誤。

墨子救宋，

案寶曆本墨子作墨翟。

文以讚治，武以凌敵，趁舍殊律，爲績平焉。

案寶曆本讚作贊，贊、讚古、今字。又律作津，於義亦通，疑是律之形誤。

均任第二十九

一鈞之鐘，不可容於泉流。十圍之木，不可蓋以茅茨。

案寶曆本鐘作鍾（類纂本、喻林六七引並同。）茅作茆，並古字通用。

騕褭一騖，

案寶曆本褭作褭。

而能化螟蛉。

案寶曆本作『而螟蛉能化之。』

夫子發割雞之嘆。

案寶曆本『夫子』作仲尼。程榮本、王謨本、畿輔本並同。

而其失也，寧降無濫。

案寶曆本而作與，而、與本同義，惟此作而，蓋涉上下文而字而誤。『與其』與寧相應，古書習見。

慎言第三十

人有緘口之銘。

案蔡邕銘論：『周廟金人，緘口以慎。』

患禍之官，

案寶曆本官作宮。

言非不可復追。

案寶曆本非作出。

知伯失言於水灌，韓、魏躡其肘、足。

案知讀爲智，寶曆本作智伯，程榮本、王謨本、畿輔本並同。足可言躡，肘不可言躡。躡當作接，韓非子難三篇載此事作『肘、足接乎車之上，而知氏分於晉陽之下。』戰國策秦策四作『肘、足接於車上，而智氏分矣。』（又見說苑敬慎篇。）水經澮水注引史記作『肘、足接于車上，而智氏以亡。』皆其證。

是以頭爲穢器；師馳徐州。地分二晉，

寶曆本爲作充。咸校云：『充，一作爲。』又二作三。

臨危險也。

案寶曆本險作嶮，同。後多此例。程榮本、畿輔本亦並作嶮。

人不猒其動，

案寶曆本猒作厭，下同。

貴言第三十一

必資掚檠。

案寶曆本掚作榜，下同。

假櫛之功也。

寶曆本假作玄。

行之所以榮，

寶曆本咸校云：『榮，一作策。』

案策乃榮之誤。策，隸書、俗書並作筞，與榮相似，故致誤耳。

人欲櫛之理其髮，

案寶曆本人下有皆字。

己手不能製，

案寶曆本脫製字。

則之越鄉借人以製之。

案寶曆本『則之』作『則知。』

由此觀之，

案寶曆本由作以，劉子習言『以此觀之。』

遺惡如去讎。

寶曆本咸校云：『遺，一作違。』

案遺、去互文，遺猶去也。違亦去也。左哀二十七年傳：『違穀七里。』杜注：『違，去也。』即其證。惟此作違，蓋遺之形誤。又寶曆本『去讎』作『讎敵。』

昔堯帝招諫之鼓，

案寶曆本帝作建。

開嘉言之路。

案寶曆本嘉作加，嘉、加古本通用，此蓋俗省。

知交之於朋友，

案寶曆本『知交』作『知己，』疑聯想之誤。

傷讒第三十二

故譽以論善，則辭以極善爲功；毀以譽過，則言以窮惡爲巧。

案寶曆本『則辭』作『卽辭，』程榮本、王謨本、畿輔本並同。又『譽過』作『擧過，』可證成岷說。功借爲工，工、巧互文，廣雅釋詁三：『工，巧也。』

揮空爲有，

案寶曆本爲作成，程榮本、王謨本、畿輔本並同。

墨子所以泣素絲，楊朱所以泣岐路。

案寶曆本上泣字作悲。一切經音義六七引史記：『楊朱泣岐路。』

譬利口於刃劍者，以其點素成緇，刀勁傷物，

案寶曆本刃作刀，刀作刃。

鳥之曲頸鋸距者，

案寶曆本『頸鋸』作『咮鈹。』

妬才智之在己前，誉富貴之在其上。

案寶曆本妬作妒，其作己。

故揚娥眉者，

案寶曆本娥作蛾。

而世人譖其媧婦翁。

楊云：『第五倫事，見後漢書本傳（卷七十一）。』（詳集證。）

案寶曆本作『而世人謂咎婦妐。』楊氏所稱後漢書卷七十一，七乃三之誤。

故讒者但知害嫉於他人，而不傷所說之主。

案寶曆本脫但字，不下有知字。

讒諂流毙，一至於斯。

案寶曆本諂下有之字。一猶乃也。

後代之君子，可不慎諸也？

案寶曆本無後、也二字。

慎隟第三十三

出乎意表。

案寶曆本乎作于。正賞篇：『明鑒出于意表。』

故其來也不可悔，其成也不可防。

案寶曆本『不可悔，』可作自。『成也』下衍怨字。

懍懍焉若朽索之馭陸馬也。

案寶曆本『懍懍』作『懍悷，』陸作六。

繒縞質薄，

案寶曆本繒作魯。

能敗舟軸者，

案寶曆本軸作車。

故墻之崩隤，

案寶曆本隤作阤。方言六：『阤，壞也。』（廣雅釋詁一同。）

熒熒不滅，能焚崑山（集證崑作昆，非其舊）；涓涓不絕，能成江河。

案兩能字並與將同義，六韜文韜守土篇、說苑敬慎篇下能字並作將，可證。（此義前人未發。）家語觀周篇下能字作終，終亦與將同義，莊子秋水篇：『吾辭受趣舍，終柰何？』『終柰何？』猶『將柰何』也。（此義前人亦未發。）

卷水擘木，

案寶曆本擘作甓。

不慎死也。

案寶曆本死作小。

是以智慮者，禍福之門戶。

案寶曆本慮作愚，疑臆改；或形誤。淮南人間篇、文子微明篇並作慮，可證。

誡盈第三十四

故陽極而陰降，陰極而陽升。

案寶曆本作『故陽極而降，陰極而昇。』

此之恒也。

案寶曆本『此之恒也。』作『此人之恆情也。』

則踐盈泛之危。處存而不忘危，必履泰山之安。

案寶曆本泛作滿，泰作太。程榮本、王謨本、畿輔本泰亦並作太，同。

謙則衰多損寡，

案寶曆本損作益。

居謙而能益。

案寶曆本益下有寡字。

未有抱損而不光，

案寶曆本『抱損』作『謙尊。』

雖聰明叡智，

案寶曆本叡作睿，（程榮本誤𥈠；王謨本、畿輔本並誤𥈠。）𥈠乃睿之變。說文：『叡，深明也。通也。睿，古文叡。』

周公一沐而三握。

案寶曆本握下有髮字。

明謙第三十五

故能高而就卑。

案寶曆本能下有以字。

以高從卑。

案寶曆本從作下。

不伐在於有功不矜，在於有德不言。歸於冲退謙挹之流也。

案寶曆本『不伐在於有功』句。『不矜在於有德』句。『不言歸於冲退』句。『謙抑之流也』句。文義牽強。

聖人之惡也。

案寶曆本惡上有所字。

情常忘善，故能以善下物；情恒存善，故欲以善勝人。

案寶曆本常作恆，與下恆字複；欲作能，與上能字複。

口虛托謙，

案寶曆本托作託，託、托正、俗字。

所以棄其驕誇，

案寶曆本誇作姱，姱乃姱之俗誤。

大質第三十六

故丹可磨，而不可奪其色；蘭可燔，而不可滅其馨。

案王子年拾遺記六梁蕭綺錄云：『夫丹石可磨，而不可奪其堅色；蘭桂可折，而不可掩其貞芳。』

不可以威脅而變其操。

案寶曆本脅作脅。

其於爲作，

案寶曆本『爲作』作『平日。』

及其（集證誤至）燒以爐炭，三日而色不改；處於積水，終歲而枝葉不凋。

案寶曆本爐作鑪，鑪、爐正、俗字。又色下有潤字，水作冰。

而後迅梗露焉。

案寶曆本梗作捷。

卓然易見，

案寶曆本卓作較，義同。廣雅釋詁四：『較、卓，明也。』

辯施第三十七

夫山阜非爲鳥植木，林茂而鳥自棲之；江湖非爲魚鑿潭，潭深而魚自歸之。

案寶曆本棲作栖，同。程榮本、王謨本、畿輔本亦並作栖。又寶曆本歸作𠅃，𠅃，籀文歸。

風俗篇：『其俗輕蕩而忘歸。』寶曆本歸亦作𠅃。

貧而施仁，必見踈慢（集證誤漫）。非行之失，被情變也。

案寶曆本被作彼。

山路迂迴，海水淪波。

案寶曆本迂作訏，迂、訏正、假字。又波作沒。

富而賑物，（集證賑作振，非其舊。）

案賑，俗振字。下文『不賑朋戚，』與此同例。說文：『振，舉救也。』

人之情（集證誤道），矜不足也。

案矜借爲憐。

以玉抵烏，

案寶曆本烏作鳥，喻林三一引烏亦作鳥。

食不滿腹，豈得輟口惠人。

案莊子逍遙遊篇：『偃鼠飲河，不過滿腹。』寶曆本口下有而字。

不賑朋戚，人之惡行。惠及四隣，人之善義。

案寶曆本無行、義二字。

求千里之步虧也。

寶曆本咸校云：『疑衍求字。』

和性第三十八

急則弗牢。均則緩急，

案寶曆本急上有漆字，『均則』作『均其。』

剛者傷於嚴猛，柔者失於軟懦。

案兩者字集證並作則，非其舊。茲改正。

昔徐偃王軟而國滅，齊商公懦而身亡。

案徐幹中論智行篇：『徐偃王知脩仁義，而不知用武，終以亡國。』寶曆本商公作簡公。

晉陽處父以純剛致害，

案寶曆本致作取，程榮本、王謨本、畿輔本並同。

人之和也。

案寶曆本之作事。

剛而濟其柔，

案寶曆本無而字。

未聞迕物而有悔吝者也。

案寶曆本迕誤誤，吝作悋。

殊好第三十九

五⿰言英、六誙，

案寶曆本誙作⿰言坙。

⿰石鳥雞嗜蛇，

案寶曆本雞作日。

以皃爲香。

案寶曆本皃作臭，下同。

赬顏玉理，

案詩周南汝墳：『魴魚赬尾。』傳：『赬，赤也。』赬與䞓同，說文：『䞓，赤色也。』

弗貿陽文之婉姿。

案寶曆本貿誤賀。

不易熊肝之味。

案寶曆本熊作龍。

佩猶當薰。

案寶曆本猶下衍蒜字。

兵術第四十

世薄時澆，則爭起而戰鬬生焉。

案寶曆本脫『世薄』二字，時誤淳，鬬作萌。

援鼓之時，

案寶曆本援作桴，舊注：『擊鼓杖也。』

列九地之勢。

案寶曆本列作別。

明人者，抱五德之美，握（集證誤掘）二柄之要。

案寶曆本『明人者，』作『練人謀者。』

以其製勝也。

案寶曆本製作制。

囊土擁水，

案寶曆本擁作壅。

水之行,避高而就下。

案行,集證誤形,茲改正。

故水因地而制,

案寶曆本制下有形字。

故風而有形,

案寶曆本而作雨。

不及朧月者,

案寶曆本脫者字。

虎尤多力,

案寶曆本尤作兕。

履冰而不慄,以其將刑而不憂生也。今士槍白刃而不顧死,赴水火而如歸。

案寶曆本脫『冰而不慄,以其將刑而不憂生也。今士槍白刃而不顧死,赴』二十三字。

軍井通而後敢飲。

案史記淮南列傳:『穿井未通,須士卒盡得水乃敢飲。』

故醇醪注流，軍下通醉。

案寶曆本下作士。抱朴子酒誡篇：『一瓶之醪傾，而三軍之衆悦。』

閲武第四十一

亟戰即民彫，

案寶曆本彫作凋，下同。

是謂棄之。

案寶曆本謂作爲。

皆以農隟以講武事。

案寶曆本上以字作於，隟作隙。程榮本、王謨本隟亦並作隙。畿輔本作隙。隟，古隙字。隙，俗隙字。

故爲鼓鐸以通其耳。

寶曆本通作逆。咸校云：『逆，一作通。』

則耳不聞鼓鐸之音。

案寶曆本聞作聆。

馬末馳而沫汗，

案寶曆本沫作沐。

敎之戰陣，

案寶曆本陣作陳，本字作敶。陳，借字。陣，俗字。

劒刃加肩，流血不止。

案寶曆本刃作皆，不下有肯字。

逄蒙善射，

案寶曆本逄作蓬。

不能運不利之斤。

案寶曆本斤作釿。

覆逸是懼，奚據望獲？

案寶曆本逸作迭，據作遽。

今以練卒與不練卒爭鋒，

案寶曆本爭作交。

繕修戎器，

案寶曆本繕作皷。

明權第四十二

臨宜制變，

案寶曆本宜作危。

審於輕重，

案寶曆本於作其。

論語稱『可與適道，未可與權。』

案寶曆本無論字，『可與』作『可以。』以、與本同義，惟此作以，疑涉上文『巽以行權』而誤。

若棠棣之華，

案寶曆本棠作唐。

周公之誅管叔，

案寶曆本誅作殺。

權之輕重，

寶曆本作『權之於用。』咸校云：『「權之於用，」一作「權之輕重。」』

案寶曆本『輕重』作『於用，』疑涉上文『道之於用』而誤。

介胄禦寇，而不可常服。

案寶曆本『介胄』上有『冠不可無』四字。疑當作『衣冠不可無。』承上文『猶衣冠之在身也』而言。

權以理度，

案寶曆本度作敗。

自非賢哲，莫能處矣。

案自猶苟也。（參看集證補錄知人篇。）

貴速第四十三

何者？才能成功，以速爲貴。

案寶曆本才上有則字，蓋由者一本作則，（者、則同義。）而誤合之耳。

若穿井而救火，則熛颺棟焚矣；方鑿舟而拯溺，則葬江魚之腹中矣。

案若、方互文，方猶若也。（此義前人未發。）

則與無知者齊矣。

案寶曆本知作智。

喭曰：『力貴疾，智貴卒。』此之謂也。

案寶曆本疾作突，也作矣。

觀量第四十四

由心不並駐，

案寶曆本駐作持。

夫覩焦蕘之節。

案寶曆本焦蕘作僬僥。

秤薪而爨，

案寶曆本秤作枡。

不辨方隅。

案寶曆本辨作辯。

智伯庖人亡炙一篋，而即知之，韓、魏將反，而不能知。

案寶曆本篋作筐。即與『不能』對言，(下文同。)即猶能也。(此義前人未發。)

夫鈎者雖有簻(集證誤藋)竿纖綸，

案寶曆本鈎作釣。

江湖之流，

案寶曆本湖作河。

豫章之植，

案寶曆本豫作橡。

趍舍之跡，

案寶曆本趍作趨，趨、趍正、俗字。

隨時第四十五

貨章甫者，

案寶曆本貨作貿。利害篇：『昔齊有貨美錦於市，』寶曆本貨亦作貿。

故救饑者，

案寶曆本饑作餓，下文『亦何異救饑而與之珠，』饑亦作餓。

是以中流失船，一壺千金。

案寶曆本流作河，壺作瓠。

昔秦攻梁，梁惠王謂孟軻曰，

案寶曆本梁字不疊，程榮本、王謨本、畿輔本並同。

昔太王居邠，狄人攻之，事以玉帛，不可；太王不欲傷其民，乃去邠之岐。今王奚不去梁乎？

案寶曆本太並作大，下同。太王居邠（同豳），乃孟子對滕文公語（見梁惠王篇）；史記孟子傳：『梁惠王謀欲攻趙，孟子稱「太王去邠。」』（索隱：『與孟子不同。』）竊疑孟子書本載此事，今本已亡之。不得與孟子對滕文公語混爲一談。至於劉子此文，稱『太王去邠，』是孟子對梁惠王語，與史記合；惟言『秦攻梁』，與史記『梁惠王謀攻趙』又異。是否別有所據，或劉晝之誤，未敢遽斷，因其書晚出也。（參看拙著史記孟荀列傳斠證。孔孟學報第十三期。）

大梁所寶者，國也。

案寶曆本大作夫。

非其能去也，非畢代之所宜行者。

寶曆本作『非不能去也，非異代之所宜行也。』咸校云：『「異代」一作「今日。」』

論太王之去邠，

案寶曆本作『行大王威德。』疑當作『論大王之威德，』與下文『行刻削之苛法』對言。（論作行，卽涉下文行字而誤。）

當合縱之代，

案寶曆本縱作從，古通。

玉笄所以飾首，

案寶曆本飭作飾。

適俗所傾。

案寶曆本傾作須。陶淵明歸園田居六首之一：『少無適俗韻。』

無所用功。

案寶曆本功作巧。

徐偃公行仁而亡。

案寶曆本公作王。

風俗第四十六

風有薄、厚，

案寶曆本『薄、厚』二字倒。

其俗待妻妾於賓客。

案寶曆本待作侍。

拆其肉而埋其骨，

案寶曆本拆作析，當从木作析。

煙上燻天，

案寶曆本燻作熏，熏、燻正、俗字。

利害第四十七

物之恆情也。

案莊子大宗師篇：『皆物之情也。』

有知利之爲害，

案有猶如也。寶曆本知作識，蓋涉上文識字而誤。

小害至巨害除也。

案寶曆本至下有而字。

寒而投火，

案寶曆本投作入。

惟去輕害而負重害也。

案寶曆本作『推輕害而貪重害也。』貪字恐誤，防慾篇：『是棄輕患而負重害。』可證。

而不敢鈹，

案寶曆本而作則。

而不敢斫。

案寶曆本而作必，義同。

以鈹、斫之患疾其螫也。

寶曆本其作甚。咸校云：『一無甚字。』

銷金在罏，盜者不掬。

案寶曆本罏作鑪，喻林六引作爐。鑪、罏正、假字，爐又鑪之俗也(前已有說)。桓寬鹽鐵論詔聖篇：『夫鑠金在鑪，莊蹻不顧。』

雖貪如盜跖。

案寶曆本蹠作跖，同。言苑篇：『故盜蹠之徒，賢於盜蹠而鄙仲尼。』寶曆本亦作跖。莊子盜跖篇：『柳下季之弟，名曰盜跖。』說苑談叢篇：『盜跖凶貪。』

且怵於莊周。

寶曆本莊周誤莊王。咸校云：『王，一作周。』

禍福第四十八

反以爲福。

案寶曆本以作而，義同。程榮本、王謨本、畿輔本亦並作而。

而有姑蘇之困。

案寶曆本困作囚。

終有厚遇之福。

案上文『而有姑蘇之困，』『而有五湖之霸，』『而有欂下之執。』三用而字；此用終字。終猶而也。列女傳節義篇周主忠妾傳：『媵知將死，終不言。』藝文類聚三五、六帖二〇引終並作而，（見歐縝芳女弟列女傳校證。）即終、而同義之證。（此義前人未發。）

以見不祥而修善，

案寶曆本以上有是字。

亳有桑穀（集證誤榖，下同），共生于朝。

案寶曆本穀誤榖，下作榖，亦誤；又共作拱。

八紘之內，

案寶曆本紘誤宏。

貪愛第四十九

言小丟，大禍之津。

案寶曆本無言字。

多與金，日置牛後，號牛糞，言以遺蜀侯。

案寶曆本日作白，白蓋帛之壞字，屬上絕句。惟他書載此事，皆言金，不及帛。（已詳集證。）竊疑『日置牛後。』本作『㠯置牛後，』㠯（古以字）、日形近，故致誤耳。又寶曆本言作之，亦屬上絕句。之指金而言，王謨本、畿輔本言亦作之，下更有金字，（已詳集證。）恐妄加。程榮本與寶曆本同，集證謂程本『之下脫金字。』未審。

石諫曰：『今患至，國將危不固，勝敗存亡之機，固以形於胷中矣。』

案寶曆本石下有乞字，『不固』作『不顧，』是也。惟『國將危』絕句，『不顧勝敗』絕句，非也。

出府庫之寶以賦人。

案寶曆本無庫字。

寒土有獸，其名曰貊，生角當心。

案寶曆本土作山，生誤其。

嫗伏其子，

案寶曆本嫗作傴。

蜀侯之迎秦牛，

案寶曆本『迎秦牛，』作『貪石牛。』

白公之據財，

案寶曆本據作貪。

鑒成敗之原。

案寶曆本原作源。

類感第五十

案論衡有感類篇。

故日夏至而鹿角解，月虧而蚌蛤消。

案寶曆本日誤曰，消誤胎。

騏驎鬬而日蝕，

案寶曆本『騏驎』作『麒麟，』日下衍月字。

蠶含絲而商絲絕，

案寶曆本蠶作蚕，『商絲』作『商絃。』

其旦雨也，

案寶曆本旦作且。

雞爲兌金，金爲兵精，馬者（集證作爲，非其舊）離畜，火爲武神。

案寶曆本『兌金』作『兌禽。』四句三用爲字，一用者字，者與爲同義。（此義前人未發。）

干戈旦興，介駟將動，

案寶曆本旦誤戢，動下更有『而禽獸應之』五字。

螣蛇雄鳴于上風，

案寶曆本螣作騰。

不待召而自感者，

案淮南繆稱篇：『弗召而至。』

故抱薪救火，

案寶曆本救作投。

鼓舟而波湧。

案寶曆本舟作羽，湧作涌。涌、湧正、俗字，程榮本、畿輔本亦並作涌。激通篇：『湍波之湧必漂石。』寶曆本湧亦作涌。

正賞第五十一

此篇當與文心雕龍知音篇參看。

賞而不正，則情亂於實；評而不均，則理失其貞。

案兩而字並與如同義。於、其互文，於猶其也。

未得以言評。

案寶曆本評作平。

由今人之（集證倒作『之人』）畫鬼魅者易爲巧，

案由與猶同。

雖以其眞而見妙也。

案寶曆本雖作難。

楊子雲之才,非爲劣於董仲舒。

案寶曆本楊字同,劣作亞。上文言『非有,』此言『非爲,』爲、有互文,爲猶有也。

然而弗貴者,豈非重古而輕今,珍遠而鄙近,貴耳而賤目,崇名而毀實邪?

案淮南齊俗篇:『世多稱古之人而高其行;並世有與同者,而弗知貴也。』文心雕龍知音篇:『夫古來知音,多賤同而思古。所謂日進前而不御,遙聞聲而相思也。』

懸之權衡,

案之猶於也。

故權衡誠懸,

案誠猶若也,下文『繩墨誠陳,』『規矩誠設,』並同此例。

信心而度理,則是非難明矣。

案文心雕龍知音篇:『心敏則理無不達。』劉晝此文,或故反其說邪?心隱篇:『由於人心難知,非可以准衡平。』則信心而度理,固難於明是非矣。

越人臛蛇以饗秦客，秦客甘之。

案寶曆本『秦客』二字誤不疊。

趙人有曲者，託以伯牙之聲。

案有猶爲也。寶曆本託作必。『必以』猶『定爲，』義亦可通。惟恐非此文之舊也。

宋人得燕石，以爲美玉，

案文心雕龍知音篇：『宋客以燕礫爲寶珠。』

郢人爲賦，託以靈均，擧世而誦之。後知其非，皆緘口而捐之。

案宋晁載之續談助載梁殷芸小說云：『鍾士季常向人道：「吾少年時一紙書，人云是阮步兵書，皆字字生義。既知是吾，不復道也。」』原注：『出語林。』亦此類也。

曜爛肱目。

案寶曆本曜作燿。當以作燿爲正。

鏡形如盃，

案寶曆本盃作杯。

望舟如鳧。

案酈道元水經江水注引袁山松記云：『今自山南上至其嶺，……視舟如鳧鴈矣。』鳧乃鳧之俗省。

知是望遠目亂而心惑也。

案寶曆本脫而字。

與望山海而不亦反乎？

案寶曆本無而字。

子游裼裘而諺，

案寶曆本裼誤揚。

奚況世人，未有名稱，其容止、文華，能免於其誚者，豈不難也？

案寶曆本況作况，程榮本、畿輔本並同。况卽況之俗省。又寶曆本『其誚』作『嗤誚。』

則正可以爲邪，美可以稱惡。

案爲猶謂也，與稱互用，其義亦同。

可謂歎息也。

案寶曆本謂作爲。

聰達亮於前聞，明鑒出于意表。

案寶曆本『前聞』作『聞前。』尉繚子十二陵篇：『攻在於意表。』陶淵明飲酒二十首之十一：『人當解意表。』

不沒纖芥之善，

案寶曆本芥作介。

可謂千載一遇也。

案寶曆本載作歲，遇誤選。魏邯鄲淳答贈詩：『聖主受命，千載一遇。』文心雕龍知音篇：『逢其知音，千載其一乎？』

激通第五十二

案漢書高五王傳贊：『激秦孤立無藩輔。』師古注：『激，感發也。』激通，謂感發而後通也。史記范睢蔡澤列傳贊：『二子不困戹，惡能激乎？』激亦感發之意。

登峭嶺者，則欲望遠；臨浚谷者，必欲窺墟。

寶曆本『則欲』作眺。咸校云：『眺字，一本作「則欲」二字。』

案『則欲望遠，』下文『必欲窺墟，』相對而言，寶曆本非。又寶曆本浚誤峻。

而情僞之發者，地勢使之然也。

案寶曆本僞作爲。左思詠史八首之二：『地勢使之然。』

以銜明月之珠。

案寶曆本以作而。

鳥飛則能翔青雲之際。

案寶曆本飛作激。

故居不隱者，思不遠也。

案荀子宥坐篇：『奚居之隱也。』楊倞注：『隱謂窮約。』

其志廣也。

案寶曆本志下有不字。

主父無親友之蔑，

案寶曆本作『主父不爲親友所蔑。』

范雎若無廁中之辱。

案寶曆本厠作廁。厠乃廁之俗誤。

觀其數賢，

案寶曆本其作斯，其猶斯也。

從高越下，

案寶曆本越作趣。

惜時第五十三

案此篇可作劉晝自序讀。

夫停燈於缸，舊注：缸是臺燈柱也。

案寶曆本缸作釭，注同。缸、釭義別，俗通用。

夫天迴日轉，

案藝文類聚一引張載詩：『白日隨天迴。』

烱然以過。

案寶曆本烱作炯。

不⿱乂厸盈尺之璧，而珍分寸之陰。

案⿱乂厸、珍互文，義並同惜。金樓子立言上篇：『尺璧非寶，寸陰可惜。』

仲尼恓恓，突不暇黔；墨翟遑遑，席不及暖。

案寶曆本『恓恓』作『栖栖，』暖作煖。煖、暖正、俗字。鹽鐵論散不足篇：『孔子栖栖，疾固也；墨子遑遑，閔世也。』抱朴子辨問篇：『突不凝煙，席不暇煖。』

皆行其德行，拯世救溺，立功垂模，

案寶曆本「德行」作「德義，」救作危，模作楷。

今人進不知退臭腐榮華，

案寶曆本臭作臭。

退不能被策樹勳，

案寶曆本被作披。

涼風鳴條，

案寶曆本涼作涼，涼、涼正、俗字。

則寒蟬抱樹而長叫吟，烈悲酸瑟于落日之際，

案寶曆本「則寒蟬抱樹而長叫」句，「吟烈悲酸」句，非。「烈悲」連文，烈猶厲也。王褒洞簫賦：「秋蜩不食，抱樸而長吟兮。」

哀其時命迫于嚴霜，而寄悲於菀柳。

案楚辭〔漢嚴忌〕有哀時命篇。寶曆本菀作苑，菀、苑正、假字。文選應璩與從弟君苗君胄書：「吟詠菀柳之下。」

言苑第五十四

案韓非子、淮南子並有說林篇；劉向有說苑，或卽言苑篇名所本。此篇各段不相連貫，乃一篇嘉言錄。北史儒林劉晝傳，稱晝著金箱璧言，其書雖失傳，或與此篇有關。

其猶玉屑盈庫，

案寶曆本庫作匣。

謂牧圉以桀、紂，艴然而怒；比王侯於夷、齊，怡然而喜。

案寶曆本以作似。以、於互文，義並同如。似猶如也。後漢書左雄傳：『桀、紂貴爲天子，而庸僕羞與爲比者，以其無義也；夷、齊賤爲匹夫，而王侯爭與爲伍者，以其有德也。』

匹夫爲重，

案匹上疑脫則字，下文可照。

月之生死同形。

案孫子虛實篇：『月有死生。』

天無情於生死，

案寶曆本天下衍地字。

假朝露而抽翠。

案翠借爲䊜，說文：『䊜，會五采繒色。』引申有『鮮妍』義。嵇康琴賦：『新衣翠粲。』文選李周翰注：『翠粲，鮮色也。』翠亦䊜之借字。

故春角可卷，夏條可結，秋露可凝，冬冰可折。

案寶曆本冰作木，木蓋氷之誤。氷，俗冰字。意林引太公金匱：『夏條可結，冬冰可釋。』

山抱玉，則鑿之。

案寶曆本則作故。

靈蛇以神見曝。

案寶曆本曝誤爆。

畫以摹形，

案寶曆本摹作模，摹、模正、假字。

欲以爲豔（集證作艷，非其舊），

案王謨本豔作艷，豔、艷正、俗字。

情發於中，

案寶曆本中作衷。

不如不見。

案寶曆本『不見』作『無見，』義同。

宿不樹惠，臨難而施恩；本不防萌，害成而修慎，是以臨渴而穿井，方饑而植禾，雖疾無所及也。

案晏子春秋雜上篇：『溺而後問隊，迷而後問路，譬之猶臨難而遽鑄兵，臨噎而遽掘井，雖速亦無及矣。』說苑雜言篇：『譬之猶渴而穿井，臨難而後鑄兵，雖疾從而不及也。』

公儀嗜魚。

案史記循吏列傳：『公儀休者，魯博士也。』

二子甘之，

寶曆本咸校云：『「二子，」一作「聖賢。」』

九流第五十五

道者，老聃、關尹、龐涓、莊周之類也。

寶曆本咸校云：『一本道家出儒後。』又案寶曆本關尹在老聃之上。

陰陽者，子韋、鄒衍、桑丘、南公之類也。

案寶曆本公誤父。史記秦本紀：『〔武王〕三年，南公揭卒。』梁玉繩志疑云：『即藝文志所謂之南公。』項羽本紀：『故楚南公曰，』正義：『虞喜志林云：「漢書藝文志云：南公十三篇，六國時人。」』『十三篇，』疑『三十篇』之誤。

名者，宋鈃、尹文、惠施、公孫捷之類也。其道正名。

案寶曆本宋鈃作宋銒，銒乃鈃之誤；又『正名』誤『主名。』

分析明辯，苟析華辭也。

案寶曆本下析字誤折。兩析字複，王謨本下析字作飾，（詳集證。）於文爲長。然，疑係臆改。據下文論縱橫家，有『苟尚華詐』之文，則此文『苟析，』似當作『苟尚』較佳。

法者，愼到、李悝、韓非、商鞅之類也。

案商鞅應列在韓非之上。

墨者，尹佚、墨翟、禽滑、胡俳之類也。

案寶曆本俳作非。

其道大觳，

案寶曆本觳作确。文選左太沖吳都賦：『同年而議豐确乎？』李善注：『确，薄也。』确之或體作㱿。（說文：㱿，确或从𣪊。）觳，俗字，蓋确、㱿二字各取其半也。

安危扶傾，

案寶曆本傾作顚。

雜者，孔甲、尉繚、尸佼、淮夷之類也。明陰陽，本道德，

案寶曆本淮夷作淮南，本作通。

又使王侯與庶人並耕於野，

案又猶乃也。寶曆本又作若，若亦猶乃也。（集證以若爲誤字，未審。）

六藝以禮樂爲訓。

案寶曆本樂作敎。

續補補遺

防慾第二

處於止足之泉。

案潘岳閑居賦：『於是覽止足之分。』

窮日煩擾。

案漢書食貨志：『重爲煩擾。』

專學第五

心爲身之主。

案淮南子泰族篇：『心者，身之本也。』

愛民第十二

天生烝民，而樹之以君。

案史記孝文本紀：『天生蒸民，爲之置君。』（漢書無蒸字。）

賞罰第十五

治民御下，莫正於法。

案史記孝文本紀：『法者，治之正也。』（又見漢書刑法志。）

薦賢第十九

故黜息碎首以明百里。

案漢書杜鄴傳：『禽息憂國，碎首不恨。』

愼隟第三十三

禍之所生，必由積怨。

案史記孝文本紀：『禍由怨起。』

隨時第四十五

故老聃至西戎，

案皇甫謐釋勸論：『李老寄迹於西鄰。』

正賞第五十一

昔魯哀公遙慕稷、契之賢，不覺孔丘之聖。……張伯松遠羨仲舒之博，近遺子雲之美。

案抱朴子外篇尚博：『是以仲尼不見重於當時，太玄見蚩薄於比肩也。』

惜時第五十三

夫天廻地轉，

案荀悅漢紀六：『天廻日轉。』張華勵志詩：『天迴地游。』(廻、迴並回之俗。)

唯立德貽愛，爲不朽也。

案三國志魏志文帝紀注引文帝與王朗書：『唯立德揚名，可以不朽。』

言苑第五十四

故暄然而春，榮華者不謝；悽然而秋，凋零者不憾。

案莊子大宗師篇郭象注：『煖焉若春陽之自和，故蒙澤者不謝；淒乎若秋霜之自降，故凋落者不自怨也。』

秋葉誠危，因微風而飄零。

案傅咸贈何劭王濟詩：『槁葉待風飄。』

書文中子中說後

文中子中說十卷舊題王通撰，其書撫擬論語，猶揚雄之法言也，然所記歲月事實，每多牴牾，故頗致疑於後代。據通叔弟績答程道士書云：『吾家三兄，續明六經。』遊北山賦自注云：『吾兄通，續孔氏六經，近百餘卷。』（並見東皐子集。）並未言通作中說，續經皆不傳，中說何由而獨彰？此蓋其子孫輩附會之作，以衒後世者也，書中摹擬之迹極巧，雖淵源論語，亦嘗剽竊老莊之辭，合於莊子者尤多，惜前人皆未道及，茲標舉若干條於次：

（一）剽竊老子者

禮樂篇

執古以御今之有乎！

老子十四章：執古之道，以御今之有。

述史篇

將沖而用之乎？

老子四章：道沖而用之。

魏相篇

薛收曰：請聞三有，璋曰：有慈，有儉，有不爲天下先。

老子六十七章：我有三寶，持而寶之，一曰慈，二曰儉，三曰不敢爲天下先。

立命篇

田里相距，鷄犬相聞，人至老死，不相往來。

老子八十章：鄰國相望，雞犬之聲相聞，民至老死，不相往來。

（二）剽竊莊子者。

天地篇

眇然小乎！所以屬於人，曠哉大乎！獨能成其天。

莊子德充符篇：眇乎小哉！所以屬於人也。謷乎大哉！獨成其天。

不就利，不違害。

莊子齊物論篇：不就利，不違害。

惟有道者能之。（又見關朗篇）

莊子德充符篇：唯有德者能之。

不亦勞乎。

莊子逍遥遊篇：不亦勞乎。

無所逃天地之間。

莊子人間世篇：無所逃於天地之間。（又見庚桑楚篇）

常也其殆坐忘乎。

莊子大宗師篇：回坐忘矣。

未數數然也。

莊子逍遙遊篇：未數數然也。

事君篇

楊素使謂子曰，盍仕乎？曰，疏屬之南，汾水之曲，有先人之弊廬在，可以避風雨，有田可以具饘粥，彈琴著書，講道勸義，自樂也。願君侯正身以統天下，則通也受賜多矣，不願仕也。

莊子讓王篇：孔子謂顏回曰，回，來！家貧、居卑，胡不仕乎？顏回對曰，不願仕，回有郭外之田五十畝，足以給飦粥。郭內之田十畝，足以爲絲麻。鼓琴足以自娛，所學夫子之道者，足以自樂也，回不願仕。

子遊河間之渚，河上丈人曰，何居乎！斯人也。心若醉六經，目若營四海，何居乎！斯人也。

莊子外物篇：老萊子之弟子出薪，遇仲尼，反以告曰，有人於彼，修上而趨下，末僂而後耳，視若營四海，不知其誰氏之子。

吾於讚易也，述而不敢論，吾於禮樂也，論而不敢辯，吾於詩書也，辯而不敢議。

莊子齊物論篇：六合之外，聖人存而不論。六合之內，聖人論而不議。春秋經世先王之志，聖人議而不辯。

子之言應而不唱。

莊子德充符篇：未嘗有聞其唱者也，常和人而已矣。

子之他鄉，舍人之家。

莊子山木篇：夫子出於山，舍於故人之家。

周公篇

兼忘天下。

莊子天運篇：兼忘天下難。

榮華其言，小成其道。

莊子齊物論篇：道隱於小成，言隱於榮華。

死生一矣，不得與之變。

莊子德充符篇：死生亦大矣，而不得與之變（田子方篇亦云：死生亦大矣，而无變乎己。）

必有不肖之心應之。

莊子人間世篇：則必有不肖之心應之。

爾將爲名乎。

莊子逍遥遊篇：吾將爲名乎。

禮樂篇

子遊汾亭坐鼓琴，有舟而釣者過……子遽捨琴謂門人曰，情之變聲也，如是乎，起將延之，釣者摇竿鼓拽而逝。

莊子漁父篇：

孔子遊乎緇帷之林，休坐乎杏壇之上，弟子讀書，孔子絃歌鼓琴，奏曲未半，有漁父者，下船而來……孔子推琴而起曰，其聖人與，乃下求之……乃刺船而去。

子之夏城，薛收、姚義後，遇牧豕者問塗焉。

莊子徐无鬼篇：

黄帝將見大隗乎具茨之山，方明爲御，昌寓驂乘，張若謵朋前馬，昆閽滑稽後車，至於襄城之野，七聖皆迷，无所問塗，適遇牧馬童子問塗焉。

神人無功。

莊子逍遙遊篇：神人無功。

述史篇

天下有道，聖人藏焉。天下無道，聖人彰焉。

莊子人間世篇：天下有道，聖人成焉。天下无道，聖人生焉。

魏相篇

吾視其額，頯如也，（頯當作頯）重而不亢。目，燦如也，澈而不瞬。口，敦如也，闔而不張。

莊子天道篇：而目衝然，而顙頯然，而口闞然。

泛然而後應。

莊子德充符篇：悶然而後應。

立命篇

上如標枝，下如野鹿。

莊子天地篇：上如標枝，民如野鹿。

闕朗篇

杜淹問隱，子曰，非伏其身而不見也，時命大謬，則隱其德矣。

莊子繕性篇：古之所謂隱士者，非伏其身而弗見也，……時命大謬也。

法言，中說，同爲象論語之作，然揚雄見『諸子各以其知舛馳，大氐詆訾聖人，是非頗謬於經，故人時有問雄者，常用法應之，因譔法言十三卷，』（自序。）蓋純乎儒者之言也，何似中說之陽擬於聖，而陰襲於道者乎？至其言人則以『至人』爲極則，（見事君篇）言知識，則以『無知無識』爲極致，（見述史篇）皆襲老莊之旨，亦附記於此，以補昔賢論是書之所忽也。

三十五年七夕後二日時寓李莊栗峯。

陶淵明歸去來兮辭并序箋證

文中子立命篇：『或問陶元亮。子曰：放人也。歸去來，有避地之心焉。』案陶公乃眞率人，非放任人。賦歸去來，有避世之心，所謂『世與我而相遺。』非避地也。論語憲問篇：『賢者避世，其次避地。』陶公避世者也。所以避世，蓋由『質性自然，非矯厲所得。』（辭序。）歸返田園，『久在樊籠裏，復得返自然』（歸園田居五首之一）之意云爾。梁沈約初春詩：『且復歸去來，含情寄杯酒。』所謂『歸去來』，卽本陶公此辭。來，語助。孟子離婁篇：『盍歸乎來！』莊子人間世篇：『子其有以語我來！』（經傳釋詞七有說。）並同此例。清林雲銘云：『就彭澤言，謂之歸去。就南村言，謂之歸來。』（古文析義初編卷四。）毛慶藩云：『於官曰歸去，於家曰歸來。』（古文學餘卷二十六。）並村夫子之說也。歸去來辭，源於楚騷。文選列入辭類，藝文類聚卷三十六歸入賦類。後漢張衡及晉張華並有歸田賦，歸去來辭句法頗與之相似。然陶公之歸興勃勃，如魚之得水。其胸次之眞率曠達，行文之流暢自然，則遠非二張所及。前賢及時彥詮釋此辭者甚多，茲據藝文印書館影印宋紹熙壬子曾集刊本，參稽舊說，益以新知，草成箋證一篇，尋行數墨，淺見小識，未能發揚陶公之高情，聊以自慰客居之寂寞耳。丙辰仲春十一日，叔岷記於南洋大學南洋彎四餘齋。

余家貧，耕植不足以自給。

案陶公五柳先生傳：『性嗜酒，家貧不能恆得。』自祭文：『自余爲人，逢運之貧。』與子儼等疏：『汝輩稚小家貧。』爲彭澤令與子書：『汝旦夕之費，自給爲難。』(蕭統陶淵明傳。)

幼稚盈室(一作『兼稚子盈室』。)

案陶公有儼、俟、份、佚、佟五子，(參看責子詩及與子儼等疏。)可謂『幼稚盈室』矣。

缾無儲粟，

蘇軾云：『俗傳書生入官庫，見錢不識。或怪而問之，生曰：「固知其爲錢，但怪其不在紙裹中耳。」余偶讀淵明歸去來辭云：「缾無儲粟。」乃知俗傳信而有證。使缾有儲粟，亦甚微也。此翁平生只於缾中見粟也邪！』(東坡題跋卷一。)

案缾與瓶同。說文：『缾，罋也，從缶并聲。瓶，缾或从瓦。』罋，隸變作罋，亦作甕。陶公所謂缾，乃罋也。非如後世所謂細小之瓶。陶公雖貧，何致以細小之瓶儲粟邪？更何況細小之瓶內亦無儲粟邪？

生生所資，未見其術。

屈翼鵬兄云：『書盤庚：汝萬民乃不生生。』案張華鷦鷯賦：『生生之理足矣。』

親故多勸余爲長吏，

翼鵬兄云：『漢書百官公卿表：縣令、長皆有丞、尉，秩四百石至二百石，是爲長吏。』案五柳先生傳：『親舊知其如此。』與子儼等疏：『親舊不遺。』『親故』猶『親舊』，親戚與舊交也。

脱然有懷，求之靡途。

案『脱然』猶『忽然』，陶公飲酒詩之十七：『清風脱然至。』與此同例。彼詩箋證有說。詩周南關雎：『求之不得。』

會有四方之事，

李公煥箋註：銜建威命使都。

案陶公有（義熙元年）乙巳歲三月爲建威參軍使都經錢溪詩。

諸侯以惠愛爲德，家叔以余貧苦，

陶澍注：家叔，當即孟府君傳之叔父太常夔也。

楊勇陶淵明年譜彙訂云：『諸侯，當是建威將軍。』案韓非子姦劫弑臣篇：『皆曰仁義惠愛而已矣。』

遂見用爲小邑。

李公煥箋註：當時刺史，得自采辟所部縣令而版授之，故云。

案爲字，蘇軾、趙孟頫寫本並同。李公煥箋註本、嚴可均輯全晉文並作于，張溥漢魏六朝百三家集陶彭澤集本、陶澍集注本並作於。于與於同。爲猶於也。惟作爲，與上『爲德』字複，作于或於較勝。

于時風波未靜，心憚遠役。

案陶公庚子歲五月中從還阻風於規林詩：『自古歎行役，我今始知之。山川一何曠，巽坎難與期。』雜詩之九：『遙遙從羈役，一心處兩端。掩淚汎東逝，順流追時遷。』可證陶公之憚遠役也。

彭澤去家百里，公田之利（一作秫），足以為酒（一作『過足為潤』），故便求之。

案文選歸去來辭李善注引彭澤下有縣字，恐非其舊。北堂書鈔七八引檀道鸞〔續〕晉陽秋云：『陶潛除彭澤令，性好學，喜（原誤善）酒。在縣使種秫穀，曰：「吾嘗醉足矣。」』又蕭統陶淵明傳，稱陶公爲彭澤令，『公田悉令使種秫，曰：「吾得常醉于酒足矣。」妻子固請種秔，乃使二頃五十畝種秫，五十畝種秔。』（參看宋書、晉書、南史隱逸傳。）

及少日，眷然有歸歟之情。

案『眷然』，反顧貌。詩小雅大東：『睠言顧之。』毛傳：『睠，反顧也。』『睠言』猶『

眷然』。孔叢子記問篇：『眷然顧之。』陶公贈長沙公詩：『眷然躊躇。』論語公冶長篇：『歸與歸與！吾黨之小子狂簡。』

何則？質性自然，非矯勵所得。

案史記孝武本紀集解引桓譚新論：『質性矯佞。』張華鷦鷯賦：『任自然以自資，無誘慕於世僞。』李公煥箋註本、張溥陶彭集本、嚴可均輯本、陶集注本，勵皆作厲。『矯厲』，複語。莊子天下篇：『以繩墨自矯。』郭象注：『矯，厲也。』厲、勵古通，勵與勱同，說文：『勱，勉力也。勉，勥也（段注本）。』勥，今用強字。『矯勵』，猶勉強也。

飢凍雖切，違己交病。

案趙孟頫寫本切作迫，恐非其舊。歸園田居之三：『衣沾不足惜，但使願無違。』飲酒之九：『紆轡誠可學，違己詎非迷？』陶公固不願違己者也。感士不遇賦：『寧固窮以濟意，不委曲而累己。』亦即此意。

嘗（一作曾）從人事，皆口腹自役。於是悵然慷慨，深愧平生之志。

案蘇寫本嘗作常，習見通用字。陶公祭從弟敬遠文：『余嘗學仕，纏綿人事。流浪無成，懼負素志。』呂氏春秋適音篇：『極口腹之欲。』慷慨，失志貌。慷，正作忼。說文：『忼慨，壯士不得志於心也。』

猶望一稔，當斂裳宵逝。

李公煥箋註：詳序意，其艱窶就仕可知。

案陶公本意，滿一年始去職也。容齋五筆一引『斂裳』作『斂裝』。

尋程氏妹喪於武昌，情在駿奔，自免去職。

李公煥箋註：任廣云：程氏妹，從夫姓也。

案尋猶就也。漢書郊祀志上：『寖尋於泰山矣。』師古注：『尋，就也。』陶公有祭程氏妹文。作於『義熙三年五月甲辰，程氏妹服制再周』之時。詩周頌清廟：『駿奔走在廟。』馬瑞辰傳箋通譯：『爾雅釋詁：駿，速也。』

仲秋至冬，在官八十餘日，因事順心，命篇曰歸去來兮。

案『因事順心』，因妹喪之事，順歸去之心也。『順心』與上『違己』相對成義。顏延之陶徵士誄：『賦辭歸來，高蹈獨善。』文選注引此略兮字，標題亦同。

乙巳歲十一月也。

案義熙元年乙巳歲（公元四〇五）十一月也。

歸去來兮，田園將蕪胡不歸？

李善注：『毛詩〔邶風式微〕曰：式微，式微！胡不歸？』

案將猶方也。宋書隱逸傳『將蕪』作『荒蕪』，恐非其舊。國語周語下：『田疇荒蕪。』『荒蕪』，復語，說文：『荒，蕪也。一曰，艸掩地也。』

既自以心（一作身）為形役，奚惆悵而獨悲！

李善注：『淮南子曰：「是皆形神俱役者也。」楚辭〔九辯〕曰：「惆悵兮而私自憐。」』

案心一作身，非。身即形也，『以身爲形役』，文不成義。楚辭九辯：『春秋逴逴而日高兮，然惆悵而自悲！』莊子齊物論篇：『與物相刃相靡，其行盡如馳，而莫之能止，不亦悲乎！終身役役，而不見其成功，薾然疲役，而不知其所歸，可不哀邪！其形化，其心與之然，可不謂大哀邪！』陶公此二語，反用莊子之意。蓋『以心爲形役』，本是可悲之事。若出於自願，所謂『既自以心爲形役』，則不必惆悵而獨悲矣。

悟已往之不諫，知來者之可追。

李善注：『論語〔微子〕，楚狂接輿歌曰：往者不可諫，來者猶可追。』

案莊子人閒世篇載楚狂接輿之歌，作『來世不可待，往世不可追。』高士傳卷上本之。

實迷途其未遠，覺今是而昨非。

李善注：『楚辭〔離騷〕曰：迴朕車而復路，及迷塗之未遠。〔莊子寓言篇〕莊子謂惠子曰：「孔子行年六十而〔六十〕化，始時所是，卒而非之。未知今之所謂是之非五十九非也。」』

案蘇寫本途作塗，宋書、南史隱逸傳並同，作塗是故書。丘遲與陳伯之書：『夫迷塗知反，往哲是與。』莊子則陽篇：『蘧伯玉行年六十而六十化，未嘗不始於是之而卒詘之以非也。未知今之所謂是之非五十九非也。』陶公感士不遇賦：『彼達人之善覺，乃逃祿而歸耕。』正所謂『覺今是而昨非』矣。

舟遙遙以輕颺，風飄飄而吹衣。

陶澍集注：『緑君亭本云：〔遙遙〕一作「搖搖。」』

案搖、遙古、今字。『遙遙』與『飄飄』對文，宋書作『超遙』，恐非。說文：『颺，風所飛揚也。』曹植情詩：『清風飄我衣。』陶公和胡西曹示顧賊曹詩：『清朝起南颸，……飄飄吹我衣。』

問征夫以前路，恨晨光之熹（一作晞）微。

李善注：『毛詩〔小雅皇皇者華〕曰：「駪駪征夫。」聲類曰：「熹，亦熙字也。熙，光明也。」』

陶澍注：熹，史作希。

案熹乃熙之借字。一作晞，宋書、晉書隱逸傳並作希，晞、希並借爲稀，『稀微』，複語，稀亦微也。世說新語文學篇：『羊孚牋云：啓晨光於積晦。』

乃瞻衡宇，載欣載奔。

李善注：『毛詩〔陳風衡門〕曰：衡門之下，可以棲遲。』

案陶公答龐參軍詩：『衡門之下，有琴有書。』載猶且也。時運詩：『載欣載矚。』亦同例。詩經此類句法甚多。

僮僕歡迎，稚子候門。

李善注：『周易〔旅〕曰：「得僮僕貞。」史記〔屈原傳〕曰：「楚懷王稚子子蘭。」』

案蘇及趙寫本、朱熹楚辭後語卷四，僮皆作童。童、僮古、今字。李注引易『僮僕』字，本亦作童。晉書隱逸傳『歡迎』作『來迎』，恐非其舊。李密陳情表：『應門無五尺之僮。』宋書稚作穉，古稚字。南史『稚子』作『弱子，』恐非其舊。江淹雜體詩擬陶徵君一首：『稚子候檐隙。』本此『稚子候門。』（文選李善注引之。）

三逕就荒，松菊猶存。

李善注：『三輔決錄曰：蔣詡，字元卿。舍中三逕，惟羊仲、求仲從之遊。皆挫廉逃名不出。』

案蘇寫本逕作徑，六臣注本文選、宋書、南史、藝文類聚三六、楚辭後語、嚴可均輯全晉文卷一百十一皆同。徑、逕正、俗字。宋書隱逸傳，稱陶公『謂親朋曰：聊欲絃歌以爲三徑之資，可乎？』（又見蕭統陶淵明傳及晉書、南史隱逸傳。）陶公之德性，如松之堅貞，菊之高潔。松、菊爲陶公一生中良伴，詩中亦累詠及之。又文選謝靈運田南樹園激流植援詩：『唯開蔣生逕，永懷羊、求蹤。』李善注亦引三輔決錄，元卿下多『隱於杜陵』四字。皆上多『二仲』二字。陶澍集注引陶公此文李善注，『舍中』下多『竹下開』三字。

攜幼入室，有酒盈罇。

李善注：『戰國策（齊策四）：「扶老攜幼，迎孟嘗君。」嵇康贈秀才詩曰：「旨酒盈樽。」』

案淮南子詮言篇、泰族篇並云：『百姓攜幼扶老。』陶公停雲詩：『有酒有酒。』

引壺觴以自酌（一作適），眄庭柯以怡顏。

李善注：『陸機高祖功臣頌：怡顏高覽。』陶澍集注引何（孟春）注：『朱子語類：「張以道曰：『眄庭柯』眄字，讀如俛。讀作盼者，非。」』

案宋書、南史上句以字並作而。陶公和郭主簿詩之一：『酒熟吾自斟。』飲酒詩之七：『一觴雖獨進，杯盡壺自傾。』『自斟』、『自傾』，並猶『自酌』也。酌，一作適。時運詩：『揮茲一觴，陶然自樂。』己酉歲九月九日詩：『濁酒且自陶。』『自樂』、『自陶』，並猶『自適』也。惟陶公此句，蓋本作『自酌』。蘇寫本眄作盼。趙寫本作盻，六臣注本文選、宋書、南史亦皆作盻。盼、盻並非。說文：『眄，一曰：衺視也。』又『盼，白黑分也。詩曰：美目盼兮。（據段注本。）盻，恨視也。』盼、盻與眄之義迥別，古書傳寫往往相亂。陶公停雲詩：『息我庭柯。』讀山海經之二：『王母怡妙顏。』

倚南牕以寄傲，審容膝之易安。

李善注：『韓詩外傳（卷九）：「北郭先生妻曰：今結駟列騎，所安不過容膝。」』

案陶公如爲『五斗米折腰，向鄉里小兒。』則不能傲矣。飲酒詩之七：『嘯傲東軒下，聊復得此生。』陶公固傲然自得者也。林和靖和黃亢與季父見訪詩：『一窗方寄傲。』即本陶公此辭。列女傳楚於陵妻篇，於陵子終之妻曰：『夫結駟連騎。所安不過容膝。』（又見高士傳卷中陳仲子傳。）

園日涉以成趣（一作逕），門雖設而常關。

李善注：『爾雅（釋宮）曰：「堂上謂之行，堂下謂之步，門外謂之趨，中庭謂之走。」郭璞曰：「此皆人行、步、趨、走之處，因以名。」趨，避聲也。七喻切。』

陶澍注：趣、趨同。

案李善引爾雅『門外謂之趨』爲說，是其所見本正文趣本作趨。（胡克家文選考異卷第八有說。）曾本趣下注：『一作逕。』逕或爲趨之誤。惟既言涉，則不必更言趨，當以作趣爲正，七喻切。趨者趣之借字。陶公答龐參軍詩：『有客賞我趣，每每顧林園。』與此趣字同旨。歸園田居詩之二：『白日掩荊扉。』癸卯歲十二月中作與從弟敬遠詩：『荊扉晝常閇。』並猶此所謂『門雖設而常關』也。

策扶老以流憩，時矯首而遐觀。

李善注：『易林曰：「鳩杖扶老，衣食百口。」王逸楚辭〔九章惜誦〕注曰：「矯，舉也。」』陶澍集注：『何注：「扶老，籐也。見後漢書蔡順傳注。又談助云：邛竹可爲杖，磥砢不凡，謂之扶老。」』

案『流憩』猶『行止』。廣雅釋詁一：『流，行也。』宋書憩作愒，愒、憩，正、俗字。說文：『愒，息也。』詩召南殷其靁：『莫敢遑息。』傳：『息，止也。』山海經中山經：『龜山多扶竹。』郭璞注：『扶老，筇竹也。高節實中，中杖。名之扶老竹。』楊愼據之，云：『陶潛歸去來辭「策扶老以流憩，」卽此杖也。』（楊升庵外集卷五十。）矯借爲撟，說文：『撟，舉手也。』段注：『引申之，凡舉皆曰撟。古多叚矯爲之。陶淵明曰：時矯首而遐觀。』張華鷦鷯賦：『普天壤以遐觀。』

雲無心以出岫，鳥倦飛而知還。

葉夢得云：『歸去來辭云：「雲無心以出岫，鳥倦飛而知還。」此陶淵明出處大節。非胸中實有此境，不能爲此言也。』（避暑錄話卷上。楊勇君校箋亦引之。）

案莊子知北遊篇：『無心而不可與謀，彼何人哉？』（又見淮南子道應篇，無『而不』二字。）蓋陶公『無心』一詞所本。柳宗元漁翁詩：『巖上無心雲相逐。』王安石即事詩之二：『雲從無心來，還向無心去。』並本陶公此辭。陶公歲暮和張常侍詩：『紛紛飛鳥還。』飲酒詩之五：『飛鳥相與還。』

景翳翳以將入，撫孤松而盤桓。

李善注：『丁儀妻寡婦賦曰：「時翳翳而稍陰，日亹亹以西墜。」爾雅曰：「盤桓，不進也。」』

陶澍集注引何注：『吳正傳詩話曰：「歸去來辭『三逕就荒，松菊猶存』下，復云：『景翳翳以將入，撫孤松而盤桓。』繫松於逕荒景翳之下，其意可知矣。又好言孤松，如『冬嶺秀孤松。』如『青松在東園，衆草沒奇姿。』下云『連林人不見，獨樹衆乃奇。』皆以自況也。」』

案陶公癸卯歲十二月中作與從弟敬遠詩：『翳翳經日雪。』自祭文：『翳翳柴門。』文選張景陽雜詩：『翳翳結繁雲。』李善注：『詩〔邶風終風〕：「曀曀其陰。」毛萇曰：「如常陰曀然。」翳與曀古字通。』宋書、晉書、南史，以皆作其。其猶以也。李注引爾雅云云，今本爾雅無此文，疑廣雅之誤。廣雅釋訓：『盤桓，不進也。』般、盤古通。吳氏詩話所引飲酒詩之八『

連林人不見』，見本作覺。

歸去來兮，請息交以絕游。

李善注：『列子（楊朱篇）曰：公孫穆屏親昵，絕交游。』

案陶公和郭主簿詩之一：『息交遊閒業。』莊子山木篇，稱孔子『辭其交遊』。

世與我而相遺，復駕言兮焉求。

李善注：『桓子新論曰：「凡人性難極也，難知也，故其絕異者，常爲世俗所遺失焉。」毛詩（邶風泉水）曰：「駕言出遊。」又（王風黍離）曰：「知我者謂我心憂，不知我者謂我何求！」』

案李公煥箋註本、趙寫本、張溥陶集本、嚴可均輯本、陶澍集注本，遺皆作違。楊勇校箋依湯漢本亦作違。惟文選、宋書已作遺，蓋存此文之舊。陶公飲酒詩之七：『遠我遺世情。』與此作遺合。郭璞遊仙詩：『嘯傲遺世羅。』可爲旁證。李白九日登山詩：『淵明歸去來，不與世相逐。』謂淵明與世相遺也。又張衡歸田賦：『超塵埃以遐逝，與世事乎長辭。』謝靈運辭祿賦：『判人事於一朝，與世物乎長絕。』皆與世相遺之意合。陶公擬古詩之八：『此士難再得，吾行欲何求！』詠貧士詩之四：『朝與仁義生，夕死復何求！』此文之『焉求』，猶『何求』也。

悅親戚之情話，樂琴書以消憂。

李善注：『說文曰：「話，會合爲善言也。」劉歆遂初賦曰：「玩琴書以滌暢。」』

案陶公答龐參軍詩：『衡門之下，有琴有書。載彈載詠，爰得我娛。』正所謂『樂琴書以消憂』也。張衡歸田賦：『彈五絃之妙指，詠周、孔之圖書。』意亦相近。李注引說文云云，今本說文無爲字；引劉歆賦『滌暢』，滌乃條之誤，胡克家考異有說。

農人告余以春及（一無及字。一作『暮春』。又作『仲春』），將有事於西疇。

李善注：『賈逵國語（周語下？）注曰：一井爲疇。』

案楚辭後語本無及字。文選及作兮，胡氏考異云：『（吳郡）袁（氏）本、茶陵（陳氏）本無兮字。案此尤（延之）校添也。』無及字，添兮字，一作『暮春』，宋書作『上春』，晉書作『春暮』，皆非。一作『仲春』，亦非。蘇寫本本作『仲春』，後將仲字點去，是也。惟春下當補及字耳。藝文類聚引於作乎，文選、晉書、楚辭後語皆同，於猶乎也。陶公癸卯歲始春懷古田舍詩之二：『秉耒歡時務，解顏勸農人。』謂初春農人各相勸勉也。陶公復有勸農詩。

或命巾車，或棹孤舟。

李善注：『孔叢子（記問篇）：「孔子歌曰：巾車命駕，將適唐都。」鄭玄周禮（春官序官）注：「巾猶衣也。」』呂延濟注：『巾、飾也。言裝飾其車。』

段玉裁云：『以巾拭物曰巾，周禮巾車之官，鄭注：「巾猶衣也。」然吳都賦：「吳王乃巾玉路。」陶淵明文曰：「或巾柴車，或櫂孤舟。」皆謂拂拭用之，不同鄭說也。陶句見文選江淹雜體詩注。今本作「或命巾車。」不可通矣。玉篇曰：「本以拭物，後人著之於頭。」』（說文巾字注。）

案文選江淹雜體詩擬陶徵君一首：『日暮巾柴車。』李善注：『歸去來曰：或巾柴車。』與文選所載歸去來辭作『或命巾車』不同。段氏以作『或巾柴車』爲是。然古人注疏引書，往往依正文增改，或因正文而誤記。李注引『或命巾車』爲『或巾柴車』，疑卽依江詩作『巾柴車』而改，或誤記。『或命巾車』，本於孔叢子『巾車命駕』。卽如段說，巾謂拂拭，亦非不可通。棹字段注引作櫂，櫂或从卓也。宋書、南史『孤舟』並作『扁舟』。扁借爲偏，『偏舟』猶『孤舟』也。

既窈窕以尋壑，亦崎嶇而經（一作尋）丘。

李善注：『曹攄贈石荊州詩曰：「窈窕山道深。」埤蒼曰：「嶇崎，不安之貌。」』

陶澍集注引孫志祖文選考異云：『「尋壑」，何云：「尋，南史作窮，窮字佳。宋書同窮。」』

案說文：『窈，深遠也。窕，深肆極也。』文選郭璞江賦：『傍通幽岫窈窕。』呂向注：『窈窕，深邃也。』廣雅釋訓：『崎嶇，傾側也。』陶公歸園田居詩之二：『崎嶇歷榛曲。』經，一作尋，涉上尋字而誤。

木欣欣以向榮，泉涓涓而始流。

李善注：『毛萇詩〔大雅鳧鷖〕傳曰：「欣欣，樂也。」家語〔觀周篇〕：「金人銘曰：涓涓不壅，爲江爲河。」』

案莊子知北遊篇：『山林與！皋壤與！使我欣欣然而樂與！』說文：『涓，小流也。』段注：『凡言「涓涓」者，皆謂細小之流。』六韜文韜守土篇：『涓涓不塞，將爲江河。』說苑敬愼篇：『涓涓不壅，將成江河。』李注引家語『爲江爲河』，今本作『終爲江河』。

善萬物之得時，感吾生之行休！

李善注：『大戴禮曰：「君道當，則萬物皆得其宜。」郭璞遊仙詩曰：「吾生獨不化。」莊子〔刻意篇〕曰：「其生若浮，其死若休。」』

案藝文類聚引時作所，生作年。生字較勝。行猶將也。陶公遊斜川詩序：『悼吾年之不留。』又詩：『吾生行歸休。』淮南子俶眞篇高誘注引莊子云：『死乃休息也。』

已矣乎，寓形宇內能（一無能字）復幾時？曷不委心任去留！

李善注：『尸子：「老萊子曰：人生於天地之間，寄也。」〔嵇康〕琴賦曰：「委性命兮任去留。」』

案蘇寫本、李公煥箋註本、趙寫本、張溥陶集本、嚴可均輯本、陶澍集注本，皆無能字。文選、宋書、晉書、南史咸同。竊疑復，一本作能，傳寫因並竄入耳。藝文類聚引『能復』作『復得』，恐非其舊。宋書曷作奚，義同。呂氏春秋節喪篇高誘注引莊子云：『生，寄也。』陶公神釋詩：『甚念傷吾生，正宜委運去。』晉孫承嘉遁賦：『委性命於玄芒，任吉凶而靡錄。』

胡為乎遑遑兮（一無兮字）欲何之？

李善注：『孟子（滕文公篇）曰：「傳云：孔子三月無君，則遑遑如也。」孔叢子（記問篇）：「孔子歌曰：天下如一欲何之？」』

案蘇、趙寫本並無乎、兮二字。文選、宋書、南史、楚辭後語皆同。陶澍集注本從文選略兮字，藝文類聚引此亦無兮字，晉書同。蘇、趙寫本『遑遑』並作『皇皇』。李注引孟子『遑遑』，孟子本作『皇皇』。皇、遑古通，亦通用惶，廣雅釋訓：『惶惶，劇也。』王念孫疏證云：『劇與遽通。』謂急遽也。文選班孟堅荅賓戲：『是以聖哲之治，棲棲遑遑。』李善注：『棲、遑，不安居之意也。』

富貴非吾願，帝鄉不可期。

李善注：『大戴禮（哀公問五義篇）：「孔子曰：所謂賢人者，躬爲匹夫。而不願富貴。」莊子（天地篇）：「華封人謂堯曰：乘彼白雲，至于帝鄉。」』

案論語述而篇：『不義而富且貴，於我如浮雲。』郭璞遊仙詩：『永偕帝鄉侶，千齡共逍遙。』亦本莊子。

懷良辰以孤往，或植杖而耘耔。

李善注：『〔曹大家〕東征賦曰：「選良辰而將行。」淮南子要略曰：「山谷之人，輕天下，細萬物，而獨往者也。」司馬彪曰：「獨往任自然，不復顧世。」論語〔微子〕曰：「植其杖而耘。」毛詩〔小雅甫田〕曰：「或耘或耔。」』

案陶公和劉柴桑詩：『良辰入奇懷。』宋書、南史耘並作芸，說文：『䅽，除苗閒穢也。𦔳，䅽或從芸。』（段注：『穢當作薉，艸部：薉，蕪也。』）耘、芸並𦔳之省。詩甫田傳：『耘，除草也。耔，雝本也。』耔，正作秄，說文：『秄，雝禾本。』（雝，今字作壅。）李注引淮南子要略云云，當作淮南王莊子略要，文選江文通雜體詩注、謝靈運入華子岡詩注、任彥昇齊竟陵文宣王行狀注，亦皆引之。

登東皋以舒嘯，臨清流而賦詩。

李善注：『阮籍奏記曰：「將耕東皋之陽。」毛萇詩傳曰：「舒，緩也。」琴賦曰：「臨清流而賦新詩。」』

案文選潘岳秋興賦：『耕東皋之沃壤。』翼鵬兄云：『登東皋以舒嘯，皋有高皋、高岸之意。』（詳書傭論學集，詩三百篇成語零釋『九臯』條。）是也。說文：『嘯，吹聲也。』段注：『（詩）召南（江有汜）箋曰：嘯，蹙口而出聲也。』飲酒詩之七：『嘯傲東軒下。』則陶公固亦善嘯者也。詩召南野有死麕傳：『舒，徐也。』陳風月出傳：『舒，遲也。』徐、遲與緩同義，但毛傳無訓舒爲緩者。（惟小雅采菽傳：『紓，緩也。』紓、舒古通。）李注引傳『舒，緩也。』恐誤記。又引嵇康琴賦，本無而字。依此正文增而字，或誤記也。

聊乘化以歸盡，樂夫天命復奚疑（一作為）。

李善注：『家語（本命篇）：「孔子曰：化於陰陽，象形而發，謂之生。化窮數盡，謂之死。」莊子（田子方篇）曰：「生有所乎萌，死有所乎歸。」周易（繫辭）曰：「樂天知命故不憂。」』

案陶公連雨獨飲詩：『運生會歸盡。』自祭文：『余今斯化，可以無恨。』曹植箜篌引：『先民誰不死，知命復何憂。』列子仲尼篇：『樂天知命故不憂。』趙寫本奚作何，義同。疑，一作爲，作疑較勝。陶公庚子歲五月中從都還阻風於規林詩之二：『當年詎有幾，縱心復何疑。』與此作疑同。

論陶潛的閑情賦及林逋的惜別詞

壹、引　言

一個志趣高淡或高潔的人，往往是情感非常豐富的人。可是，一個情感非常豐富的人，未必是志趣高淡或高潔的人。陶潛（淵明三六五—四二七）是晉、宋之際志趣最高淡的隱逸詩人，然而，他的情感却非常豐富。林逋（君復九六七—一〇二八）是北宋時代志趣最高潔的隱逸詩人，他的情感也非常豐富。最足以代表陶淵明豐富情感的作品，莫過於他的閑情賦。最足以代表林君復豐富情感的作品，莫過於他的惜別詞。還沒有人把陶賦、林詞相提並論過，我來作一次嘗試。

貳、陶、林的人品

陶淵明是江西潯陽柴桑人，名潛，潛有隱逸的意思。林君復是浙江杭州錢塘人，名逋，逋也有隱避的意思。陶公少孤，曾經出任州祭酒、參軍、彭澤令等職，晉安帝義熙元年十一月，辭去彭澤令之後，不復出仕，隱居柴桑，樂志田園。林逋也是少孤，早歲放遊江、淮之間，後歸杭州，隱居西湖之孤山，樂志林壑，二十年不至城市。（宋史隱逸傳。）陶公閒靜少言，不慕榮利，家貧，好讀書，簞瓢屢空，晏如也。（五柳先生傳。）林逋恬淡好古，弗趨榮利，家貧，衣食不足，晏如也。（宋史本傳。）陶公嘗著文章自娛。（五柳先生傳。）林逋喜為詩，不欲以詩名一時。（本傳。）陶公三十歲喪偶，續娶翟氏，有五子。林逋終身不娶，以梅為妻鶴為子。陶公最富愛心，推己及人。（如為彭澤令，送一力給其子曰：此亦人子也，可善遇之。）林逋愛護後進，反復致志。（晁補之跋林逋薦士書後。）陶公思想融和儒、道，誠篤而高淡。林逋喜談孔、孟，（梅堯臣林和靖先生詩集序。）厚重而高潔。考陶、林二公的生平，其人品亦頗相似。陶公卒年六十三（顏延之誄、蕭統傳、宋書、晉書隱逸傳。）林逋卒年六十一。（一，亦作二。梅堯臣序、潛說友咸淳臨安志六十五林逋傳。）享年亦相近。陶公世號靖節先生，（蕭統傳）林逋宋仁宗賜諡和靖先生。（本傳）二公之號諡亦頗相合，並可以見其生平之品德。

叁、陶、林的詩品

現存陶公詩，可靠的只有一百二十四首。林逋詩現存可靠的有三百十一首。（商務萬有文庫本邵裴子校林和靖詩集）陶公愛菊，多涉及菊花的詩句，如九日閒居『菊為制頹齡』，和郭主簿第二首『芳菊開林耀（當作「耀林開」）。』飲酒詩第七首『秋菊有佳色』。而最膾炙人口的，是飲酒詩之五的『採菊東籬下，悠然見南山』兩句。我們可以想像，陶公東籬採菊之時，無意間面對廬山那種閒遠超逸的神態。唐朝田園派詩人韋應物答長安丞裴說詩：『採菊露未晞，舉頭見秋山。』即是有意學陶。王國維人間詞話稱陶公『採菊』二句，是『無我之境』的詩句。林逋愛梅，有詠梅詩八首。而最膾炙人口的，是山園小梅二首之一的『疏影橫斜水清淺，暗香浮動月黃昏。』兩句。上句從倒影中寫梅花的體態，下句從月色迷濛中寫梅花的香味。我們讀來，好像隱隱約約中看見一位丰神綽約高潔幽香的仙子一般。難怪宋潛說友稱此二句為『古今絕唱。』（咸淳臨安志林逋傳。）宋代名詞家姜夔用『暗香』、『疏影』為詞牌名，以詠梅花。周密、張炎亦並有『疏影』詠梅影詞。可見林詩影響之深。陶公無詠梅詩，梅字在陶詩中僅一見，蜡日詩有『梅柳夾門植』一句，梅比君子，柳喻普通人，意謂君子與普通人雜處，（參看拙著陶淵明詩箋證稿。）非陶宅門前眞有梅樹。如眞有梅樹植於陶宅門前，以陶公之高淡，必多詠梅詩，林逋不得專美於後了。陶公的詩，已達無我之境。林逋的詩，亦至古今絕唱。兩人詩品之高跟他們的人品一樣，眞是難乎為繼了！

肆、閑情賦與惜別詞

陶公的高淡似菊花，他的詩句已達無我之境。林逋的高潔似梅花，而且又終身不娶。兩位都應該是超情的詩人了。然而却大出乎我們意料之外。我們先談陶公的閑情賦，閑情賦共一百二十二句，七百一十字。陶公寫他如何戀慕一位會彈古瑟、超凡脫俗的絕代佳人。結果是違願失望，以致悽慘悼恨，才不得不把纏綿無依的情感平靜下來。賦中寫得最精彩的是十願：

願在衣而爲領，承華首之餘芳。悲羅襟之宵離，怨秋夜之未央；願在裳而爲帶，束窈窕之纖身。嗟溫涼之異氣，或脫故而服新；願在髮而爲澤，刷玄鬢於頹肩。悲佳人之屢沐，從白水以枯煎；願在眉而爲黛，隨瞻視以閑揚。悲脂粉之尚鮮，或取毀於華妝；願在莞而爲席，安弱體於三秋。悲文茵之代御，方經年而見求；願在絲而爲履，附素足以周旋。悲行止之有節，空委棄於牀前；願在晝而爲影，常依形而西東。悲高樹之多蔭，慨有時而不同；願在夜而爲燭，照玉容於兩楹。悲扶桑之舒光，奄滅景而藏明；願在竹而爲扇，含淒飇於柔握。悲白露之晨零，顧衿袖以緬邈；願在木而爲桐，作膝上之鳴琴。悲樂極以哀來，終推我而輟音。

由這十願看來，陶公不僅希望親近這位絕代佳人，並且還想片刻都不離開，他竟如此癡情！由頭寫到足，由晝寫到夜，親密細膩，宛轉纏綿。簡直料不到是志趣高淡、詩句已達無我之境的陶淵明先生寫的！然而，畢竟是陶淵明寫的。也只有陶淵明的高淡才更配這樣寫。可憐，陶淵明的十願，一願都不成。他失望了，所以他繼續寫：『考所願而必違，徒契契以苦心！』然而陶淵明畢竟能把情感的重擔放下來，閑情賦的收結兩句：『坦萬慮以存誠，憩遙情於八遐。』回復他的高淡之境。陶公的十願是略有所本的。閑情賦的序，提到張衡的定情賦，而定情賦中有兩句：『願在面而爲鉛華兮，恨離塵而無光。』明楊慎以爲『閑情賦祖之。』（見丹鉛雜錄十）。還有張衡的同聲歌中有四句：『願思爲莞席，在下蔽匡牀。願爲羅衾幬，在上衞風霜。』宋姚寬以爲『閑情賦所自。』（見西溪叢語卷上。今傳張歌『願思爲莞席』句，作『思爲莞蒻席。』）張衡賦、歌中的三願，對陶賦的十願，是有所啓發的。尤其是同聲歌『願思爲莞席』句，很明顯卽陶賦第五願『願在莞而爲席』句所本。又阮瑀止欲賦：『思桃夭之所宜，願無衣之同裳。』日僧空海文鏡秘府論西卷，稱劉滔引阮瑀止慾賦：『思在體爲素粉，悲隨衣以消除。』（今傳止欲賦無此二句。）所言願與悲，對陶賦十願九悲或亦有影響。陶賦以後，如梁江淹麗色賦、沈約麗人賦，都沒有與願及悲相關的句子。據梁鍾嶸詩品卷下評宋、齊之際鮑令暉詩：『令暉歌詩，往往嶄絕淸巧，擬古尤勝。唯百願，淫矣。』百願詩失傳。我猜想，很可能是推演陶公的十願而寫的。陶公寫到十願，已大不易；何況推演到百願！鮑令暉眞是絕世才華！鍾嶸批評百願詩淫，淫是浮艷的意思。鍾氏評詩的態度比較保守，他喜歡華靡（美）的詩，不喜歡浮艷的詩。百願詩可能寫得相當浮艷，所以鍾氏批評這首詩淫。鮑令暉是鮑照（明遠）的妹妹，南齊書文學傳論評鮑照詩：『發唱驚挺，操調險急，雕藻淫艷，傾炫心魂。』兄妹倆都是文壇上的奇才，作風也相近。我們有幸讀到陶賦中的十願，可惜沒有福分讀到鮑令暉的百願詩了！

現在我們再談林逋的惜別詞。林逋流傳到今的詞（詩餘）只有霜天曉角——題梅、點絳唇——題草、及長相思——惜別這三首。惜別詞是這樣的：

吳山青，越山青，兩岸青山相送迎，誰知離別情！　君淚盈，妾淚盈，羅帶同心結未成，江頭潮已平。

青，是略帶淒涼的顏色。眼前面對青山一送一迎的景象，只有增加離人的傷感。這時的傷感，誰又了解呢？要是相處過一段親密的日子，也好。偏偏連環廻旋的同心結也未結成，就要分離，實在捨不得分離。可是，江頭潮水已平，沒有風浪，又非分離不可，只有相對淚下了！這眞是一首纏綿悱惻、難捨難分、情景交融的絕妙好詞。那裡像一個志趣高潔、一生不結婚抱獨身主義的林逋先生寫的呢？然而，畢竟是林逋寫的。也只有林逋的高潔，才更配這樣寫！林逋寫這首詞後，不知他纏綿的情景幾時才回復到高潔的境界？我想，不久就回到高潔的。高潔的林逋，是由深情中跳出來的。因爲林逋寫了這首感人肺腑的惜別詞，後人又將『長相思』詞牌的名稱，稱爲『吳山青』，本於惜別詞的首句。

伍、蕭統、盧文弨評陶賦、林詞

蕭統陶淵明集序云：

余素愛其文，不能釋手；尙想其德，恨不同時。故加搜校，粗爲區目。白璧微瑕，惟在閑情一賦。揚雄所謂『勸百而風一』者，卒無風諫，何足搖其筆端？惜哉，無是可也！

『勸百而風一』是揚雄批評司馬相如賦的話。（見漢書司馬相如傳贊。後人附益於史記司馬相如傳中。）陶賦序曾說：『將以抑流宕之邪心，諒有助於諷諫。』蕭統大概以爲陶賦雖有諷諫的寓意，但寫來却沒有諷諫的意味，只是一篇愛慕美人的賦而已。這跟陶公的品德不相稱。有了這篇賦，對陶公的品德反而有損，不如沒有更好。很奇怪！據蕭統的樂府詩『有所思』、『三婦豔』及『長相思』諸首看來，他也是一個深於情的人；他選文選的標準又是『事出於沈思，義歸乎翰藻。』重視形式、內容的優美，然而他對陶賦却有這樣的批評。也許是太愛慕陶淵明了，不願陶淵明有一點瑕疵。

盧文弨林和靖集校正，關於林逋詩餘（詞）云：

舊本所無，何必贅此！如『君淚盈、妾淚盈』云云，豈復似高人語邪？刪之爲淨！

惜別詞早見宋曾慥樂府雅詞、及黃昇花庵詞選，是林逋的作品，決無可疑。盧氏批評林詞的口氣，很像蕭統批評陶賦。他說『君淚盈』幾句，『豈復似高人語？』難道品格高的人就不應該有深情嗎？眞是迂腐怪論！盧氏是清乾隆時代傑出的樸學家之一，生平好校正古書，頗有特識。一位樸學家，很少有富於情感的。他家有抱經堂，人稱他抱經先生。一個抱著經書的人，總是道貌岸然的，他反對林逋有這首惜別詞，不足爲怪。

陸、評蕭、盧的批評

首先反對蕭統評陶賦的是蘇東坡，東坡說：

淵明作閑情賦，所謂『國風好色而不淫』。正使不及周南，與屈、宋所陳何異？而統大譏之，此乃小兒強作解事者！陶澍靖節先生集引。東坡題跋識上本無大字。

『國風好色而不淫，』是淮南王劉安敍離騷傳中語，史記屈原傳用之。周南是國風之一。東坡是最崇拜陶公的，以爲陶公的詩，曹植、劉楨、鮑照、謝靈運、李白、杜甫諸人，都趕不上。只有他的和陶詩，還跟陶公的詩差不多（詳東坡與弟子由書）。蕭統譏陶賦『白璧微瑕』並未大譏。東坡批評蕭統『乃小兒強作解事。』未免過火一點。評陶賦『正使不及周南，與屈、宋所陳何異？』下句相當公平，上句我不大同意。因爲後人批評詩，總是把三百篇看得太高。陶賦跟周南各有各的好處，何必說『不及周南』？東坡雖然稱讚陶賦，可惜沒有直接從陶賦的纏綿細膩處去表揚陶賦的特色。東坡以後，清孫人龍陶淵明詩評註初學讀本，也曾批評蕭統的意見，他說：

古以美人比君子，公亦猶此旨耳。昭明以『白璧微瑕』議此賦，似可不必。意本風、騷，自極高雅，所謂『發乎情止乎禮義』者非歟？逐層生發，情致纏綿，終歸閑正，何云『卒無諷諫』邪？

所謂陶公之旨，亦以美人比君子，可以這樣去推想。所稱『發乎情止乎禮義』，本於詩大序，借來批評陶賦，很好。孫氏的意見，比東坡和平。也約略談到陶賦的好處。不過，陶賦雖『終歸閑正』，不見得就表示有所諷諫，閑正與諷諫還不是一回事。還有劉光蕡陶淵明閑情賦注：

此篇乃淵明悟道之言，較歸去來辭、桃花源記、五柳先生傳尤精粹。昭明取五柳先生傳，訾此爲瑕，何也？讀書不可拘於句下，所謂『詩無達詁』是也。苟執詞以求之，十五國風之詞可存者僅矣。太史公謂『國風好色而不淫』，以曰離騷。淵明此篇亦即其意。身處亂世，甘於貧賤，宗國之覆既不忍見，而又如之何！故託爲閑情。其所賦之詞，以學人之求道也可；以爲忠臣之戀主也可；即以爲自悲身世以思聖帝明王也，亦無不可。

劉氏說閑情賦『較歸去來辭、桃花源記、五柳先生傳尤精粹。』其實這幾篇作品，各有各的好處，各不相掩，不必去比較高低。所引『詩無達詁』句，見漢董仲舒春秋繁露精華篇。劉氏引來談國風的內容，很好。像國風中的詩，或以爲美、刺說；或以爲淫奔詩；或更有其他的解釋，誠然無所謂『達詁』。又引太史公『國風好色而不淫』，來評離騷、陶賦，是本於蘇東坡的意見。離騷以美人比君，劉氏評陶賦『以爲忠臣戀主』，或『自悲身世以思聖帝明王』也可備一說。惟獨謂陶賦『以學人之求道也可，』甚至於說『此乃淵明悟道之言。』這就比蕭統所評『白璧微瑕』迂腐多了！這篇賦淵明悟了道，我們讀了也可以求道，這種意見不僅迂腐得可笑，而且可怕！這正可以給假道學以口實！假道學往往以求道、悟道來掩飾自己不正當的言行。我們應該就賦言賦，陶賦可能如離騷有戀主的寓意，然而，假如陶公沒有纏綿細膩的情感，決寫不出這篇賦。我們讀這篇賦，所重的是陶公的眞情、淳情，我們要從陶公的眞情、淳情進而了解他的高淡，這才是一個完全的陶淵明。如果把這篇賦去掉，我們只從高淡去了解陶淵明，就比較空泛了！甚至於對陶淵明的了解只有一半了！

至於盧文弨批評林逋惜別詞的話，很可能受了蕭統批評陶賦的影響，一個說『惜哉無是可也，』一個說『刪之爲淨，』態度和語氣略相似。商務萬有文庫本邵裴子校輯林和靖詩集所附『校語，』把盧說收入最後『詩餘』一條，只說到林詞應該『存錄』的問題；還沒有人批評盧氏對惜別詞的意見。盧氏是樸學家，不長於文學，詞又是詩之餘，是小技，不是他所重視的。何況林詞又有『君淚盈，妾淚盈』諸句，因此盧氏說『豈復似高人語，刪之爲淨。』我却認爲『君淚盈』諸句，出自高人如林逋之口，才更顯得是眞情、淳情。雖然這首詞僅僅才三十六字，對於了解林逋非常重要，應該跟他的三百多首詩並讀。由他的眞情、淳情，進而了解他的高潔，這才是一個完全的林逋。如果把這首詞刪去，我們只從高潔去了解林逋，就比較空泛了！甚至於對林逋的了解只有一半了！

一九七五年十一月十日，我曾經寫過一首有關蕭統批評陶賦盧文弨批評林詞的五言古體詩：

至情

昭明慕靖節，柴桑樂高趣，白璧惜微瑕，惟在閑情賦；抱經尊和靖，孤山發高詠，獨怪惜別詞，刪之乃爲淨。余常笑二子，皆染道學氣，陶、林孤介人，賴有情可慰。至情寓至文，何必爲之諱。至情能忘情，此境誰能暨？君看世失眞，僞情更可畏！

蕭統評陶賦『白璧微瑕』。我却認爲陶公有了這篇閑情賦，譬如白璧，更顯得光輝。盧文弨評林詞非高人語，我却認爲林逋有了這首惜別詞，這位高人，更顯得眞摯。不讀閑情賦，不夠了解陶淵明；不讀惜別詞，不夠了解林逋。

柒、結語

林逋大約比陶淵明晚四百四十年才出生，他却非常崇拜陶淵明。他的『夏日卽事』詩有兩句：

北窗人在羲皇上，時爲淵明一起予。

上句出自陶公與子儼等疏：『五六月中，北窗下臥，遇涼風暫（一作颯）至，自謂是羲皇上人。』下句『起予』本於論語八佾篇：『子曰：起予者商也，始可與言詩已矣。』起與啓通。林逋的意思，是說淵明自謂是羲皇上人那種高風，對他是一種啓發。可見他的人品，很受陶公的影響。

他們兩位的眞淳情感也很相似。蘇東坡書和靖林處士詩後有一句：『平生高節已難繼。』林逋可以繼陶公的高節，誰又能繼林逋的高節呢？不過，林逋雖是隱逸詩人，不願以詩得名，而他一生人與詩都享大名，當時名公鉅卿如范仲淹、宋庠、宋祁、歐陽修、司馬光諸人，對他都非常仰慕。陶淵明呢？隱居柴桑，耕種田園，不求聞達，以此自終。身後好友顏延之爲他作『陶徵士誄』他的高操峻節，才漸漸顯著。林逋又比陶公幸運多了！我們讀陶公的詩、賦，林逋的詩、詞，應該培養眞品格、眞情感。不要被假道學、假情感所蒙蔽、所欺騙；也不要隨意用情感，損害自己的品格。

一九八一年十一月廿五日晚七時，應台大中文學會之邀，在文學院演講廳演講，所擬講稿。

鍾嶸詩品疏證

自詩品出，而詩文境界，始砉然而分。自詩品出，而詩話家流，始蔚然而起。是書之傳，蓋千四百載矣。余每讀之不能釋手，若深有領會者然。其立論也：首標物感之說，次駁玄虛之談，既明隸事之非，終正聲律之用，而一以性情爲主。誠思深而意遠，深得吟詠之要眇矣！至其師承品第之間，稱情比類，裁量惟允。淵源得失，昭然若揭。昔賢如葉夢得胡應麟沈德潛謝茂秦諸人，皆言其不無違失，而王士禎非之尤力，持論未免偏泥。夫詩道性情，固當自成一家，不必規規於所謂師承，而爲人之奴僕。然魏晉作者，多應詔、侍讌、從軍之什，各有專工，流別可溯。加以齊梁士俗，競效一家之體，已蔚爲風尚，則仲偉之言某人詩出於某人，自有其見地，可無苛論也。至若魏武之沈雄慷慨，睥睨千秋。陶潛之遠韻高情，清新萬古。鮑照之驚奇廉儁，凌厲當年。自當並列上品，其餘亦可無異議。然魏武位尊而行卑，陶鮑才秀而人微，且以古直，（見評曹公語。）質直，（見評淵明語。）險俗，（見評明遠語。）之風，又非南朝之文詠所尚，此仲偉之所以次其品第者與？『三品升降，差非定制，方申變裁，請寄知者。』（見序。）千載而下，誰知其微意所寄，而爲之明辯邪？近世治詩品者頗多，粲然大觀，各有發明。岷往歲亦有疏證舊稿，近復稍加董理，略述管窺，條舉其要，同好見之，倘亦有所取乎？

序

氣之動物，物之感人，故搖蕩性情，形諸舞詠。

案此論詩之產生，由於物感。下文『若乃春風春鳥，秋月秋蟬，夏雲暑雨，冬月祁寒，斯四候（一作時）之感諸詩者也。』與此同旨。陸機文賦云：『遵四時以歎逝，瞻萬物而思紛，悲落葉於勁秋，喜柔條於芳春。』文心雕龍明詩篇云：『人稟七情，應物斯感，感物吟志，莫非自然。』物色篇云：『歲有其物，物有其容，情以物遷，辭以情發。』蕭子顯自序云：『追尋平生，頗好辭藻，登高極目，臨水送歸，風動春朝，月明秋夜，早雁初鶯，開花落葉，有來斯應，每不能已也。』（梁書蕭子顯傳。）並與仲偉之說相發。

夏歌曰：『鬱陶乎予心，』楚謠曰：『名予曰正則，』雖詩體未全，然是五言之濫觴也。

古直箋云：『六朝人不辨僞書，仲偉舉五子之歌以爲五言濫觴，可也。然此下不舉毛詩，而舉楚辭，則所未喻。』岷案毛詩中多五言，人所習知，此或仲偉略而不舉之故與？獨孤及皇甫冉文集序云：『五言詩之源，生於國風，廣於離騷，則並舉詩騷矣。』

古詩眇邈。

案唐荆川稗編七三，引眇作渺。渺、眇，古通。

自王揚枚馬之徒，詞賦競爽。

案對雨樓叢書本，詞賦作詩賦。

永嘉時，貴黃老，稍尚虛談。於時篇什，理過其辭，淡乎寡味。爰及江表，微波尚傳，孫綽許詢桓庾諸公詩，皆平典似道德論，建安風力盡矣。

案文心雕龍明詩篇云：『江左篇製，溺乎玄風，嗤笑徇務之志，崇盛亡機之談，袁孫以下，雖各有雕采，而辭趣一揆，莫與爭雄。』時序篇云：『自中朝貴玄，江左稱盛，因談餘氣，流成文體。是以世極迍邅，而辭意夷泰，詩必柱下之旨歸，賦乃漆園之義疏。故知文變染乎世情，興廢繫乎時序，原始以要終，雖百世可知也。』可與仲偉之說相發。

故知陳思爲建安之傑，公幹仲宣爲輔。陸機爲太康之英，安仁景陽爲輔。

案李白上安州李長史書云：『陸機作太康之傑士，未可比肩。曹植爲建安之雄才，惟堪捧駕。』即本於此。

夫四言文約意廣，取效風騷，便可多得。每苦文繁而意少，故世罕習焉。五言居文詞之要，是衆作之有滋味者也。故云習於流俗，豈不以指事造形，窮情寫物，最爲詳切者邪？

案『文約意廣，』對雨樓叢書本、龍威秘書本，意並作易，稗編七三引同。當從之。四言每句僅四字，易廣其辭，故曰『文約易廣』也。夫『興寄深微，五言不如四言。』（李白論詩語。）然三百篇在前，雖才士亦難以爲美，故魏晉詞人，遂競競於五言矣。胡應麟詩藪云：『四言簡質句短，而調未舒。七言浮靡文繁，而聲易雜。析繁簡之衷，居文質之要，莫尚於五言。故三代而下，兩漢以還，文士藝人，平生精力，咸萃斯道。至有一篇之善，半簡之工，名流華貊，譽徹古今者，曰：「雕蟲小技，」吾弗信矣。』可與仲偉之說相發。

故詩有六義焉。

案學津討源本、津逮秘書本，六並作三。下文僅標興、比、賦，三義。作六乃以大名代小名之例，六字不誤。下文作三，則承興比賦言之。

文已盡而意有餘，興也。

案天中記三七，陳懋仁文章緣起注，引意並作義。

至於楚臣去境，漢妾辭宮。

案李白愁陽春賦云：『明妃玉塞，楚客楓林，』黄山谷聽宋宗儒摘阮歌云：『楚國羈臣放十年，漢宫佳人嫁千里，』並本於此，或謂漢妾指班婕妤者，非也。

或士有解佩出朝。

案梁書本傳或作又。章俊卿山堂考索前集二二、稗編七三，引並作文，文蓋又之誤。

於是庸音雜體，各各爲容。

案學津討源本、津逮秘書本，各各並作人各。

至使膏腴子弟，恥文不逮，終朝點綴，分夜呻吟，獨觀謂爲警策，衆覩終淪平鈍。

案顏氏家訓文章篇云：『今世文士，一事愜意，一句清巧，神厲九霄，志凌千載，自吟自賞，不覺更有傍人。』與仲偉所慨正同。

次有輕薄之徒，笑曹劉爲古拙，謂鮑照羲皇上人，謝朓古今獨步。

案『鮑照羲皇上人，謝朓古今獨步，』二句平列。蓋謂當時輕薄文流，極推尊鮑謝之詩，而反笑曹植劉楨之古拙也。文心雕龍通變篇云：『今才穎之士，刻意學文，多略漢篇，師範宋集。』可與仲偉之說相發。陳延傑注謂『羲皇上人，譏鮑詩之古質，』夫南齊書文學傳論稱明遠『發唱驚挺，操調險急，雕藻淫豔，傾炫心魂，猶五色之有紅紫，八音之有鄭衞，』豈得譏其詩古質哉？失之遠矣！

徒自棄於高明。

案山堂考索前集二二、稗編七三、廣博物志，引明並作聽，梁書本傳同。

觀王公縉紳之士，每博論之餘，何嘗不以詩爲口實？隨其嗜慾，商榷不同，淄澠並泛，朱紫相奪，喧議競起，準的無依。

案江淹雜體詩序云：『世之諸賢，各滯所迷。莫不論甘則忌辛，好丹則非素，豈所謂通方廣恕，好遠兼愛者哉？』亦即此意。

至若詩之爲技，較爾可知，以類推之，殆均博奕。

案南朝人好博奕，並爲之品第，故仲偉引以爲喻。

賞究天人。

案山堂考索引賞作想，梁書本傳作學。

固以瞰漢魏而不顧。

案龍威秘書本以作已，已以古通。廣博物志引瞰作睨，梁書本傳同。

若乃經國文符，應資博古。撰德駁奏，宜窮往烈。至乎吟詠性情，亦何貴於用事？

案經國文符，如詔令檄移之類。撰德駁奏，如碑誄議奏之類。梁書庾肩吾傳：『太子與湘東王書云：若夫六典三禮，所施則有地。吉凶嘉賓，用之則有所。未聞吟詠情性，反擬內則之篇。操筆寫志，更摹酒誥之作。遲遲春日，翻學歸藏，湛湛江水，遂同大傳。』可與仲偉之說相輔。夫詩緣情而發，直寫衷懷，若詳故實，則略性情，雖文繁而理富，其喜怒哀樂，亦難以逼眞矣。故嚴羽滄浪詩話云：『夫詩有別材，非關書也。詩有別趣，非關理也。詩者，吟詠性情也。近代諸公，乃作奇特解會，遂以文字爲詩，以才學爲詩，以議論爲詩，夫豈不工？終非古人之詩。』周密齊東野語引陳簡齋嘗語人作詩之要云：『天下書雖不可不讀，然愼不可有意於用事，今人或以用事爲博贍，誤矣！』所見並與仲偉同。袁枚詩云：『天涯有客號詅癡，誤把鈔書當作詩。鈔到鍾嶸詩品日，該他知道性靈時。』語雖恢諧，實可爲沈迷於隸事者，一棒清鐘也！章太炎國故論衡辨詩篇云：『詩又與奏議異狀，無取數典，鍾嶸所以起例，雖杜甫愧之矣。迄於宋世，小說、雜傳、禪家、方伎之言，莫不徵引。夫以孫許高言莊氏，雜以三世之辭，猶云：「風騷體盡，」況乎辭無友紀，彌以加厲者哉？』亦能申仲偉之說。

『清晨登隴首，』羌無故實。

案『清晨登隴首，』舊注諸家，皆不知何人詩。考北堂書鈔一五七引張華詩云：『清晨登隴首，坎壈行山難。（山難一作何難。）嶺阪峻阻曲，羊腸獨盤桓。』則仲偉所舉，固茂先句矣。王漁洋論詩絕句云：『五字「清晨登隴首，」羌無故實使人思。定知妙不關文字，已是千秋幼婦詞。』漁洋吟詠，喜用僻事新字，而能立論如此，蓋讀仲偉書而有所悟與？

爾來作者。

案葉少蘊石林詩話引爾作邇，爾即邇之借。

拘攣補衲。

案石林詩話引拘作牽。

但自然英旨，罕値其人。詞既失高，則宜加事義。雖謝天才，且表學問，亦一理乎？

案石林詩話引値作遇。夫詩以自然爲主，所謂『感物吟志，莫非自然』也。故大家之作，絕無矯揉妝束之態。顏氏家訓文章篇云：『學問有利鈍，文章有巧拙。鈍學累功，不妨精熟。拙文研思，終歸蚩鄙。但成學士，自足爲人，必乏天才，勿強操筆。吾見世人，至無才思，自謂清華流布，醜拙亦以衆矣！』此可以申仲偉之說。王國維人間詞話云：『以長恨歌之壯采，而所隸之事，不過小玉雙成四字，才有餘也。梅村歌行，則非隸事不辨，白吳優劣，即見於此。』此尤『雖謝天才，且表學問』之良證也。

詞文殆集。

案山堂考索、稗編，引詞文並作詞人。

嘗試論之，古曰詩頌，皆被之金竹。

案山堂考索、稗編，引論並作言，曰並作者。

今既不被管弦，亦何取於聲律邪？

案鶴山文集五二云：『詩以吟詠性情爲主，不以聲韻爲工。』正符仲偉之旨。山堂考索、稗編，引弦並作絃，弦、絃，古今字。

安仁倦暑。

案安仁悼亡詩有云：『溽暑隨節闌，』倦暑，殆即指此？古直陳延傑並以爲指在懷縣作，爲其有『隆暑方赫曦』之句也。然『隆暑方赫曦，』則不得云倦暑，恐非。

卷上

漢都尉李陵詩

其源出於楚辭。

陳石遺平議云：『夫五言古，首推蘇李，子卿與少卿並稱。李詩固悽怨，所謂愁苦易好也。蘇詩則懇至悱惻，豈遂歡娛難工乎？鍾氏上品數少卿，而不及子卿，深所未解。況楚辭之怨，由於忠而獲罪，信而見疑，李陵之怨，則有異矣。徒以其怨之同，遂謂其源出於此，則小雅之怨悱而不亂，國風之氓與谷風，不更在楚辭之前乎？楚辭者，香草美人，語多比興，李陵則直訴而已。溝而合之，非知言也。』岷案蘇武詩，文選不云贈陵，劉勰鍾嶸皆不及言蘇武。武詩或即在古詩內也？宋濂答章秀才論詩書云：『蘇子卿李少卿之箸，紆曲淒惋，實宗國風與楚人之詞。』蓋蘇詩宗國風，李詩宗楚辭，深符仲偉之旨。

漢婕妤班姬詩

其源出於李陵。

陳石遺云:『婕妤身世,尚與屈平相似,然亦從國風綠衣、燕燕得來,謂出李陵,擬於不倫矣。』陳延傑云:『此詩與長歌行,並古詞。一傷年命,一敍怨情,其風骨頗相類。謂出李陵,非也。』岷案仲偉評婕妤『辭旨清捷,怨深文綺,』與評李陵『文多悽愴,怨者之流』相符,故謂『其源出於李陵。』後評王粲詩:『發愀愴之詞,』故亦謂『其源出於李陵。』凡仲偉謂某人詩出於某人之例,大都如此。石遺延傑並未達。

魏陳思王植詩

音樂之有琴笙。

案御覽五八六、錦繡萬花谷前集二一、合璧事類前集四四,引琴笙並作笙竽。

魏文學劉楨詩

仗氣愛奇,動多振絕。

案山堂考索、稗編，引仗氣並作壯氣。御覽五八六引振作震，震振古通。

晉步兵阮籍詩

無雕蟲之巧。

案御覽五八六引作：雖無彫斲之巧。

可以陶性靈，發幽思。

案山堂考索引性靈作性情。御覽五八六引幽思作幽致。

顏延年注解，怯言其志。

案對雨樓叢書本無年字，山堂考索引同。顏延年亦省稱顏延，序中已累見此例。

晉平原相陸機詩

尚規矩，不貴綺錯，有傷直致之奇。

案文心雕龍體性篇云：『士衡矜重，故情繁而詞隱。』才略篇云：『陸機才欲窺深，詞務索廣，故思能入巧，而不制繁。』並與仲偉『尚規矩』之說相符。『直致之奇，』亦如彥和所謂『慷慨以任氣，磊落以使才，造懷指事，不求纖密之巧。驅辭逐貌，惟取昭晰之能。』（

文心雕龍明詩篇。）惟建安諸子，足以語此。胡仔漁隱叢話引詩眼云：『建安詩辯而不華，質而不俚，風調高雅，格力遒壯，其言直致而少對偶，指事情而綺麗，得風雅騷人之氣骨，最爲近古者也。』若士衡之辭繁體排，徒尚規矩，則去此道遠矣！司空圖與李生論詩書云：『直致所得，以格自奇，前輩諸集，亦不專工於此，矧其下者邪？』此深見甘苦之言也。常景讚司馬相如云詩：『長卿有豔才，直致不羣性。』成玄英莊子大宗師篇疏云：『直致任眞，率性而往。』並可證直致之義。舊注諸家似未達。

然其咀嚼英華，厭飫膏澤，文章之淵泉也。

案晉書本傳云：『後葛洪箸書，稱「機文猶玄圃之積玉，無非夜光焉。五河之吐流，泉源如一焉。」其弘麗妍贍，英銳漂逸，亦一代之絕乎？』

晉黃門郎潘岳詩

翰林歎其翩翩然，如翔禽之有羽毛，衣服之有綃縠。

古直云：『初學記引李充翰林論曰：「潘安仁爲文，猶翔禽之羽毛，衣被之綃縠。」』岷案天中記三七亦引此文。對雨樓叢書本衣服作衣被，山堂考索、稗編引並同。與初學記、天中記引翰林論合。

猶淺於陸機。

案淺謂意旨顯露。世説新語文學篇注引孫興公亦云：『潘文淺而淨，陸文深而蕪。』文心雕龍體性篇云：『安仁輕敏，故鋒發而韻流。士衡矜重，故情繁而詞隱。』才略篇云：『潘岳敏給，詞旨和暢。陸機才欲窺深，辭務索廣。』並可佐證仲偉之説。元遺山論詩絶句云：『鬬靡夸多費覽觀，陸文猶恨冗於潘。心聲只要傳心了，布穀瀾翻可是難。』亦謂陸蕪而潘淨也。

晉黄門郎張協詩

實曠代之高手。詞彩葱蒨，音韻鏗鏘。

案御覽五八六引高手作高才。詞（作辭，同。）上有其字。

宋臨川太守謝靈運詩

頗以繁富爲累。

案山堂考索、稗編，引繁富並作繁蕪。梁簡文帝與湘東王書謂：『學謝則不屆其精華，但得其冗長。』又謂：『時有不拘，是其糟粕。』（見梁書庾肩吾傳。）可與仲偉『繁富爲累』

之說相發。靈運詩如：『鼻感改朔氣，眼傷變節榮。』（悲哉行。）『節往慼不淺，感來念已深。』（晚出西射堂。）『孤遊非情歎，賞廢理誰通？』（湖中瞻眺。）皆拙劣強湊。『楚人心昔絕，越客腸今斷。斷然雖殊念，俱爲歸慮款。』（道路憶山中。）『火逝首秋節，明經弦月夕。月弦光照戶，秋首風入隙。』（七夕詠。）此皆牽強雜沓，不可爲訓。（其他蕪詞累句尚多，說詳汪師韓詩學纂聞。）皆由放蕩逞才之過。嚴滄浪謂：『靈運詩，無一篇不佳。』吾不敢信也。姚範援鶉堂筆記云：『按康樂詩，頗多六代強造之句，其音詐滯。』此說最爲有識。

卷中

魏文帝詩

所計百許篇。

古直云：『所計，津逮秘書本、漢魏叢書本均作新奇，歷代詩話本作所計。案新奇、所計，均不詞。原文當是「所製百許篇，」所字以形近譌爲新字，製字以音近譌爲奇字或計字也。』岷案對雨樓叢書本、學津討源本、龍威秘書本，亦並作新奇，山堂考索引同。蓋本作『新哥』，奇乃哥之誤。哥或借爲歌。

晉司空張華詩

巧用文字。

案文心雕龍麗辭篇云：『張華詩稱「遊雁比翼翔，歸鴻知接翮，」若斯重出，即對句之駢枝也。』據此，則茂先之用文字，亦有不巧者矣。

雖名高曩代，而疏亮之士，猶恨其兒女情多，風雲氣少。

案元遺山論詩絕句云：『風雲若恨張華少，溫李新聲奈爾何？』岷亦謂茂先詩，清和溫麗，與王粲文秀相似，時亦興託不凡。宋長白柳亭詩話云：『張茂先壯士篇：「長劍橫九野，高冠拂玄穹，慷慨成素霓，嘯叱起清風。」吳雪舫謂此數語，稍見風雲之氣。蓋以鍾嶸謂其兒女情多也。』

今置之中品疑弱，處之下科恨少。

案中疑上之誤。上品疑弱，下科恨少，明其所以列之中品之故，故下文云：『在季孟之間』也。

晉司徒掾張翰詩

季鷹黄華之唱。

案季鷹雜詩云：『暮春和氣應，白日照園林，青條若總翠，黄華如散金。』寫景入神。江淹蓓賦：『假青條兮總翠，借黄華兮舒金。』即本於此。晉書稱其『黄華之什，濬發神府，』李白亦云：『張翰黄華句，風流五百年！』（送張十一遊東吳詩。）皆非過譽也。又案宋濂與章秀才論詩書云：『張季鷹則法公幹。』可補仲偉之略。

晉侍中應璩詩

祖襲魏文。

陳延傑云：『今觀其所作，頗類國風，謂「祖襲魏文，」非也。』岷案休璉詩，『善爲古語，』亦有『華靡可諷味』者，正如魏文詩，『鄙質如偶語，』復有『美贍可翫』者。則仲偉謂休璉『祖襲魏文，』固未爲失。其言某人詩出於某人之例，大都如此。（說已見前。）陳氏『頗類國風』之說，只見到『善爲古語，詩人之旨』一層。善爲古語，指事殷勤，雅意深篤，得詩人激刺之旨。

案李充翰林論稱休璉詩百數十篇，孫盛晉陽秋稱休璉五言詩百三十篇，（並見文選注引。）隋志總集有應貞注應璩百一詩八卷。舊並謂其有風規譏切之旨。然璩詩久已散佚，即下文仲偉所稱『濟濟今日所』一篇，今亦無考。葛勝仲稱郭茂倩雜體詩載璩百一詩五篇，但首三篇，僅述其旨意，未標本文。第四篇惟出『苟欲娛耳目，快心樂腹腸，我躬不悅歡，安能慮死亡。』四句。五篇，則謂與文選所載同。（見丹陽集。）胡應麟謂百一詩，惟『細微可不慎』一篇，皆諫戒語。（見詩藪。）然亦僅出首句。近人丁福保乃於文選所載『下流不可處』一篇外，復輯得六篇，百一詩二篇，雜詩三篇，三叟詩一篇，（見全漢三國晉南北朝詩卷三。）然『子弟可不慎』及『少壯面目澤』二篇，已僅各存四句。（案漁隱叢話引潘子眞詩話，稱得臨淄晏公家本，所見璩『少壯面目澤』一篇，多『平生髮完全，變化似浮屠，醉酒巾幘落，禿頂赤如壺。』四句，當補存。丁氏但據藝文類聚十八所引耳。）至於『年命在桑榆，』（據葛勝仲所述，即郭茂倩所載百一詩第三篇。）『細微可不慎，』（即胡應麟所稱一篇。）『散騎常師友，』及『古有行道人』四篇，古樸敦厚，猶見詩人之旨。類書中如：北堂書鈔、藝文類聚、御覽等，常稱引休璉詩，雖不必載其全，而『指事殷勤，雅意深篤，』猶可概見。此又有待於輯佚者之詳加搜討矣。

晉太尉劉琨詩

自有清拔之氣。

案序中亦云：『劉越石仗清剛之氣。』文心雕龍才略篇云：『劉琨雅壯而多風。』說並相輔。元遺山論詩絕句云：『曹劉坐嘯虎生風，四海無人角兩雄。可惜幽并劉越石，不敎横槊建安中！』可謂極推尊越石矣。然其詩如：『昔在渭濱叟，』叟字殊鈍；『宣尼悲獲麟，西狩泣孔丘，』隸事又複，此其品第所以次於子建公幹者與？

宋徵士陶潛詩

其源出於應璩。

案陶公無意爲詩，而臻至境，固不必規撫應璩。故仲偉源出應璩之說，最爲後世所非。然陶公之『文體省淨，殆無長語，篤意眞古，辭興婉愜，』正與應璩之『善爲古語，指事殷勤，雅意深篤。』者相類。陶公復有『風華清靡』之什，尤與應璩有『華靡』之作者合。當世徒『歎其質直』耳，仲偉謂其源出應璩，亦煞費匠心矣！然陶公復時有勁氣流露，則非應璩所具。觀其詠田疇，（擬古第二首。）詠荊軻，少時壯且厲，（擬古第八首。）萬族各有託，（詠貧士第一首。）諸篇，直與太沖相頡頏，故下文又言其『又協左思風力』也。後人執著源出應璩一層，以非仲偉，殊爲失之！仲偉以陶公源出應璩，璩列中品，故陶公亦列中品。御覽五八六引詩品，陶在上品，蓋出於臆改。古直反謂：『今傳詩品，列之中品，乃後人竄亂之本。』非也。

至如歡言酌春酒。

案御覽五八六引如作於，於猶如也。漢魏叢書本、龍威秘書本、詩觸本，酌皆作醉。山堂考索，黄徹䂬溪詩話、稗編，引並同。

宋光祿大夫顔延之詩

雅才減若人，則蹈於困躓矣。

案雅字，疑涉上文『文雅才』而衍。稗編引無雅才二字，才字不當無。

湯惠休曰：謝詩如芙蓉出水，顔如錯采鏤金。

案詩藪云：『清水芙蓉，鏤金錯采，顔謝之定衡也。』然此亦辜較言之，實則謝詩頗多強造之句，殊非自然流露。石林詩話云：『初日芙渠，非人力所能爲，而精彩華妙之意，自然見於造化之外。靈運諸詩，可以當此者亦無幾。』此説是也。

宋豫章太守謝瞻，宋僕射謝混，宋太史袁淑，宋徵君王微，宋征虜將軍王僧達詩

故務其清淺。

案錦繡萬花谷前集二一，引作：故務爲清淡。

宋法曹參軍謝惠連詩

案宋濂與章秀才論詩書云：『惠連本子建，而雜參於郭景純。』可補仲偉所略。謝氏家錄云：『康樂每對惠連，輒得佳語。後在永嘉西堂思詩，竟日不就。寤寐間，忽見惠連，即成「池塘生春草。」故常云：此語有神助，非吾語也。』

案靈運才高詞盛，駢儷之極，時流於繁蕪。惠休『初日芙蓉』之譽，誠未必値。至如『池塘生春草』之句，則眞自然可愛，故自謂『此語有神助』也。元遺山論詩絕句云：『池塘生草謝家春，萬古千秋五字新。傳語閉門陳正字，可憐無補費精神！』又云：『坎井鳴蛙自一天，江山放眼更超然。情知春草池塘句，不到柴煙糞火邊。』詩家妙處，誠當以此爲根本，此非思苦言艱者所能悟也！（數語本石林詩話。）盛唐李白，才由天授，詩以神運，故極愛靈運此句，而時形諸吟詠。如感時留別云：『夢得春草句，將非惠連誰？』送舍弟云：『他日相

思一夢君，應得池塘生春草。』贈從弟云：『夢得池塘生春草，使我長價登樓詩。』皆其例也。餘如宮中行樂詞云：『宮花爭笑日，池草暗生春。』書情寄從弟云：『東風引碧草，不覺生華池。』亦並本於此。

齊吏部謝脁詩

一章之中，

案錦繡萬花谷前集二一引中作內。

然奇章秀句，往往警遒。

案玄暉妙悟深情，清麗中時露壯語。沈約稱其『調與金石諧，思逐風雲上，』（傷謝脁。）誠非過譽。葛立方謂：『春草秋更綠，公子未西歸。』『大江流日夜，客心悲未央！』皆得三百篇餘韻。（韻語陽秋。）胡應麟謂：遊敬亭山、和伏武昌、劉中丞之類，體裁鴻碩，詞氣沖澹，往往與靈運延之逐鹿。（詩藪。）朱子儋謂：『大江流日夜，客心悲未央。』『金波麗鳷鵲，玉繩低建章。』及『白日麗飛甍，參差皆可見。』『餘霞散成綺，澄江靜如練。』皆吞吐日月，攝摘星辰之句。（存餘堂詩話。）蓋其天才命世，獨步當代。即如：『竹樹澄遠陰，雲霞成異色，』（和宋記室省中。）『日隱澗疑空，雲聚岫如複。』（和王著作融八公山。)『天際識歸舟,雲中辨江樹。』(之宣城郡出新林浦向板橋。)狀寫景物,思若有神。至其『非君不見思,所悲思不見。』(別王丞僧儒。)『無論君不歸,君歸芳已歇。』(王孫遊。)含不盡之意於言外,岷尤愛其得於性情獨深也。盛唐李杜二公,於玄暉猶備極稱服,況其他乎?杜詩云:『謝朓每篇堪諷誦。』又云:『綺麗玄暉擁。』李詩云:『解道澄江靜如練,令人長憶謝玄暉。』又云:『蓬萊文章建安骨,中間小謝又清發。』又云:『詩傳謝朓清。』又云:『三山懷謝朓。』又云:『我吟謝朓詩上語,朔風颯颯吹飛雨。』白登華山落雁峯,且有『恨不攜謝朓驚人句來』之語,故王士禎謂其『白紵青衫魂魄在,一生低首謝宣城』也。

善自發詩端。

案詩爭起結,起忌作擧止,結忌流躓弱。嚴滄浪謂:『結句好難得,發句好尤難得。』最見甘苦之言。自來論玄暉發端之妙,咸推『大江流日夜,客心悲未央』二句。岷謂其觀朝雨之『朔風吹飛雨,蕭條江上來。』和宋記室省中之『落日飛鳥遠,憂來不可極!』和何議曹郊遊之『春心澹容與,挾弋步中林。』和王中丞聞琴之『涼風吹月露,圓景動清陰。』並有神致。新亭渚別范零陵雲之『洞庭張樂地,瀟湘帝子遊。』和江丞北戍瑯邪城之『春城麗白日,阿閣跨層樓。』亦見氣象。不妨俱標出也。

齊光祿江淹詩

古直云：『齊光祿，宜曰：梁光祿。』岷案古說是也。山堂考索引，正作『梁光祿。』

善於摹擬。

案文通雜擬，規摹往古名篇，自謂無乖商榷，昔賢亦備極推許。嚴羽僅謂其『擬李都尉一首，不似西漢。』（見滄浪詩話。）胡應麟則謂其『擬漢三詩俱遠。』（見詩藪。）至汪師韓，則譏其『蕪詞累句居其半。』如魏文帝遊宴云：『淵魚猶伏蒲，』（伯牙鼓琴而淵魚出聽，易出聽爲伏蒲，則意晦。）劉文學感遇云：『橘柚在南園，因君爲羽翼，』（以羽翼說樹，爲就韻故耳。）王侍中懷德云：『嚴風吹若莖，』（文選注以若莖爲若木，斯可笑矣！然若作杜若之若，亦未遂率爾也。）孫廷尉雜述云：『傳火乃薪草，』（用莊子爲薪火傳之語，而草字湊韻。）顏特進侍宴云：『瑤光正神縣。』（赤縣神州，豈可摘取神縣二字？）袁太尉從駕云：『雲旆象漢徙，』（漢徙，謂如天漢之轉，亦支綴矣。）之類，亦誠有瑕可指。（詳詩學纂聞。）六朝人造詞拙劣強湊處，正多類此，文通擬古，仍難免限於風習，自覺失體，然其佳處，亦自不可掩也。

得五色筆以授之。

案山堂考索引得下有一字。

梁太常任昉詩

昉深恨之。

案龍威秘書本、詩觸本,恨並作悵。

若銓事理。

案此語與上下文不相舍接,若蓋善之形誤。陳延傑本徑改爲善字,是也。

梁左光祿沈約詩

約于時,

案約字與下文『故約稱獨步』複,疑是衍文。

卷下

魏武帝詩

曹公古直，甚有悲涼之句。

案曹公滿腔霸氣，奔於筆底，慷慨蒼涼，籠罩一世，迥非翰墨之士所能比擬者。其詩固應在上品之列，昔賢多已言之。然而『古直』之風，不合於南朝好文之習。如魏文雖多鄙質，而有美贍可翫之篇；應璩雖爲古語，而有華靡可味之製；陶潛雖歎質直，而有風華清靡之作。故雖降品，猶得居中。若曹公之徒爲『古直』，無丹彩可言，與南朝風尚迥不相謀，此仲偉所以列之於下品者與？

晉徵士戴逵，晉東陽太守殷仲文詩

晉宋之際，殆無詩乎？義熙中，以謝益壽殷仲文爲華綺之冠，殷不競矣。

案評語中不涉戴逵，則『晉徵士戴逵』後，當脱有評語。對雨樓叢書本跋文，稱陳學士吟窗雜錄本有評語『安道詩，雖嫩弱，有清工之句。裁長補短，袁彦伯之亞乎？逵子顒，亦有一時之譽。』三十字。『晉東陽太守殷仲文』後，所品之人，復有『晉謝琨』三字。爲各本所無，最爲可貴。然是否詩品之舊，不能無疑。審『安道詩』云云，三十字，差與仲偉之言相近，至於『晉謝琨』三字，則不當有。蓋仲偉明謂義熙中，雖以謝殷爲華綺之冠，而殷實非謝比。正見其列謝於中品，降殷於下品之由，而淺人徒見評語中以謝殷連稱，以爲所品之人，亦當以謝殷並舉，遂於『晉東陽太守殷仲文』後，妄增『晉謝琨』三字，可笑甚矣！至於『晉謝琨，』又『宋謝混』之譌，山堂考索引『晉東陽太守殷仲文』下，已有『宋謝混』三字，則此文之竄亂，由來久矣！

宋監典事區惠恭詩

顏爲詩筆，輒偷定之。

案筆即『沈詩任筆』之筆，詩筆並稱，習見齊梁，對雨樓叢書本筆作畢，蓋筆之形誤，或淺人妄改。漢魏叢書本筆字在偷字下，疑亦淺人所乙。又案詩藪云：『顏師伯：「自君之出矣，芳帷低不舉。思君如回雪，流亂無端緒。」佳句也。』顏詩今僅存此首。

齊司徒長史張融詩

思光紆緩誕放。

案對雨樓叢書本，誕放作放誕。

梁常侍虞羲詩

子陽詩，奇句清拔。

案詩藪云：『宋齊之際，靡極矣！而虞子陽北伐，大有建安風骨，何從得之？』奇句清拔，蓋即指北伐詩之類也。

三十二年仲冬舊稿，三十七年初秋補正。

慕廬雜稿

論莊子所了解之孔子

壹　引言

《莊子》這部書，原爲若干篇已不可知。後漢時代班固及高誘都稱《莊子》五十二篇。（見《漢書・藝文志・道家》及《吕氏春秋・必己篇・注》。）到晉朝司馬彪、孟氏二人所注解的《莊子》，也稱五十二篇，（見唐陸德明《釋文叙録》。）是否即漢人所見的五十二篇，不敢輕斷。現在的傳本三十三篇，内篇七，外篇十五，雜篇十一，是晉朝郭象所刪定的。這三十三篇，内容不純，思想並不一致，時代也不一致，決不是莊周一個人寫的。所以我這個題目所稱的莊子，是指全書的作者而言，是不得已的。

《莊子》雜篇中的《寓言篇》，可以代表全書的序。開頭有幾句：「寓言十九，重言十七。卮言日出，和以天倪。」所謂寓言，是假託人物以寫事理。既没有這個人，也没有這件事；所謂重言，是借重人物以寫事理，有這個人，但没有這件事。全書的内容，寓言佔十分之九；寓言中的重言，佔十分之七。所謂卮言，就是渾圓之言，不落邊際之言，也就是没有偏見之言。莊子用没有偏見的話，應時變化，順其自然，來表達他的意見，這是他寫書的態度。戰國時代，諸子之書，習以儒、墨或孔、墨並稱。儒、墨之爭最烈，墨翟最反儒。儒家重樂，墨子非樂；儒家信命，墨子非命；儒家主張久喪厚葬，墨子主張短喪節葬。墨子的《非儒篇》，特別反對孔子，他的思想學説跟孔子不同，立場不一樣，反對孔子，這不足怪。莊子的言論，是超乎立場的。他由立場之內再超乎立場之外，來觀察一切，來了解一切。所以他所了解的孔子，跟墨家甚至跟其他各家都不同，可以説在各家之上。

貳　莊子詆訾孔子的問題

司馬遷説莊子詆訾孔子，《史記・莊子傳》説莊子：

> 其著書十餘萬言，大抵率寓言也。作《漁父》、《盜跖》、《胠篋》以詆訾孔子之徒，以明老子之術。

司馬遷所舉《漁父》、《盜跖》二篇，是詆訾孔子之徒的作品；而所舉的《胠篋篇》，則是發明老子之術的作品。這要分開來看的。（清末馬其昶《莊子故序》，謂「今《胠篋》所言不及孔子，第絀儒信老，非史公所見之舊。」他未了解史公的意思。）司馬遷於《莊子》全書，爲甚麼只舉這三篇與孔子、老子有關的呢？傅孟真先生説：

> 子長所舉諸篇，在今本《莊子》中居外篇雜篇之列，而子長當時竟特舉之，蓋今本《莊子》乃魏、晋間人觀念所定，太史公時，老氏絀儒學，儒學絀老氏，故此數篇獨重。（老子、儒學之爭，文、景、武世最烈，轅固生幾以致死，見《儒林傳》。武帝初年竇嬰、田蚡、王臧、趙綰皆以儒術爲竇太后所罷。及武帝實秉政，用公孫弘、董仲舒言，黃、老微矣。）（《傅孟真先生集・中編》戊，《史記研究》）

戰國時代，儒、墨相爭最烈。西漢時代，儒、老相爭最烈。司馬遷獨舉《莊子》中《漁父》、《盜跖》、《胠篋》三篇，正代表當時儒、老相爭的風氣。這是傅先生的特識。不過，司馬遷説《漁父》、《盜跖》詆訾孔子之徒，宋蘇軾卻借此發揮他的意見。他的《莊子祠堂記》中説：

《史記》：「莊子……作《漁父》、《盜跖》、《胠篋》，以詆訾孔子之徒，以明老子之術。」此知莊子之粗者。予以爲莊子蓋助孔子者。……莊子之言皆實予而文不予，陽擠而陰助之，其正言蓋無幾。至於詆訾孔子，未嘗不微見其意。其論天下道術，自墨翟、禽滑釐、彭蒙、慎到、田駢、關尹、老聃之徒，以至於其身，皆以爲一家，而孔子不與，其尊之也至矣。然余嘗疑《盜跖》、《漁父》，則若真詆孔子者。

蘇東坡爲莊子詆訾孔子辯護，認爲司馬遷了解莊子粗淺。然而最後又説：「余嘗疑《盜跖》、《漁父》，則若真詆孔子者。」是所見又與司馬遷相同。然則東坡所謂「莊子之言，皆實予而文不予，陽擠而陰助之」，乃就《莊子》全書涉及孔子者而言。這兩句話，未必很恰當。但對於莊子之了解孔子，實有啓示作用。東坡説《天下篇》批評諸子學術，孔子不與，可證莊子非常尊敬孔子。《天下篇》是莊子學派的人寫的，决不是莊子本人寫的。但僅談到鄒、魯之士，實未提及孔子之名，東坡之言，也不無見地。至於《漁父》、《盜跖》這兩篇，是否明顯詆訾孔子，抑或別有寓意，留在最後討論。

叁　論莊子所了解的孔子

一　《莊子》中本於《論語》之文

今本《莊子》中,叙述到孔子的有三十八處。此外,《天地篇》有兩處稱「夫子曰」。夫子究竟是指老子、孔子,或莊子,不能確定。全書記載孔子的事迹、言論,或偶爾涉及孔子的文句,(如《秋水篇》:「少仲尼之聞。」)直接本於《論語》的只有一處,但詳略不同。即《人間世篇》末章:

孔子適楚,楚狂接輿游其門,曰:鳳兮鳳兮,何如德之衰也!來世不可待,往世不可追也。天下有道,聖人成焉;天下無道,聖人生焉。方今之時,僅免刑焉。福輕乎羽,莫之知載;禍重乎地,莫之知避。已乎已乎,臨人以德!殆乎殆乎,畫地而趨!迷陽迷陽,無傷吾行!郤曲郤曲,無傷吾足!(「郤曲郤曲」句,據宋張君房本。)

所記載的是接輿勸孔子避亂退隱的歌詞。案《論語·微子篇》:

楚狂接輿歌而過孔子,曰:鳳兮鳳兮,何而德之衰也!(「何」下「而」字,據漢《石經》補。《莊子》「而」作「如」,古字通用。清劉恭冕《論語正義》及近人奚侗《莊子補注》並有説。)往者不可諫也。來者猶可追也？已而已而，今之從政者殆而！

「往者不可諫也」句，日本舊鈔本《文選》袁彥伯《三國名臣序贊注》引「諫」作「及」，與《莊子》作「追」較合。「來者猶可追也？」是疑問句，即不可追之意，與《莊子》作「來世不可待」之意亦合。以下僅「已而已而」及「殆而」，與《莊子》作「已乎已乎」及「殆乎」合，（「而」與「乎」同義，是感歎詞。）而文句簡略多了。不過，《論語・公冶長篇》孔子説南容的文句：「邦有道，不廢；邦無道，免於刑戮。」與《莊子》此文「天下有道，聖人成焉；天下無道，聖人生焉。方今之時，僅免刑焉。」之意略同。

二　《莊子》中合乎孔子意旨之文

《人間世篇》：

仲尼曰：天下有大戒二。其一，命也；其一，義也。子之愛親，命也，不可解於心；臣之事君，義也。無適而非君也，無所逃於天地之間。是之謂大戒。是以夫事其親者，不擇地而安之，孝之至也；夫事其君者，不擇事而安之，忠之盛也。

這段話不見於儒家經典，當然是莊子假託孔子之言。但由命論到孝，由義論到忠，語意純正，儼然儒家口吻。《孝經・開宗明義章》：「子曰：夫孝，始於事親，中於事君，終於立身。」《論語・八佾篇》：「孔子曰：臣事君以忠。」「孝」「忠」都顯著，才是最終立身之道。又《孝經·聖治章》：「子曰：父子之道，天性也；君臣，之義也。」（「之」與「則」同義。）父子是天性，君臣則是義。既是天性，子之孝親，是自然的；既是義，臣之忠君，是應該的。莊子假託孔子所謂孝、忠，跟《孝經》中孔子所謂的孝、忠，本意並無不合。蘇東坡説莊子「正言蓋無幾」。莊子這段話自是「正言」。可是，朱熹對於莊子所説的君臣之義，卻大加駁斥。他説：

莊子説：「子之於親，命也，不可解於心。」至「臣之於君」，則「義也，無所逃於天地之間」。是他看得君臣之義，卻似是逃不得，不奈何須著臣服他，更無一箇自然相胥爲一體處，可怪！故孟子以爲「無君」，此類是也。（《朱子語類》一二五）

父子之命與君臣之義，是有區别的。唐成玄英解釋得很好，《疏》云：「孝子事親，盡於愛敬，此之性命，出自天然；忠臣事君，死成其節，此乃分義相投，非關天性。」所以，屬於天者自然而然，謂之命；屬於人者不得不然，謂之義。父子關係才是「自然相胥爲一體」。朱子把君臣之義視爲父子之命，來責備莊子；甚至根據孟子（《盡心篇》）的話，把莊子比成無君類禽獸的楊朱，未免偏見大深了！

《漁父篇》還有幾句漁父對孔子所説的話：

事親則慈孝，事君則忠貞。忠貞以功爲主，事親以適爲主。功成之美，無一其迹矣；事親以適，不論所以矣。

這幾句話，可與《人間世篇》所謂「孝」「忠」相互發明。這雖是託之於漁父之口，也儼然儒家口吻，都可説是「正言」。

《漁父篇》漁父論「孝」「忠」之後，還有幾句關於「處喪」的話：

> 處喪則悲哀，處喪以哀爲主。處喪以哀，無問其禮矣。禮者，世俗之所爲也。

我們看，《禮記·檀弓篇》：

> 子路曰：「吾聞諸夫子：喪禮，與其哀不足而禮有餘也，不若禮不足而哀有餘也。」

這很明顯，莊子託之於漁父的話，跟子路所引孔子的話，意義是相合的。這類「正言」，雖尚不足以充分證明蘇東坡所説的「莊子蓋助孔子者」，但莊子對於孔子並非不了解，是可以承認的了。

三　《莊子》中與孔子言行相反之文

（一）好學與絶學

《孟子·公孫丑篇》，引孔子答子貢的話：「我學不厭。」（《論語·述而篇》作「爲之不厭」。）《論語》中有關孔子好學的記載有兩處。《公冶長篇》：

子曰：十室之邑，必有忠信如丘者焉，不如丘之好學也。

《衛靈公篇》：

子曰：吾嘗終日不食，終夜不寢以思，無益，不如學也。

後漢王充《論衡·別通篇》更有一段孔子好學感人的記載：

孔子病，商瞿卜，期日中。孔子曰：「取書來！」比至日中何事乎？聖人之好學也，死且不休！

北齊《劉子·崇學篇》也説：「宣尼臨没，手不釋卷。」這可説是好學之至。然而《莊子·山木篇》中卻有一則孔子絶學的故事：

孔子問子桑雽曰：「吾再逐於魯，伐樹於宋，削迹於衛，窮於商周，圍於陳蔡之間，吾犯此數犯，親交益疏，徒友益散，何哉？」子桑雽曰：「子獨不聞假人之亡與？林回棄千金之璧，負赤子而趨，或曰：『爲其布與？赤子之布寡矣；爲其累與？赤子之累多矣。棄千金之璧，負赤子而趨，何也？』林回曰：『彼以利合，此以天屬也。』夫以利合者，迫窮禍患害相棄也；以天屬者，迫窮禍患害相收也。夫相收之與相棄亦遠矣。且君子之交淡若水，小人之交甘若醴。君子淡以親，小人甘以絶。彼無故以合者，則無故以離。」孔子曰：

「敬聞命矣。」徐行翔佯而歸，絕學捐書，弟子無挹於前，其愛益加進。

案《禮記・表記》云：「子曰：君子之接如水，小人之接如醴。君子淡以成，小人甘以壞。」子桑雽告訴孔子的話作：「君子之交淡若水，小人之交甘若醴。君子淡以親，小人甘以絕。」文義相同。是否莊子假託子桑雽借用孔子的話，來談更進一步的道理，很值得注意。孔子聽子桑雽一番話回去之後，絕形迹之學，捐糟粕之書，門徒對孔子的愛戴，更加進益。（參看成玄英《疏》。）孔子本是非常好學的，好學是篤實的功夫，但好學之弊，往往囿於所學，迷於所學。絕學是空靈的功夫，絕學可以去囿，去迷。研究學問，由篤實而達到空靈，也就是能入而後能出。儒家的書，没有孔子絕學的記載。莊子借重孔子來談絕學，使人們對孔子的了解更進一層。《荀子》有《解蔽篇》，說宋鈃、慎到、申子、惠施，甚至莊子都有所蔽（莊子蔽於天而不知人），不知莊子所談的道理，正在去蔽。

（二）治經與捐經

說孔子由好學而絕學，比較空泛。現在更具體來談談孔子治經而捐經的問題，也就是捐書的問題。儒家人物，莫不取信於六經，以六經爲不刊之寶典。《莊子・天運篇》有一段發人深省的記載：

孔子謂老聃曰：「丘治《詩》、《書》、《禮》、《樂》、《易》、《春秋》六經，自以爲久矣。孰知其故矣。以奸者七十二君，論先王之道，而明周、召之迹，一君無所鉤用。甚矣夫，人之難說也！道之難明邪！」老子曰：「幸矣，子之不遇治世之君也！夫六經，先王之陳迹也。豈其所以迹哉！今子之所言，猶迹也。夫迹，履之所出，而迹豈履哉！……時不可止，道不可壅。苟得於道，無自而不可；失焉者，無自而可。」

梁劉彥和曾説:「經也者,恆久之至道,不刊之鴻教也。」(《文心雕龍·宗經篇》)這大概可以代表一般儒家人物的意見。老子對孔子而言是前輩,莊子假託老子對孔子説,六經是先王之陳迹,應該有更深一層的意義吧?我想,這是莊子借孔子、老子的對話,來點醒蔽於經典的人。《天道篇》還有一段非常珍貴的故事:

桓公讀書於堂上,輪扁斲輪於堂下。釋椎鑿而上,問桓公曰:「敢問:公之所讀者何言邪?」公曰:「聖人之言也。」曰:「聖人在乎?」公曰:「已死矣。」曰:「然則君之所讀者,古人之糟魄已夫!」桓公曰:「寡人讀書,輪人安得議乎!有説則可,無説則死。」輪扁曰:「臣也以臣之事觀之。斲輪,徐則甘而不固,疾則苦而不入。不徐不疾,得之於手而應於心,口不能言,有數存焉於其間。臣不能以喻臣之子,臣之子亦不能受之於臣,是以行年七十而老斲輪。古之人與其不可傳也死矣,然則君之所讀者,古人之糟魄已夫!」

輪扁積數十年斲輪的經驗體悟出來的道理,應該更深一層吧?這段故事可以作爲《天運篇》老子告訴孔子那一段話的注腳。不過,不可爲常人道也。

(三)禮形與禮意

《漁父篇》漁父告訴孔子,「處喪以哀,無問其禮矣。禮者,世俗之所爲也。」處喪以哀,比重禮的形式更進一境。然而《大宗師篇》卻有一段「居喪不哀」的故事,這又更進一境了。故事是這樣的:

顏回問仲尼曰：「孟孫才其母死，哭泣無涕，中心不戚，居喪不哀。無是三者，以善處喪蓋魯國。固有無其實而得其名者乎？回壹怪之！」仲尼曰：「夫孟孫氏盡之矣，進於知矣。唯簡之而不得，夫已有所簡矣。孟孫氏不知所以生，不知所以死；不知就先，不知就後；若化爲物，以待其所不知之化已乎！且方將化，惡知不化哉？方將不化，惡知已化哉？吾特與汝其夢未始覺者邪！且彼有駭形而無損心，有旦宅而無死情（今本倒作「情死」）。孟孫氏特覺人哭亦哭，是自其所以乃。（下略）」

居喪本應以哀爲主，所以孔子說：「臨喪不哀，吾何以觀之哉！」（《論語・八佾篇》）不過，了解人之死，形體化而心神不化，則順應一切化而已。孟孫才之母死，外從俗禮，人哭亦哭；内達死生，居喪不哀。由哀傷中超脱出來。莊子借重孔子來啓示更進一境的道理。

居喪的禮節是形式，甚至於哀哭亦流於形式。因此，莊子又提出「禮意」的問題。《大宗師篇》又有一段故事：

子桑户、孟子反、子琴張三人相與友。……莫然有閒，而子桑户死，未葬。孔子聞之，使子貢往侍事焉。或編曲，或鼓琴。相和而歌曰：「嗟來桑户乎！嗟來桑户乎！而已反其真，而我猶爲人猗！」子貢趨而進，曰：「敢問：臨尸而歌，禮乎？」二人相視而笑曰：「是惡知禮意！」子貢反，以告孔子，曰：「彼何人者邪？修行無有，而外其形骸，臨尸而歌，顔色不變，無以命之，彼何人者邪？」孔子曰：「彼，游方之外者也；而丘，游方之内者也。外内不相及，而丘使女往弔之，丘則陋矣。彼方且與造化者爲人，而游乎天地之一氣，……彼又惡能憒憒然爲世俗之禮，以觀衆人之耳目哉！」（下略）

世俗之禮,流於形式。我們看,有些人,辦喪事的要辦得熱鬧,不過以示眾人之耳目而已。哭,也哭給別人聽而已。莊子透過世俗之禮,借重孔子,進一境來撰出這個故事,提出「禮意」的問題,所謂「方內」、「方外」就是「世俗之內」、「世俗之外」。雖然在俗言俗,要知道禮之所重,不在形而在意,才不失禮之真義。

肆　漁父、盜跖詆訾孔子的問題

今本《莊子·盜跖》第二十九,《漁父》第三十一,同在雜篇。《漁父篇》在《盜跖篇》之後。司馬遷稱「漁父、盜跖」,可能他看到的《莊子》,《漁父篇》在《盜跖篇》之前。爲了行文方便,這裡先談《盜跖篇》。要談《盜跖篇》,先要注意莊子對盜跖這個人,究竟以爲善或以爲惡。我們看《胠篋篇》:

跖之徒問於跖曰:「盜亦有盜乎?」跖曰:「何適而無有盜邪!夫妄意室中之藏,聖也;入先,勇也;出後,義也;知可否,知也;分均,仁也。五者不備而能成人盜者,天下未之有也。」由是觀之,善人不得聖人之道不立,跖不得聖人之道不行。天下之善人少而不善人多,則聖人之利天下也少而害天下也多。故曰:「……聖人生而大盜起。」(下略)

莊子把善人與盜跖對言,然則盜跖不過是惡人而已。一個標榜聖人之道,橫行天下的大盜而已。《盜跖篇》開始就說:

盜跖從卒九千人，横行天下，侵暴諸侯，穴室樞户，驅人牛馬，取人婦女，貪得忘親，不顧父母兄弟，不祭先祖。所過之邑，大國守城，小國入保，萬民苦之。

然則盜跖只是一個爲萬民所苦的大盜而已。這樣一個大盜，難免要詆呰孔子了。他首先詆呰孔子：

子自謂才士聖人邪？則再逐於魯，削迹於衛，窮於齊，圍於陳、蔡，不容身於天下。

繼而詆呰世之所高的聖王：

世之所高，莫若黄帝。黄帝尚不能全德，而戰涿鹿之野，流血百里。堯不慈，舜不孝，禹偏枯，湯放其主，武王伐紂，文王拘羑里。此六（江南古藏本作「七」）子者，世之所高也。孰論之，皆以利惑其真，而强反其情性，其行乃甚可羞也。

進而詆呰世之所謂賢士：

世之所謂賢士，伯夷、叔齊。伯夷、叔齊辭孤竹之君，而餓死於首陽之山，骨肉不葬。鮑焦飾行非世，抱木而死。申徒狄諫而不聽，負石自投於河，爲魚鼈所食。尾生與女子期於梁下，女子不來，水至不去，抱梁柱而死。此六子者，無異於磔犬流豕操瓢而乞者，皆離名輕死，不念本養壽命者也。

更詆訾世之所謂忠臣：

> 世之所謂忠臣者，莫若王子比干、伍子胥。子胥沈江，比干剖心，此二子者，世謂忠臣也，然卒爲天下笑。自上觀之，至於子胥、比干，皆不足貴也。

盜跖認爲世之所謂聖王、賢士、忠臣，皆不足貴。可以説否定儒家所尊崇稱道的所有代表人物。孔子本執意去教訓他的，結果他反而教訓孔子：

> 今吾告子以人之情，目欲視色，耳欲聽聲，口欲察味，志氣欲盈。人上壽百歲，中壽八十，下壽六十。除病瘐死喪憂患，其中間口而笑者，一月之中不過四五日而已矣。天與地無窮，人死者有時，操有時之具，而託於無窮之間，忽然無異騏驥之馳過隙也。不能説其志意，養其壽命者，皆非通道者也。丘之所言，皆吾之所棄也。亟去走歸，無復言之。子之道，狂狂汲汲，詐巧虛僞事也，非可以全真也。奚足論哉！

當然，盜亦有盜，否則怎可以「從卒九千人，橫行天下」？正如柳下惠所説的：「跖之爲人也，強足以拒敵，辯足以飾非。」我覺得《盜跖篇》，盜跖充滿憤世嫉俗的言論，卻暗示「性不可易」的微旨。盜跖雖孔子亦不能化，大奸大惡的本性，雖聖人亦無如之何。然則所謂的「詆訾孔子」，只是從表面上看而已。更當注意的，盜跖最後説孔子：「子之道，非可以全真也。」「全真」是莊子所重的。《讓王篇》説：「道之真，以治身。其緒餘以爲國家，其土苴以治天下。」

唐成玄英對於《盜跖篇》有幾句評論：

此章大意，排擯聖迹，嗤鄙名利。是以排聖迹，則訶責堯、舜；鄙名利，則輕忽夷、齊。故寄孔、跖以摸之意也。

所謂「排擯聖迹」，只在聖人之形迹方面，並非排擯聖人之本真。對於聖人並無詆訾之意。當然也就没有詆訾孔子了。這是一種「衛聖」的解釋。

現在談談《漁父篇》。這篇叙述孔子見到漁父後求教：

孔子再拜而起，曰：丘少而脩學，以至於今，六十九歲矣。無所得聞至教，敢不虛心。

要注意的是，孔子求教於漁父，這時是六十九歲。六十九歲還未達到隨心所欲的境界。《論語·爲政篇》孔子自謂「七十而從心所欲」。然則孔子六十九歲虛心求教於漁父，似乎並未詆訾孔子。孔子與漁父的問答，重要的是在第二次：

孔子愀然而歎，再拜而起曰：「丘再逐於魯，削迹於衛，伐樹於宋，圍於陳、蔡。丘不知所失，而離此四謗者何也？」客悽然變容曰：「甚矣子之難悟也！人有畏影惡迹而去之走者，舉足愈數而迹愈多，走愈疾而影不離身，自以爲尚遲，疾走不休，絕力而死。不知處陰以休影，處静以息迹，愚亦甚矣！子審仁義之間，察同異之際，觀動静之變，適受與之度，理好惡之情，和喜怒之節，而幾於不免矣。謹脩而身，慎守其真，還以物與人,則無所累矣。今子不脩子之身而求之人,不亦外乎!」

孔子特別注意漁父所謂「謹脩而身,慎守其真」,繼續發問求教:

孔子愀然曰:「請問何謂真?」客曰:「真者,精誠之至也。不精不誠,不能動人。故強哭者雖悲不哀,強怒者雖嚴不威,強親者雖笑不和。真悲無聲而哀,真怒未發而威,真親未笑而和。真在内者,神動於外,是所以貴真也。……真者,所受於天也,自然不可易也。故聖人法天貴真。」

盜跖說孔子:「子之道,非所以全真。」漁父教孔子,一再強調貴真。孔子未嘗不知道貴真、全真,由於儒家重禮,禮易流於形式化。貴真、全真,正所以救重形式之弊。孔子聽漁父之言後,還想長隨漁父「受業而卒學大道」,漁父划船而去,孔子恭恭敬敬地,直待船遠波定,不聞櫱音,才準備乘車離去。孔子的學生子路忍不住直問孔子:

由得爲役久矣,未嘗見夫子遇人如此其威也。萬乘之主,千乘之君,見夫子未嘗不分庭抗禮,夫子猶有倨傲之容。今漁父杖拏逆立,而夫子曲要磬折,再拜而應,得無太甚乎?(下略)孔子伏軾而歎曰:「甚矣由之難化也!湛於禮義有閒矣,而樸鄙之心至今未去。進,吾語汝。夫遇長不敬,失禮也;見賢不尊,不仁也。彼非至人,不能下人。下人不精,不得其真,故長傷身。惜哉!不仁之於人也,禍莫大焉,而由獨擅之。且道者,萬物之所由也。庶物失之者死,得之者生。爲事逆之則敗,順之則成。故道之所在,聖人尊之。今漁父之於道,可謂有矣,吾敢不敬乎!」

孔子教訓子路，由湛於禮義而反於真，這跟漁父勸孔子貴真是相應的。漁父是有道之人，孔子特别尊敬他，虚心求教，益見孔子之服善。這個故事，似乎没有詆訾孔子的意思。後儒尊孔太過，從表面看，覺得莊子借漁父的口吻來詆訾孔子，未免不了解莊子了。司馬遷、蘇軾都未能解此。

東坡欲去《莊子》《盜跖》、《漁父篇》，而邵子《觀物外篇》，謂：「《盜跖》言事之無可奈何者，雖聖人亦莫如之何；《漁父》言事之不可强者。雖聖人亦不可强。」東坡欲去《莊子》《盜跖》、《漁父》(及《讓王》、《説劍》)，見《莊子祠堂記》。邵雍評《漁父篇》的話，我不太清楚。是否説孔子不能勉强漁父的意見跟他一樣？但這恐怕不是莊子寫《漁父篇》的寓意。至於孔子説子路「甚矣由之難化也！湛於禮義有間矣，而樸鄙之心至今未去」，這反而像「事之不可强者，雖聖人亦不可强」了。當然邵子之意思不是這樣。我認爲邵子評《盜跖篇》是「言事之無可奈何者，雖聖人亦莫如之何」，固然恰當。孔子本想去教化盜跖，結果大失所望，這豈非「事之不可强者，雖聖人亦不可强」嗎？漁父教訓孔子，孔子虚心就教，正見孔子學不厭之精神，及寬閎之度量。這大概就是東坡所説「莊子之言，皆實予而文不予，陽擠而陰助之」的例證了吧？但東坡仍然認爲《盜跖》、《漁父》二篇「若真詆孔子」。要了解莊子之寓意，真不容易！

伍　結論

我們尊崇孔子，大都從經典之内去了解孔子。莊子獨能跳出經典之外去了解孔子，他所了解的孔子，我認爲更高一層。他假託一些故事來表達孔子的言行，不爲儒家所限。就如《盜跖》、《漁父》二篇，是不是莊子詆訾孔子，看法尚有不同。《莊子》中真正詆呰儒家人物，並非詆呰孔子的，是外篇所記的一個故事：

> 儒以《詩》、《禮》伐冢。大儒臚傳曰：「東方作矣，事之何若？」小儒曰：「未解裙襦，口中有珠。《詩》固有之曰：『青青之麥，生於陵陂。生不布施，死何含珠爲！』接其鬢，壓其顪，儒（而）以金椎控其頤，徐別其頰，無傷口中珠！」

這是描寫儒家人物學習《詩》、《禮》類的經典，卻去盜墓。恬不知羞地反而責備死者的不是。這不是詆呰孔子，是詆呰儒家不肖之徒。甚麼是「盜墓」？凡是不擇手段爭名奪利都是「盜墓」。這個故事所感慨的太深了！令人警省不已！習《詩》、《禮》，語仁義，當然好。然而往往產生流弊。《天運篇》老聃告訴孔子：

> 仁義，先王之蘧廬也。止可以一宿，而不可久處。覯而多責！（郭象《注》：「見則僞生，僞生而多責矣！」）

《徐無鬼篇》，齧缺告訴許由：

> 夫民不難聚也，愛之則親，利之則至，譽之則勸，致其惡則散。愛利出乎仁義，捐仁義者寡，利仁義者衆。夫仁義之行，唯且無誠。（郭《注》：「仁義之行，將僞以爲之。」）

行仁義當出於誠，然而往往流於虛僞。這些言論，我們要了解莊子用心之苦！

孔子本是很通達的。《論語·微子篇》，孔子自謂「無可無不可」，孟子也稱「孔子，聖之時者也」。（《萬章篇》）孔子爲人處事，教導學生，決不執著。《抱朴子》外篇《喻蔽》有段話：

> 昔諸侯訪政，弟子問仁，仲尼答之，人人異辭。蓋因事託規，隨時所急，譬之治病之方千百，而針灸之處無常。卻寒以温，除熱以冷，期於救死存身而已。

這段話也可作爲了解孔子的引證。莊子假託孔子很多故事，往往透過一層來論述。有時表面上是抑孔，是排孔，其實他在暗示了解孔子不要執著。要去掉形迹，要存真。莊子可説是最了解孔子，最尊敬孔子的。《達生篇》有個故事：

> 仲尼適楚，出於林中，見痀僂者承蜩，猶掇之也。仲尼曰：「子巧乎？有道邪？」曰：「我有道也。……吾處身也，若厥株拘；吾執臂也，若槁木之枝；雖天地之人，萬物之多，而唯蜩翼之知。吾不反不側，不以萬物易蜩之翼，何爲而不得！」孔子顧謂弟子曰：「用志不分，乃疑於神，其痀僂丈人之謂乎！」

《列子·黄帝篇》同樣有這個故事，下面還有幾句：

> 丈人曰：「汝逢衣徒也，亦何知問是乎？脩汝所以，而後載言其上。」（唐殷敬順《釋文》引《莊子》向秀

《注》:「逢衣,儒服寬而長大者。」)

意思是說:「你是儒家人物,怎麼也知道問我黏蟬之道?要除去你所有的,然後我們再談更進一境的。」向秀本《莊子》有這幾句話,非常重要。孔子談到「用志不分,乃疑於神」。專心一志的功夫,可以達到神妙之境。不過,這只是能入的功夫。能入而執著,往往有所蔽,有所迷。所以丈人說,除去你所有的,然後再談更進一境的。這就是能出的功夫了。能入能出,才是最圓融的境界。莊子所了解的孔子,正是「載言其上」,亦即是「再言其上」。這比儒家者流困在經典中了解孔子,要超脱多了。蘇軾說:「莊子蓋助孔子者。」這句話頗有道理。《莊子》中有些記載表面上看,好像是詆訾孔子,其實莊子是最尊敬孔子的。我們看《田子方篇》有一個故事:

莊子見魯哀公。哀公曰:「魯多儒士,少爲先生方者。」莊子曰:「魯少儒。」哀公曰:「舉魯國而儒服,何謂少乎?」莊子曰:「周聞之,儒者冠圜冠者,知天時;履句屨者,知地形;緩佩玦者,事至而斷。君子有其道者,未必爲其服也;爲其服者,未必知其道也。公固以爲不然,何不號於國中曰:無此道而爲此服者,其罪死!」於是哀公號之五日,而魯國無敢儒服者。獨有一丈夫儒服而立乎公門,公即召而問以國事,千轉萬變而不窮。莊子曰:「以魯國而儒者一人耳,可謂多乎!」(成玄英《疏》:「莊子去魯哀公一百二十年,如此言見魯哀公者,蓋寓言耳。一人,謂孔子。孔子聖人,觀機吐智,若鏡之照,轉變無窮。」)

一人,自是謂孔子。孔子應對國事,千轉萬變而不窮,這亦是孔子的「無可無不可」。莊子說魯國的儒者只有孔子一人,是最尊敬孔子了。更值得注意的是,莊子與孟子同時,他們没有見過面,彼此也没有直接批評。然而孟子曾說：「當今之世，舍我其誰！」（《公孫丑篇》）可見孟子眼中沒有莊子。莊子說魯國儒者只有孔子一人，可見莊子眼中也無孟子。孟子氣盛，非常自是。莊子自謙，從不認爲自己對，比孟子通達多了。我想，如果二人相遇，莊子容得下孟子，孟子容不下莊子的。孟子說：「自有生民以來，未有孔子也。」又引子貢的話：「自生民以來，未有夫子也。」及有若的話：「自生民以來，未有盛於孔子也。」（《公孫丑篇》）對於孔子，可謂推尊至極！孔子既然這樣好，於是後世的僞君子、假道學就多了！這正如老子所説的：「天下皆知美之爲美，斯惡已；皆知善之爲善，斯不善已。」（二章）莊子對於孔子，有揚有抑。意在解去儒家者流極端尊崇孔子之弊。我認爲莊子了解孔子，在儒家者流了解孔子之上。

一九八七年四月三日丁卯三月六日擬稿，
時寓臺北南港舊莊中研院蔡元培館。

（收入《先秦道法與儒家的關係》，新加坡東亞哲學研究所講座論文集，一九八七年，一至一八頁。）

論司馬遷所了解之老子

此論之主旨，在據《史記・老子韓非列傳贊》所稱「老子深遠」一語，論證司馬遷所了解之老子如何。先據《莊子・天下篇》論述老、莊之道術作一比較，證明老子道術雖秉要持權，而偏重人事。莊子則由明人事而超人事，實較老子深遠。進而推論司馬遷所以獨贊「老子深遠」之故，或由於漢初風尚尊崇黄、老；或由於當時莊子道術尚未特受尊重；或由於司馬遷所見《莊子》與今傳《莊子》純雜不一。更進而論司馬遷雖贊「老予深遠」，然於《史記・貨殖列傳》引老子「至治之極，民至老死不相往來」之言，而不以為然。蓋由於司馬遷贊老子而不執著於老子之言，此正了解老子之深遠者也。

壹　引言

《史記・太史公自序》云：「李耳無爲自化，清靜自正。韓非揣事情，循執理，作《老子韓非列傳》。」《傳》中以莊子附老子，申不害附韓非。蓋明老子重於莊子，韓非重於申不害也。明凌稚隆《史記評林》將《傳》名改作《老莊申韓列傳》，清《殿本》從之。則莊與老平列，申與韓平列，恐非司馬遷之意也。此四子中，司馬遷特尊崇老子,太史公曰:「老子所貴道,虚無因應,變化於無爲,故著書辭,稱微妙難識。莊子散道德放論,要亦歸之自然。申子卑卑,施之於名實。韓子引繩墨,切事情,明是非,其極慘礉少恩,皆原於道德之意。而老子深遠矣。」謂「老子深遠」,蓋概括莊子、申不害、韓非言之。惟法家爲法,明白易知,謂老子深遠於申、韓,固無可疑。謂老子深遠於空靈超脱,無迹可尋之莊子,殊難據信。司馬遷何以贊「老子深遠」?其所了解之老子何如?茲試論之。

貳　莊子深遠於老子

《莊子・天下篇》論古今道術淵源流別,以莊子繼老子後。論述老子道術云:

人皆取先,己獨取後,曰受天下之垢。人皆取實,己獨取虛,無藏也而有餘,巋然而有餘。其行身也,徐而不費,無爲也而笑巧。人皆求福,己獨曲全,曰苟免於咎。以深爲根,以約爲紀,曰堅則毁矣,鋭則挫矣。常寬容於物,不削於人,可謂至極。

所論述乃如何秉要持權,以應人事之變。言雖微妙,未超越人事。稱老子之道術,「可謂至極」,與史公稱「老子深遠」之意頗符。然「可謂至極」句,非此文之舊也。日本高山寺舊鈔卷子本《莊子・天下篇》「可謂至極」,作「雖未至於極」。宋陳碧虛《南華真經闕誤》引江南李氏本、文如海本「可謂」亦並作「雖未」,極是!蓋老子之道術與莊子之道術比而觀之，老子尚未達於至極，莊子由人事而歸於天道，實更空靈超脱，較老子深遠也。《天下篇》論述莊子之道術云：

獨與天地精神往來，而不敖倪於萬物，不譴是非，以與世俗處。其書雖瓌瑋，而連犿無傷也。其辭雖參差，而諔詭可觀。彼其充實不可以已，上與造物者游，而下與外死生無終始者爲友。其於本也，弘大而闢，深閎而肆。其於宗也，可謂調適而上遂矣。雖然，其應於化而解於物也，其理不竭，其來不蜕，芒乎昧乎，未之盡者。

所述莊子，論人事而超人事，大不可極，深不可測，芒芒昧昧，未可窮極，實較老子深遠，老子道術，未可稱爲至極也。史公之所以特稱「老子深遠」，蓋亦有故，次節探論之。

叁　史公贊老子深遠

史公所以贊「老子深遠」，一、或由於漢初風尚尊崇黄、老；二、或由於當時莊子道術尚未特受尊重；三、或由於史公所見《莊子》與今傳《莊子》純雜不一。兹分别論之。

一　由於漢初風尚尊崇黄、老

戰國七雄，統於秦之暴政，繼以楚、漢相爭，大亂之後，人民須得休息，故漢初政治，重在黄、老清静無爲。

《史記・曹相國世家》稱曹參「其治要用黃、老術」，《汲黯列傳》稱「黯學黃帝、老子言，治官理民好清靜」。史公思想言論亦受黃、老影響。《漢書・司馬遷傳》謂遷「論大道則先黃、老而後六經」，《後漢書・班彪傳》載彪《後傳略論》，亦謂遷「論術學則崇黃、老而薄五經」。遷是否薄五經或六經，當別具論。惟其《老子傳》特稱「老子深遠」，蓋可信也。《老子》六十五章：「玄德深矣遠矣。」（漢初帛書甲、乙本《老子》並同。）史公「深遠」一詞，蓋亦本於《老子》也。

二　由於當時莊子道術尚未特受尊重

莊子道術，戰國時見惡於荀卿。《史記・荀卿列傳》謂：「荀卿嫉……莊周等滑稽亂俗。」韓非雖引莊子之文，僅稱莊子爲宋人，而不稱其名。《韓非子・難三篇》：「宋人語曰：一雀過羿，羿必得之，則羿誣矣。以天下爲之羅，則雀不失矣。」此《莊子・庚桑楚篇》之文也。《吕氏春秋》用《莊子》之文已多，但亦不稱莊子之名。至西漢《淮南子》中引用《老子》至多，皆直稱「老子曰」，用《莊子》之文亦甚多，僅稱「莊子曰」一次。《道應篇》引「莊子曰：小年不及大年，小知不及大知。朝秀不知晦朔，蟪蛄不知春秋。」此《莊子・逍遥游篇》之文也。可證西漢初《莊子》雖已通行，而尚未特受尊重與《老子》相比，此亦史公所以贊「老子深遠」之故與？

三　由於史公所見《莊子》與今傳《莊子》純雜不一

《史記・莊子傳》稱莊子「著書十餘萬言」。《莊子》原爲若干篇已不可知。《漢書・藝文志》及《吕氏春秋・必己篇》高誘《注》，並稱《莊子》五十二篇。史公所見《莊子》或亦五十二篇本。唐陸德明《釋文叙録》稱晉司馬彪、孟氏所注《莊子》亦五十二篇，惜已失傳。今傳《莊子》三十三篇，内篇七，外篇十五，雜篇十一，不足七萬字，乃晉郭象所删定之本。日本高山寺舊鈔卷子本《莊子》存《庚桑楚》、《外物》、《寓言》、《讓王》、《説劒》、《漁父》、《天下》，凡七卷，乃郭象《注》本。《天下篇》末載郭象《後語》云：

莊子閎才命世，誠多英文偉詞，正言若反。故一曲之士不能暢其弘旨，而妄竄奇説。若《閼奕》、《意脩》之首，《危言》、《游鳧》、《子胥》之篇，凡諸巧雜，若此之類，十分有三。……而參之高韵，龍蛇並御。且辝氣鄙背，竟無深澳，而徒難知，以困後蒙，令沈滯失乎流。豈求莊子之意哉！故皆略而不存。（原文有脱誤，略加補訂。）

竊疑史公所見《莊子》，即此巧雜十分有三之類，亦即漢人五十二篇本之類，龍蛇並御，辝氣鄙背，不能與《老子》相比，而獨稱「老子深遠」矣。

肆　史公不執著於老子之言

老子之言涵義深遠，則讀《老子》書不可執著。史公雖贊「老子深遠」，而能不執著於老子之言者也。如《史記·貨殖列傳》：

老子曰：「至治之極，鄰國相望，雞狗之聲相聞。民各甘其食，美其服，安其居，樂其業，至老死不相往來。」

> 必用此爲務輓近世，塗民耳目，則幾無行矣。

所引老子首句「至治之極」，漢初帛書甲本《老子》作「小邦寡民」。乙本作「小國寡民」，避劉邦諱，以國代邦，今傳各本從之。《莊子・胠篋篇》：

> 子獨不知至德之世乎？……民結繩而用之，甘其食，美其服，樂其俗，安其居，鄰國相望，雞狗之音相聞，民至老死而不相往來。若此之時，則至治已。

雖未明引《老子》，實淵源於《老子》。史公引《老子》首句作「至治之極」。蓋兼本《莊子》此文末句「若此之時，則至治矣」言之。史公之意，蓋謂老子所言，乃至治之極之時，民無欲無求，而各自足。如用此爲務於輓近世，民不相往來，則是塗塞民之耳目，幾乎不可行矣。此史公善讀《老子》而不執著於老子之言，非與其所稱「老子深遠」之意牴牾也。

伍　結語

《老子》五十一章：「道之尊，德之貴，夫莫之命，而常自然。」（帛書乙本《老子》貴作爵，義同。甲本作时，乃爵之省。）《史記・莊子傳》謂：「莊子散道德放論，要亦歸之自然。」「散道德放論」，則易失自然，散道德放論而歸於自然，則不失老子自然之旨，此史公最了解莊子處。惟漢時所傳《莊子》五十二篇。其中蓋不乏竄入如郭象所謂巧雜之説，不能與《老子》之文精純而義深遠可比，故史公獨贊「老子深遠」。如《淮南子》中用《莊子》巧雜之逸文即不少。《御覽》三引《莊子》逸文：「陽燧見日則燃爲火。」《淮南子・天文篇》亦云：「陽燧見日則燃而爲火。」宋吳淑《事類賦・注》引《莊子》逸文：「老槐生火，久血爲燐，人弗怪也。」《淮南子・氾論篇》亦云：「老槐生火，久血爲燐，人弗怪也。」《藝文類聚》八八引《莊子》逸文：「槐之生也，入季春五日而兔目，十日而鼠耳，更旬而始規，二旬而葉成。」（末二句據宋王應麟《困學紀聞》十所引補。）《御覽》九五四引《淮南子》亦云：「槐之生也，入季春五日而兔目，十日而鼠耳，更旬而始規，二旬而葉成。」此又今本《淮南子》已逸之文。此類最明顯本於《莊子》巧雜之文，史公當亦見及，爲郭象所刪略者。近人論《莊子》，僅知據郭象刪定之三十三篇本爲説，以爲即《莊子》之本來面目，不知郭氏已刪去十之三巧雜部分，則對史公所稱「老子深遠」，恐難得正確之解答矣。

一九九七年十二月廿三日於傅斯年先生圖書館二樓研究室

（刊于《中研院歷史語言研究所集刊》第七十本第一分，一九九九年三月，三〇三至三〇八頁。）

老子通論

《老子》五千言，若環無端，微妙難識。昔賢注解雖多，大抵各抒己見，未必會其本旨，窺其大全，老子當時已有知希之難，其言云：「吾言甚易知，甚易行，天下莫能知，莫能行，言有宗，事有君，夫唯無知，是以不我知，知我者希，則我者貴，是以聖人被褐懷玉。」（七十章）此章可作老子自序看，明乎此，則五千言之旨，本不難知，不難行，其難者，惟在其所謂宗君，及所以爲宗君，苟得其宗君，猶得其環中也，五千言之妙義，可迎刃而解矣。余以爲五千言之妙義，已涵於第一章，而第一章之「常」字，尤爲會通老子學説之要點。其言云：

道可道，非常道，名可名，非常名。無，名天地之始。有，名萬物之母，故常無，欲以觀其妙，常有，欲以觀其徼。此兩者同出而異名，同謂之玄，玄之又玄，衆妙之門。

道之本身，玄通變化，日夜無隙，不知所終，道之所以名道，實不得已而名之，實強名之。（見二十五章）道既爲強名，明其本不可道，不可名也。故又曰：「道隱無名」。（四十一章）此不可道之道，即常道，不可名之名，即常名，常者喻其變化無已不可端倪也。故言無亦曰常無，言有，亦曰常有，惟常道可以常無常有，常無常有者，道之本體也。妙徼者，道之現象也。道爲一切現象之主宰，道之本體，不生不滅，冥絶對待，超越時空，實不可致詰，以其不可致詰，故惟有喻之以常，凡老子所謂之道，或謂之大道，皆含有常義，故其立言之要，亦不離此常字，明此常字，則五千言之義，思過半矣。此意惟莊子知之，《天下篇》云：「古之道術有在於是者，老聃聞其風而悦之，建之以常無有，主之以太一。」太一即道之異名，《吕氏春秋·大樂篇》云：「道也者，至精也，不可爲形，不可爲名，強爲之名，謂之太一。」即其證，常無有者，即此所謂常無常有也。道之本體，常無常有，物象莫不始於無，而終於有，常無，可以見物象變化之始。（妙也）常有，可以見物象變化之終。（徼也）故建之以常無有，物象始終變化之理，皆不離此道之常。（衆妙之門也）故主之以太一，老子固本此常道，以盡稽物象變化之理者也。

物象變化之理，根於常道，而道之所以成其常者，何由明之？則二十五章所言，最爲彰著：

有物混成，先天地生，寂兮寥兮，獨立而不改，周行而不殆，可以爲天下母，吾不知其名，字之曰道，強名之曰大，大曰逝，逝曰遠，遠曰反，故道大，天大，地大，王亦大，域中有四大，而王居其一焉。（傅奕本，范應元所據古本，兩王字並作人，據下文「人法地」句，亦當作人。《説文》大下云：「天大，地大，人亦大。」可謂旁證。）人法地，地法天，天法道，道法自然。

此明道之變化歷程，由道（即大）而逝，由逝而遠，由遠而反（同返）。反而復入於道，如此循環，變化無止，故謂之不改不殆，正猶日月之周轉，四時之運行，終而復始也，終而復始，所以爲常，茲作簡圖以明之（见图1）：

依此逝，遠，反之軌迹，運行不匱，所謂常者，愈昭晰矣。道之變化歷程，既由近而逝，以至於遠，復由遠而反，則人之法道，亦得一定之次第，近於人者莫若地，故曰：「人法地，地法天，天法道，道法自然。」人不違地，以

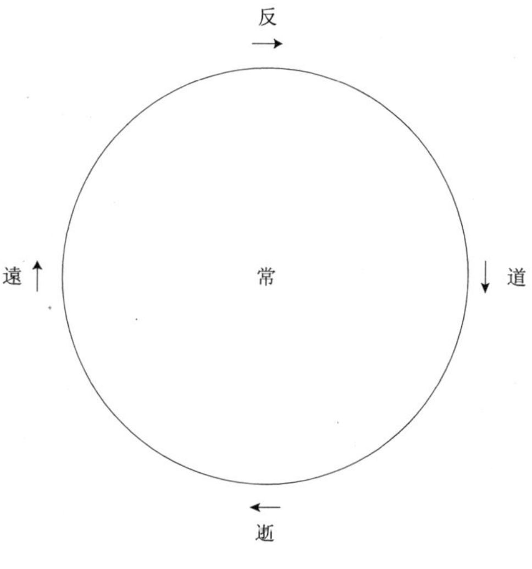

图 1

全其生，地不違天，以全其載，天不違道，以全其覆，道不違自然，以全其化，（數語略本《王弼注》。）道本自然，而必曰法自然者，以明道之不失其常，乃足爲道也，惟自然，故不失其常，道之「獨立而不改，周行而不殆」。自然之至也，亦即常之至也。二十一章云：

道之爲物，惟恍惟惚，惚兮恍兮，其中有象，恍兮惚兮，其中有物，窈兮冥兮，其中有精，其精甚真，其中有信，自古及今，其名不去，以閱衆甫，吾何以知衆甫之狀哉，以此。

道之不可形名，以其恍惚也，而一切形名，皆由道出，故恍惚中，實有象有物。萬象萬物，皆出於道，故道雖恍惚，而實有精，（精猶情也，精情古通。故《莊子·大宗師篇》云：「夫道有情有信，無爲無形。」《鶡冠子·夜行篇》亦云：「致信究情，復反無貌。」）萬象萬物出於道而無已，故道雖恍惚，而實有信，其精甚真，所以獨立不改，其中有信，所以周行不殆，道之所以不失其常，其名之所以不去，精信二字，最盡其義，由道之精信，可以盡稽物象之理，衆甫者，物象之始也。（《莊子·天地篇》、《鶡冠子·王鈇篇》並作衆父，父與甫古通，四十二章「吾將以爲教父」。《河上公注》，甫父並訓始。）以閱衆甫，猶以觀物象之妙也，物象之始，莫著於一，一形既立，則千變萬化，而未始有極，可以觀其徼矣。故曰：

道生一，一生二，二生三，三生萬物。（四十二章）

萬物芸芸生長，其極也，復歸於虚静，静而復動。（動即是變化。）動而復静，故生長不已，故曰：

萬物並作，吾以觀其復，夫物芸芸，各復歸其根，歸根曰静，是謂復命，（開元碑本，焦竑本，並作静曰復命。）復命曰常。（十六章）

歸根者，反其始也，萬物之生長，是其命也，其生長始於静，則歸根是復其命矣，復命則生長不已，故曰常也。萬物之生長變化，實皆本乎道之自然，即本乎道之常，道由逝而遠，遠而復反，以成其常。因知「道生一，一生二，二生三」即「道（即大）曰逝」之理也。「三生萬物」，即「逝曰遠」之理也。「夫物芸芸，各復歸其根」即「遠曰反」之理也，凡物象之變化，莫不本此規律，故道爲「衆妙之門」。（一章）「善，貸且成」也。（四十一章）物象既本道之規律而變化，故常道即一切物象之主宰，老子直謂道曰：「吾不知其誰之子，象帝之先。」（四章）以道爲上帝之先，其思想蓋超乎宗教而上矣。（此意當作專題詳論之。）

道之所以變化不已以成其常，物象之所以本道之常而變化不已者，其樞紐全在一反字，惟能反，故不失其常。故曰：

反者道之動，……天下萬物生於有，有生於無。（四十章）

動即是變化。（在物曰生長）道之變化不已。（即周行不殆）全在能反，道之由逝而遠，遠而復反，所以得其常，《僞文子·道原篇》「反者道之常也」一語，最得老子之旨，道生一，一是已形之道，已形即是有，一未生之前，（即一之未形）即是無，由無而生一。（即有）以至生二，生三，生萬物，（有之極）因以反觀之。則萬物實生於有。（猶言萬物生於三，三生於二，二生於一。一，二，三，喻道由少而多，由簡而繁之變化，不必別有所指。）有實生於無，（猶言一生於道）無生有，有生萬物，萬物復反於無，（歸根）無復生生不已，所謂常無常有也，有無之不失其常，即在能反，故曰：

天下有始，以爲天下母，既得其母，以知其子，既知其子，復守其母，没身不殆。（五十二章）

母可喻之以無，即未形之道，子可喻之以有，推而爲萬物，無，有，萬物，反復相推，而常之義愈明矣。二十八章所謂知雄守雌，知白守黑，知榮守辱，亦即知子守母之道。（詳後）「既知其子，復守其母」，復猶反也。人之「没身不殆」猶道之「周行不殆」，其皆在能反乎？觀夫凡物之由壯而老，化以待盡者，是不能反也，是失道之常也，故曰：

物壯則老，是謂不道，不道早已。（三十章，五十五章。）

反爲常之樞紐，能反故萬化而未始有極，老子常言復，退，還，歸之理，皆在此。所謂復者，即如十六章「萬物並作，吾以觀其復」，五十二章「既知其子，復守其母」。所謂退者，如九章「功遂身退天之道」，四十一章「進道若退」。所謂還者，如三十章「以道佐人主者，其事好還」。所謂歸者，如十四章「其上不皦，其下不昧，繩繩不可名，復歸於無物」，十六章「夫物芸芸，各復歸其根，（顧歡本無復字，《莊子·在宥篇》無歸字，復猶歸也。）歸根曰靜」，五十二章「用其光，復歸其明」。如此諸例，可證復，退，還，歸，皆含反義，由復，退，還，歸之義，以觀《老子》所謂損，嗇，儉之理，亦粲然明白。所謂損者：四十二章「人之所惡，唯孤寡不穀，而王公以爲稱，故物或損之而益，或益之而損」，四十八章「爲道曰損，損之又損，以至於無爲」。所謂嗇者：五十九章「治人事天莫若嗇，夫唯嗇，是謂早復」。（復本作服，二字古通。）所謂儉者：六十七章「我有三寶……二曰儉……儉故能廣」。損，嗇，儉，實即守母之方，亦即能反之道。二十九章「是以聖人去甚，去奢，去泰」，甚，奢，泰，正對損，嗇，儉而言，去彼故取此矣。三十八章「大丈夫處其厚，不居其薄，處其實，不居其華」，亦即此理。處厚處實，故無「不道早已」之患，故不失其常，七十六章云：

人之生也柔弱，其死也堅強，萬物草木之生也柔脆，其死也枯槁，故堅強者死之徒，柔弱者生之徒。

此尤「不道早已」之良證也，既知堅強必死，反守柔弱則生矣。推此理也，則知「企者不立，跨者不行，自見者不明，自是者不彰，自伐者無功，自矜者不長」。（二十四章）而不企故立，不跨故行，「不自見故明，不自是故彰，不自伐故有功，不自矜故長」（二十二章）矣。甚，奢，泰者物之所惡，有道者所不處也。（本二十四章）是故「大成若缺，其用不弊，大盈若沖，其用不窮」。（四十五章）成而若缺，盈而若沖，蓋知反也。不弊，不窮，蓋得常也，知反所以得常，「大直若屈，大巧若拙，大辯若訥」。（四十五章）亦一理乎？老子固常以反爲襲常之訓矣，故曰：

用其光，復歸其明，無遺身殃，是謂襲常。（五十二章，《釋文》「襲音習」，襲與習古通，《周禮・地官》「胥襲其不正」，《注》「故書襲爲習」，即其證。）

歸猶反也。（說已見前）「用其光，復歸其明」，所謂「光而不燿」（五十八章）也。譬猶目久用，則傷明，能反視。則長保其明矣。反視者，收其視而不用也，不視故可以常視，「其出彌遠，其知彌少」。（四十七章）其視彌久，其明彌傷，故「知常曰明」，（十六章，五十五章。）而襲常實即「襲明」（二十七章）也。即此可以悟「明道若昧」（四十一章）之理。夫「五色令人目盲，五音令人耳聾，五味令人口爽，馳騁畋獵，令人心發狂，難得之貨，令人行妨」。（十二章）逐物而不知反，則徒遺身殃耳！是故「使我介然有知，行於大道，唯施是畏」。（五十三章）施者，不知損，嗇儉也，不知反也，大道之行，由逝而遠，自遠而反，以得其常，行於大道而畏施，是知反也，畏施即可以襲常矣。所謂「曲則全，枉則直。（案：《淮南・道應篇》，引直作正，與全，盈，新爲韵，當從之。）窪則盈，敝則新，少則得，多則惑。」（二十二章）皆可以喻襲常之理，「古之所謂曲則全者，豈虛言哉？誠全而歸之」。（二十二章）曲則全，猶反則常也，惟其曲，所以能全，惟其反，所以能常，誰知襲常之道哉？則可以「没身不殆」矣！故曰：

> 知常曰明，不知常妄作凶，知常容，容乃公，公乃王，王乃天，天乃道，道乃久，没身不殆。（十六章）

妄作者，違乎自然也，違乎常也，違乎常，故不能久，譬猶「飄風不終朝，驟雨不終日，孰爲此者？天地，天地尚不能久，而況於人乎？」（二十三章）天地失其常，亦不能久，得其常，故能成其大，大故無不容，「人法地，地法天，天法道，道法自然」。（二十五章）知道可以知天，知天可以知地，知地可以知人，人之生，地之載，天之覆，道之化，皆本於自然也，皆得其常也，是以聖人不敢妄作，作則「利而不害」（八十一章）即此可以悟老子以「不敢爲天下先」爲寶之理，「不敢爲天下先，故能成器長」。（六十七章）故「後其身而身先，外其身而身存」。（七章）「既以爲人己愈有，既以與人己愈多」。（八十一章）蓋其「明白四達」（十章）襲於常者深矣！

反爲常之樞紐，由反而得襲常之道，然常爲老子所謂不改，不殆之眞理，「視之不見，聽之不聞，搏之不得」。（十四章）何由表現邪？五十五章云：

> 赤子終日號而嗌不嗄，（嗌字從范應元本加）和之至也，知和曰常。

和即常之表現，赤子渾樸，侗然無心，雖號而不失其自然，不失其常，故其嗌不嗄，蓋得道之和者也，道之「獨立不改，周行不殆」。和之至也，道得其和而生一，一得其和而生二，二得其和而生三，三得其和而生萬物，一，二，三，萬物，皆本道之常而生，亦即常之表現爲和者也，萬物得其和，故生化無已，故曰：

萬物負陰而抱陽，沖氣以爲和。（四十二章）

陰之肅肅，陽之赫赫，皆無化之所能造，兩者交通則成和，而萬物生焉。（語本《莊子》）觀夫天地之覆載無極，日月之運行不息，四時之更代不已，萬物之生化無窮，何莫非和乎？常之表現莫如和，體和之方莫如玄同，「塞其兑，閉其門，挫其鋭，解其紛，和其光，同其塵，是謂玄同」。（五十六章）玄同者，不偏不激，與物委蛇，正所以體和也。「故不可得而親，不可得而疏，不可得而利，不可得而害，不可得而貴，不可得而賤，故爲天下貴」。（五十六章）「古之善爲士者，微妙玄通，深不可識」。（十五章）其以此乎？此猶常道之「惟恍惟惚」（二十一章）「迎之不見其首，隨之不見其後」（十四章）也。非明乎道之常者，不足以語和，不足以語玄同。

不改不殆之道，謂之常道，得此不改不殆之道，謂之常德，老子以道爲「萬物之宗」，（四章）「萬物之奥」。（六十二章）得造化之真理，應人生之大用，故曰：「孔德之容，惟道是從。」（二十一章）又曰：「執古之道，以御今之有。」（十四章）其於道曰常道，故於德曰常德，二十八章云：

知其雄，守其雌，爲天下谿，爲天下谿，常德不離，復歸於嬰兒，知其白，守其黑，爲天下式，爲天下式，常德不忒，復歸於無極，知其榮，守其辱，爲天下谷，爲天下谷，常德乃足，復歸於樸。

道由逝而遠，遠而復反，以得其常，萬物莫不本此規律而變化，故道「可以爲天下母」。（二十五章）「天下有始，以爲天下母，既得其母，以知其子，既知其子，復守其母」。（五十二章）是故「知其雄，守其雌」。即知子守母之道，即得乎常道，即所謂常德，雄猶道之逝而遠，雌猶道之遠而反，守反，所以能逝能遠，而不改不殆，守雌，所以能雄，而不改不殆。「衆雄而無雌，又何化之所能造乎？」（《淮南子》語）「知其白，守其黑」，「知其榮，守其辱」及「守柔曰強」（五十二章）之理，皆在於此矣。「貴以賤爲本，高以下爲基，是以侯王自謂孤寡不穀」。（三十九章）「是以聖人云：受國之垢，是爲社稷主，受國不祥，是爲天下王。」（七十八章）此皆知子守母之道，得乎道之常者也。得乎常道，是謂常德，聖人不離乎常德，故重積德。「重積德，則無不克，無不克，則莫知其極，莫知其極，可以有國，有國之母，可以長久，是謂深根固柢，長生久視之道」。（五十九章）得之於身，則長生久視，得之於國，則長治久安，此所謂常也。老子取母，取雌，皆得乎道之常，其取牝亦然，故曰：「谷神不死，是謂玄牝，玄牝之門，是謂天地根。」（六章）又曰：「天下之牝，牝常以靜勝牡。」（六十一章）牝之所以靜者，以其虛也，虛故無所不受，無所不容。（雌，母，亦然。）因而常取谿谷爲喻，谿谷之能受能容，亦以其虛也。（谷神者，虛之至也。）故曰：「爲天下谿，常德不離。」「爲天下谷，常德乃足。」此亦即「知常容」（十六章）之理乎？「道沖而用之，或不盈，淵兮似萬物之宗」。（四章）谿谷之喻，猶淵之喻也，淵以喻道，谿谷以喻德，常德之無所不受，無所不容，即得乎常道之無所不受，無所不容也。常德即上德，（猶常道即大道）故曰：「上德若谷」。（四十一章）谷之虛，無得也，而物注焉，無爲也，而物歸焉，故又曰：「上德不德，是以有德，上德無爲，而無不爲。」（三十八章，今本無不爲作無以爲，涉下上仁句而誤。）常道沖虛，不可致詰，常德亦不可致詰，故「常德不離，復歸於嬰兒」，「常德不忒，復歸於無極」，「常德乃足，復歸於樸」。嬰兒取其渾沌，猶言無極也，樸也。蓋不可致詰也，歸猶反也。（詳前）反於不可致詰，即反於道也，反於道，故不失其常。「古之善爲士者，豫焉若冬涉川，（焉當作兮，乃與下文一律。）猶兮若畏四鄰，儼兮其若容，渙兮若冰之將釋，敦兮其若樸，曠兮其若容，混兮其若濁。」（十五章）蓋體乎道之常，而保其常德也。保其常德者，「微妙玄通。深不可識。」（十五章）故常德亦即「玄德」，「玄德深矣遠矣，與物反矣，然後乃至大順」，（六十五章）正猶道之由反以成其常也。

嬰兒，無極，樸，皆以喻混成之道，而嬰兒之不離常德，尤老子所致意者也。蓋嬰兒侗然，無知無欲，「行不知所之，居不知所爲，身若槁木之枝，心若死灰」。（《莊子》語）其含德至厚也，故曰：

含德之厚，比於赤子，蜂蠆虺蛇不螫，猛獸不據，攫鳥不搏，骨弱筋柔而握固，未知牝牡之合而全作。（《河上公》本全作峻，一本作朘，《說文》：「朘，赤子陰也。」俞樾以全爲侌之誤字。）精之至也，終日號而嗌不嗄，和之至也。（五十五章）

嬰兒（即赤子）侗焉自得，而不知其所以得，得於內者至精，見於外者至和，至精，至和，故不失其常，（和即常之表現，詳前。）故可以玄同物我，（玄同即體和之方，詳前。）得嬰兒之道，則與物委蛇而有餘，老子惟恐人之失其爲嬰兒也。故曰：

專氣致柔，能嬰兒乎？（十章）

又曰：

我獨泊兮其未兆，如嬰兒之未孩。（二十章）

老子自喻如嬰兒，其於治天下，亦欲使天下之人，皆不失其爲嬰兒，故曰：

> 聖人在天下，（在本作任，在疑任之形誤。）歙歙爲天下渾其心，（《河上》本歙歙作怵怵。）百姓皆注其耳目，聖人皆孩之。（四十九章）

此所謂孩，亦猶嬰兒，聖人傷夫「大道廢，有仁義，智慧出，有大僞，六親不和，有孝慈，國家昏亂，有忠臣。」（十八章）故欲「絕聖棄智，絕仁棄義，絕巧棄利」，（十九章）「爲天下渾其心」。百姓皆專其視聽，而「復歸於嬰兒」。（二十八章）所謂「古之善爲道者，非以明民，將以愚之」，（六十五章）亦即此意，愚即謂渾其心猶嬰兒之混成，不離乎常德也，故老子亦自喻其心如愚人，二十章云：

> 我愚人之心也哉！　沌沌兮，俗人昭昭，我獨昏昏，俗人察察，我獨悶悶，澹兮其若海，（海疑晦之形誤，嚴遵本，開元碑本，並作「忽兮若晦」。）飂兮若無止，（《河上》本飂作漂，止上有所字。）衆人皆有以，而我獨頑似鄙，我獨異於人，而貴食母。

愚人之心沌沌然，正如嬰兒也。俗人之昭昭察察，智也。「民之難治，以其智多，故以智治國，國之賊」，（六十五章）「天下多忌諱，而民彌貧，民多利器，國家滋昏，民多伎巧，奇物滋起，法令滋彰，盜賊多有」，（五十七章）故「其政悶悶，其民湻湻，其政察察，其民缺缺，禍兮福之所倚，福兮禍之所伏，孰知其極，其無正」。（五十八章）禍福無常，故無正，知其無正也，故貴能反，「我獨異於人，而貴食母」，蓋能反也，所謂「既知其子，復守其母」也。

「與物反矣，然後乃至大順」，（六十五章）大順則得其常矣，聖人「爲天下渾其心」，使不離常德，而反乎嬰兒，即此可以悟老子寶慈之理。（見六十七章）惟其慈，故以天下爲嬰兒，慈者，愛之至也，父母之於嬰兒，愛之無所不至，惟恐失其和也。以慈臨下天，則天下「侗焉皆得其和」。（《淮南子》語）而仁義之道，眇乎小矣，慈爲愛之至，其情至真也，道之中有情，其情甚真。（情即精，詳前。）故寶慈猶合乎道。

嬰兒之不失其和，最可以象混成之道，道之混成，由其逝，遠，反，而不失其常也，不失其常之謂一，一者不變也，故道亦謂之太一。（詳前）嬰兒之「專氣致柔」，「處物無傷」，最能抱一也，故老子又貴乎抱一，莊子謂其「主之以太一」，亦以此。（詳前）三十九章云：

昔之得一者，天得一以清，地得一以寧，神得一以靈，谷得一以盈，萬物得一以生，侯王得一以爲天下貞。

天地萬物，皆生於道，「獨立不改，周行不殆」，道之一也，即道之常也。天地萬物之各得其所，得此一也，即得此常也，失此一，失此常，則有「不道早已」（三十章）之患。是故「天無以清，將恐裂，地無以寧，將恐發，神無以靈，將恐歇，谷無以盈，將恐竭，萬物無以生，將恐滅，侯王無以爲貞，將恐蹶」。（三十九章，爲貞今本作貴高，涉下文貴高句而誤，貞與上文清，寧，靈，盈，生，爲韵，從范應元本改正。）天之清，地之寧，神之靈，谷之盈，萬物之生，侯王之爲天下貞，皆由得一之道，一其可離乎？故曰：

載營魄抱一，能無離乎？（十章）

人之生也,形全精固,形精漸虧,遂由壯而老矣,故聖人衛生之經,惟在抱一。(語本《莊子》)抱一而不離,内可以衛生,外可以爲天下式,故曰:

是以聖人抱一爲天下式。(二十二章)

抱一即守常,抱一爲天下式,欲天下之歸於守常也,此猶聖人之「泊兮如嬰兒」,因欲使天下「復歸於嬰兒」也。「物壯則老,是謂不道」,反於嬰兒,則不老矣,則得道之常矣,推此理也,老子所謂守雌,守黑,守辱,守柔之道,皆守常之道。(故老子貴襲常)亦即抱一之道,抱一之道,亦即抱樸之道,道以混成爲一,嬰兒象道之混成爲抱一,混成者,樸之至也,故老子又重抱樸,十九章云:

見素抱樸,少思寡欲。

「少思寡欲」,即所以反乎樸。故曰:

無名之樸,夫亦將無欲,不欲以靜,天下將自定。(三十七章)

又曰:

我無欲而民自樸。（五十七章）

樸而曰無名，最可以象道之混成，是故：

無常無名，樸雖小，天下莫能臣也，侯王若能守之，萬物將自賓。（三十二章）

「道常無名」，明常道之不可名，惟「無名之樸」，足以象之，樸雖小，可以象道，道亦「可名於小」（三十四章）也，道散而爲一，二，三，萬物，樸散而爲器，（器亦猶物也）道爲一，二，三，萬物之宗君，樸爲萬器之官長，體道則可爲宗君，抱樸則可爲官長，誰復得臣之哉？故曰：

爲天下谷，常德乃足，復歸於樸，樸散則爲器，聖人用之，則爲官長，故大制不割。（二十八章）

得於常道之謂常德，常德足，則歸於樸，猶反乎道也。「大制不割」，不割故樸，樸故可以爲器長，聖人抱樸爲天下式，故「聖人之治，常使民無知無欲」，（三章）正欲使天下之歸於樸也，樸而不散故爲一，一而不變故爲常，故抱樸之道，即抱一之道，亦即守常之道也。

抱樸而不散，抱一而不變，即守常之道，不散不變，故不失其常，不散以應散，不變以應變，故若無爲，道之逝，遠，反，而得其常，若無爲也。而天地萬物皆本之而生，本之而化。故曰：

道常無爲而無不爲，侯王若能守之，萬物將自化。（三十七章）

得道之常，謂之常德。亦曰上德，（詳前）「道常無爲而無不爲」，故「上德無爲而無不爲」。（三十八章）不離常德者，莫如聖人。

故聖人云：我無爲而民自化。（五十七章）

天地萬物皆本道之常而生，即本自然而生，「是以聖人欲不欲，为貴難得之貨，學不學，復眾人之所過，以輔萬物之自然，而不敢爲」。（六十四章）不欲，不學，自然也，無爲也；多欲，多學，非自然也，有爲也。多欲則亂性，多學則亂真，聖人將使天下皆反於自然，故「欲不欲」「學不學」。「欲不欲」，「學不學」，即「爲無爲」也。「爲無爲，則無不治」，（三章）則天下皆得其自然，皆得其常。何由「爲無爲」？四十八章云：

爲道日損，損之又損，以至於無爲，無爲而無不爲。

損之道，即「爲無爲」之道，「眾人熙熙」，（二十章）惟知求益。多欲多學以亂其性，以亂其真，焉知所謂「損之而益，益之而損」（四十二章）之道乎？損者，損去多欲多學，以反乎樸，一。損去有爲，以反乎無爲也。（損即能反之意，詳前。）反乎樸，一，故老子貴抱樸，抱一。抱樸抱一之道，即反乎無爲之道。故《莊子》言：「天無爲以之清，地無爲以之寧，萬物職職，皆無無爲殖」，（《至樂篇》）最得老子「天得一以清，地得一以寧，萬物得一以生」

(三十九章)之旨。一即道之混成之狀，(即樸之狀)即不改不殆之狀。(即常之狀)天地萬物本之以各得其所尚何所爲乎？是以聖人不敢存有爲之心以違道，以代大匠斵。夫代大匠斵者，希有不傷其手者矣。(七十四章)所謂「不知常，妄作凶」(十六章)也。聖人所爲者，但無爲而已。故曰：

> 不尚賢，使民不爭，不貴難得之貨，使民不爲盜，不見可欲，使民心不亂。(三章)

「民之難治，以其智多。」(六十五章)民之智多，「以其上之有爲」，(七十五章)「不尚賢，不貴難得之貨，不見可欲」，爲無爲也。「爲天下渾其心」，使反乎大道(即常道)也。大道無爲，故「萬物恃之而生而不辭，功成不名有，(傅弈本「不名有」作「而不屑」。屑蓋居之形誤，二章正作「功成而弗居」。)衣養萬物而不爲主，萬物歸焉而不爲主。」(三十四章，下「不爲主」，范應元本作「不知主」，當從之，爲字涉上文而誤。)聖人體乎大道，「處無爲之事，行不言之教」。(二章)故亦「萬物作焉而不辭，生而不有，爲而不恃，功成而弗居。」(二章)夫「生而不有，爲而不恃，長而不宰，是謂玄德」，(十章，五十一章。)玄德(即常德，詳前。)深矣遠矣，非體乎大道者，不足以當之。聖人足於玄德，「不欲見賢」，(七十七章)「順物自然，而無容私」，(即無爲，《莊子》語)「功成事遂，百姓皆謂我自然」。(十七章)此聖人之所以能成其大也。(見三十四章，六十三章。)老子慨夫「不言之教，無爲之益，天下希及之」(四十三章)也，故欲得一小國以實現其理想，其言曰：

> 小國寡民，使有什伯之器而不用，(傅奕本使下有民字，與下文一律，當從之。)使民重死而不遠徙，雖有舟輿，無所乘之，雖有甲兵，無所陳之，使民復結繩而用之，甘其食，美其服，安其居，樂其俗，鄰國相望，雞犬

之聲相聞，民至老死，不相往來。（八十章）

此即老子之理想國，其民皆渾渾沌沌，無知無欲，鼓腹含哺，侗焉皆得，如愚人，如嬰兒，此「至治之極」，「至德之世」也，尚何爲乎？尚何不爲乎？

老子見道之由反以得常，因以爲宗君，而得物象變化之規律，故每「正言若反」。（七十八章）以明物象之不離此宗君，雖若環之無端，而實有系統可尋，應用此規律，最後出其理想國，即反乎「至德之世」之國，（至德猶上德）「至德之世」，人相忘於大道，固不知所謂仁，義，禮，智也。仁，義，禮，智之名立，而愛惡，是非，美醜，巧拙之端，遂「樊然殽亂」，不知所止矣，是故「天下皆知美之爲美，斯惡已！皆知善之爲善，斯不善已！有無相生，難易相成，長短相較，高下相傾，音聲相和，前後相隨」，（二章）故冥絶對待之名，莫若反乎混成之道。老子歎大道之散也，於人生中，猶降而取乎信，如云：「信不足焉，有不信焉。」（十七章）「信者吾信之，不信者吾亦信之，德信。」（四十九章）「輕諾必寡信」。（六十三章）八十一章歸結亦曰：「信言不美，美言不信。」蓋五千言，皆信言也。故若「淡乎其無味」。（三十五章）既曰信，則其本質不變，猶合乎道之常，道之中，固有精，有信也。（詳前）然老子既已絶棄仁，義，禮，智，復時而言兵，如：「以奇用兵」，（五十七章）「善戰者不怒，善勝敵者不興」，（六十八章）「用兵有言，吾不敢爲主而爲客，不敢進寸而退尺」，（六十九章）其故何也？蓋有所不得已也。大道既廢，上下多欲，權謀是尚，爭奪日起，所謂「天下無道，戎馬生於郊」。（四十六章）老子歎天下之日趨於亂而不可反也，故退而欲得寡民之小國，以達其政治理想。其言曰：「雖有甲兵，無有陳之。」又曰：「天下有道，卻走馬以糞。」（四十六章）「以道佐人主者，不以兵強天下。」（三十章）夫豈得已而言兵哉？「師之所處，荊棘生焉，大軍之後，必有凶年。」（三十章）「兵者不祥之器，戰勝以喪禮處之。」（三十一章）讀此可以知老子實以用兵爲戒矣！

附記

《老子通論》一篇，見《現代學報》第一卷第六、七期合刊，南京天目路十一號六藝書局，民國三十六年七月一日出版（民國三十七年六月補印）。此篇岷已忘記，承林耀椿賢弟檢示，感慰無既。

二千年八月廿九日，庚辰八月一日於史語所宿舍。

論莊子之齊物觀

壹　引言

莊子之齊物觀，自然以内篇第二《齊物論》爲主。惟《齊物論》是否保存莊子原貌，不能無疑。如其中「夫道未始有封」下，陸德明《釋文》引崔譔云：「《齊物》七章，此連上章，而班固説在外篇。」據《漢書·藝文志·道家類》，稱「《莊子》五十二篇」。今傳《莊子》，乃晋郭象删定之本，是三十三篇。班固説「夫道未始有封」章在外篇，當然就不在内篇《齊物論》中。又《齊物論》中有一章：「故昔者堯問於舜曰：『我欲伐宗、膾、胥敖，南面而不釋然，何也？』舜曰：『夫三子者，猶存乎蓬艾之間，若不釋然，何哉？昔者十日並出，萬物皆照，而況德之進乎日者乎！』」意在重德化而不重討伐。與《齊物論》内容似不相關。即勉強解釋爲宗、膾、胥敖三國蠻夷之君，本安於蓬艾卑賤之地，不必加以討伐。破除文明、野蠻之執著，亦可符合「齊物」之義。然前一章，即「夫道未始有封」章，論知止其所不知問題，與後一章，即「齧缺問乎王倪」章，論知與不知問題，文意正相含接。「故昔者堯問於舜」章雜廁其間，與前後兩章文意遂隔絶，然則此章是否原在《齊物論》篇中，不能無疑。因此，據今傳《齊物論》，以討論莊子之齊物觀，須得借用《莊子·庚桑楚篇》一句話：「欲當則緣於不得已。」即在不得已之情況下求其論之成理而已。

貳　「齊物」連讀或「物論」連讀

討論《齊物論》，首先篇名究竟應「齊物」連讀或「物論」連讀，便成問題。宋王應麟《困學紀聞》卷十云：

《齊物論》，非欲「齊物」也，蓋謂「物論」之難齊也。是非毁譽一付於物，而我無與焉，則「物論」齊矣。邵子詩，謂「齊物到頭爭」恐誤。張文潛曰：「莊周患夫彼是之無窮，而『物論』之不齊也，而託之於天籟。（下略）」

王氏從張文潛説，以「物論」連讀，而以邵雍詩「齊物」連讀爲誤。清錢大昕《十駕齋養新録》卷十九云：

王伯厚云：「《莊子·齊物論》，非欲『齊物』也，蓋謂『物論』之難齊也。邵子詩：『齊物到頭爭。』恐誤。」按左思《吴都賦》：「萬物可齊於一朝。」劉淵林《注》：「莊子有『齊物』之『論』。」劉琨《答盧諶書》：「遠慕老、莊之齊物。」《文心雕龍·論説篇》：「莊周《齊物》，以『論』爲名。」是六朝人已誤以「齊物」二字連讀。

錢氏從王伯厚（應麟字）説，以「齊物」連讀爲誤。案晉夏侯湛《莊周贊》：「遯時放言，齊物絶尤。」孫承《嘉遁賦》：「混心齊物，遨游容與。」（《藝文類聚》卷三十六引。）湛方生《秋夜》詩：「總齊物之大綱，同天地於一指。」皆以「齊物」連讀。嵇康《琴賦》：「齊萬物兮超自得。」王康琚《反招隱》詩：「歸來安所期，與物齊終始。」並「齊物」連讀之意，六朝人舊讀固如此。即漢《淮南子・齊俗訓》：「萬物一齊，而無由相過。」王充《論衡・自紀篇》：「同安危而齊死生，均吉凶而一敗成。」班固《幽通賦》：「齊死生與旤福。」亦皆符合「齊物」之義也。清孫志祖《讀書脞録》卷四云：

> 《莊子・齊物論》，張文潛、王伯厚皆以「物論」二字連讀，謂「物論」之難齊，而莊子欲齊之也。程正公則云：「夫物之不齊，物之情也。莊子烏能齊之而作此『論』哉！是以『論』爲論斷之『論』，後人多摘其誤。」志祖案，《文選・魏都賦》：「萬物可齊於一朝。」劉淵林《注》：「莊子有『齊物』之『論』。」劉琨《答盧諶書》云：「遠慕老、莊之齊物，近嘉阮生之放曠。」晋人崇尚玄學，然皆不以「物論」二字連讀也。梁劉勰《文心雕龍・論説篇》直云：「莊周《齊物》，以『論』爲名。」尤可證明六朝舊讀矣。

孫氏證明六朝舊讀之説，與錢大昕同，但不以「齊物」連讀爲誤，清末民國初，王緗綺《百大家評註本莊子南華真經・齊物論》末引王安石云：「《齊物論》，正欲以不齊齊之，求其齊，乃不可齊矣。諸君子所以失者，以其齊也。」此似以「物論」連讀。又安石《傷石兆杜嬰》詩：「接物工齊物，勞身恥爲身。」此明以「齊物」連讀。實則兩讀皆通，所謂物，包括情、事、理而言，非專指有形之物。《齊物論》之主旨，在篇中「天地與我並生，萬物與我爲一」二句，是莊子本意以「齊物」連讀。外篇《秋水》發揮《齊物論》，其旨在「萬物一齊，孰短孰長！」亦正「齊物」之義。他如内篇《德充符》：「自其同者視之，萬物皆一也。」外篇《天地》：「萬物一府，死生同狀。」亦皆「齊物」之義。莊子本意固在論「齊物」，而非齊「物論」矣。

叁　以「論」名篇

《齊物論》，莊子本意在以「齊物」連讀，上文已有論證。惟以「論」名篇，是莊子所獨創？抑當時別家亦有相同者？須待考驗。荀況（前三一三？—前二三八？）略晚於莊子（前三六八？—前二八八？），荀子已有《天論》、《正論》、《禮論》、《樂論》，四篇以「論」爲名。則莊子當時有以「論」爲名之《齊物篇》，亦不足怪。明宋濂《諸子辯》云：

> 《墨子》上卷《親士》、《修身》、《所染》、《法儀》、《七患》、《辭過》、《三辯》七篇，號曰《經》。中卷《尚賢》三篇，下卷《尚同》三篇，皆號曰《論》。（《宋學士集》卷二十七《雜著類》。）

墨翟（前四六八？—前三七六？）早於莊子，其書分《經》與《論》，爲原書類別？或後人所分？未敢遽斷。而《史記·孟子荀卿列傳》，稱「慎到著《十二論》」。慎到（前三五〇？—前二七五？，此錢穆《先秦諸子繫年》大約所定。）與莊子同時，所著《十二論》已失傳，姑無論有十二篇《論》或一篇《論》分爲十二章，已以「論」爲名，則無可疑。至於公孫龍（前三二〇？—二五〇？亦錢先生所定。）當亦見及莊子，《莊子·秋水篇》，載公孫龍曰：「吾聞莊子之言，汒焉異之。」今傳《公孫龍子》六篇，《白馬論》、《指物論》、《通變論》、《堅白論》、《名實論》，五篇皆以「論」爲名，是否原名《論》，恐不可據。《御覽》四六四引後漢桓譚《新論》云：「公孫龍，六國時辯士也，爲《堅白》之『論』。」王充《論衡・案書篇》亦云：「公孫龍著《堅白》之『論』」。兩「論」字蓋叙述時所增。東晉張湛《列子・仲尼篇注》引《白馬論》曰：「馬者，所以命形也；白者，所以命色也。命色者非命形也。」始正式稱《白馬論》。則《白馬》原非以「論」名篇矣。而《文心雕龍・論説篇》謂「莊周《齊物》，以『論』爲名」，則可信也。

肆　《齊物論》大義

《齊物論》主旨爲「天地與我並生，萬物與我爲一」二句。破除時間觀念，則可忘生。忘生則無時而非生，故「天地與我並生」。破除空間觀念，則可忘我。忘我則無往而非我，故「萬物與我爲一」。全篇大義則爲：

一　闡明忘我

首章：

南郭子綦隱机而坐，仰天而噓，嗒焉似喪其耦。顔成子游立侍乎前，曰：「何居乎？形固可使如槁木，心固可使如死灰乎？今之隱机者，非昔之隱机者也。」子綦曰：「偃，不亦善乎，而（爾）問之也！今者吾喪我，汝知之乎？」（前數語略見雜篇《徐無鬼》）

「喪其耦」，其，語助，猶言「喪我」，亦即「忘我」。俞樾《莊子平議》謂「喪其耦」即下文所謂「吾喪我」是也。形如槁木，心如死灰，乃修養入定之境。言如（或言若）者，非即同槁木、死灰也。同槁木、死灰，則是死寂之相矣。外篇《知北游》：「形若槁木，心若死灰。」雜篇《庚桑楚》：「身若槁木之枝，而心若死灰。」並同此例。内篇《大宗師》：「墮枝體，黜聰明，離形去知，同於大通，此謂坐忘。」「坐忘」即「忘我」之境。忘我，乃能「齊物」。執著我見，則無物可齊。破除我見，則無物不齊。各適其性，各安其分，各得其自然，即是「齊物」。此所謂「大通」也。莊子論「齊物」以「忘我」發端，已啓示通全篇之要義。

二　破除對待

篇中：

道惡乎隱而有真僞？言惡乎隱而有是非？道惡乎往而不存！言惡乎在而不可！道隱於小成，言隱於榮華，故有儒、墨之是非，以是其所非，而非其所是。欲是其所非而非其所是，則莫若以明。物無非彼（非），物無非是，自彼則不見，自知（喻？）則知之。故曰彼出於是，是亦因彼。……彼亦一是非，此亦一是非。果且有彼是乎哉？果且無彼是乎哉？彼是莫得其偶，謂之道樞。樞始得其環中，以應無窮。是亦一無窮，非亦一無窮也。故曰莫若以明。

道無不在，道不可言，言則難免偏蔽。有所偏蔽，則有真僞是非之辯。儒、墨自是而相非，各有所蔽。易地而觀，（馬其昶《莊子故》語）當不執著己見，所謂明也。彼我是非，相因而起。「彼是莫得其偶，謂之道樞」。偶，對也。（郭象《注》）樞，要也。（陸德明《釋文》）是非乃對待之名，道無不包，道之要在破除對待。如環中空虚，《人間世篇》：「唯道集虚。」得空虚之道，以應無窮之是非，使是非各安其分，正樞要所在，亦是明之所在。明乎此，則大小、多少、長短、高卑、貴賤、美醜、成毁、壽夭種種對待之偏執，皆可破除矣。

三 體悟物化

末章：

昔者莊周夢爲胡蝶，栩栩然胡蝶也。自喻適志與！不知周也。俄然覺，則蘧蘧然周也。不知周之夢爲胡蝶與！胡蝶之夢爲周與！周與胡蝶，則必有分矣。此之謂物化。

莊周夢爲胡蝶，忘其爲莊周。莊周與胡蝶，各安於自然之分。各安於自然之分，則在覺安於覺，在夢安於夢，故無所謂覺夢。莊周由夢覺體悟「物化」之理，即死生變化之理。然則在生安於生，在死安於死，則無所謂生死。破覺夢猶外生死，破覺夢之執以明外生死之理，「齊物」之義，盡於此矣。莊子論「齊物」之最高境界爲外生死，此由覺夢之體悟而得，非空談也。王安石《擬寒山拾得》二十首之三有云：「死生如覺夢，此理甚明白。」頗符莊子之旨。

伍 《齊物論》與先秦諸子

戰國時諸子爭鳴，而儒、墨之爭最烈。《齊物論》中論及儒、墨之自是而相非，莊子蓋欲破除儒、墨之執著是非，以闡發其「齊物」之義。諸子雖爭鳴，而各家言論往往與「齊物」有關，特其取義與莊子或近或遠，述之如次：

墨翟

《荀子·天論》：「墨子有見於齊，無見於畸。」楊倞《注》：「畸，謂不齊也。墨子著書，有《上同》、《兼愛》，見齊而不見畸也。」(《莊子·齊物論》，則是見不齊之齊也。)

楊朱

《列子·楊朱篇》：「楊朱曰：『萬物所異者生也，所同者死也。生則有賢愚貴賤，是所異也；死則有臭腐消滅，是所同也。萬物齊生齊死，生則堯、舜，死則腐骨；生則桀紂，死則腐骨。腐骨一矣，孰知其異！且趣當生，奚遑死後！』」(節引。楊朱之齊生死，重在戀生。與莊子外生死大異。今本《列子》出於東晉，所載楊朱之説，蓋遠有所本，姑舉於此。)

彭蒙、田駢、慎到

《莊子·天下篇》：「彭蒙、田駢、慎到……齊萬物以爲首，曰：『天能覆之，而不能載之；地能載之，而不能覆之；大道能包之，而不能辯之。則萬物皆有所可，有所不可。故曰：選則不徧，教則不至，道則無遺者矣。』」(《齊物論》云：「大道不稱，大辯不言。」此謂「大道能包之，而不能辯之」，則失其所謂「道則無遺」之旨矣。)

《尸子·廣澤篇》：「田子貴均。」《吕氏春秋·不二篇》作：「陳駢貴齊。」(又見《金樓子·著書篇》)高誘《注》：「貴齊生死，等古今也。」(田子即陳駢，田、陳古同音。「貴均」猶「貴齊」也。)慎子佚文：「法者，所以齊天下之動，至公大定之制也。」(清錢熙祚《守山閣叢書》本輯存。此蓋法家之齊物觀。)

惠施

《莊子·天下篇》謂惠施：「氾愛萬物，天地一體也。」成玄英《疏》：「萬物與我爲一，故氾愛之；二儀與我並生，故同體也。」（案《齊物論》：「天地與我並生，萬物與我爲一。」成《疏》即本此以釋惠施之説，蓋以惠施此説，符合《莊子·齊物論》之主旨。）

孟子

《孟子·滕文公篇》：「陳相見孟子，道許行之言。曰：『（中略）從許子之道，則市賈（價）不貳，國中無僞。雖使五尺之童適市，莫之或欺。布帛長短同，則賈相若；麻縷絲絮輕重同，則賈相若；五穀多寡同，則賈相若；屨大小同，則賈相若。』（孟子）曰：『夫物之不齊，物之情也。或相倍蓰，或相什伯，或相千萬，子比而同之，是亂天下也。』」（許行之道，強不同以爲同，猶強不齊以爲齊。孟子則以爲物本不齊，不能強同。莊子所謂「齊物」，乃不齊之齊。較孟子之意更進一境。孟子之言合人情，莊子之論超人情。）

尹文

《尹文子·大道·上篇》：「聖人任道以夷其險，立法以理其差，使賢愚不相棄，能鄙不相遺。能鄙不相遺，則能鄙齊功；賢愚不相棄，則賢愚等慮。此至治之術也。」（所謂「至治之術」，齊功、等慮，頗符「齊物」之義，蓋由下齊以通齊也。）

又《大道·下篇》：「法者，所以齊眾異。」（由法以齊眾異，則是齊其不齊，此法家之「齊物觀」。若由道通眾異，則是不齊之齊，此莊子之「齊物觀」也。《尹文子》書，或出於魏、晉，而所論多有所本，姑舉於此。）

鶡冠子

《鶡冠子·能天篇》：「道者，開物者也，非齊物者也。」（明標「齊物」一詞，而所謂「齊」，蓋齊其不齊之「齊」，與莊子大異。莊子所謂「齊物」,乃「開物」之義,「開物」猶「通物」,《國語·晋語》八:「夫樂以開山川之風也。」韋昭《注》:「開,通也。」就道言之,則萬物皆通而爲一,《莊子·齊物論》:「道通爲一。」所謂「齊」也。)又《王鈇篇》:「齊殊異之物。」陸佃《注》:「齊鵬鷃(鯤)之大小,等鳧鶴之長短。」(乃據内篇《逍遥游》首章,及外篇《駢拇》:「鳧脛雖短,續之則憂;鶴脛雖長,斷之則悲。」以釋之,頗符莊子「齊物」之義。惟「鵬鷃之大小」,似當作「鵬鷃之大小」。)又《天權篇》:「知物故無不然。」(亦符莊子「齊物」之旨。莊子《齊物論》、雜篇《寓言》並云:「無物不然。」外篇《秋水》:「因其所然而然之,則萬物莫不然。」並「齊物」之旨也。《鶡冠子》原書,蓋出於戰國晚期,今傳之本,後人頗有附益。)

先秦諸子之説,與「齊物」有關者,上所舉墨翟、彭蒙、田駢、慎到、惠施、孟子諸家,當較可據。莊子是否因諸家皆有説,乃以長篇發抒己見,專論「齊物」,閎通圓融,超乎諸家之上,此大可注意者也。又《吕氏春秋·不二篇》:「夫能齊萬不同,愚智工拙皆盡力竭能,如出一空(孔)者,其唯聖人矣夫!」此亦「齊物觀」之類,似受莊子之影響者也。

陸　結論

傅斯年先生於民國二十五年(一九三六)發表《誰是齊物論之作者?》一文(載《國立中研院歷史語言研究所集刊》第六本第四分),斷其作者爲慎到。主要證據爲《莊子·天下篇》述慎到之方術「齊萬物以爲首」句。傅先生云:

慎到著書，曾以《齊物》一篇爲首也。所謂「首」者，謂首章。《史記·孟子荀卿列傳》云：「慎到著《十二論》。」則慎到著書，以「論」名篇，其數凡十二也。合此兩事，知《齊物論》者，慎到所著《十二論》之首篇也。

惟傅先生於篇末復有補説云：

此意蓄之十年，以爲不移之論，一旦寫成，轉覺可疑。《莊子》雜篇中與《齊物論》之思想相應者甚多，不可以爲偶合。然則《齊物論》之思想與莊生後學者相混久矣，《天下篇》所論，僅見其始耳。甚矣治學之宜「毋意、毋必」也！

傅先生補説，不堅持其《齊物論》之作者爲慎到之論，是也。然慎到「齊物」之「論」與莊子《齊物論》有關，則無可疑。先秦諸子之説，與《齊物論》有關者頗多，如上所述，非僅慎到而已。傅先生謂「《齊物論》之思想與莊生後學者相混久矣」。此語極有見地。内篇《逍遥游》第一，以鯤、鵬之大，蜩、鳩、斥鴳之小，喻小、大各適其適，進而破小、大之執著，此固即「齊物」之義。外篇《秋水》，疑莊子後學者所作，專發揮《齊物論》。由破大天地、小豪末之執著，進而破貴賤、是非、窮通之執著，皆發揮「齊物」之義者也。尤可玩味者，《秋水篇》末章云：

莊子與惠子游於濠梁之上。莊子曰：「儵魚出游從容，是魚樂也。」惠子曰：「子非魚，安知魚之樂？」莊子曰：「子非我，安知我不知魚之樂？」惠子曰：「我非子，固不知子矣；子固非魚也，子之不知魚之樂，全矣。」

莊子曰:「請循其本:子曰『女(汝)安知魚樂』云者,既已知吾知之而問我,我知之濠上也。」

莊子與惠施知不知魚之對話,與《齊物論》篇末「昔者莊周夢爲胡蝶」章,兩相輝映。莊子知魚樂,破物我之執,則物我齊。莊周夢胡蝶,破覺夢之執以喻破生死之執,則生死齊。合而觀之,亦即《齊物論》主旨所謂「天地與我並生,萬物與我爲一」之理,空間、時間觀念並破除矣。《秋水》發揮《齊物論》,所微別者,《齊物論》偏重明《齊物》之理,《秋水》偏重明《齊物》之用耳。又雜篇《寓言》,頗似莊子全書之叙,中云:

有自也而可,有自也而不可;有自也而然,有自也而不然。惡乎然?然於然;惡乎不然?不然於不然。惡乎可?可於可;惡乎不可?不可於不可。物固有所然,物固有所可;無物不然,無物不可。

此同於《齊物論》破可不可、然不然之執著。戰國諸子百家爭鳴,往往爭辯於可不可、然不然之間,唯莊子能《齊》之耳。《天下篇》述莊周之道術,稱其「上與造物者游,下與外死生、無終始者爲友」。「外死生、無終始」,是「齊物」之至境。「造物者」,道也。「外死生、無終始者」,得道之人也。是謂莊子「上與道游,下與得道之人」爲友矣。莊子非僅論「齊物」,實能體驗「齊物」。亦即體道之先哲也。

附記

三十餘年前，岷在臺灣大學中文系開講《莊子》，諸生中頗有據岷説發表論文者。因思學生發表我之意見，何如我自己寫。此篇《論莊子之齊物觀》，爲近撰《先秦道法思想》中有關莊子之一章，大體皆昔年所論及者，加以整理發揮而已。

一九九一年十二月廿六日辛未十一月廿一日
脱稿於傅斯年先生圖書館二樓研究室。

（刊于《中國文哲研究集刊》第二期，一九九二年，一——一二頁。）

《申子·大體篇》義證

《韓非子·定法篇》謂：「申不害言術。」申不害為法家重術派之代表，其言大都散佚，較完整者，僅《羣書治要》卷三十六所載《大體篇》而已。司馬遷《史記·老子韓非列傳》附《申不害傳》謂：「申子之學本於黄、老，而主刑名。」《大體篇》已可见其梗概。《義證》之作，以校勘及訓詁為基礎，進而詳引道家、名家、甚至儒家及其他有關之説，與申子之言印證，以闡發其義藴。

引言

戰國法家三派，慎到重勢，申不害重術，商鞅重法。《韓非子·難勢篇》，難慎到之專言勢；《定法篇》論申不害言術而未盡於術，商鞅言法而未盡於法。慎到遺説傳於今較完整者，有《威德》、《因循》、《民雜》、《知忠》、《德立》、《君人》、《君臣》七篇，見《羣書治要》卷三十七。商鞅遺説，今傳《商君書》二十六篇，《刑約》、《禦盜》二篇僅存篇名。《羣書治要》卷三十六尚載《商子·六法篇》，存一百五十六字。至於申不害遺説，完整者今僅存《大體篇》，亦見《羣書治要》卷三十六。司馬遷謂：「申子之學，本於黄、老，而主刑名。」（《史記·老子韓非列傳》）《大體篇》五百二十五字中已可得其梗概。《韓非子》亦有《大體篇》，與申子此篇無甚關係。惟謂「因道全法」，申子之學固化道入法者也。唐趙蕤《長短經》九卷六十四篇（舊稱十卷六十三篇），第一篇亦爲《大體》，非僅篇名本於《申子·大體篇》，篇首引《老子》：「以正理國，以奇用兵，以無事取天下。」（五十七章。「理」本作「治」，此避唐高宗諱。）篇内論君道、臣道之别，正文及自注皆有本於《申子·大體篇》之説，蓋頗受《申子》此篇之影響。《申子》此篇，義蘊甚豐。茲先録《大體篇》全文，其有疑義者，逐條詳加發證。

義證

夫一婦擅夫，衆婦皆亂；一臣專君，羣臣皆蔽。故妬妻不難破家也，亂臣不難破國也。

案：擅、專互文，擅亦專也。「妬妻」疑本作「妬婦」，與上兩「婦」字相應。《意林》卷二引此文作「妬妻不難破家，亂臣不難破國。一妻擅夫，衆妻皆亂；一臣專君，羣臣皆蔽。」文句顛倒，恐非其舊。《意林》引書，往往易其舊觀。惟引兩「婦」字作「妻」，與「妬妻」字亦相應。

是以明君使其臣，並進輻湊，莫得專君。

案：《淮南子·主術篇》：「羣臣輻湊並進。」又云：「羣臣輻湊，莫敢專君。」（高誘《注》：「專，制。」）蓋本《申子》。《漢書·賈誼傳》：「輻湊並進，而歸命天子。」湊，俗作輳。《老子》：「三十輻，共一轂。」（十一章）《説文》：「湊，水上人所會也。」「輻湊」，謂如三十輻之共聚會於一轂也。

今人君之所以高為城郭而謹門閭之閉者，為寇戎盜賊之至也。今夫弑君而取國者，非必踰城郭之險而犯門閭之閉也，蔽君之明，塞君之聽，奪之政而專其令，

案：之，其互文，之猶其也。謂「奪其政而專其令」也。

有其民而取其國矣。今使烏獲、彭祖負千鈞之重，

案：烏獲，古之力士。《孟子・告子篇》：「今曰舉百鈞，則爲有力人矣。然則舉烏獲之重，是亦爲烏獲而已矣。」《史記・范雎傳》：「烏獲、任鄙之力焉而死。」《司馬相如傳》：『力稱烏獲。』彭祖乃古之長壽者，《莊子・逍遥游篇》：「彭祖乃今以久特聞。」《御覽》卷三百八十七引《風俗通義》佚文：「彭祖年壽八百歲。」古言力士，無以「烏獲、彭祖」並稱者。此與烏獲並稱，或亦古力士之名，與長壽之彭祖無涉，惟他書無徵。《淮南子・主術篇》：「千鈞之重，烏獲不能舉也。」（高誘《注》：「千鈞，三萬斤也。烏獲，秦武王之力士也。武王試其力，使舉大鼎，腕脱而不任，故曰不能舉也。」）此文「千鈞」，當從下文「千金之重」作「千金」，「千金」與「琬琰」對言，皆最貴重之物，故盜偷之也。

而懷琬琰之美，

案：《楚辭・遠游》：「懷琬琰之華英。」《淮南子・説山篇》：「琬琰之玉在洿泥之中。」高誘《注》：「琬琰，美玉。」

令孟賁、成荆帶干將之劒衛之，

案：《孟子・公孫丑篇》：「夫子過孟賁遠矣。」趙岐《注》：「孟賁，勇士也。」《淮南子・齊俗篇》：「孟賁、成荆無所行其威。」許慎《注》：「成荆，古勇士也。」陶方琦《許注異同詁》云：「《史記・范睢蔡澤列傳》：『成荆、孟賁、王慶忌、夏育之勇也而死。』《吕覽・論威》：『成荆致死于韓王。』古荆、慶字通，成荆或作成慶，《漢書・景十三王傳》：『其殿門有成慶畫。』師古《注》：『成慶，古勇士，見《淮南子》。』是《淮南》舊本或作成慶。」《史記・刺客傳》：「荆軻者，衛人也。衛人謂之慶卿。而之燕，燕人謂之荆卿。」亦荆、慶古通之證。《史記・

范睢傳》之成荆，《集解》引徐廣曰：「一作羌。」羌與慶古亦通，《漢書・揚雄傳》：「慶竢雲而將舉。」王先謙《補注》引宋祁云：「蕭該《音義》曰：『慶音羌。』今《漢書》亦有作羌字者。」故成荆既作成慶，又作成羌矣。《荀子・性惡篇》：「闔閭之干將、莫邪，古之良劍也。」《吕氏春秋・當務篇》：「狂而操吴干將也。」高誘《注》：「吴干將，利劍也。」

行乎幽道，則盜猶偷之矣。今人君之力非賢乎烏獲、彭祖，而勇非賢乎孟賁、成荆也，其所守者，非恃琬琰之美、

案：恃借爲特，恃、特並諧寺聲，故可通用。

千金之重也。而欲勿失，其可得邪？

案：其猶豈也。

明君如身，臣如手；君若號，臣如響。君設其本，臣操其末；君治其要，臣行其詳；君操其柄，臣事其常。

案：《莊子・天道篇》：「本在於上，末在於下；要在於主，詳在於臣。」與此數句同義。《淮南子・主術篇》：「上多故則下多詐，上多事則下多態，上煩擾則下不定，上多求則下交爭。不直之於本，而事之於末，譬猶揚堁而弭塵，抱薪而救火也。」可發明此文之義。

為人臣者，操契以責其名。

案：「人臣」疑本作「人主」，涉上諸「臣」字而誤也。下文「放善爲主者」，即承此「人主」而言，契謂要領，猶言本。《說文》：「責，求也。」此謂人主執本以求名，蓋取正名之義。人臣不得言「操契以責其名」也。

名者天地之綱，聖人之符。張天地之綱，用聖人之符，則萬物之情無所逃之矣。故善為主者，倚於愚，

案：《老子》：「古之善爲道者，非以明民，將以愚之。」（六十五章）又：「我愚人之心也哉！」（二十章）

立於不盈，

案：《老子》：「道沖而用之，又不盈。」（四章）又「夫唯不盈，能弊復成。」（十五章）

設於不敢，

案：《老子》：「不敢爲天下先。」（六十七章。）又「勇於不敢則活」。（七十三章）晚近漢墓中發現之古佚帛書《十大經篇》，力黑答黄帝之問有云：「立於不敢。」

藏於無事，

案：《老子》：「取天下常以無事。」（四十八章）又「以無事取天下。」（五十七章）「事無事。」（六十三章）

竄端匿疏，

案：疏當作踈，踈即跡字。疏，俗書作踈，亦譌作踈。踈誤爲踈，復易爲疏耳。《韓非子・主道篇》：「掩其跡，匿其端。」《淮南子・人間篇》：「夫事之所以難知者，以其竄端匿迹。」並本於《申子》。迹、跡正俗字。

示天下無爲。

案：《老子》：「聖人處無爲之事。」（二章）又「爲無爲則無不治。」（三章）「無爲而無不爲。」（四十八章）《莊子・知北游篇》：「至人無爲。」《淮南子・主術篇》：「人主之術，處無爲之事。」

是以近者親之，遠者懷之。

案：《呂氏春秋・音律篇》：「詰誅不義，以懷遠方。」高誘《注》：「懷，柔也。」《詩・大雅・民勞》：「柔遠能邇。」毛《傳》：「柔，安也。」謂安撫也。

示人有餘者人奪之，示人不足者人與之。

案：《老子》：「天之道猶張弓與？有餘者損之，不足者與之。」（七十七章）

剛者折，

案：者猶則也，下三句同。《莊子·天下篇》：「堅則毁矣，鋭則挫矣。」與此文義相似。《老子》：「柔弱勝剛強。」（三十六章）晚近漢墓中發現之古佚帛書《經法篇》云：「重柔者吉，重剛者威。」（《説文》：「威，滅也。」）

危者覆，動者摇，静者安。

案：《老子》：「守静篤。」（十六章）又「静爲躁君。」（二十六章）「清静爲天下正。」（四十五章）古佚帛書《經法篇》云：「動有害。」《淮南子·主術篇》：「清静而不動，一度而不摇。」

名，自正也。事，自定也。

案：《羣書治要》卷三十六引《尸子·分篇》：「執一以静，令名自正，令事自定。」《韓非子·揚權（搉）篇》亦云：「聖人執一以静，使名自命，令事自定。」又《主道篇》：「虚静以待令，令名自命也，令事自定也。」古佚帛書《經法篇》亦云：「勿，自正也。名，自命也。事，自定也。」（勿，古物字。）

是以有道者，自名而正之，隨事而定之也。

案：自、隨互文，自亦隨也。

鼓不與於五音，

案：《意林》二引作「鼓不預五音」，《長短經·大體篇》同。參與字俗作預。

而為五音主。有道者不為五言之事，而為治主。

案：《禮記·曲禮》：「天子之五官曰司徒、司馬、司空、司士、司寇。」此文五官，蓋統言衆官。「而爲治主」，《長短經》作「而爲理事之主」。（避唐高宗諱，以理代治。）《淮南子·主術篇》：「人主静漠而不躁，百官得脩焉。」蓋有人主無爲，而衆官得治事之意邪？

君知其道也，官人知其事也。

案：《長短經・大體篇》正文作「君守其道，官知其事」。《自注》引《申子》作「君知其道也，臣知其事也」。下句當從《自注》所引爲是。「臣」作「官人」者，涉上文「五官」而誤「臣」爲「官」，又涉下文「人臣」及「君人」而衍「人」字也。

十言十當，百為百當者，

案：《長短經・自注》引「爲」作「言」，疑涉上「言」字而誤。

人臣之事，非君人之道也。

案：《長短經・自注》引「君人」作「人君」。

昔者堯之治天下也以名，其名正則天下治；桀之治天下也亦以名，其名倚而天下亂。

案：《藝文類聚》十九、《御覽》三百九十及六百二十四皆引《申子》云：「一定正而天下定，一言倚而天下靡。」（倚謂不正也，靡猶亂也。）此謂「名正」、「名倚」，而類書引《申子》又作「言正」、「言倚」，蓋「言」所以表達「名」也。

是以聖人貴名之正也。

案：《論語・子路篇》：「子路曰：『衛君待子而爲政，子將奚先？』子曰：『必也正名乎！』」《管子・正篇》謂：「守慎正名，僞詐自止。」《荀子》有《正名篇》。《商君書》有《定分篇》：「聖人爲法，必使明白易知，正名，愚知（智）偏能知之。」法家慎到，名家尹文，皆重定分，即定分，亦即正名也。

主處其大，臣處其細，以其名聽之，以其名視之，以其名命之。鏡設精無為，而美惡自備；

案：《初學記》二十五亦引《申子》云：「豈不知鏡設精無爲，而美惡自備矣。」《楚辭・九章・橘頌》：「精色内白。」王逸《注》：「精，明也。」《莊子・德充符篇》：「鑑明則塵垢不止。」《淮南子・俶真篇》：「夫鑑明者，塵垢弗能薶也。」鑑即鏡也。塵垢不止、不能薶（蔽），故美惡（醜）自備也。

衡設平無爲，而輕重自得。

案：《藝文類聚》五四引《申子》：「君必有明法正義，若懸權衡以稱輕重。」《孟子・梁惠王篇》：「權然後知輕重。」（趙岐《注》：「權，銓衡也。可以稱輕重。」）《韓非子・大體篇》：「屬輕重於權衡。」

凡因之道，身與公無事，無事而天下自極也。

案：《爾雅・釋詁》：「身，我也。」即自己，猶言私，與公對言。《韓非子・五蠹篇》：「背私謂之公。」「身與公無事」，猶言「私與公無事」也。「自極」猶「自正」。《漢書・兒寬傳》：「唯天子建中和之極。」師古《注》：「極，正也。」《呂氏春秋・任數篇》稱申子曰：「古之王者，其所爲少，其所因多。因者君術也，爲者臣道也。爲則擾矣，因則靜矣。因冬爲寒，因夏爲暑，君奚爲哉！故曰：君道無知無爲，而賢於有知有爲，則得之矣。」司馬談《論道家要指》，「以因循爲用」。（《史記・太史公自序》）《史記・韓非傳》，《集解》引《新序》佚文：「申子之書，言人主當執術無刑（同形），因循以督責羣下。」申子君術貴因循，《慎子》更有《因循篇》，正本於道家之「以因循爲用」也。又《長短經・是非篇》引《孟子》曰：「天道因則大，化則細，因也者，因人之情也。」與《慎子・因循篇》篇首之文全同，不類《孟子》文，蓋出於《孟子・外篇》者與？

一九九二年三月十五日壬申二月十二日脱稿於傅斯年先生圖書館二樓研究室。

論戰國法家三派兼論三派與儒家之關係

壹　引言

《莊子·天下篇》論天下道術：

天下大亂，聖賢不明，道德不一，天下多得一察焉以自好。譬如耳目鼻口，皆有所明，不能相通。猶百家衆技也，皆有所長，時有所用。雖然，不該不徧，一曲之士也。

戰國時代（前四〇三—二二二）是七雄爭雄，天下大亂的時代，也是思想最開放，學術最發達的時代。諸子百家爭鳴，各自是而相非，所謂「此亦一是非，彼亦一是非」。（《莊子·齊物論篇》）《漢書·藝文志》諸子略，舉出顯著的儒、道、陰陽、法、名、墨、縱横、雜、農、小説十家。其中儒、墨、名、法四家，又再分若干派。《韓非子·顯學篇》：

世之顯學,儒、墨也。儒之所至,孔子也。墨之所至,墨翟也。自孔子之死也,有子張之儒,有子思之儒,有顔氏之儒,有孟氏之儒,有漆雕氏之儒,有仲良氏之儒,有孫氏之儒,有樂正氏之儒。自墨子之死也,有相里氏之墨,有相夫氏之墨,有鄧陵氏之墨。故孔、墨之後,儒分爲八,墨分爲三,取舍相反不同,而皆自謂真孔、墨。孔、墨不可復生,將誰使定後世之學乎!

儒家分爲八派,都説自己才是真孔。墨家分爲三派,都説自己才是真墨。這是可笑的事,亦是可悲的事! 名家也分成三派,代表人物,循名責實派是尹文,玄虚派是惠施,詭辯派是公孫龍。法家也分成三派,代表人物,重勢派是慎到,重術派是申不害,重法派是商鞅。下面分别論法家三派,兼論三派與儒家之關係。

貳　重勢的慎到

《史記·孟子荀卿列傳》:

自騶衍與齊之稷下先生,如淳于髡、慎到、環淵、接子、田駢、騶奭之徒,各著書。言治亂之事,以干世主。慎到,趙人。田駢、接子,齊人。環淵,楚人。皆學黄、老道德之術,因發明序其指意。故慎到著《十二論》。

又《田完世家》:

（齊）宣王喜文學游說之士，自如騶衍、淳于髡、田駢、接子、慎到、環淵之徒七十六人，皆賜列第爲上大夫，不治而議論。

據司馬遷所述，慎到學黄、老道德之術，著有《十二論》。曾經擔任過齊宣王的上大夫。雖然言治亂之事，而終其身未參與政治，無政績可言，不過是齊稷下的一名清客而已。他著的《十二論》，已不可考。他的學說，《莊子》、《荀子》、《韓非子》、《吕氏春秋》偶有稱引者外，唐魏徵等《羣書治要》引有《威德》、《因循》、《民雜》、《知忠》、《德立》、《君人》、《君臣》七篇，比較可信。（《四部叢刊》景印江陰繆氏蕅香簃藏寫本，乃明朝人僞託。）又據《戰國策·楚策》二，楚襄王爲太子時，慎到爲其傅。慎到的生卒年不可確考，錢穆先生《先秦諸子繫年》，附諸子生卒年世約數，約定爲前三五〇—前二七五，七十六歲。

一　學黄老術

《漢書·藝文志》諸子略，道家有《黄帝君臣》十篇。《注》：「起六國時，與《老子》相似。」因與《老子》相似，故黄、老可並稱。《羣書治要》引《慎子》已有《君臣篇》，可證慎到之學或與黄帝書有關。不過，黄帝書出於戰國晚期，（拙著《黄老考》有說。）當在慎到之後。是慎到之學僅受老子的影響。司馬遷說慎到學黄、老道德之術，乃由於西漢時代習慣以黄、老並稱之故。學黄、老術，《漢書·藝文志》卻列慎子於法家。《羣書治要》引《慎子·因循篇》有一段話：

天道因則大，化則細。因也者，因人之情也。化而使之爲我，則莫可得而用矣。是故先王不受禄者不臣，祿不厚者不與入難。人不得其所以自爲也,則上不取用焉。故用人之自爲,不用人之爲我,則莫不可得而用矣。此之謂因。

因,如今人言順應。化,如今人言改造。(此處非感化之義。)順應的作用大,改造的作用小。司馬談《論六家要指》,説「道家以因循爲用」。順應人情,是道家之所重。「因人之情」,雖用人,而使人「得其所以自爲」。人民有如同爲他們自己的感受。改造人情,是法家之所重。改造「使之爲我」,即使之爲君,當然也有用。但人民有反感,不會長久的。愼到學黄、老術,而爲法家重勢派的代表人物,能了解「化而使之爲我,則莫可得而用」。即了解行法的缺點,他的思想不爲法家所限的。

二　尚法與重勢

最早論述愼到之學的,是莊子之徒。《莊子·天下篇》所述愼到之學,大都與道家之言,尤其與莊子之言相近。如言「齊萬物以爲首」與《莊子·齊物論》之言相似;「棄知去己,而緣不得已」及「推而後行,曳而後往。」與《莊子·刻意篇》所謂「感而後應,迫而後動,不得已而後起。去知與故,循天之理」相似。「塊不失道」與《莊子·知北游篇》所謂「道在瓦甓」相似。其中與法家之言有關的只有兩句:

椎拍輐斷,與物宛轉。

晉郭象《注》:「法家雖妙,猶有椎拍,故未泯合。」唐成玄英《疏》:「椎拍,笞撻也。輐斷,行刑也。宛轉,變化也。」物，是事物的物，與事同義。用刑有輕重，這兩句話的意思，應該是「笞撻行刑，隨事而定輕重」。莊子之徒這樣輕描淡寫兩句，似乎未認爲慎到是尚法的。荀卿卻專就尚法來批評慎到，《荀子·非十二子篇》，説慎到：

尚法而無法。

唐楊倞《注》：「尚，上也。言所著書雖以法爲上而自無法。」案《羣書治要》所引《慎子》，不乏尚法之論。略舉如次：

《威德篇》：

法雖不善，猶愈於無法。明君定罪分財必由法。（節引。）

《君人篇》：

大君任法而弗躬爲，則事斷於法矣。法之所加，各以其分。蒙其賞罰，而無望於君也。

《君臣篇》：

爲人君者，不多聽，據法倚數以觀得失。無法之言，不聽於耳；無法之勞，不圖於功；無勞之親，不任於官。

官不私親，法不遺愛，上下無事，唯法所在。

這些都是慎到尚法的論證。《荀子》爲甚麼説慎到「尚法而無法」呢？或者以爲慎到的尚法，只是一些原則性的理論，而没有實際詳細的内容？《荀子·解蔽篇》又説：

慎子蔽於法而不知賢。

楊倞《注》：「慎子本黄、老，歸刑名。多明不尚賢，不使能之道。故其説曰：『多賢不可以多君，無賢不可以無君。』其意但明得其法，雖無賢亦可爲治。而不知法待賢而後舉也。」誠然法待賢而後舉，可是，賢待君而後用。楊氏所舉慎子兩句話，是就賢與君比較而言，君能用賢，亦能屈賢，當然君重於賢。《治要》引《慎子·知忠篇》：

治國之君，非一人之力也，將治亂在乎賢使任職。治亂安危存亡榮辱之施，非一人之力也。

然則慎到非不尚賢。《莊子·天下篇》説慎到「笑天下之尚賢」，亦當作如是解。荀子評慎到「尚法」，「蔽於法」。未談到慎到在法家中特别重勢的問題。《吕氏春秋》有《慎勢篇》，並引慎到一段話：

慎子曰：「今一兔走，百人逐之，非一兔足爲百人分也，由未定。由未定，堯且屈力，（高誘《注》：「屈，竭也。」）而況衆人乎？積兔滿市，行者不顧，非不欲兔也，分已定矣。分已定，人雖鄙不爭。故治天下及國，在乎定分而已矣。」

保持天子或國君的權勢須得謹慎。論慎勢，何以特別稱引慎子定分的譬喻？因爲名分既定，則無所爭，這樣就可以保持權勢。足證慎子是重勢的。韓非更進而非難慎子的重勢。他先舉慎子重勢之説，然後加以非難。《韓非子·難勢篇》：

慎子曰：「賢人而詘於不肖者，則權輕位卑也。不肖而能服於賢者，則權重位尊也。堯爲匹夫，不能治三人。而桀爲天子，能亂天下。吾以此知勢位之足恃，而賢智之不足慕也。堯教於隸屬，而民不聽；至於南面而王天下，令則行，禁則止。由此觀之，賢智未足以服衆，而勢位足以缶（屈）賢者也。」應慎子曰：「夫釋賢而專任勢，足以爲治乎？則吾未得見也。今桀、紂南面而王天下，以天子之尊，而天下不免乎大亂者，桀、紂之材薄也。且其人以堯之勢以治天下也，其勢何以異桀之勢以亂天下者也？夫勢者，非能必使賢者用己，而不肖者不用己也。賢者用之則天下治，不肖者用之則天下亂，勢之於治亂本末有位也，而語專言勢之足以治天下者，則其智之所至者淺矣！」（節引）

韓非之所以非難慎到，在慎到之「專任勢」，「專言勢」。慎到著眼在有勢與無勢之比較，故重勢。韓非著眼在賢與不肖之比較，故重賢。如就賢之作用與勢之作用比較，韓非亦重勢而輕賢。故《韓非子·功名篇》：

> 夫有材而無勢，雖賢不能制不肖。故立尺材於高山之上，下臨千仞之谿，材非長也，位高也。桀爲天子，能制天下，非賢也，勢重也。堯爲匹夫，不能正三家，非不肖也，位卑也。

這段言論，又與慎到重勢之意相合。然則慎到尚法而重勢，是他獨特的見解，不當輕易非難。

三　與儒家的關係

儒家重忠、孝，慎到探討忠、孝的成因，他不贊同有忠臣、孝子。《知忠篇》：

> 父有良子，而舜放瞽叟。桀有忠臣，而過盈天下。然則孝子不生慈父之家，而忠臣不生聖君之下。

晉滕輔《注》：「六親不和，有孝慈也。國家昏亂，有貞臣也。」(「貞臣」亦作「忠臣」。)案《老子》十八章：「六親不和，有孝慈。國家昏亂，有忠臣。」(《文選》潘安仁《西征賦注》引「忠臣」作「貞臣」。)即滕輔《注》所本。可證慎到不贊同忠、孝，是受老子的影響。亦是慎到學黃、老術之一證。這是超忠、孝的見解，比儒家重忠、孝更進一境，並非反對忠、孝。慎到的言論，不少與儒家相關的，亦可說受儒家的影響。如唐馬總《意林》卷二引《慎子》：

> 《詩》，往志也。《書》，往誥也。《春秋》，往事也。

《詩經》，是記載以往的情志的。《書經》，是記載以往的誥示的。《春秋》，是記載以往的事迹的。簡單三句話，概括三部經書的内容，可證慎到是習讀儒家經典的。慎到習讀儒家經典，因而重德重禮。《威德篇》：

聖人有德，而不憂人之危也。明君動事必由惠，定罪分財必由法，行德制中必由禮。

聖人有德惠於人民，所以不憂人民危害他。商鞅殘刻，需要重重保衛才敢外出。法家言賞，不言德惠。慎到之意，蓋由有節制有分際的禮以推行德惠，德惠才恰當，才落實。法家所最缺乏的是德惠。（司馬遷評商鞅、韓非都殘刻。）慎到的言論能兼顧德、禮和法，是他的特出處。《論語·爲政篇》：

子曰：「道之以政，齊之以刑，民免而無恥；道之以德，齊之以禮，有恥且格。」

前三句可説是法家的爲政之道，後三句可説是儒家的爲政之道。《禮記·緇衣篇》，孔子有同樣的話：

子曰：「夫民教之以德，齊之以禮，則民有格心；教之以政，齊之以刑，則民有遯心。」

孔子的話，把儒、法的界限分別得很清楚。慎到以法家人物而重德重禮，此大不易！慎到學黄、老術，即使把他歸入道家，道家也只重德而不重禮，（《老子》三十八章：「禮者忠信之薄，而亂之首。」）何況道家所重的德，偏重在自得之性。慎到《威德篇》，還有兩句非常寶貴的話：

立國君以爲國也，非立國以爲君也。

法家犧牲一切，創立一切，都是爲君。慎到獨主張爲國之說。我們都贊賞孟子所說的「民爲貴，社稷次之，君爲輕」。（《盡心篇》）社稷代表國家，慎到能說爲國不爲君，已是大不易了！

附岷《詠慎到》絶句：

煖似春陽淒似秋，德威兼顧復何尤！
發明黄老精微意，重勢偏歸法術流。

叁　重術的申不害

《史記·老子韓非列傳》附《申不害傳》：

申不害者，京人也。故鄭之賤臣。學術以干韓昭侯，昭侯用爲相，内脩政教，外應諸侯，十五年，終申子之身，國治兵彊，無侵韓者。申子之學，本於黄、老，而主刑名。著書二篇，號曰《申子》。太史公曰：申子卑卑，施之於名實。

這樣簡單的叙述，包括申不害的籍貫，經歷，政績及學術。學術由道而入法，以法爲主。所謂京人，京，在今河南成皋縣東南。（錢穆先生《史記地名考》有説。）史公稱《申子》二篇，《漢書·藝文志》法家類稱《申子》六篇。《淮南子·泰族篇》稱「《申子》之三符」。（許慎《注》：「申不害治韓，有三符驗之術。」）《論衡·效力篇》：「韓用申不害，行其三符，兵不侵境，蓋十五年。」三符之術，或與黄、老及刑名並有關，今不可考。清嚴可均輯《全三代文》卷四，略存《申子》《君臣》、《大體》之文。馬國翰《玉函山房輯佚書·申子》一卷。據《史記》《六國年表》、《韓世家》、《申不害傳》，申不害卒於韓昭侯二十二年，即周顯王三十二年，公元前三三七。生年不詳，假定爲鄭賤臣止於三十歲，韓滅鄭二十一年才相韓（昭侯八年），其時應爲（三十加二十一）五十一歲。相韓十五年而卒，則卒時應爲六十六歲。他的生年當周威烈王二十四年，前四〇二。錢穆先生諸子生卒年世約數，約定爲前四〇〇——前三三七，六十四歲。

一 學本黄、老

《漢志》諸子略道家有「《黄帝君臣》十篇」。前言慎到有《君臣篇》，申子亦有《君臣篇》，惟《黄帝》書出於戰國晚期，當在慎子、申子之後。史公言申子之學本於黄、老，蓋亦由西漢習以黄、老並稱之故。《羣書治要》卷三十六引《申子·大體篇》有一段話：

> 善爲主者，倚於愚，立於不盈，設於不敢，藏於無事，竄端匿疎（疎即迹字，舊誤疏），示天下無爲。示人有餘者人奪之，示人不足者人與之。剛者折，危者覆，動者搖，静者安。

這段話詞句文義都跟《老子》相似。如老子所説的：

我愚人之心也哉(二十章)！夫唯不盈，能弊復成(十五章)。不敢爲天下先(六十七章)。取天下常以無事(二章)。天之道其猶張弓與？有餘者損之，不足者與之(七十七章)。柔之勝剛(七十八章)。守靜篤(十六章)。

這些都是極明顯的例證。司馬談《論道家要指》：「其術以因循爲用。」司馬遷《老子傳贊》亦云：「老子所貴道，虛無因應。」《慎子》有《因循篇》，《申子》亦有重因之説。《吕氏春秋·任數篇》引《申子》：

古之王者，其所爲少，其所因多。因者，君術也。爲者，臣道也。爲則擾矣，因則靜矣。因冬爲寒，因夏爲暑，君奚事哉！故曰：君道無知無爲，而賢於有知有爲，則得之矣。

《申子·大體篇》也説：

鏡設精無爲，而美惡自備。衡設平無爲，而輕重自得。凡因之道，身與公無事，無事而天下自極也。

因之道，即無爲、無事之道。這與老子之旨是相合的。

二 主刑名

司馬遷説「申子之學，本於黄、老，而主刑名」。《淮南子·要略篇》已説到申子作「刑名之書」：

申子者，韓昭釐侯之佐。韓，晋别國也。地墽民險，而介於大國之間。晋國之故禮未滅，韓國之新法重出。先君之令未收，後君之令又下。新故相反，前後相繆，百官背亂，不知所用，故刑名之書生焉。

《淮南子》只説到申不害作刑名之書，未説到申子的黄、老之學。法家的刑名有二義，一爲循名責實，簡言之，即名實。此申不害之刑名。（司馬遷《申不害贊》説：「申子卑卑，施之於名實。」大概就是這個意思。）一爲信賞必罰，簡言之，即賞罰。此商鞅之刑名。《韓非子》把申不害與商鞅的刑名，分别爲術與法兩端。《定法篇》：

申不害言術，而公孫鞅爲法。術者，因任而授官，循名而責實，操殺生之柄，課羣臣之能者也。此人主之所執也。法者，憲令著於官府，賞罰必於民心，賞存乎慎法，而罰加乎奸令者也。此臣之所師也。

申子的刑名，重在術，是君人南面之術。韓非所解釋的術，偏重在有形的作用。術應該還有無形的妙用。如前引《申子·大體篇》：「善爲主者，倚於愚，立於不盈，設於不敢，藏於無事。竄端匿疏，示天下無爲。」可證。《史記·韓非傳》裴駰《集解》引《新序》佚文有幾句：

申子之書,言人主當執術無刑,因循以督責臣下,其責深刻,故號曰術。

刑與形通,「執術無形」,正是術的妙用。

韓非說「申不害言術」,而他的老師荀卿卻說:

申子蔽於埶(勢)而不知知(智)。(《荀子·解蔽篇》)

楊倞《注》:「其法但貴得權埶(勢)以刑法馭下,而不知權埶恃才智然後治。亦與慎子意同。」權勢是人主所有,術是人主所執,都歸於人主,意義是相通的。劉向《别録》云:「申子學號刑名。刑名者,以名責實,尊君卑臣,崇上抑下。宣帝好觀其《君臣篇》。」(《漢書·元帝紀》顔師古《注》引。)既是「尊君卑臣,崇上抑下」,說申子重勢,與慎子同意,亦無不可。說他「蔽於勢」,似乎太過。《吕氏春秋·任數篇》曾引申子之說,(詳前)任數之數與術通,(魏張揖《廣雅·釋言》:「數,術也。」)與《韓非子》說申子「言術」合。《韓非子·難勢篇》,難慎子之重勢,而忽略賢材。荀卿則論申子蔽於勢而不知才智。所評之人雖異,而著眼點則同。據宋李昉等《太平御覽》卷六三八引《申子》:

堯之治也,蓋明法察令而已。聖君任法而不任智。

然則荀子說申子「不知智」,亦是有所據的。不過,據《意林》卷二引《申子》:

百世有聖人，猶隨踵。千里有賢人，是比肩。

聖賢如此難得，是申子甚重聖賢，重聖賢，豈有不重才智的！申子的意思，是法令明察之後，依法令行事，就不必用才智了。並非「不知智」。

三　與儒家的關係

《論語·子路篇》，孔子與子路談爲政正名的問題：

子路曰：「衛君待子而爲政，子將奚先？」子曰：「必也正名乎！名不正則言不顺，言不順則事不成，事不成則禮樂不興，禮樂不興則刑罰不中，刑罰不中則民無所措手足。」

後漢馬融《注》：「正名，正百事之名。」爲政須先辨別事物之異同是非，謂之正名。名不正，最後影響到人民手足無措。申子的《大體篇》也有治天下重正名之説：

名者，天地之綱，聖人之符。張天地之綱，用聖人之符，則萬物之情無所逃矣。昔者堯之治天下也以名，其名正則天下治。桀之治天下也亦以名，其名倚而天下亂。是以聖人貴名之正也。

治天下須正名，名不正，以至於天下大亂。《論語·子路篇》還有孔子言爲政須正身的問題：

子曰:「其身正不令而行,其身不正雖令不從。」

《申子》的《大體篇》也説:

明君治國,方寸之謀正而天下治,一言正而天下定,一言倚而天下靡。

心正説的話也正,話不正影響到天下靡亂,則不僅「雖令不從」而已。以上所舉申子的言論,其取義雖未必與孔子相同。但總有關聯,有些近似。又據《御覽》六三八引《申子》:

黄帝之治天下也,置法而不變,使民安樂其法也。

立法經常變動,人民就不知所從。立法不變,使人民安樂於法,合乎儒家愛民的精神。我想,這本是申子立法的精神,不過假託於黄帝而已。這跟商鞅「峭法盛刑,以虐戾爲俗」,(桓寬《鹽鐵論·非鞅篇》)大不相同。《意林》卷二引劉向云:

申子學本黄、老,急刻無恩,非霸王之事。

《韓非子·定法篇》已經説申子「託萬乘之勁韓，不至於霸」，未説他「急刻無恩」。申子一身的功績，只作到「國治兵彊，無侵韓者」而已。雖非霸王之事業，但説他「急刻無恩」，就太不符合，就與商鞅無異了。

附岷《詠申不害》絶句：

法家鉅子數商韓，車裂囚亡亦可憐。
何似卑卑申不害，功成無害盡天年。

肆　重法的商鞅

《史記·商君列傳》：

商君者，衛之諸庶孽公子也。名鞅，姓公孫氏。少好刑名之學。以彊國之術説秦孝公，孝公用鞅變法。太子犯法，刑其師傅。秦人富彊，諸侯畢賀。相秦十年，宗室貴戚，多怨望者。孝公卒，太子立，車裂商鞅以徇。太史公曰：商君，其天資刻薄人也。余嘗讀商君《開塞》、《耕戰》書，與其人行事相類，卒受惡名於秦，有以也夫！（節引）

戰國法家人物中，商鞅在政治上最有成就，而結局又最悲慘。他雖然最後被車裂，而治秦十年間，使孝公稱霸天下，奠定秦統一天下的基礎。如果秦惠王不報商鞅刑其師傅的私怨，能繼續信任商鞅，重用商鞅，也許秦惠王時代已經統一天下了。梁劉孝標《世説新語·言語篇》注云《戰國策》云：

衛鞅，衛諸庶孽子也。名鞅，姓公孫氏，少好刑名學，爲秦孝公相，封於商。

今傳《戰國策》無此文，所述與《史記》合。商鞅的刑名之學，重在信賞必罰。《漢書·藝文志》法家《商君書》二十九篇，兵權謀家《公孫鞅》二十七篇。《商君書》今存二十六篇，其中《刑約》第十六及《御盜》第二十一僅存篇名。《羣書治要》卷三十六引商君《六法篇》一百五十六字，今本缺。據《史記》《秦本紀》及《六國年表》，商鞅車裂於秦孝公二十四年，當周顯王三十一年，前三三八。生年不詳。商鞅在魏，事魏相公叔痤時，痤稱鞅「少年有奇才」。當時或不滿三十歲。據《秦本紀》，商鞅於秦孝公元年求賢時入秦，至孝公二十四年車裂，然則鞅在秦時間是二十四年。假定鞅離魏時是二十八歲，事秦二十四年，則鞅車裂時是五十二歲。鞅之生年當周安王十三年，前三八九。錢穆先生諸子生卒年世約數，約定爲前三九〇——前三三八，五十三歲。

一　似老與非老

司馬遷述慎到、申不害之學，都説「本黄、老」。對於商鞅，只説「好刑名之學」。蓋商鞅之學，本源不在黄、老。有時鞅之言論，與老子亦相似。如《商君書·畫策篇》：

治主無忠臣，慈父無孝子。

這與《慎子・知忠篇》所説的「孝子不生慈父之家，而忠臣不生聖君之下」同意。蓋皆本於《老子》十八章：

六親不和有孝慈，國家昏亂有忠臣。

儒家所重的忠、孝，是商鞅所反對的。《畫策篇》：「聖人有使天下不得不信之法，爲人臣忠，爲人子孝，非其義也。」可證。

又《説民篇》：

辯、慧，亂之贊也。

商鞅認爲言辯、智慧所以助亂，因此反對辯、慧。《老子》四十五章：

大辯若訥。

是不贊成言辯。十八章：

智慧出，有大僞。

是不贊成智慧。商鞅的言論跟老子相似。但老子的不贊成辯、慧,意在超乎辯、慧。商鞅的反對辯、慧,意在愚民。目的是不同的。

有時商鞅對老子的言論,大加非難。如《老子》十五章:

古之善爲士者,微妙玄通,深不可識。

司馬遷《老子韓非列傳贊》,說老子「著書辭,稱微妙難識」。《商君書·定分篇》則說:

夫微妙意志之言,上知之所難也。夫不待法令繩墨而無不正者,千萬之一也。故聖人以千萬治天下。故夫知者而後能知之,不可以爲法,民不盡知。賢者而後知之,不可以爲法,民不盡賢。故聖人爲法,必使明白易知,愚知徧能知之。

這很明顯是反對老子的微妙意志之言。商鞅的言論與老子相似處,遠不如他反對老子的明顯,這也許就是司馬遷不説商鞅之學與黄、老有關係的原因。

二　言法與行法

申不害的刑名學重在術,商鞅的刑名學重在法。《韓非子·定法篇》:

公孫鞅爲法。

《淮南子·要略篇》更説出商鞅言法的原因：

秦國之俗，貪狼強力，寡義而趨利。可威以刑，而不可化以善；可勸以賞，而不可厲以名。被險而帶河，四塞以爲固，地利形便，畜積殷富。孝公欲以虎狼之勢而吞諸侯，故商鞅之法生焉。

商鞅之法，即強國之術。《史記·商君傳》説商鞅以強國之術説秦孝公，孝公大悦。這正是孝公所欲實行的。荀子説慎到「尚法而無法」。商鞅重法，他的言論，明白易行。根據《史記》《商君傳》及《李斯傳》，歸納商鞅推行強國之法，約有十四項：

1 設連坐　令民爲什伍，而相牧司連坐。（牧，原誤收。）

2 除奸邪　不告奸者腰斬，告奸者與斬敵首同賞，匿奸者與降敵同罰。

3 增户口　民有二男以上，不分異者倍其賦。

4 重軍功　有軍功者各以其率受上爵。（上字疑衍。）

5 禁私鬭　爲私鬭者，各以輕重被刑。

6 重農桑　大小僇力本業耕織，致粟帛多者復其身。

7 輕工商　事末利及怠而貧者，舉以爲收孥。

8 抑貴族　宗室非有軍功，論不得爲屬籍。

9戒僭侈　明尊卑爵秩等級,各以差次。名田宅臣妾衣服以家次。
10抑富豪　有功者顯榮,無功者雖富無所芬華。
11立大縣　集都小鄉、邑、聚爲縣,置令、丞,凡三十一縣。
12平賦税　爲田,開阡陌封疆而賦税平。
13平度量衡　平斗桶權衡丈尺。(以上皆見《商君傳》)
14刑棄灰　刑棄灰於道者。(見《李斯傳》)

這十四項法令,加強秦國的政治、經濟、軍事、社會各方面的力量,然後向外發展,威服諸侯,完成霸業。商鞅行法,把人民當成超級機器,所謂「教之化民也深於命,民之效上也捷於令」。(《商君傳》。命與令同義。)即是教令之感化人民,比教令所預期的還深。人民之效力於上,比教令所預期的還快。可以説收效奇速。這樣,國家富強了,人民卻痛苦了!漢桓寬《鹽鐵論·非鞅篇》,説商鞅「雖以獲功見封,猶食毒肉愉(偷)飽,而罹其咎也!」商鞅最後被車裂,可説是自食惡果。不過。他行法收效之速,強秦之功,是不可磨滅的。范雎説他「事孝公,極身無二慮,盡公而不顧私,固義之至也,忠之節也」。(見《史記·范雎傳》,節引。)也不爲過。

三　與儒家的關係

《漢書·藝文志》,雜家有《尸子》二十篇。《注》:「名佼,魯人,秦相商鞅師之。」尸佼雖爲雜家,而爲魯人,必素習儒書,商鞅師之,其思想可能受儒家影響。商鞅説秦孝公以帝道、王道及霸道之後,跟孝公寵臣景監説:「吾以彊國之術説君,君大説之耳。然亦難以比德於殷、周矣。」帝道重德化,王道重仁義,是儒家所重。霸道重權謀，是彊國之術，爲儒家所輕。殷、周之治，德澤久遠。彊國之術，殊難長久。《賈子新書·保傅篇》云：「殷爲天子三十餘世而周受之，周爲天子三十餘世而秦受之，秦爲天子二世而亡。」商君行彊國之術，知其收效速而不能持久，知行法之長，且知其短，亦大不易。司馬遷謂鞅「迹其欲干孝公以帝、王術，挾持浮說，非其質矣」。言帝、王術，雖非其本質，但亦必須通達儒家帝、王之術，乃能言之成理。是商鞅亦通達儒書者。其立言、行事，亦頗有與儒家相似處。如：

（一）立信

《商君書·修權篇》：

信者，君臣之所共立也。

《論語·顔淵篇》：「子曰：自古皆有死，民無信不立。」商鞅與孔子之重信相似。又據《史記·商君傳》，載商鞅徙木立信事：

令既具，未布，恐民之不信己，乃立三丈之木於國都市南門，募民有能徙置北門者，予十金。民怪之，莫敢徙。復曰：「能徙者予五十金。」有一人徙之，輒予五十金，以明不欺，卒下令。

這是立信的最好方法。不過，商鞅本人是不守信的，（如欺舊友魏公子卬）甚至反對誠信的，（見《商君書·靳令篇》，詳后。）他之徙木立信，只是一種手段，便於推行法令，令出必行。跟孔子所說立信，是立國之基礎，出之於誠是不同的。戰國初期的軍事家吳起，有徙轅立信的故事，《韓非子·内儲說·上篇》：

吴起爲魏武侯西河之守，倚一車轅於北門之外，而令之曰：「有能徙此南門之外者，賜之上田上宅。」人莫之徙也。及有徙之者，遂賜之如令。

這個故事，又見於《吕氏春秋·慎小篇》，是僨表立信。（高誘《注》：「表，柱也。僨，僵也。」）並云：「自是之後，民信吳起之賞罰。」我想，商鞅的徙木立信，可能是效法吳起的僨表立信，跟孔子所謂的立信，無直接關係。

（二）禮教

《淮南子·本經篇》：「男女羣居雜處而無別，是以貴禮。」（高誘《注》：「禮以別也。」）《史記·商君傳》：

商君曰：「始秦戎翟之教，父子無别，同室而居。今我更制其教，而爲其男女之别。」

商鞅似乎很重禮教。《史記·孔子世家》：

定公十四年，孔子攝行相事，男女行者别於涂。（節引）

從表面上看，商鞅與孔子使男女有别的效果，頗相似。然而商鞅之目的，是假借禮教之名，使父子男女分開，以增加户口，增加生產。《商君書·畫策篇》：

聖人有必信之性，又有使天下不得不信之法。少長有禮，男女有别，非其義也。

可見商鞅原本是反禮教的。他明顯反儒的言論很多，如《商君書·去彊篇》：

國用《詩》、《書》、《禮》、《樂》、孝、弟、善、修治者，敵至必削，不至必貧。國不用此八者，敵不敢至，雖至必卻。

《説民篇》：

禮樂，淫佚之徵也。

這與老子所謂「禮者亂之首」相似。《靳令篇》：

曰禮樂，曰詩書，曰修善，曰孝弟，曰誠信，曰貞廉，曰仁義，曰非兵，曰羞戰，國有十二者，上無使農戰，必貧至削。

這裡所謂「十二」，有問題。（清俞樾《商子平議》云：「疑禮、樂、詩、書、孝、悌，當爲六事。本作『曰禮，曰樂，曰詩，曰書，曰修善，曰孝，曰悌，曰誠信，曰貞廉，曰仁義，曰非兵，曰羞戰。』故總之爲十二也。」可備一說，但未必然。）所反「禮樂」至「仁義」諸端，都是儒家所重的。「非兵」與「羞戰」兩端，則合乎名家尹文派之旨。墨子亦有《非攻》上中下三篇。又《畫策篇》：

仁者能仁於人，而不能使人仁。義者能愛於人，而不能使人愛。是以知仁義之不足以治天下也。

以上的言論，可以證明凡是儒家所重的，商鞅都反對。商鞅重法，信賞必罰，固然收了速效。然而他的失敗，也正由於太反儒。他的諍友趙良，最後以儒家謙卑、有禮、恃德幾重箴言勸戒他：

虞舜有言曰：「自卑也尚矣。」君不若道虞舜之道。《詩》曰：「相鼠有體，人而無禮。人而無禮，胡不遄死！」以《詩》觀之，非所以爲壽也。《書》曰：「恃德者昌，恃力者亡。」君之危若朝露，尚將欲延年益壽乎！

商鞅不聽趙良的勸戒，一意孤行，終於爲法自斃，車裂示眾，這是重法收速效的惡果。宋王安石有《詠商鞅》絕句。

自古驅民在信誠，一言爲重百金輕；
今人未可非商鞅，商鞅能令令必行。

安石大概是感傷自己推行新法之失敗，所以贊揚商鞅變法之成功。但他卻忽略商鞅爲法之敝害了！

伍　結論

一九七三年十一月至七四年年初，中國湖南長沙馬王堆漢墓中發現的帛書，乙本《老子》卷前有古佚書《經法》、《十大經》、《稱》、《道原》四篇。《經法》開卷便説：「道生法。法者，引得失以繩，而明曲直者殹（也）。〔故〕執道者，生法而弗敢犯殹，法立而弗敢廢〔殹〕。」《韓非子・飾邪篇》也説：「先王以道爲常，以法爲本。」已經啓示道與法的關係。司馬遷説法家慎到、申不害之學都本於黄、老，而以老、莊、申、韓合傳，可説是特識。《管子・樞言篇》：「人故相憎也，人之心悍，故爲之法，法出於禮。」《荀子・非相篇》：「分莫大於禮。」《勸學篇》：「禮者法之大分。」已經啓示禮與法的關係。儒家重禮，禮不足以矯正人情，然後繼之以法。道家之學，空靈，長於應變。其弊流於浮泛。儒家之學，厚重，長於守成，其弊流於迂腐。法家之學，切實，長於收效，其弊流於殘酷。

韓非號稱集法家重勢、重術、重法三派之大成，《史記・韓非傳》：「韓非者，韓諸公子也。喜刑名法術之學，而其歸本於黄、老。與李斯俱事荀卿。」據此，韓非之學，與道、儒、法都有淵源。慎到、申不害之學，皆本黄、老，韓非亦本於黄、老。申不害主刑名，商鞅好刑名之學，韓非亦喜刑名之學。韓非比較更進步，慎到重勢，韓非反對專任勢；申不害重術，韓非謂其未盡於術；商鞅重法，韓非謂其未盡於法。（詳《韓非子・定法篇》）惟三人中韓非受商鞅之影響最深，一再贊揚商鞅之嚴刑重罰。（詳《姦劫弒臣篇》及《内儲説・上篇》。）司馬遷《商君傳贊》，謂鞅「天資刻薄」，於《韓非傳贊》，謂非「慘礉少恩」。二人生性相類，結局都很悲慘，一被車裂，一被毒斃

（李斯遺藥令自殺），可爲殘酷者戒！爲政欲收速效，儒家之學固不如法家之學。如能守成，長治久安，法家之學又遠不如儒家之學。如何能收速效而不流於殘酷，如何能守成而不流於迂腐。這當然很難。但確是我們應該特別留心探討的重要課題。

一九八七年四月廿四日丁卯三月廿七日擬稿
時寓臺北南港舊莊中研院蔡元培館。

（刊于《先秦道法與儒家的關係》，新加坡東亞哲學研究所講座論文集，一九八七年，二一—四一頁。

陶淵明《五柳先生傳》箋證

（據宋紹興壬子曾《集校》本爲底本）

引言

淵明詩中涉及柳者凡三見，《歸園田居》：「榆柳蔭後簷。」《蜡日》：「梅柳夾門植。」及《擬古九首》之一：「密密堂前柳。」是也。此《傳》稱「五柳」，號「五柳先生」。蕭統《陶淵明傳》：「淵明少有高趣，博學，善屬文，穎脱不群，任真自得。嘗著《五柳先生傳》以自況，時人謂之實録。」《宋書》、《晋書》、《南史》之《隱逸傳》，皆稱陶公「著《五柳先生傳》以自況，其自序如此，時人謂之實録」。陶公之樸實而超曠，真率而通達，至今讀此《傳》，猶想見其爲人。

箋證

先生，不知何許人也，

案：「不知何許人」，陶公以前已爲習用語。許，亦作所，許猶所也。《史記·補孝武本紀》，稱李少君「不知其何所人」。《論衡·道虛篇》作「不知其何許人」。《列仙傳》卷上，於平常生、江妃二女，及卷下服閭、子主諸人，皆云「不知何所人也」。又卷下於負局，則云「負局先生者，不知何許人也」。《藝文類聚》三十六、《御覽》五百九引嵇康《高士傳》，並云「石户之農，不知何許人」。《御覽》五百九引嵇康《高士傳》，於伯成子高、卞隨、務光、商容、榮啓期、長沮、桀溺、荷蓧丈人，皆稱「不知何許人也」。五百十又引嵇康《高士傳》云：「鄭仲虞，不知何許人也。」其例多矣。惟陶公自況「不知何許人」，又與諸書所記他人異。

亦不詳其姓字，

何孟春本《校》云：「一無其字。」

案：《宋書》、《晉書》、《南史》、《藝文類聚》八十九所引皆無其字。張溥《漢魏六朝百三家集》中所輯《梁昭明集陶靖節傳》同。嚴可均《輯校》宋本蕭統《陶淵明傳》亦無其字。阮籍《大人先生傳》：「大人先生者，蓋老人也。不知姓字。」或與陶公此文有關。

宅邊有五柳樹，

曾《集校》云：「一無樹字。」

案：《藝文類聚》引無樹字。「宅邊有五柳」，陶公有五子，其數巧合。

因以為號焉。

案：葛洪《抱朴子·自叙篇》：「邦人稱之爲抱朴之士，是以洪著書，因以爲號焉。」與陶公此文似亦有關。

閑靖少言，

案：《宋書》、《晉書》、《南史》及蕭統《陶淵明傳》，靖皆作靜，靜、靖正假字。陶公《與子儼等疏》：「偶愛閑靜。」《南史·隱逸傳》靜作靖，與此同例。

不慕榮利，

案：《史記·司馬相如傳》：「不慕官爵。」官爵即榮利所在。

好讀書，不求甚解，

案：陶公《癸卯歲十二月中作與從弟敬遠》詩：「歷覽千載書，時時見遺烈。」《辛丑歲七月赴假還江陵夜行塗口》詩：「詩書敦宿好，林園無俗情。」《飲酒》詩二十首之十六：「少年罕人事，游好在六經。」皆可證陶公「好讀書」。陶公《移居》詩：「奇文共欣賞，疑義相與析。」然則陶公讀書非「不求甚解」也。蓋所謂「不求甚解」者，不求勉強解釋耳。《論語·爲政篇》：「知之爲知之，不知爲不知。」《莊子》《齊物論》及《庚桑楚篇》並云：「知止其所不知。」蓋差近「不求甚解」之意邪？（岷之《談「好讀書不求甚解」》演講稿，有説甚詳。）

每有會意，便欣然忘食。

案：蕭統《陶傳》、《宋書》、《晉書》、《南史》皆無便字，嚴可均《輯校》本從之。陶公《與子儼等疏》：「少好琴書，偶愛閑靜，開卷有得，便欣然忘食。」「開卷有得」，即是「有會意」。以彼文驗之，此文「欣然忘食」上有便字較長。便猶即也，《莊子·達生篇》：「若乃夫没人，則未嘗見舟而便操之也。」已用便字。《論語·述而篇》：「發憤忘食。」即陶公「忘食」所本。

性嗜酒，家貧，

案：蕭統《陶傳》、《宋書》、《晉書》、《南史》皆作「而家貧」。

不能常得。

案：蕭統《陶傳》、《宋書》、《晉書》、《南史》常皆作恆，蓋存其舊。宋人避真宗諱，以常代恆。

親舊知其如此，或置酒而招之。

案：蕭統《陶傳》、《宋書》、《晉書》、《南史》皆無而字。陶公《飲酒》詩二十首之十八：「子雲性嗜酒，家貧無由得，時賴好事人，載醪祛所惑。」《漢書·揚雄傳贊》：「家素貧，耆酒，人希至其門。時有好事者，載酒肴，從游學。」即陶公所本。據此《傳》自述，則陶公之性習，固與揚雄相應，先賢後賢，其揆一也。

造飲輒盡，

案：造與招相應，《周禮·地官·司門》：「凡四方之賓客造焉。」鄭玄《注》：「造猶至也。」此所謂「造飲輒盡」，《飲酒》詩十八所謂「觴來爲之盡」，陶公之爽朗如此。

期在必醉。既醉而退，曾不忝情去留。

案：蕭統《陶傳》，忝作悋。《宋書》、《晉書》、《南史》皆作吝，嚴可均《輯校》本從之，是也。忝、悋並俗體。又蕭統《陶傳》：「貴賤造之者，有酒輒設，淵明若先醉，便語客：『我醉欲眠卿可去。』」其真率如此。亦見《宋書》、《南史》。（淵明作潛）親舊招飲，既醉即退，不吝情去留；貴賤造飲，先醉欲眠，則促客可去。具見陶公之真率。

環堵蕭然，

案：《禮記·儒行篇》：「儒有環堵之室。」鄭玄《注》：「環堵，面一堵也。」《莊子·讓王篇》：「原憲居魯，環堵之室。」成玄英《疏》：「周環各一堵，謂之環堵，猶方丈之室也。」「蕭然，寂寥貌。」陶公《讀史述九章》末《張長公章》：「蕭然何事！」義同。

不蔽風日。短褐穿結，

案：短與裋通，《史記·秦始皇本紀》：「夫寒者利裋褐。」《集解》：「徐廣曰：一作短，小襦也。音豎。」《淮南子·覽冥、主術、齊俗》諸篇，皆云：「短褐不完。」《說文》：「褐，一曰粗衣。」此文「短褐穿結」，即是「短褐不完」也。

簞瓢屢空，

案：《論語・雍也篇》，孔子稱顏回：「一簞食，一瓢飲，在陋巷，人不堪其憂，回也不改其樂。」《先進篇》又稱：「回也其庶乎！ 屢空。」何晏釋「屢空」爲「數空匱」。 謂數匱乏也。 陶公《自祭文》：「自余爲人，逢運之貧，簞瓢屢罄。」「屢罄」猶「屢空」。 然則陶公之貧，亦頗似顏回也。

晏如也。

案：陶公《始作鎮軍參軍經曲阿作》詩：「被褐欣自得，屢空常晏如。」《漢書・揚雄傳》，稱雄「無儋石之儲，晏如也」。《漢書・諸侯王表》：「海内晏如。」顏師古《注》：「晏如，安然也。」孔子稱顏回「人不堪其憂，回也不改其樂」，亦是「晏如也」。

常著文章自娱，

案：《莊子・讓王篇》：「顏回曰：鼓琴足以自娱。」《淮南子・脩務篇》：「學問講辯，日以自娱。」《後漢書・梁竦傳》載竦之言曰：「詩書足以自娱。」《抱朴子・自叙》：「以典籍自娱。」自古賢達，皆善於自娱者也。

頗示己志。 忘懷得失，以此自終。

案：《莊子・大宗師篇》：「得者時也，失者順也，安時而處順，哀樂不能入也。」《秋水篇》：「得而不喜，失而不憂。」莊子之意，蓋安於得失而已。 陶公「忘懷得失」，似更進一境。《莊子・田子方篇》：「孫叔敖曰：吾以爲得失之非我也，而無憂色而已矣。」「得失之非我」，則是「忘懷得失」矣。 陶公《祭從弟敬遠文》，稱其「心遺得失」。 然則陶公之從弟亦與陶公相似邪！

贊曰：「黔婁有言：

「黔婁」下曾《集校》云：「一有『之妻』二字。」

案：《列女傳·賢明傳》載魯黔婁妻稱黔婁先生「不戚戚於貧賤，不忻忻於富貴」。（「忻忻」猶「欣欣」。）則此文下二句當是黔婁之妻所言。或即黔婁下一有「之妻」二字所本。竊以爲黔婁之妻稱黔婁之言，陶公即以所言歸之黔婁，故云「黔婁有言」，未必本有「之妻」二字也。陶公《詠貧士》七首之四云：「安貧守賤者，自古有黔婁。」黔婁固陶公素所心儀者也。顔延之《陶徵士誄》有云：「黔婁既没，展禽亦逝，其在先生，同塵往世。」以黔婁比擬陶公，甚是。（展禽，即柳下惠。柳下惠亦陶公所稱道，見《飲酒》詩二十首之十八。）

「不戚戚於貧賤，不汲汲於富貴。」

「汲汲」下曾《集校》云：「一作『惶惶』。」

案：《漢書·揚雄傳》亦云：「不汲汲於富貴，不戚戚於貧賤。」顔師古《注》：「汲汲，欲速之義。」汲借爲彶，《説文》：「彶，急行也。」陶公《飲酒》詩之二十：「汲汲魯中叟。」汲亦彶之借字。（彼詩《箋證》有説。）此文「汲汲」一作「惶惶」。義亦相符。《廣雅·釋訓》：「彶彶、惶惶，勮也。」《釋詁一》：「勮，疾也。」王念孫《疏證》：「勮與遽通。」是也。《吕氏春秋·貴因篇》：「遽告太公。」高誘《注》：「遽，疾。」疾猶急也。

極其言，

陶澍《集注》本無極字，云：「一本作『味其言』，一本作『極其言』。今從李公焕、毛晉本作『其言』。」嚴可均《輯校》本亦無極字。

案：《禮記·樂記》：「故樂之隆，非極言也。」鄭玄《注》：「極猶窮也。」《爾雅·釋言》：「究，窮也。」（《説文》同）「極其言」猶「究其言」也。疑原有極字。

兹若人之儔乎！

案：兹猶乃也，若猶此也。《論語·憲問篇》：「子曰：君子哉若人！尚德哉若人！」「若人」猶「此人」。（皇侃《義疏》：「若人，如此人也。」不當贅如字。）「兹若人之儔乎！」猶言「乃此人之儔乎！」即「乃五柳先生之類乎！」

酣觴賦詩，以樂其志。

曾《集校》云：「一作『酒酣自得，賦詩樂志』。」

案：陶公性嗜酒，故詩文中喜用酣字。《擬古》之七：「達曙酣且歌。」《讀山海經》之二：「高酣發新謠。」《自祭文》：「酣飲賦詩。」皆其驗也。（《飲酒》之十三《箋證》有説。）《飲酒》之十八：「觴來爲之盡。」所謂「酣觴」矣。一作云云，於文不長，恐非其舊。

無懷氏之民歟？葛天氏之民歟？

案：《史記·封禪書》：「昔無懷氏封泰山。」《集解》引服虔曰：「古之帝王，在伏羲前。見《莊子》。」（今本《莊子》無「無懷氏」之文，岷收入《莊子》逸文。）《吕氏春秋·古樂篇》：「昔葛天氏之樂，三人操牛尾，投足以歌八闋。」《漢書·古今人表》有葛天氏、亡懷氏。（亡與無同。）亦見《初學記》九引《帝王世紀》及《金樓子興王篇》。陶公《與子儼等疏》：「自謂是羲皇上人。」「羲皇上人」，蓋此所謂「無懷氏之民、葛天氏之民」邪？

一九九三年五月廿五日癸酉四月初五日清理舊稿
於臺北中研院傅斯年先生圖書館二樓。

（刊于馬來亞大學中文系《國際漢學研討會論文集》，吉隆坡馬來亞大學中文系，一九九三年，六〇—六三頁。）

附《湖柳初緑懷五柳先生詩》一首

五柳先生有五子，五柳柔弱五子愚。
（詳《責子》詩）
乃知先生思弱女，慰情良可勝於無。
（《和劉柴桑》詩：「弱女雖非男，慰情良勝無。」）
弱女本以喻薄酒，酒薄且得潤腸枯。
先生嗜酒能止酒，忘懷得失奚所須？
（有《止酒》詩。）
（《五柳先生傳》：「忘懷得失。」《和劉柴桑》：「過此奚所須？」）
羲農已邈世失真，先生淳樸一何孤！
（《飲酒》之二十：「羲農去我久，舉世少復真。」）
短褐簞瓢苦不足，嘗著文章以自娱。
（見《五柳先生傳》）

文章人德兩超絕，謙謙未覺與俗殊。

（鍾嶸《詩品》評陶詩：「每觀其文，想其人德。」）

入俗超俗俗不累，行賢去賢賢有餘。

（蕭統《陶淵明傳》載陶公語：「潛也何敢望賢，志不及也。」《莊子・山木篇》：「行賢而去自賢之心，安往而不愛哉！」）

湖畔春回柳正緑，想見先生久躊躇。

（《史記・孔子世家贊》：「余讀孔氏書，想見其爲人。」）

（此詩乃廿年前岷在新加坡南洋大學南大湖畔所作。）

附記

一九八七年二月，方介女弟於《漢學研究》第五卷第二期發表《陶淵明五柳先生傳疏證》，一九九三年六月，李隆獻學弟於大安出版社《王叔岷先生八十壽慶論文集》發表《五柳先生傳並贊箋證稿》。二文並佳作，李文尤博贍。岷此篇乃多年前舊稿，較簡略，與方、李所見同中有異，可互參，俾陶公此《傳》之典實及義蘊闡發愈周洽也。

陶淵明《感士不遇賦并序》箋證

引言

箋證底本，據宋紹興壬子曾《集校》本；注釋，據清道光己亥陶澍《集注》。兼采時賢逯欽立《校注》及楊勇《校箋》之説。探本溯源，徵引稍博。夫士之不遇，自古而然。陶公此賦，有感於董仲舒及司馬遷之《士不遇賦》而作。天道難知，甘貧辭榮，大賢篤志，孤懷自珍。令人慷慨諷誦而不能已也！叔岷記。

箋證

昔董仲舒作《士不遇賦》，司馬子長又爲之。

何孟春《注》：「董作《士不遇賦》，司馬作《悲士不遇賦》，今見《藝文類聚》。而《古文苑》載董《賦》爲備。」逯欽立《校注》：「『爲』，曾〔集〕本、〔仿〕蘇〔軾〕寫本云：一作『悲』。」案：董《賦》及司馬《賦》，並載《藝文類聚》

卷三十。明張溥《漢魏六朝百三家集·董膠西集》亦備載董《賦》，與《藝文類聚》所載頗有出入。《文選》劉孝標《辯命論》云：「君子居正體道，樂天知命，（中略）豈有史公、董相不遇之文乎？」（李善《注》：「司馬遷集有《悲〔士〕不遇賦》。」）亦涉及董《賦》與司馬《賦》。《文選》張平子《歸田賦注》、司馬紹統《贈山濤詩注》、江文通《詣建平王上書注》，皆略引司馬《賦》中文句。又案：「司馬子長又爲之」，「又爲」緊承上句「作」字而言。「爲」、「作」同義。「爲」一作「悲」，疑聯想及《悲士不遇賦》之「悲」字而誤。

余嘗以三餘之日，

何《注》：「《魏志》：『董遇曰：「讀書當用三餘：冬者歲之餘，夜者日之餘，風雨者時之餘。」』」

案：董遇三餘之說，見《魏志》注所引《魏略》，「風雨」本作「陰雨」。

講習之暇，

案：《易·兑·象傳》：「君子以朋友講習。」

讀其文，慨然惆悵！夫履信思順，

案：《易·繫辭上》：「天之所助者順也。人之所助者信也。履信思乎順，又以尚賢也。」《蜀志·後主劉禪傳》：「履信思順，以享左右無疆之休。」北齊劉晝《劉子》十卷中，卷二有《履信》、《思順》二篇。

生人之善行，抱朴守靜，

案：《老子》十九章：「見素抱朴。」十六章：「守靜篤。」上言「履信思順」，本《易》；此言「抱朴守靜」，本《老子》。陶公固體乎儒，達乎道者也。又陶公《勸農》詩：「抱朴含真。」

君子之篤素。

逯《校注》：「『素』，蘇寫本作『業』。《注》：『一作「素」。』曾本云：『一作「業」。』焦〔竑〕本云：『一作「素業」。』」

『篤素』，純志。《禮記・儒行》：『篤行而不倦。』《疏》：『篤，純也。』《後漢書・張衡傳》：『必旌厥素爾。』《注》：『素，志也。』」

案：「篤素」，張溥本《注》亦云：「一作『素業』。」據董《賦》：「孰若反身於素業兮，莫隨世合而輪轉。」與此作「素業」之本合，或即陶公所本。惟上文「守靜」，蓋本《老子》「守靜篤」而言，此文「篤」字似非泛用。則蘇寫本作「篤業」，或存此文之舊？陶公蓋有意易董《賦》之「素業」爲「篤業」與？

自真風告退，大僞斯興。

案：陶公《飲酒》詩第二十首：「羲農去我久，舉世少復真。」《扇上畫贊》：「三五道邈，淳風日盡。」《老子》十八章：「智慧出，有大僞。」

閭閻懈廉退之節，

曾《注》：「一作『廉退之文節』。」

案：《論衡・書虛篇》：「廉讓之行，終始若一。」「廉退」猶「廉讓」也。「之」下有「文」字，不詞，且與下句不偶。「文」蓋「之」字之誤而衍者。

市朝驅易進之心。

案：《禮記・儒行》，孔子謂儒「難進而易退」。「易進」則反是矣。

懷正志道之士，或潛玉於當年；

逯《校注》：「『潛玉』，藏玉。《論語・子罕》：『有美玉於斯，蘊櫝而藏諸？』」

案：《論語・述而篇》：「子曰：志於道。」《説文》：「潛，一曰藏也。」「潛玉」喻「藏德。」《論語・子罕篇》云云，亦是喻藏德也。（《正義》云：「此章言孔子藏德待用也。」）

潔己清操之人，或没世以徒勤。

曾《注》：「『勤』一作『想』。」

案：《後漢書・黨錮尹勳傳》：「勳猶持清操。」《論語・衛靈公篇》：「君子疾没世而名不稱焉。」「勤」不當作「想」。《説文》：「勤，勞也。」司馬《賦》：「諒才韙而世戾，將逮死而長勤。」「勤」亦「勞」也。又上文四句，曾《注》云：「又作『懷正志道之士，或潛於當年；潔己清操之人，或没於往世。』」「往世」對「當年」較工。整句文意，則曾本較佳。

故夷皓有「安歸」之嘆，三閭發「已矣」之哀。

何《注》：「《史記》，伯夷叔齊隱於首陽山，作歌曰：『神農虞夏忽焉没兮，我安適歸矣！』《高士傳》，四皓逃入藍田山，歌曰：『唐虞世遠，吾將安歸！』屈原《離騷》，其亂曰：『已矣哉！國無人莫我知兮，又何懷乎故都！』」

案：顔延年《靖節徵士誄》：「夷皓之峻節。」以「夷皓」並稱。《離騷序》：「屈原與楚同姓，仕於懷王，爲三閭大夫。三閭之職，掌王族三姓，曰昭屈景。」何所引《史記》，見《伯夷列傳》。《高士傳》，見卷中，「安歸」本作「何歸」。

悲夫！寓形百年，而瞬息已盡；

案：《吕氏春秋・節喪篇》高誘《注》引《莊子》佚文：「生，寄也。」《知北游篇》：「人生天地之間，若白駒之過郤，忽然而已。」所謂「瞬息已盡」也。陶公《歸去來兮辭》：「寓形宇内復幾時！」所慨亦同。

立行之難，而一城莫賞。

案：如蘇武是。武留匈奴凡十九歲，始以彊壯出，及還，須髮盡白。而賜不過二百萬，位不過典屬國，無尺士之封。（參看《漢書・蘇武傳》及《文選・李陵答蘇武書》。）

此古人所以染翰慷慨，

案：潘岳《秋興賦序》：「於是染翰操紙，慨然而賦。」「慷」，正作「忼」。《説文》：「忼，忼慨也。忼慨，壯士不得志於心也。」（據段《注》本）

屢伸而不能已者也！夫導達意氣，

案：《後漢書・西域傳論》：「導達之功，靡所傳述。」《吕氏春秋・審分篇》：「意氣得游乎寂寞之宇。」

其惟文乎！撫卷躊躇，遂感而賦之。

案：「躊躇」與「跱躇」同。《説文》：「跱，躇也。跱躇，不前也。」「感」字點題，感士不遇也。

咨大塊之受氣，何斯人之獨靈！

何《注》：「《莊子》：『大塊載我以形，勞我以生。』《注》：『大塊，自然也。』」

案：「咨」，歎詞。《書・堯典》：「帝曰：咨！女羲暨和。」又「帝曰：咨！四岳。」並同此例。陶公《自祭文》：「茫茫大塊。」何所引《莊子》，見《大宗師篇》。《注》乃司馬彪注。（成玄英《疏》本之。褚伯秀《南華真經義海纂微》云：「大塊本以言地。據此經意，則指造物。」）「獨靈」猶「最靈」。《莊子・寓言篇》：「夫〔人〕受才乎大本，復靈以生。」《漢書・刑法志》：「夫人宵天地之貌，懷五常之性，聰明精粹，有生之最靈者也。」

稟神智以藏照，

逯《校注》：「『照』，曾本、蘇寫本云：一作『往』。」

案：此與下句「秉三五而垂名」對言，以猶而也。此句言隱，下句言顯，亦即下文所謂「潛」與「躍」也。「藏照」猶「藏輝」，即潛隱之意。「照」，不當作「往」。

秉三五而垂名。

逯《校注》:「三五,三才五常。三才,天、地、人;五常,仁、義、禮、智、信。人以具三才五常之德著稱,故曰:『秉三五而垂名』。」

案:《漢書》言:「人宵天地之貌,懷五常之性。」(師古《注》:「五常,仁、義、禮、智、信。」)則逯説是。

或擊壤以自歡,

李公焕《注》:「《韵語·陽秋》曰:『《藝經》云:壤,以木爲之,前廣後狹,長尺四寸,闊三寸,其形如履。將戲,先側一壤于地,遠三四十步,以手中壤擊之,中者爲上。蓋古戲也。』」逯《校注》:「《帝王世紀》云:『帝堯之世,天下太和。百姓有八九十老人擊壤而歌。』賦文本此。」

案:《論衡·感虚篇》:「堯時天下大和,百姓無事,有五十之民,擊壤於塗。觀者曰:『大哉堯之德也!』擊壤者曰:『吾日出而作,日入而息,鑿井而飲,耕田而食,堯何等力!』」(今本《感虚篇》有脱文,據《文選》張景陽《七命》李善《注》引補。又謝靈運《初去郡詩注》引末句作「堯何力於我也!」)《韵語·陽秋》引〔魏邯鄲淳〕《藝經》云云,又見《文選·初去郡詩注》引周處《風土記》。

或大濟於蒼生,

案:此孟子所謂「達則兼濟天下」也。(據白居易《與元九書》所引。今本《盡心篇》「濟」作「善」。)

靡潛躍之非分,

逯《校注》:「『潛躍』,比喻出仕或退隱。《易經·乾卦》:『潛龍勿用,陽在下也。或躍在淵,進無咎也。』」(楊勇《校箋》亦引《易》。)

案:《廣雅·釋詁四》:「潛,隱也。」《釋詁二》:「躍,進也。」「靡潛躍之非分」,猶言「無隱進之不當」。亦即退隱進仕皆當耳。

常傲然以稱情。

案：陶公《勸農》詩：「傲然自足。」《禮記》三年問：「稱情而立文。」

世流浪而遂徂，

案：《方言一》：「徂，往也。」「世流浪而遂往」，謂世演變而不已也。

物羣分以相形。

案：此謂人物派別顯現也。《易・繫辭上》：「物以羣分。」

密網裁而魚駭，宏羅制而鳥驚，

案：網羅喻刑法，魚鳥喻人民。此喻嚴密廣泛之刑法製立而人民驚駭也。《莊子・胠篋篇》：「夫弓弩畢弋機變之知多，則鳥亂於上矣；鉤餌罔罟罾笱之知多，則魚亂於水矣。」

彼達人之善覺，乃逃祿而歸耕。

案：陶公《扇上畫贊》：「達人有時而隱。」又《歸去來兮辭》：「寔迷途其未遠，覺今是而昨非。」此「善覺」也。《國語・楚語下》：「成王每出子文之祿，必逃。」《後漢書・何敞傳》：「子文逃祿。」本之。《莊子・讓王篇》，載屠羊説不受楚昭王之爵祿事，亦逃祿之類也。劉向《古列女傳二》：「老萊子逃世，耕於蒙山之陽。」陶公辭彭澤令，賦《歸去來》，誠達人善覺，逃祿而歸耕者也。

山嶷嶷而懷影，川汪汪而藏聲，

曾《注》：「『影』，一作『褐』。」

案：《史記・五帝本紀》：「其德嶷嶷。」《索隱》：「嶷嶷，德高也。」此文「嶷嶷」，高貌。「懷影」猶「藏形」。

「影」，一作「褐」，非。《世説新語・德行篇》：「叔度汪汪如萬頃之陂。」(《後漢書・黄憲傳》，「萬頃」作「千頃」。)「汪汪」，廣貌。此謂山高而不顯形，川廣而不露聲。喻達人之德行高度量廣而不得顯露也。亦即士不遇之意。司馬《賦》：「雖有行而不彰，徒有能而不陳。」意亦近之。

望軒唐而永嘆，甘貧賤以辭榮。

楊《校箋》：「黄帝軒轅氏、唐堯。」(逯《校注》同)

案：陶公《戊申歲六月中遇火詩》：「草廬寄窮巷，甘以辭華軒。」即「甘貧賤以辭榮」之意。

淳源汨以長分，

曾《注》：「『汨』，一作『消』。」焦竑本、張溥本並云：「『汨』，一作『恆』。」

案：「汨」當作「汩」。(音骨)《楚辭・九章・懷沙》：「浩浩沅湘，分流汩兮。」(又見《史記・屈原傳》)王逸《注》：「汩，流也。」「淳源汩以長分」，謂淳朴之源流蕩而長分也。「汨」，作「消」作「恆」並非。

美惡作以異途，

曾《注》：「『作以』，一作『紛其』，『其』，又作『然』。」

案：「作以」，焦竑本、張溥本亦並云：「一作『紛其』。」「美惡作以異途」，謂美惡並起而異途也。「作」作「紛」，則上句「汨」當訓「亂」，「汨」「紛」互文，《小爾雅・廣言》：「汨，亂也。」《廣雅・釋詁三》：「紛，亂也。」謂「淳朴之源亂而長分，美惡遂亂而異途矣。蓋淳朴既散，美惡亦紛歧也。」至於「以」作「其」作「然」，義並相通。「紛以」、「紛其」、「紛然」，其義一也。

原百行之攸貴，莫為善之可娛。

何《注》：「《後漢書》，東平王蒼言：『爲善最樂。』」楊《校箋》：「《詩・衛風・氓》鄭《箋》：『士有百行。』《世說・賢媛篇》：『夫百行以德爲首。』」

案：「原」與「謜」通，《廣雅・釋詁一》：「謜，度也。」《詩・大雅・旱麓》鄭《箋》：「攸，所也。」陶公《影答形》詩：「立善有遺愛，胡可不自竭？」爲善固可貴者也。何引《後漢書》云云，見《東平憲王傳》。

奉上天之成命，

曾《注》：「『上天』一作『天地』。」

案：作「上天」是。《書・僞湯誥》：「上天孚佑下民。」《詩・周頌》有《昊天》有《成命篇》。「上天」「昊天」，並謂「上帝」或「天帝」也。

師聖人之遺書，發忠孝於君親，

案：《莊子・漁父篇》：「事親則慈孝，事君則忠貞。」

生信義於鄉閭。

案：《三國志・吳志・太史慈傳》注引《吳歷》，孫策曰：「太史子義，青州名士，以信義爲先。」即「生信義於鄉閭」之比也。

推誠心而獲顯，

曾《注》：「『而』，一作『以』。」

案：「而」「以」同義。《三國志・蜀志・譙周傳》：「體貌素朴，性推誠。」

不矯然而祈譽。

案：董《賦》：「雖矯情而獲百利，不如復心而歸一善。」所謂「不矯然而祈譽」，意亦近之。

嗟乎！雷同毁異，

案：《楚辭·九辯》：「世雷同而炫曜兮，何毁譽之昧昧！」《漢書·劉歆傳》：「雷同相從，隨聲是非。」陶公《飲酒》詩二十首之六：「是非苟相形，雷同共譽毁。」

物惡其上，

逯《校注》：「《晉書·袁宏傳》：『人惡其上，世不容哲。』」

案：《國語·周語中》：「諺曰：民惡其上。」

妙算者謂迷，直道者云妄。

案：《晉書·石苞傳》：「漢高捨陳平之污行，而取其六奇之妙算。」（晉景帝語）《論語·微子篇》：「直道而事人，焉往而不三黜！」《韓非子·三守篇》：「端言直道之人不得見，而忠直日疏。」

坦至公而無猜，

曾《注》：「『坦』，一作『恆』。」

案：作「坦」是。「恆」蓋「坦」之形誤，或淺人所改。「坦」，寬廣也，寬廣故至公無猜。《論語·述而篇》：「君子坦蕩蕩。」鄭玄《注》：「『坦蕩蕩』，寬廣貌也。」

卒蒙恥以受謗。

案：「屈平正道直行，讒人閒之」，（《史記·屈原傳》）即此類也。

雖懷瓊而握蘭，徒芳絜而誰亮！

曾《注》：「『瓊』，一作『瓌』，又作『瑤』。」

案：「瓊」字勝。《楚辭·離騷》：「何瓊佩之偃蹇兮，衆薆然而蔽之。」亦用「瓊」字。曾《注》本「潔」本作「絜」，「絜」「潔」古今字。《爾雅·釋詁》：「亮，信也。」《離騷》：「不知吾其亦已兮，苟余情其信芳。」《史記·

屈原傳》：「其志絜，故其稱物芳。」（殿本「絜」作「潔」。）

哀哉！士之不遇，已不在炎帝帝魁之世。

何《注》：「張平子《東京賦》：『仰不睹炎帝帝魁之美。』《注》：『炎帝，神農名。帝魁，神農後也。並古之君號。』《孝經鉤命訣》：『佳己感龍生帝魁。』宋衷《春秋傳》：『帝魁，黃帝子孫也』。」

案：《御覽》七八引《孝經鉤命訣》：「任己感龍生帝魁。」《注》：「任己，帝魁之母也。『己』，或作『似』也。」然則《東京賦注》（《文選》薛綜、李善《注》）所引《孝經鉤命訣》之「佳己」，乃「任己」之誤也。又案：司馬貞《三皇本紀》：「神農納奔水氏之女曰聽訞，爲妃，生帝魁。」聽訞，蓋任己之異名與？

獨祇脩以自勤，豈三省之或廢？

逯《校注》：「『祇修』，敬修。《論語・學而》：『曾子曰：吾日三省吾身，爲人謀而不忠乎？與朋友交而不信乎？傳不習乎？』『三省』，指此。」（楊《校箋》亦引《論語》。）

案：《爾雅・釋詁》：「祇，敬也。」董《賦》：「雖日三省於吾身兮，猶懷進退之惟谷。」（《藝文類聚》引「猶」作「繇」，「惟」作「唯」，並同。亦用「三省」故實。

庶進德以及時，時既至而不惠。

逯《校注》：「《易經・乾卦》〔文言〕：『君子敬德修業，欲及時也。』《詩經・小雅・楚茨》：『孔惠孔時。』《箋》：『惠，順也。』『不惠』，不能順隨時機。」

案：陶公《讀史述九章・屈賈章》：「進德修業，將以及時。」亦本《易・乾・文言》。「不惠」猶「不順」，謂與時乖也。

無爰生之晤言，

李公焕《注》:「爰盎。」曾《注》本「爰」作「奚」,云:「一作『爰』。」又注:「『晤』,一作『格』。」

案:「奚」「格」並誤字。《詩·陳風·東門之池》:「彼美淑姬,可與晤言。」

念張季之終蔽,

李《注》:「釋之。」何《注》:「《漢書》,張釋之,字季,爲騎郎,十年不得調。中郎將爰盎請徙釋之補謁者,釋之言便宜事,文帝稱善,拜謁者僕射。」

案:何所引《漢書》,見《張釋之傳》。亦見《史記·張釋之傳》。

愍馮叟於郎署,賴魏守以納計。

李《注》:「唐。」何《注》:「漢馮唐爲郎中署長,爲文帝言:雲中守魏尚坐上功,首虜差六級,下吏削爵,罰太重。帝令唐持節赦尚,復爲雲中守,而拜唐爲車騎都尉。」

案:《廣雅·釋詁二》:「愍,傷也。」唐事詳《史》、《漢》《馮唐傳》。

雖僅然於必知,

曾《注》:「『知』,一作『智』。」

案:「然」猶「乃」也。「知」,不當作「智」。「必知」,謂必爲人主所知也。

亦苦心而曠歲。審夫市之無虎,眩三夫之獻説。

曾《注》:「『無虎』,一作『有獸』。」何《注》:「《韓非子》:『龐共與太子質於邯鄲,謂魏王曰:「今一人言市有虎,王信乎?」曰:「不。」「二人言,信乎?」曰:「不。」「三人言,信乎?」曰:「寡人信之。」共曰:「市無虎,明矣。而三人言,成市虎。願王察之。」』」

案:《淮南子·本經篇》:「審於符者,怪物不能惑也。」高《注》:「審,明也。」《廣雅·釋言》:「眩,惑也。」「無虎」不當作「有獸」。何所引《韓非子》，見《内儲説上·七術》第三十，龐共本作龐恭，《新序·雜事》二同，「共」「恭」古通。《戰國策·魏策》二作龐葱，一本「葱」亦「恭」。

悼賈傅之秀朗，紆遠轡於促界；

何《注》：「漢賈誼爲梁懷王太傅，死時年三十三。劉向稱誼通達國體，古之伊管，未能遠過。使時見用，功化必盛。爲庸臣所害，甚可悼痛！」逯《校注》：「『秀朗』，英秀俊朗。『促界』，狹小地區。全句謂大才小用。」

案：何所述賈誼事，詳《史》、《漢》《賈誼傳》。劉向説，見《漢書·誼傳贊》。庸臣，謂絳、灌、東陽侯、馮敬之屬。（師古《注》：「絳侯，周勃也。灌，灌嬰也。東陽侯，張相如也。馮敬，時爲御史大夫。」）誼年十八，即以秀才聞。陸機《漢高祖功臣頌》：「袁生秀朗。」《漢書》叙傳：「紆體衡門。」師古《注》：「紆，屈也。」「紆遠轡於促界」，即「長轡未騁」（《詩品》評謝惠連語）之意。陶公《飲酒》詩二十首之九：「紆轡誠可學，違己詎非迷？」彼所謂「紆轡」，猶《孟子·滕文公篇》所謂「詭遇」，（丁福保《箋注》有説。）即不正之遇合，與此「紆遠轡」之義迥别。

悲董相之淵致，屢乘危而幸濟。

何《注》：「漢董仲舒，爲江都王相，易王素驕，仲舒以禮誼匡正，王敬重焉。膠西王尤縱恣，仲舒復相膠西王，王善待之。仲舒恐久獲罪，病免。凡相兩國，輒事驕王，正身以率古，數上疏諫争，教令國中，所居而治。」

案：仲舒事，詳《史記·儒林列傳》及《漢書·董仲舒傳》。「淵致」猶「深致」，《晉書·王凝之妻謝氏傳》：「有雅人深致。」《小爾雅·廣詁》：「淵，深也。」「幸濟」猶「幸免」。

感哲人之無偶，

逯《校注》：「『偶』，曾本、蘇寫本云：一作『遇』。」

案：「偶」「遇」古通，《爾雅・釋言》：「遇，偶也。」《釋名・釋親屬》：「耦，遇也。」「偶」與「耦」同。「感哲人之無偶」，猶言「感哲人之不遇」也。

淚淋浪以灑袂。

案：「淋浪」，淚流貌。嵇康《琴賦》：「紛淋浪以流離。」彼「淋浪」，狀聲音之散發。

承前王之清誨，

案：《後漢書・趙壹傳》，皇甫規《與趙壹書》有云：「冀承清誨，㠯釋遙悚。」「清誨」猶「明誨」也。《淮南子・精神篇》：「清目而不以視。」高《注》：「清，明。」

曰天道之無親，澄得一以作鑒，恆輔善而佑仁。

逯《校注》：「澄，清。《老子》（三十九章）：『天得一以清。』『得一』，『得道』。《淮南・精神》訓：『一生二。』注：『一，謂道也。』鑒，同監，監視。《詩經・大雅・烝民》：『天監有周。』《箋》：『監，視也。』所謂『明明上天監』。」（見《讀山海經》）

案：「澄」與「澂」同，《說文》：「澂，清也。」又「恆，常也。」《老子》七十九章：「天道無親，常與善人。」《左傳・僖五年》引《周書》：「皇天無親，惟德是輔。」《楚辭・離騷》：「皇天無私阿兮，覽民德焉錯輔。」《論語・述而篇》：「子貢曰：『伯夷叔齊何人也？』子曰：『古之賢人也。』曰：『怨乎？』曰：『求仁而得仁，又何怨乎！』」《雍也篇》：「回也，其心三月不違仁。」

夷投老以長飢，回早夭而又貧。

案：「投老」猶「至老」。《後漢書・仇覽傳》：「母守寡養孤，苦身投老。」《任光傳》：「投暮入堂陽界。」注：「投，至也。」《史記・伯夷列傳》：「或曰：『天道無親，常與善人。』若伯夷叔齊可謂善人者非邪？積仁潔行如此而餓死！（中略）回也屢空，糟糠不厭，而卒蚤夭。天之報施善人，其何如哉！」敦煌唐寫本「蚤夭」作「早夭」，與此《賦》合。早、蚤正假字。陶公《飲酒詩》之二：「積善云有報，夷叔在西山。」十一：「顏生稱爲仁，屢空不獲年。」

傷請車以備槨，悲茹薇而殞身。

逯《校注》：「《論語・先進》：『顏淵死，顏路請子之車以爲之椁。』《注》：『顏路，淵之父。』『椁』與『槨』同。」（楊《校箋》亦引《論語》，「椁」作「槨」。）

案：皇侃《論語義疏》本「椁」作「槨」，與此《賦》合。「槨」乃「椁」之或體。《史記・伯夷傳》：「伯夷叔齊隱於首陽山，采薇而食之，及餓且死，作歌，其辭曰：『登彼西山兮，采其薇矣。（中略）于嗟徂兮，命之衰矣！』遂餓死於首陽山。」陶公《讀史述九章・夷齊章》：「采薇高歌，慨想黄虞。」董《賦》：「伯夷叔齊登山而采薇。」亦用此事。

雖好學與行義，何死生之苦辛！

案：《史記・伯夷傳》：「七十子之徒，仲尼獨薦顏淵爲好學。」（詳《論語》《雍也》、《先進》二篇。）又「伯夷叔齊義不食周粟」。

疑報德之若茲，懼斯言之虚陳。

案：《史記・伯夷傳》：「儻所謂天道，是邪？非邪？」《鄒陽傳》：「臣聞忠無不報，信不見疑，臣常以爲然，徒虚語耳。」

何曠世之無才，罕無路之不澀。

李《注》：「澀，色立切，不滑也。」

案：左思《詠史》詩八首之七：「何世無奇才，遺之在草澤。」

伊古人之慷慨，病奇名之不立，

曾《注》：「『病』，一作『痛』。」（焦、張注並同。）何《注》：「《楚辭》：『老冉冉其將至兮，懼修名之不立。』」

案：「伊」，發語詞。「病」「痛」同義，《說文》：「痛，病也。」何引《楚辭》云云，見《離騷》，「懼」本作「恐」。

廣結髮以從政，不愧賞於萬邑，

何《注》：「李廣。」逯《校注》：「『從政』，從軍征伐匈奴。」

案：「政」借爲「征」。（《漢書・五行志》中之下：「天子弱，諸侯力政。」師古《注》：「『政』亦『征』也。」即「政」「征」通用之證。）《史記・李將軍列傳》，李廣云：「臣結髮而與匈奴戰。」即此「結髮以從政」所本也。又文帝謂廣曰：「惜乎！子不遇時，如令子當高帝時，萬户侯豈足道哉！」惜廣終不得萬邑之賞也。

屈雄志於戚豎，

何《注》：「謂衛青。」

案：《史記・衛將軍列傳》，衛青初爲人奴，牧羊。及壯，其姊子夫入宮幸於武帝。青後爲大將軍，李廣從之擊匈奴，青不令廣得當單于，所謂「屈雄志於戚豎」也。

竟尺土之莫及！

案：《廣傳》，廣自謂「終無尺寸之功以得封邑」。《論衡・禍虛篇》「尺寸」作「尺土」，（俗本「尺」誤「及」。）與此《賦》尤合。李陵謂蘇武亦「無尺土之封」。（已詳前）

留誠信於身後，慟衆人之悲泣。

曾《注》：「『慟』，一作『動』。」何《注》：「《漢・李廣傳》：『文帝曰：「惜子不遇時，若當高帝時，萬户侯豈足道哉！」武帝時，征匈奴者盡封侯，而廣不得爵邑。從大將軍衛青擊匈奴，失道，青使長史急責廣上簿。廣曰：「廣結髮與匈奴大小七十〔餘〕戰，今幸從大將軍出，接單于兵。而大將軍徙廣部曲，行回遠，又迷失道，豈非天哉！」遂引刀自刎。百姓聞之，老壯皆爲垂泣。贊曰：「彼其中心，誠信於士大夫也。」』」逯《校注》：「『動』，李本、曾本作『慟』。蘇寫本、焦本作『動』。」楊《校箋》：「『動』，一作『慟』，古通。今依陶本。」

案：張本「慟」亦作「動」。「動」「慟」正假字。（《論語・先進篇》：「顔淵死，子哭之慟。」鄭《注》：「慟，變動容貌。」説「慟」爲「動」也。）何所引《漢書》《李廣傳》及《贊》概略，皆載於《史記・李將軍列傳》。

商盡規以拯弊，言始順而患入。

何《注》：「《王商傳》：『武帝時，商爲左將軍，上美壯商之固守，數稱其議。後爲丞相，甚尊任之。而大將軍王鳳怨商，使人上書，言商閨門内事。會日食，大中大夫張匡上書罪狀，商免相，發病，歐血薨。』」逯《校注》：「曹操《整齊風俗會》云：『王商忠義，張匡爲之左道。此皆以白爲黑，欺天罔君者也。』」

案：《漢書・商傳》，商駁大將軍王鳳避大水之議，奏免鳳連昏楊彤爲琅邪太守。（如淳《注》：「『連昏』者，婚家之婚親也。」）即所謂「盡規以拯弊」也。

奚良辰之易傾，胡害勝其乃急！

案：「奚」「胡」互文，義並同「何」。「之」「其」亦互文，「其」猶「之」也。盧諶《贈劉琨》詩：「良辰遂往。」「害勝」，禍害勝於一切。乃猶如此也。齊益壽學弟云：「『害勝』，當是讒害勝己者，謂王鳳讒害王商。」

蒼昊遐緬，人事無已，

案：《左傳・昭公十八年》：「天道遠，人事邇。」司馬《賦》：「天道微哉，吁嗟闊兮！人理顯然，相傾奪兮！」陶公《自祭文》：「悠悠高旻。」

有感有味，疇測其理！

案：《莊子·寓言篇》：「莫知其所終，若之何其无命也？莫知其所始，若之何其有命也？有以相應也，若之何其无鬼邪？无以相應也，若之何其有鬼邪？」正此所謂「有感有味，疇測其理」也。（《爾雅·釋詁》：「疇，誰也。」）董《賦》：「鬼神不能正人事之變戾兮。」陶公《怨詩楚調示龐主簿》詩：「天道幽且遠，鬼神茫昧然。」並所謂「有味」也。

寧固窮以濟意，不委曲而累己。

曾《注》：「『而』，一作『以』。」

案：「而」「以」本同義，惟作「以」與上句「以」字複，作「而」較佳。《論語·衛靈公篇》：「君子固窮。」《莊子·讓王篇》：「雖貧賤不以利累形。」《文子·上仁篇》：「不以利累己。」董《賦》：「屈意從人非吾徒矣。」（《藝文類聚》引「徒」作「族」。）陶公安於困窮，故於「固窮」一詞樂道之。《癸卯歲十二月中作與從弟敬遠》詩：「高操非所攀，謬得固窮節。」《飲酒》詩之二：「不賴固窮節，百世當誰傳！」十六：「竟抱固窮節，飢寒飽所更。」《有會而作》：「斯濫豈攸志？固窮夙所歸。」《詠貧士》之七：「誰云固窮難，邈哉此前脩！」皆其驗也。

既軒冕之非榮，豈緼袍之為恥！

逯《校注》：「《論語·子罕》：『衣敝緼袍，與衣狐貉者立而不恥者，其由也與？』」（楊《校箋》亦引《論語》。）

案：《莊子·繕性篇》：「不爲軒冕肆志，不爲窮約趨俗。」（《胠篋篇》成玄英《疏》：「軒，車也。冕，冠也。」）《讓王篇》：「曾子居衛，緼袍無表。」（《釋文》引司馬云：「『緼袍』，謂麻緼爲絮，《論語》云『衣敝緼袍』是也。」）

誠謬會以取拙，且欣然而歸止。

曾《注》：「『而』，一作『於』。」逯《校注》：「『謬會』，錯誤體會。」

案：「謬會」，謬誤之領會也。乃謙辭。陶公《與從弟敬遠》詩：「謬得固窮節。」《飲酒》詩第二十首：「但恨多謬誤。」並自謙謬誤也。又《歸園田居》詩五首之一：「守拙歸園田。」亦取拙歸止之意。陶公每以拙自居，《乞食詩》：「叩門拙言辭。」《雜詩》十二首之八：「拙生失其方。」《詠貧士》詩七首之六：「人事固以拙。」《與子儼等疏》：「性剛才拙。」皆其驗也。「而」，一作「於」，「而」「於」本同義，惟此作「於」，疑涉下「於朝市」而誤。

擁孤襟以畢歲，

案：「襟」猶「懷」也。陶公《贈羊長史》詩：「擁懷累代下，言盡意不舒。」「擁襟」猶「擁懷」也。《贈長沙公》詩：「款襟或遼，音問其先。」「襟」亦「懷」也。「畢歲」猶「盡年」。《莊子・養生主篇》：「可以盡年。」

謝良價於朝市。

案：此蓋暗用伯樂顧視駿馬事。《戰國策・策燕二》：「人有賣駿馬者，比三旦立市，人莫之知。往見伯樂，曰：『臣有駿馬，欲賣之，比三旦立於市，人莫與言。願子還而視之，去而顧之，臣請獻一朝之價。』伯樂乃還而視之，去而顧之，一旦而馬價十倍。」（又見《御覽》八九六引《春秋後語》。《劉子・因顯篇》，「駿馬」作「良馬」。）既有感於士之不遇，猶駿馬不遇伯樂，則惟有「謝良價於朝市」矣！

一九八九年三月三十一日己巳二月廿四日

脫稿於傅斯年先生圖書館二樓研究室。

（刊于《台大中文學報》第四期，一九九一年，二七—三六頁。）

陶淵明《與子儼等疏》箋證

（據宋紹興壬子曾《集校》本爲底本）

引言

《宋書·隱逸傳》謂陶公：「與子書以言其志，並爲訓戒。」《南史·隱逸傳》同。《藝文類聚》二三引作《誡子書》，由有訓誡之意。《御覽》五九三引作《遺誡》（影宋本遺誤道），此陶公生前與子訓誡。《與子儼等疏》，非《遺子儼等疏》，自不得謂之《遺誡》也。惠棟《後漢書（韓韶傳）補注》引陶公此《疏》作《遺誡》，蓋誤從《御覽》。陶公有四言《命子》詩，追求祖德以教命長子儼；有五言《責子》詩，責五子之懶惰；此《與子儼等疏》，嘆息年已衰損，誡勉諸子當效前賢和諧相處也。

箋證

告儼、俟、份、佚、佟，

案：《責子》詩稱舒、宣、雍、端、通，乃五子之小名。彼文陶澍《注》有説。

天地賦命，生必有死，

陶澍《注》：「梁元帝《金樓子》作：有生必終。」

案：《御覽》五九三引作：「夫天地賦命，有生必有終。」嚴可均輯《全晉文》從《御覽》。陶公《擬挽歌辭》三首之一：「有生必有死。」《史記·孟嘗君列傳》：「生者必有死，物之必至也。」揚雄《法言·君子篇》：「有生者必有死，自然之道也。」陶澍所引《金樓子》，見《戒子篇》。

自古聖賢，誰獨能免。

案：「獨能」蓋「能獨」之誤倒，《金樓子》、《宋書》、《南史》、《御覽》皆引作「誰能獨免」。張溥《漢魏六朝百三家集·陶彭澤集》、陶澍《集注》本、嚴可均《輯校》本咸同。陶公《神釋》詩：「老少同一死，賢愚無復數。」《挽歌》三首之三：「千年不復朝，賢達無奈何。」《古詩》十九首之十三：「萬歲更相送，聖賢莫能度。」曹操樂府《精列》：「造物之陶物，莫不有終期，聖賢不能免，何爲懷此憂！」《史記·范雎列傳》：「五帝之聖焉而死，三王之仁焉而死，五伯之賢焉而死。」《列子·楊朱篇》：「仁聖亦死，凶愚亦死。」誰能獨免於死邪！

子夏有言曰：「死生有命，富貴在天」。

案：《宋書》作「子夏言曰」，子夏下無有字，嚴可均《輯校》本從之。張溥本、陶澍本作「子夏有言」，言下並無曰字。《論語·顏淵篇》：「子夏曰：『商聞之矣：死生有命，富貴在天。』」蓋聞之於孔子邪？

四友之人，

曾《集校》云：「一曰，四方之友。」

案：此蓋淺人不明「四友之人」之意而妄改耳。（詳下）

親受音旨。

曾《校》云：「一作『德音』。」何孟春《注》：「《孔叢子》，孔子四友，回、賜、師、由。」非子夏。而此云然者，特其同列耳。

案：《文選》嵇康《琴賦注》引劉向《列仙傳》（《涓子傳》）云：「淮南王少得文，不能解其音旨。」《晉書・王承傳》：「承敕其子毗曰：諷味遺言。不若親承音旨。」《孔叢子・論書篇》：「孔子曰：吾有四友焉，自吾得回也，門人加親，是非胥附乎！自吾得賜也，遠方之士日至，是非奔輳乎！自吾得師也，前有光，後有輝，是非先後乎！自吾得仲由也，惡言不至於門，是非禦侮乎！」（陶公《集聖賢羣輔録上》亦引《孔叢子》此文。又見《世説新語・品藻篇》劉孝標《注》引《尚書・大傳》。）陶公之意，似謂子夏所云，蓋聞之孔子，顔回、子貢、子張、仲由四人皆親承受孔子此音旨也。「音旨」，謂發言之旨。一作「德音」，謂有德者之言，似不必轉就有德者爲説。

發斯談者，將非窮達不可妄求，

案：《宋書》將作豈，嚴可均《輯校》本從之，將猶豈也。《國語・楚語》：「民將能登天乎？」韋昭《注》：「民豈能上天乎？」説將爲豈，明將、豈同義。

壽夭永無外請故耶！

案：上言求，此言請，求、請互文，請亦求也。《廣雅・釋詁三》：「請，求也。」《莊子・德充符篇》：「仲尼曰：死生存亡、窮達貧富，是事之變，命之行也，日夜相代乎前，而知不能規乎其始者也。」陶公蓋達此旨。

吾年過五十，少而窮苦，每以家弊，東西游走，

陶《注》：「沈約《宋書》作：『吾年過五十，而窮苦荼毒，家貧弊，東西游走。』無少字及『每以』二字。『少而窮苦』，乃追述之辭。」

案:《南史》首二句亦作「吾年過五十,而窮苦荼毒」。(略下二句)《宋書》家上有以字,陶澍所據本脱以字。陶公《有會而作》:「弱年逢家乏。」《自祭文》:「自余爲人,逢運之貧。」顔延之《陶徵士誄》亦稱陶公「少而貧苦」。

性剛才拙,

案:陶公《歸園田居》五首之一:「少無適俗韵」,又云「守拙歸田園」。亦由於「性剛才拙」邪!《世説新語·規箴篇》:「王夷甫婦,郭泰寧女,才拙而性剛,聚斂無厭,干豫人事。」與陶公之「性剛才拙」大異矣。

與物多忤。

案:陶公《歸去來兮辭序》:「飢凍雖切,違己交病。」《感士不遇賦》:「寧固窮以濟意,不委曲而累己。」正由於「與物多忤」也。顔延之《陶徵士誄》謂陶公「道不偶物」,信然。

僶俛辭世,

案:蘇東坡《與弟子由書》引「僶俛」作「黽勉」。《詩·邶風·谷風》:「黽勉同心。」《釋文》:「黽,本亦作僶。」本字當作「愐勉」。《説文》:「愐,勉也。」「僶俛辭世」,有勉強不得已之意。

使汝等幼而飢寒。

案:《宋書》、《南史》並作:「使汝幼而飢寒耳。」汝下不當無等字。嚴可均《輯校》本「飢寒」下補耳字。

余嘗感孺仲賢妻之言,

案:《宋書》、《南史》並無余字。

敗絮自擁,何慚兒子,此既一事矣。

李公焕《注》:「《東塾燕談》曰:『儒仲集本作孺,今從《漢書》。《後漢書·王霸傳》:「霸字儒仲。」』又《列女傳》：『霸少立高節，光武時連徵不仕，霸與同郡令狐子伯爲友。後子伯爲楚相，而其子爲郡功曹，子伯遣子奉書於霸，客去，而久卧不起，妻怪問其故，霸曰：「向見令狐子，」容服甚光，舉措有適，而我兒蓬髮歷齒，未知禮則，見客而有慚色。父子恩深，不覺自失耳。」妻曰：「君少修清節，不顧榮禄，今子伯之貴，孰與君之高？君躬勤苦，子安得不耕以養？既耕，安得不黄頭歷齒？奈何忘宿志而慙兒女子乎？」霸屈起而笑曰：「有是哉！」遂共終身隱遯。』」

案：李《注》引《東塾燕談》，據《後漢書（逸民）王霸傳》，改陶公所稱孺仲爲儒仲。竊以爲《王霸傳》之「霸字儒仲」，當從此文作孺仲。《史記》及《漢書·韓安國傳》：「安國字長孺。」《後漢書·徐穉傳》：「穉字孺子。」並以孺爲字，可爲旁證。又所引《後漢書·列女傳》，後數句較本《傳》爲詳。

但恨鄰靡二仲，

李《注》引《東塾燕談》曰：「嵇康《高士傳》：『求仲、羊仲，皆治車爲業，挫廉逃名。蔣元卿之去兖州還杜陵，荆棘塞門，舍中有三徑，不出，惟二人從之游，時人謂之二仲。』亦載《三輔決録》。」

案：陶公《移居》詩二首之一云：「昔欲居南村，非爲卜其宅，聞多素心人，樂與數晨夕。……鄰曲時時來，抗言談在昔。」此《疏》恨「鄰靡二仲」，蓋昔時爲鄰之素心人，皆已分散矣。

室無萊婦，

李《注》引《東塾燕談》曰：「劉向《列女傳》：『楚老萊子逃世，耕於蒙山之陽。楚王欲使守楚國之政，妻曰：「妾聞之，可食以酒肉者，可隨以鞭捶；可授以官禄者，可隨以鈇鉞。今先生食人之酒肉，受人之官禄，此皆人之所制也。居亂世而爲人所制，能免於患乎？」老萊子遂隨其妻至於江南而止。』」

案：上言靡，此言無，靡、無互文，靡亦無也。《爾雅·釋言》：「靡，無也。」陶公何以恨「室無萊婦」？其《詠貧士》七首之二有云：「閒居非陳厄，竊有愠見言。」蓋借孔子在陳絶糧，子路愠見爲喻。（詳《論語・衛靈公篇》。）嘆繼室翟氏亦難免有怨窮困之言邪？（拙著《陶淵明詩箋證稿》有説。）此陶公之所以恨「室無萊婦」與？又或此時翟氏已逝世，故陶公云然與？《東塾燕談》所引劉向《列女傳》，乃節引，見《賢明篇・楚老萊妻傳》。事又見《高士傳・老萊子傳》。

抱茲苦心，良獨内愧。

獨猶特也。陶澍「内愧」下《注》：「《金樓子》作『惘惘』。」《宋書》、《南史》「内愧」並作「罔罔」。嚴可均《輯校》本從之。惘與罔通，「惘惘」，失志貌。《楚辭・九章・悲回風》：「超惘惘而遂行。」王逸《注》：「失志，偟遽而直逝也。」《文選》潘安仁《西征賦》：「惘輟駕而容與。」李善《注》：「惘猶罔罔，失志之貌也。」

少學琴書，

曾《校》云：「學，一作好。『少學琴書』，一作『少來好書』。」

案：《宋書》作「少年來好書」，嚴可均《輯校》本從之，年字疑因少字聯想而衍。《藝文類聚》二三引作「少來好書」，《南史》同，與曾所稱一本合。陶公《始作鎮軍參軍經曲阿》詩：「弱齡寄事外，委懷在琴書。」

偶愛閑静，

案：張溥本、陶澍本閑並作閒，閒、閑正假字；《南史》静作靖，静、靖亦正假字。

開卷有得，便欣然忘食。

案：陶公《五柳先生傳》：「每有會意，便欣然忘食。」《論語・述而篇》：「發憤忘食，樂以忘憂。」

見樹木交蔭，時鳥變聲，

案：陸機《樂府・悲哉行》：「時鳥多好音。」

亦復歡然有喜。

曾《校》云：「然，一作爾。」

案：《藝文類聚》引然作爾，《宋書》、《南史》並同，爾猶然也。「有喜」猶「而喜」，有與而同義。

常言五、六月中，北牕下卧，遇涼風暫至，

案：《晉書・隱逸傳》作：「清風颯至。」「清風」猶「涼風」。李白《戲贈鄭溧陽》：「清風北窗下，自謂羲皇人。」即本此《疏》，亦作「清風」。暫猶猝也、乍也。《廣雅・釋詁》：「暫，猝也。」《釋言》：「乍，暫也。」陶公《飲酒》詩二十首之十七：「清風脱然至。」颯、脱亦並猝或乍之意。宋玉《風賦》亦云：「有風颯然而至。」

自謂是羲皇上人。

案：林逋《夏日即事》詩：「北窗人在羲皇上，時爲淵明一起予。」仰慕陶公也。

意淺識罕，謂斯言可保，日月遂往，

曾《校》云：「遂，一作逝。」

案：陶公四言詩《停雲》：「日月於征。」《榮木》：「日月推遷。」《書・秦誓》：「日月逾邁。」（傅毅《迪志》詩亦云：「日月逾邁。」）《詩・唐風・蟋蟀》：「日月其邁。」《論語・陽貨》：「日月逝矣。」曹丕《典論論文》：「日月逝於上。」然則此文「遂往」作「逝往」，逝字亦有所本。「逝往」，複語。《爾雅・釋詁》：「逝，往也。」（《説文》同）

機巧好疎，

案：「機巧」，複語。《列子・仲尼》篇：「大夫不聞齊、魯之多機乎？」張湛《注》：「機，巧也。」《莊子・天地篇》：「機心存於胸中，則純白不備。」（《淮南子・原道篇》略同。）「機巧好疏」，謂機巧之好疏遠。陶公無機心，固無機巧之好。陶公《飲酒》二十首之十六有云：「少年罕人事，游好在六經。」六經乃陶公素所游好者也。

緬求在昔，眇然如何！

案：《國語·楚語》：「緬然引領南望。」韋昭《注》：「緬猶邈也。」「眇然」猶「邈然」，遠貌。眇與緬相應。

病患以來，漸就衰損，

案：陶公《雜詩》十二首之五：「氣力漸衰損，轉覺日不如。」《藝文類聚》一八引張載詩：「氣力漸衰損。」

親舊不遺，每以藥石見救，

案：《五柳先生傳》：「性嗜酒，家貧不能恆得，親舊知其如此，或置酒而招之。」陶公患病，親舊以藥石救之；無酒，親舊置酒招之。親舊之於陶公固不薄也。

自恐大分將有限也。

案：「大分」，謂生命最後分限。「大分將有限」，即俗所謂大限也。陶公《游斜川詩序》：「悼吾年之不留。」《離騷》：「恐年歲之不吾與」。

汝輩稚小，

案：《宋書》作：「恨汝輩稚小。」(《南史》作：「汝輩幼小。」蓋以幼代稚。)《金樓子》作「汝輩既稚小」，《御覽》五九三引同。

家貧，每役

曾《校》云：「每，一作無。」陶《注》：「《宋書》作『無役』。」

案：每，一作無，則讀「家貧無役」爲句，《宋書》、《南史》並以「家貧無役」爲句，嚴可均《輯校本》從之。

柴水之勞，何時可免！

案：蕭統《陶淵明傳》，稱陶公爲彭澤令時：「不以家累自隨，送一力給其子書曰：『汝旦夕之費自給爲難，今遺此力助汝薪水之勞。此亦人子也，可善遇之。』」「薪水」即「柴水」。是陶公能使其子免於柴水之勞，惟在前爲令時耳。

念之在心，若何可言！

然汝等雖曰同生，

案：《金樓子》、《南史》、《藝文類聚》、《御覽》曰皆作不，張溥本、嚴可均《輯校》本亦並同。「不同生」，謂非同母所生也。（詳下）

曾《校》云：「曰，一作不。」陶《注》本作不，云：「從《宋書》作不，焦〔竑〕本同，諸本作曰，非。」

當思四海皆兄弟之義。

案：《金樓子》、《御覽》皆下並有爲字。陶公《雜詩》十二首之　：「落地爲兄弟，何必骨肉親！」蘇武詩：「四海皆兄弟，誰爲行路人？」郭遐周《贈嵇康三首》之三：「四海皆兄弟，何患無彼姝！」皆本於《論語・顏淵篇》：「四海之内，皆兄弟也。」

鮑叔、管仲，分財無猜；

案：《金樓子》、《宋書》、《南史》管仲皆作敬仲，《藝文類聚》亦引作敬仲，又引猜作恡。作恡非。《史記・管仲傳》：「管仲夷吾者，潁上人也。管仲曰：吾始困時，嘗與鮑叔賈，分財利多自與，鮑叔不以爲我貪，知我貧也。」即所謂「分財無猜」也。《國語・晉語四》：「昔管敬仲有言。」韋昭《注》：「敬仲，夷吾字。」《晉語五》：「齊桓公親舉管敬子。」《注》：「敬子，管仲之謚。」蓋管夷吾字仲，謚敬，字可連稱謚之，故稱敬仲，猶號亦可連謚稱之，如田完字仲，謚敬，而《史記・齊世家》云：「陳厲公子完，號敬仲。」即其證。陶公有《讀史述九章》，第三爲《管鮑》，中云：「管生稱心，鮑叔必安。」「分財無猜」，其一端耳。

歸生、伍舉，班荆道舊。

案：《左傳》襄公二十六年：「初，楚伍參與蔡太師子朝友，其子伍舉與聲子相善也。（杜預《注》：「聲子，子朝之子。」）……伍舉奔鄭，將遂奔晉。聲子將如晉，遇之於鄭郊，班荆相與食，而言復故。」（《注》：「班，布也，布荆坐地也。共議歸楚事，朋友世親也。」）陶公《飲酒詩》二十首之十四：「故人賞我趣，挈壺相與至，班荆坐松下，數斟已復醉。」亦本伍舉與聲子故事。

遂能以敗爲成；

案：《史記·管仲傳》稱管仲：「其爲政也，善因禍而爲福，轉敗而爲功。」

因喪立功。

案：《左傳》昭公元年：「楚公子圍將聘於鄭，伍舉爲介，未出竟，聞王有疾而還。伍舉遂聘。十一月己酉，公子圍入問王疾，縊而弑之。使〔使〕赴於鄭，伍舉問應爲後之辭焉。對曰：『寡大夫圍。』伍舉更之曰：『共王之子圍爲長。』」（又見《史記·楚世家》）杜預《注》：「伍舉更赴辭，使從禮也。此告終稱嗣，不以篡弑赴諸侯也。」「告終」猶「告喪」，更赴辭稱公子圍爲共王之長子，則圍當繼承爲王，公子圍遂合禮即位爲靈王，此伍舉之功。蓋所謂「因喪立功」也。

他人尚爾，況同父之人哉！

何孟春《注》：「靖節曰『同父之人』，然則猶有庶子也。」《貴子》詩云：「雍、端年十三。」此兩人或異母爾。楊勇《陶淵明集校箋》云：「陶公：『始室喪其偏。』淵明繼娶翟氏，生子佟。然此『同父之人』，非庶子意，雍、端蓋孿生之子。」

案：爾猶如此。同父異母，異母爲繼室，非妾，則其子不當稱庶子。《金樓子》、《宋書》、《南史》「同父」皆作

「共父」。

潁川韓元長，

陶《注》：「《金樓子》作陳元長。王應麟曰：『謂韓融，韶子。』見《後漢書・韓韶傳》。」

案：韓融與潁川同郡陳寔，並漢末名士，《後漢書》同《傳》。《金樓子》引韓作陳，或聯想及陳寔而誤與？

漢末名士，身處卿佐，八十而終，

何孟春《注》：「八當作七。」陶《注》：「何蓋據《後漢書・韓韶傳》也。惠氏棟《後漢書補注》謂彼處七當作八。」

案：《後漢書・韓韶傳》：「子融，字元長，少能辯理，而不爲章句學。聲名甚盛，五府並辟。獻帝初，至太僕，年七十卒。」陶公此《疏》所述雖較早，范曄寫史所據當較確，然則此《疏》「八十而終」，八蓋當作七，如何說。

兄弟同居，至於没齒。

王先謙《後漢書〈韓韶傳〉集解》引惠棟曰：「魏明《甄表狀》云：『融聰識知機，發於岐嶷，時人名之曰窮神知化。兄弟同居，至於没齒。處卿相之位，且二十年，奉身守約，不殞厥問。』」

案：《論語・憲問篇》：「没齒無怨言。」

濟北范稚春，

曾《校》云：「《南史》作『幼春』，《宋書》作『氾稚』。」陶《注》：「王應麟曰：『謂氾毓，《晉書》有傳。』《南史》氾幼春，蓋避唐諱治字之嫌。」

案：《御覽》作氾雉春，雉乃稚之誤。張溥本、嚴可均《輯校》本並作氾稚春。嚴有《注》云：「氾毓，字稚春。」

晉時操行人也，

陶《注》：「《金樓子》作『積行』。」

七世同財，家人無怨色。

何《注》：「《晉書》：『汜毓奕世儒素，敦睦九族，客居青州，逮毓七世。時人號其家：兒無常父，衣無常主。』」

案：《金樓子》「同財」作「同居」。曾《校》云：「色，一作辭。」

《詩》曰：「高山仰止，景行行止。」

案：《金樓子》、《御覽》「《詩》曰」，並作「《詩》云」。嚴可均《輯校》本從之。《史記・孔子世家贊》：「《詩》有之：高山仰止，景行行止。」本《詩・小雅・車舝》，王念孫《史記雜志》校證《詩》及《史記》之「仰止」「行止」，本並作「仰之」「行之」。岷之《史記校證》亦有補說，之、止篆文、隸書形並相近，故易致誤。（裴學海《古書虛字集釋》卷九，謂「止猶之也」，不如王念孫說。）

雖不能爾，至心尚之。

案：爾借爲邇，《爾雅・釋詁》：「邇，近也。」《說文》同。《史記・孔子世家》引《詩》後續云：「雖不能至，心鄉往之。」即陶公所本。此文「尚之」曾《校》云：「之，一作善。」於義不長。

汝其慎哉，吾復何言！

一九九三年四月廿四日癸酉閏三月初三日
脫稿於傅斯年先生圖書館二樓研究室。

（刊于《台大中文學報》第六期，一九九四年六月，一一——一二頁。）

陶淵明《讀史述九章》箋證

（據宋李公焕《箋註》本爲底本）

本《箋證》係據宋李公焕《箋註》本爲底本，首先説明陶公《讀史述》體例之淵源。進而：

一、校釋較深之詞句。

二、引證陶公所述之史實。

三、貫通陶公之詩文相互印證。

四、補充並修訂前賢及近人之注釋。

引言

陶公《讀史述》九章之體，蓋源於班固《漢書·叙傳》。《叙傳》自《述高紀》至《述王莽》，凡六十九章，皆有韵之四言贊體。蕭統《文選》選《述高紀》、《述成紀》、《述韓彭英盧吴傳》三章，於紀下、傳下皆增一贊字，收入《史述贊》類。陶公此九章，固亦有韵之四言贊體也。《藝文類聚》三十六引《夷公贊》、《魯二儒》、《張長公》三章，皆作《夷齊贊》、《魯二儒贊》、《張長公贊》。九章詠贊先賢，頗寓己意。其微旨自蘇子瞻《東坡題跋》（卷一《書淵明述史章後》啓其端，經葛立方《韻語陽秋》（卷五）之析論，至清陳沆《詩比興箋》（卷二）之闡發，已頗明晰。陳氏云：

> 《夷齊》、《箕子》、《魯兩生》、《程杵》四章，固易代之感。《顏回》、《屈賈》、《韓非》、《張長公》四章，則詠懷之詞。蓋守簞瓢固窮之節，悼屈、賈逢世之難，故欲戒韓非而師張長公也。《管鮑》章，則悼叔季人情之薄，而欲與劉、龐、周、郭爲歲寒之交也。

案：陶公之真淳而通達，其歲寒之交，自不局限於劉遺民、龐參軍、周續之、郭主簿諸人，不知名之鄰曲往來，素心相通，陶公亦常得其樂也。前賢及近人於《讀史述》九章之典實詞義，已多所發明。岷酌採舊說，益以新知，重寫《箋證》，借以紀念　傅故孟真師之百歲冥誕。　孟真師一生，宏揚學術，憂國憂民，去世已四十四年矣！其博大雄奇之才學，高瞻遠矚之識度，光明磊落之胸懷，誠令人嚮往思慕不已也！

箋證

余讀《史記》，有所感而述之。

案：陶公讀《史記》有感，益以評論，非僅述之而已。言述，如班固《敘傳》，謙詞也。

夷齊

陶澍《注》："事見《伯夷列傳》。"

案：事又見《莊子·讓王篇》、《吕氏春秋·誠廉篇》。

二子讓國，

案：《史記·伯夷列傳》："伯夷、叔齊，孤竹君之二子也。父欲立叔齊。及父卒，叔齊讓伯夷。伯夷曰：『父命也。』遂逃去。叔齊亦不肯立舟追之（追，今本誤逃）。"《莊子·盜跖篇》："伯夷、叔齊辭孤竹之君。"蔡邕《伯夷叔齊碑》："委國捐爵。"

相將海隅，

案："相將"猶"相偕"。陶公《擬古》九首之三："相將還舊居。"亦用"相將"一詞。《藝文類聚》三十六引此"相將"作"相隨"。《孟子·盡心篇》："孟子曰：伯夷辟紂，居北海之濱。"阮瑀《弔伯夷文》："東海讓國。"言東海，未知何據。

天人革命，

楊勇《校箋》："《周易〔革〕》云：『湯、武革命，順乎天，而應乎人。』"

案：《孔叢子·雜訓篇》："子思曰：殷、周之王，征伐革命，以應乎天。"此文"天人革命"，專就武王伐紂而言。

絶景窮居。

何孟春《注》："景、影同。"

案：「絶景」即「絶影」，猶「絶迹」也。阮瑀《弔伯夷文》：「隱景潛暉。」「隱景」即「隱影」，與「絶景」義亦相符。陶公《酬劉柴桑》：「窮居寡人用。」《詠貧士》七首之六：「仲蔚愛窮居。」並用「窮居」一詞。《孟子·盡心篇》：「君子所性，雖窮居不損焉。」

采薇高歌，慨想黄、虞。

何孟春《注》：「《藝文類聚》作：『高歌采薇。』」

案：宋本《藝文類聚》三十六引此仍作「采薇高歌」。（惟采作採，俗。）《伯夷列傳》：「武王已平殷亂，天下宗周，而伯夷、叔齊恥之，義不食周粟，隱於首陽山，采薇而食之。及餓且死，作歌，其辭曰：登彼西山兮，采其薇矣。以暴易暴兮，不知其非矣。神農、虞、夏忽焉没兮，我安適歸矣！于嗟徂兮，命之衰矣！」陶公以「黄（帝）、虞（舜）」代「神農、虞（舜）、夏（禹）」。陶公喜以「黄、虞」寄慨，《時運》：「黄、虞莫逮，慨獨在余。」《贈羊長史》：「愚生三季後，慨然念黄、虞。」並其證。陶公述史，首贊夷、齊，詩、賦中亦並稱之。《飲酒》二十首之二：「積善云有報，夷、叔在西山，善惡苟不報，何事空立言！」《擬古》九首之八：「飢食首陽薇，渴飲易水流，不見相知人，惟見古時丘。」（次句用荆軻事）《感士不遇賦》：「夷投老以長飢，悲茹薇而隕身。」陶公感慕於夷、齊者深矣！

貞風凌俗，

案：「貞風凌俗」，謂堅貞之風操凌越凡俗也。《吕氏春秋·論威篇》：「雖有江河之險，則凌之。」高誘《注》：「凌，越也。」謂誇越也。鍾嶸《詩品》卷上評劉楨詩：「高風跨俗。」「凌俗」猶「越俗」，亦猶「跨俗」也。

爰感懦夫。

楊勇《校箋》：「《孟子·萬章》：『故聞伯夷之風者，頑夫廉，懦夫有立志。』」

夷、齊矣！

案：《論語·微子篇》：「子曰：不降其志，不辱其身，伯夷、叔齊與！」夷、齊「不降其志，不辱其身」，故雖懦夫亦感而立志也。蕭統《陶淵明集序》云：「有能觀淵明之文者，貪夫可以廉，懦夫可以立。」蓋比淵明於夷、齊矣！

箕子

陶澍《注》：「事見《殷本紀》。」

案：事見《史記·宋微子世家》。《殷本紀》載紂「剖比干，觀其心」之後，僅云：「箕子懼，乃詳狂爲奴，紂又囚之。」而已。

去鄉之感，猶有遲疑，

矧伊代謝，

案：《孟子·萬章篇》：「孔子去魯，曰：『遲遲吾行也。』去父母國之道也。」《爾雅·釋訓》：「遲遲，徐也。」陶公《悲從弟仲德》：「遲遲將回步。」《詠貧士》七首之一：「遲遲出林翮。」並疊用遲字。

觸物皆非。

案：「矧伊」猶「況乃」。陶公《歲暮和張常侍》：「矧伊愁苦纏。」亦用「矧伊」一詞。「代謝」，謂殷已易爲周矣。陶公《飲酒》二十首之一：「寒暑有代謝，人道每如茲。」亦用「代謝」一詞。

哀哀箕子

案：《宋微子世家》：「箕子朝周，過故殷虚，感宫室毁壞，生禾黍。」所謂「觸物皆非」，《古詩》云：「所遇無故物。」義亦近之。

案：《廣雅・釋訓》：「哀哀，悲也。」陶公《祭程氏妹文》：「哀哀遺孤。」又「哀哀嫠人。」並用「哀哀」一詞。

云胡能夷！

案：「云胡」猶「如何」。《詩・召南・草蟲》：「我心則夷。」鄭《箋》：「夷，平也。」「云胡能夷」，謂箕子之心如何能平也。

狡童之歌，悽矣其悲！

案：《宋微子世家》：「箕子傷之，欲哭則不可，欲泣爲其近婦人，乃作麥秀之詩以歌詠之。其詩曰：『麥秀漸漸兮，禾黍油油。彼姣童兮，不與我好兮。』所謂姣童者，紂也。殷民聞之，皆爲流涕。」其悲痛何如哉！《説文》：「悽，痛也。」

管鮑

陶澍《注》：「事見《管晏列傳》。」

案：事亦見劉向《上管子序》、《説苑・復恩篇》、《列子・力命篇》。

知人未易，相知實難，

案：《莊子・列禦寇篇》：「孔子曰：凡人心險於山川，難知於天。」《意林》五引《秦子》：「遠難知者天，近難知者人。」《史記・管仲傳》：「管仲曰：『生我者父母，知我者鮑子也！』」(又見《初學記》十八引《韓詩外傳》佚文、劉向《上管子序》、《説苑・復恩篇》及《列子・力命篇》。)相知如此，誠大難也！

淡美初交，利乖歲寒，

案：《莊子・山木篇》：「君子之交淡若水，小人之交甘若醴，君子淡以親，小人甘以絕。」《禮・表記》：「君子之接如水，小人之接如醴，君子淡以成，小人甘以壞。」（接猶交也）《史記・鄭世家贊》：「語有之：以權利合者，權利盡而交疏。」

管生稱心，鮑叔必安。

案：《管仲傳》：「管仲曰：『吾始困時，嘗與鮑叔賈，分財利多自與，鮑叔不以我爲貪，知我貧也；吾嘗爲鮑叔謀事而更窮困，鮑叔不以我爲愚，知時有利有不利也；吾嘗三仕三見逐於君，鮑叔不以我爲不肖，知我不遭時也；吾嘗三戰三走，鮑叔不以我爲怯，知我有老母也；公子糾敗，召忽死之，吾幽囚受辱，鮑叔不以我爲無恥，知我不羞小節，而恥功名不顯於天下也。』」（又見《列子・力命篇》，略見劉向《上管子序》。亦略見《說苑・復恩篇》，文頗異。）真所謂「管生稱心，鮑叔必安」也。陶公《與子儼等疏》：「鮑叔、管仲，分財無猜。」僅涉及一端耳。又陶公《飲酒》二十首之十一：「死去何所知，稱心固爲好。」亦用「稱心」一詞。

奇情雙亮，

案：此謂奇特交情、互相信任也。管、鮑交情，誠千古奇情。《爾雅・釋詁》：「亮，信也。」

令名俱完。

案：《孝經・諫諍章》：「士有爭友，則身不離於令名。」《爾雅・釋詁》：「令，善也。」《管仲傳》云：「天下不多管仲之賢，而多鮑叔能知人也。」然則鮑叔之善名猶在管仲之上矣。

程杵

陶澍《注》：「事見《趙世家》。」

案：事又見《新序・節士篇》、《說苑・復恩篇》。略見《論衡・吉驗篇》。

遺生良難，

案：「遺生」猶「舍生」。《孟子·告子篇》：「舍生而取義。」

士為知己，

案：《初學記》十八引《韓詩外傳》佚文：「管仲曰：士爲知己者死。」（又見《説苑·復恩篇》。）豫讓亦有此語，見《戰國策·趙策一》及《史記·刺客列傳》。

望義如歸，

案：《管子·小匡篇》：「視死如歸。」（又見《韓非子·外儲説·左下篇》、《吕氏春秋·勿躬篇》。）

允伊二子。

案：《詩·小雅·東攻》：「允矣君子。」鄭《箋》：「允，信。」「允伊二子」，猶言「信此二子」。公孫杵臼、程嬰，晋大夫趙朔客也。司寇屠岸賈作難，殺趙朔，滅其族。朔妻有遺腹，生男，屠岸賈索於宫中，程嬰謂杵臼曰：「今一索不得，後必復索之，奈何？」杵臼曰：「立孤與死，孰難？」嬰曰：「死易，立孤難耳。」杵臼曰：「子爲其難者，吾爲其易者，請先死。」二人謀取他人嬰兒匿山中，嬰僞告杵臼匿趙氏孤處，諸將殺杵臼與孤兒。詳《趙世家》及《新序·節士篇》，下同。

程生揮劍，懼茲餘恥，

案：程嬰與真孤匿山中，十五年，後景公復立趙氏後趙武。武冠成人，程嬰謂公孫杵臼：「以我爲能成事，故先我死。今我不報，是以我事爲不成。」遂自殺。自殺則無愧於杵臼矣。

令德永聞，

案：「令德」，「善德」也。《詩·大雅·假樂》：「假樂君子，顯顯令德。」《爾雅·釋詁》：「令，善也。」

百代見紀。

案：《新序・節士篇》：「君子曰：程嬰、公孫杵臼可謂信友厚士矣。」（友，原作交，從《趙世家・集解》引作友。）所以見紀於百代也。

七十二弟子

楊勇《校箋》：「《史記・孔子世家》：『孔子以詩、書、禮、樂教弟子，蓋三千焉。身通六藝者七十有二人。』」

案：《史記・仲尼弟子列傳》：「孔子弟子受業身通者七十有七人。」（「弟子」二字舊誤爲曰字。）司馬貞《索隱》：「《孔子家語》亦有七十七人，唯文翁《孔廟圖》作七十二人。」考《孔子世家》有《七十二弟子解》，《索隱》引作「七十七人」。（今本篇内所記實七十六人，缺一人。）「七十七人」而稱「七十二人」者，蓋「七十二」爲古人習用之數，故孔子弟子稱「七十二人」者多，劉向《戰國策叙録》稱：「七十二人，皆天下之俊。」《新序・雜事一》稱：「七十二人，自遠方至。」皇侃《論語義疏叙》：「達者七十有二。」《顔氏家訓・誡兵篇》稱：「仲尼門徒升當者七十二。」皆其證也。（參看拙著《史記斠證》《孔子世家》及《仲尼弟子列傳》。）

恂恂舞雩，

案：《論語・鄉黨篇》：「恂恂如也。」王肅《注》：「恂恂，温恭之貌。」《先進篇》：「曾點曰：『莫春者，春服既成，冠者五六人，童子六七人，浴乎沂，風乎舞雩，詠而歸。』」（又見《史記・仲尼弟子列傳》及《論衡・明雩篇》。）邢昺《疏》：「雩者，祈雨之祭名。杜預曰：『爲百穀祈膏雨也。』使童男女舞之。《春官》女巫職曰：「旱暵則舞雩。」因謂其處爲舞雩。』」

莫曰匪賢。

案：此蓋謂恂恂然歌詠於舞雩之冠者及童子皆賢者也。皇侃《論語義疏》引或曰：「冠者五六，五六，三十人也。童子六七，六七，四十二人也。四十二就三十，合爲七十二人。孔子升堂者七十二人也。」然則陶公所謂「莫曰匪賢」，亦就七十二弟子言之邪？其然豈其然乎？

俱映日月，

案：此蓋謂七十二弟子之賢皆可與日月相輝映也，又《論語・子張篇》：「子貢曰：『仲尼，日月也，無得而踰焉。』」然則此或謂七十二弟子之賢與孔子輝映邪？

共湌至言。

案：湌（省作飡）字絕佳。陶澍《集注》本作飧，嚴可均《輯校》本作飱，飱、飧正俗字，嚴氏改俗從正也。楊勇《校箋》所據本作餐。餐與湌用，與飧通用。陶公《酬丁柴桑》：「飧勝如歸。」字亦作飧，《詩・小雅・大東》：「有饛簋飧。」毛《傳》：「飧，熟食。」《莊子・天地篇》：「至言不出，俗言勝也。」此所謂「共飧至言」，蓋弟子皆習聞孔子之善言，如熟食也。《周禮・考工記・弓人》：「覆之而角至，謂之句弓。」鄭《注》：「至猶善也。」

慟由才難，

案：《論語・先進篇》：「顏淵死，子哭之慟。」《泰伯篇》：「孔子曰：才難，不其然乎！」

感爲情牽。

案：孔子情繫顏淵，兩度感歎其不幸短命死也。（詳下）

回也早夭，

楊勇《校箋》：「《論語・雍也》：『哀公問弟子孰爲好學？』孔子對曰：『有顏回者好學，不遷怒，不貳過，不幸短命死矣，今也則亡，未聞好學者也。』」

案：《論語・先進篇》：「季康子問弟子孰爲好學？孔子對曰：有顔回者好學，不幸短命死矣，今也則亡，未聞好學者。」《雍也篇》云云，亦見《仲尼弟子列傳》。又《仲尼弟子列傳》云：「回年二十九，髮盡白，蚤死。」（蚤借爲早。）司馬貞《索隱》：「按《家語》亦云：『年二十九而髮白，三十二而死。』」今本《家語・七十二弟子解》作「三十一早死。」「三十一」乃「三十二」之誤。《世説新語・汰侈篇》劉孝標《注》引《家語》，亦稱回「三十二歲早死」。《列子・力命篇》：「顔淵之才，不出衆人之下，而壽四八。」「四八」亦謂三十二也。惟《列子》「四八」本亦作「十八」。《淮南子・精神篇》高誘《注》云：「顔淵十八而卒。」《論衡・書虚篇》：「或言顔淵年十八，與孔子俱上魯太山，下而顔淵髮白，齒落，遂以病死。」（今本無「年十八」三字，據明陳耀文《天中記》三九引補。）亦並作「十八」。竊疑作「三十二」較可信。（參看拙著《史記校證・伯夷列傳、仲尼弟子列傳》。）陶公《感士不遇賦》：「回早夭而又貧。」《飲酒》二十首之十七：「顔淵稱爲仁，屢空不獲年。」亦謂其早夭也。

賜獨長年。

案：《論語・公冶長篇》：「子謂子貢曰：『女與回也孰賢？』對曰：『賜也何敢望回！回也聞一以知十，賜也聞一以知二。』」（又見《論衡・問孔篇》）子貢自知其賢遠不能與顔回相比，而回夭賜壽，陶公蓋深有所感，因述回而及賜也與？

屈賈

陶澍《注》：「事見《屈賈列傳》。」

案：屈原名平，楚之同姓。博聞彊志，明於治亂，嫻於辭令。懷王初甚任之，因信讒而見疏，原憂愁幽思而作《離騷》。後懷王子頃襄王，復信讒放屈原至於江濱，原作《懷沙》之賦，投汨羅以死。事又詳《新序·節士篇》。賈誼年少，博通諸子百家之學，文帝召以爲博士，超遷至太中大夫，且議以任公卿之位。爲絳侯、灌嬰之屬所毁。見疏爲長沙王太傅。文帝愛其少子懷王，令賈誼傅之，懷王墮馬死，誼自傷無狀，歲餘亦死。時年三十三。事又詳《漢書·賈誼傳》。

進德修業，將以及時。

案：《易·乾·文言》：「子曰：君子進德修業，欲及時也。」陶公《晉故征西將軍長史孟府君傳贊》：「孔子稱進德修業，以及時也。」亦本《文言》。

如彼稷、契，孰不願之！

案：稷名棄，堯舉爲司農，舜命播百穀，爲周始祖。契佐禹治水，舜命爲司徒，敬敷五教，爲殷始祖。詳《書·堯典（爲舜典）》、《史記·殷本紀、周本紀》。《管子·法法篇》：「契爲司徒，后稷爲田。」揚雄《解嘲》：「家家自以爲稷、契。」杜甫《有事於南郊賦》亦云：「四十年來，家家自以爲稷、契。」然則願爲稷、契者多矣。

嗟乎二賢，逢世多疑，

案：屈原因上官大夫之讒，而見疏於懷王及頃襄王。賈誼爲絳侯、灌嬰等所短，而見疏於文帝。誠所謂「信而見疑，忠而被謗」（《屈原傳》語）者矣！

候瞻寫志，

陶澍《集注》本「候瞻」作「候詹」。《注》：「何本作『懷沙』，云：『一作「候瞻」，非。』焦本作『候詹』。澍按詹，謂太卜鄭詹尹也。今從焦作詹。」

案：焦竑本是。《列子·周穆王篇》：「夢有六候。」張湛《注》：「候，占也。」「候詹寫志」，嬴屈原占驗於太卜鄭詹尹以寫其志也。詳《楚辭》屈原所作之《卜居》。《卜居》末云：「吁嗟默默兮，誰知吾之廉貞！」已足見屈原之志矣。何孟春本「候詹」作「懷沙」，未知何據。《屈原傳》謂原「作懷沙之賦」。

感鵩獻辭。

案：《賈生傳》：「賈生爲長沙王太傅三年，有鴞飛入賈生舍，止于坐隅，楚人命鴞曰服。賈生既以適居長沙，長沙卑溼，自以爲壽不得長，傷悼之，乃爲賦以自廣。其辭云云。」所謂「感鵩獻辭」也。服、鵩古今字。《文選》亦載賈誼《鵩鳥賦》。陶公《感士不遇賦》：「悼賈傅之秀朗，紆遠轡於促界。」安得不傷悼邪！

韓非

陶澍《注》：「事見《韓非傳》。」

案：《韓非傳》：「韓非者，韓之諸公子也。喜刑名法術之學，而其歸本於黄、老。爲人口吃，而善著書。數以書諫韓王，韓王不能用。作《孤憤》、《五蠹》、《内外儲》、《説林》、《説難》十餘萬言。然韓非知説之難，爲《説難》書甚具，終死於秦，不能自脱。」

豐狐隱穴，以文自殘。

案：《莊子·山木篇》：「夫豐狐文豹，棲於山林，伏於巖穴，静也。夜行晝居，戒也。雖飢渴隱約，猶且胥疏於江湖之上而求食焉，定也。然且不免於罔羅機辟之患，是何罪之有哉？其皮爲之災也。」

君子失時，

案：《藝文類聚》八八引《莊子》佚文：「君子之居世也，得時則義行，失時則鵲起。」

白首抱關。

楊勇《校箋》：「《孟子・萬章》：『抱關擊柝。』」

案：《史記・魏公子列傳》：「魏有隱士曰侯嬴，年七十，家貧，爲大梁夷門監者。」《御覽》一五八引「監者」作「抱關者」。王維《夷門歌》亦云：「嬴乃夷門抱關者。」此亦「白首抱關」之類也。

巧行居災，

案：《莊子・逍遥游篇》：「莊子(謂惠子)曰：子獨不見狸狌乎！卑身而伏，以候敖者；東西跳梁，不辟高下。中於機辟，死於罔罟。」成玄英《疏》：「商鞅、蘇(秦)、張(儀)，即是其事。此何異乎捕鼠狸狌死於罔罟也！」此即「巧行居災」之類也。

忮辯召患。

陶澍本忮下《注》：「焦本作枝。」嚴可均《輯校》本忮作伎。

案：「忮辯」義頗難通。焦竑本作枝，枝蓋本作技，(从扌从木之字往往相亂。)上言「巧行」，此言「技辯」，巧、技互文，技亦巧也。《説文》：「技，巧也。」嚴本作伎，伎與技古亦通用。《淮南子・覽冥篇》：「息巧辯之説。」「技辯」猶「巧辯」也。陶澍辯本作辨，古字通用。韓非《説難》有云：「凡説之難，又非吾辯之能明吾意之難也。」非固巧於言辯者矣。

哀矣韓生，竟死《説難》。

案：司馬遷云：「余獨悲韓子爲《説難》，而不能自脱耳。」(《韓非傳》)揚雄《法言・問明篇》：「或問：『韓非作《説難》之書，而卒死乎《説難》，敢問何反也？』曰：『《説難》蓋其所以死乎！』曰：『何也？』曰：『君子以禮動，以義止。合則進，否則退。確乎不憂其不合也。夫説人而憂其不合，則亦無所不至矣。』或曰：『説之不合，非憂邪？』曰：『説不由道，憂也。由道而不合，非憂也。』」

魯二儒

案：《史記・叔孫通傳》：「漢五年，已並天下，諸侯共尊漢王爲皇帝。叔孫通説上曰：『臣願徵魯諸生，與臣弟子共起朝儀。』使徵魯諸生三十餘人，魯有兩生不肯行。」（又見《漢書・叔孫通傳》及皇甫謐《高士傳》。）《法言・五百篇》云：「叔孫通欲制君臣之儀，徵先生於齊、魯，所不能致者二人。」

易代隨時，

何孟春《注》：「代，《藝文類聚》（三六）作大，蓋用《易》：『隨時之義大矣哉！』作大爲是。」

案：《藝文類聚》三六引代作大。《易》云云，見《隨》卦。

迷變則愚，

案：《通傳》：「叔孫通笑（兩生）曰：『若真鄙儒也，不知時變。』」

介介若人，

陶澍本「介介」下《注》云：「《藝文類聚》作『芬芬。』」

案：「芬芬」蓋本作「芥芥」，介，隸書作分，俗書作分，並與分近，故誤爲分，復加艸作芬耳。「介介」，孤特貌。陶公《飲酒》二十首之十九：「遂盡介然分。」《詠貧士》七首之六：「介焉安其業。」「介焉」猶「介然」，亦孤特貌也。《論語・憲問》：「君子哉若人！」「若人」，此人也。

特為貞夫。

案:《抱朴子・行品篇》:「不改操於得失,不傾志於可欲者,貞人也。」「貞夫」猶「貞人」,魯二儒正此類也。

德不百年,污我詩書,

案:《通傳》兩生告叔孫通云:「今天下初定,死者未葬,傷者未起,又欲起禮樂。禮樂所由起,積德百年而後可興也。吾不忍爲公所爲,公所爲不合古,吾不行,公往矣,無污我。」(亦見《漢書・叔孫通傳》及《高士傳》。)

逝然不顧,

案:「逝然」猶「去而」,《藝文類聚》引然作焉,嚴可均《輯校》本從之,焉猶然也。

被褐幽居。

案:《老子》七十章:「聖人被褐懷玉。」《禮記・儒行》:「幽居而不淫。」《後漢書・逸民法真傳》:「幽居恬泊,樂以忘憂。」陶公《始作鎮軍參軍經曲阿》:「被褐欣自得。」《答龐參軍》:「我實幽居士。」

張長公

陶澍《注》:「事見《張釋之傳》。」

案:並見《史記》及《漢書・張釋之傳》。《傳》云:「釋之子張摯,字長公,官至大夫,免。以不能取容當世,故終身不仕。」司馬貞《索隱》:「謂性公直,不能曲屈見容於當世,故至免官不仕也。」

遠哉長公,

陶澍本「遠哉」下《注》:「《藝文類聚》作『達哉』。」嚴可均《輯校》本從之。

案:《莊子・田子方篇》:「遠矣,全德之君子!」「遠哉」猶「遠矣」。贊其超遠也。《藝文類聚》引作「達哉」。

贊其通達。遠、達形近，作遠似勝。

蕭然何事？

案：「蕭然」，寂寥貌。陶公《五柳先生傳》：「環堵蕭然。」

世路多端，

陶澍本「多端」下《注》：「《藝文類聚》作『皆同』。」嚴可均《輯校》本從之。

案：《楚辭・漁父》：「舉世皆濁，我獨清。」（王逸《注》：「《史記》作：『舉世混濁，而我獨清。』」）「世路皆同」，與「舉世皆濁」義近。「皆同」似較「多端」義長，且同與下句異對言。

皆為我異。

案：爲猶與也。「皆與我異」，即「而我獨清」之意。《藝文類聚》作「而我獨異」，則與《漁父》「而我獨清」句尤合，嚴《輯校》本從之。

斂轡朅來，

案：《說文》：「斂，收也。朅，去也。」「斂轡朅來」，謂收斂馬轡之去來，喻不復在仕途中去來也。《史記・司馬相如列傳》：「回車朅來兮，絕道不同。」《後漢書・張衡傳》：「回志朅來從玄諆。」

獨養其志。

案：《藝文類聚》作「閑養其志」，嚴《輯校》本從之。《莊子・讓王篇》：「獨樂其志。」

寢迹窮年，

案：「寢迹」猶「隱迹」。陶公《癸卯歲十二月中作與從弟敬遠》：「寢迹衡門下。」「窮年」猶「盡年」。《莊子・齊物論篇》：「和之以天倪，因之以曼衍，所以窮年也。」成玄英《疏》：「窮，盡也。」

誰知斯意!

案:陶公知之審矣。《飲酒》二十首之十二:「長公曾一仕,壯節忽失時,杜門不復出,終身與世辭。」又《扇上畫贊·張長公》:「張生一仕,曾以事還,顧我不能,高謝人間?」顧猶豈也,高猶遠也。言我豈不能遠謝人間邪?陶公退隱後,固亦終身辭世,寢迹窮年如張長公者也。

一九九三年九月十四日癸酉七月廿八日脱稿於傅斯年先生圖書館二樓研究室。

(刊于《中研院歷史語言研究所集刊》第六十六本第二分,一九九五年六月,三六七——三八一頁。)

陶淵明《扇上畫贊》箋證

（據宋李公煥《箋註》本為底本）

本《贊》箋證，係據宋李公煥《箋註》本爲底本，其要點如次：

一、校釋字句之異同。

二、補訂前人校注之缺失。

三、增益本人之創見。

四、以陶公之詩文互證。

箋證

荷蓧丈人　長沮　桀溺　於陵仲子　張長公　丙曼容　鄭次都　薛孟嘗　周陽珪。

清方宗誠《陶詩真詮》云：「《扇上畫贊》，蓋淵明心所嚮往之人。」

案：《畫贊》九人中，荷蓧丈人、長沮、桀溺、張長公四人，尤陶公所常稱道者。

三五道邈，

何孟春《注》:「三皇五帝。」

案:《楚辭·九歎·思古》:「背三五之典刑兮。」王逸《注》:「言君施行背三皇五帝之常典。」

淳風日盡,

案:陶公《飲酒》之二十:「羲、農去我久,舉世少復真!」《感士不遇賦序》:「自真風告逝,大僞斯興。」「淳風」猶「真風」也。

九流參差,

案:《漢書·藝文志序》:「諸子之言,紛然殽亂。」《叙傳》:「群言紛亂,諸子相騰。劉向司籍,九流以別。」(應劭《注》:「儒、道、陰陽、法、名、墨、縱橫、雜、農,凡九家。」)《後漢書·張衡傳》,衡上書有云:「劉向父子,領校秘書,閲定九流。」(又見袁宏《後漢紀》,卷十九。)

互相推隕。

案:互,舊作牙,乃互之俗變。《説文》:「推,排也。排,擠也。隕,從高下也。」「互相推隕」,謂互相排擠抑下也。

形逐物遷,

案:《莊子·天下篇》:「逐萬物而不反。」

心無常準。是以達人,有時而隱。

案:《鶡冠子·世兵篇》:「達人大觀,乃見其可。」《論語·泰伯篇》:「子曰:天下有道則見,無道則隱。」「有時而隱」,正無道時也。陶公之退隱田園,蓋亦以此。

四體不勤,

案：《爾雅・釋詁》：「動，勞也。」《說文》同。

五穀不分，

案：《孟子・滕文公篇》：「樹藝五穀。」趙岐《注》：「五穀，謂稻、黍、稷、麥、菽也。」

超超丈人，

案：「超超」，高遠貌。《世說新語・言語篇》：王（夷甫）曰：『我與王安豐說延陵、子房，亦超超玄著。』」

日夕在耘。

案：《論語・微子篇》：「子路從而後，遇丈人以杖荷蓧。子路問曰：『子見夫子乎？』丈人曰：『四體不勤，五穀不分，孰爲夫子？』植其杖而芸。」又見《史記・孔子世家》、《御覽》五百九引嵇康《高士傳》及皇甫謐《高士傳》。《史記集解》：「包氏（咸）曰：『丈人，老者。蓧，草器名。』孔安國曰：『植，倚也。除草曰芸。』」漢《石經論語》芸作耘，與陶公《贊》合，古字通用。嵇康《高士傳》亦作耘。陶公《癸卯歲始春懷古田舍》：「是以植杖翁，悠然不復返。」《丙辰歲八月中下潠田舍穫》：「遙謝荷蓧翁，聊得從君栖。」《歸去來兮辭》：「或植杖而耘耔。」皆用荷蓧丈人事。

遼遼沮、溺，

案：《廣雅・釋訓》：「遼遼，遠也。」《楚辭・九歎・憂思》：「山修遠其遼遼兮。」王逸《注》：「遼遼，遠貌。」「遼遼沮、溺」，狀長沮、桀溺之超遠也。

耦耕自欣，入鳥不駭，雜獸斯群。

案：《論語・微子篇》：「長沮、桀溺耦而耕。孔子過之，使子路問津焉。……桀溺曰：『滔滔者天下皆是也，而誰以易之！且而與其從避人之士也，豈若天從避世之士哉！』耰而不輟。子路行以告，夫子憮然，曰:『鳥獸不可與同羣也。』」(又見《孔子世家》及嵇康、皇甫謐《高士傳》。)孔子謂「鳥獸不可與同羣」者,蓋長沮、桀溺隱耕避世,乃可與鳥獸同羣,孔子則不願也。陶公「入鳥不駭,雜獸斯羣」二句,正見沮、溺樂與鳥獸同羣也。《莊子·山木篇》:「入獸不亂羣,入鳥不亂行。」即陶公二句所本。陶公《勸農》:「沮、溺結耦。」《辛丑歲七月赴假還江陵夜行塗口》:「依依在耦耕。」《庚戌歲九月中於西田穫早稻》:「遙遙沮、溺心,千載乃相關。」皆用沮、溺事。

至矣於陵!

案:《禮記·表記》:「殷、周之文至矣!」孔穎達《疏》:「至謂至極也。」

養氣浩然。

案:《孟子·公孫丑篇》:「(孟子)曰:我善養吾浩然之氣。」《滕文公篇》:「匡章曰:『陳仲子豈不誠廉士哉!居於陵,三日不食,耳無聞,目無見也。井上有李,螬食實者過半矣,匍匐往將食之。三咽,然後耳有聞,目有見。』孟子曰:『於齊國之士,吾必以仲子爲巨擘焉。雖然,仲子惡能廉!充仲子之操,則蚓而後可者也。』」陶公謂陳仲子能養浩然之氣,推尊至極。而孟子譏其廉操如蚓,何相見之懸絕邪?蓋陶公見其大,孟子見其細耳。

蔑彼結駟,

案:《詩·大雅·桑柔》:「國步蔑資。」鄭《箋》:「蔑猶輕也。」《莊子·人間世篇》:「結駟千乘。」

甘此灌園。

何孟春《注》:「《高士傳》:『陳仲子居於於陵,楚王聞其賢,遣使聘之,欲以爲相。仲子入告其妻,妻曰:「夫子左琴右書,樂在其中矣。結駟連騎,所甘不過一肉,而懷楚國之憂,可乎?」於是謝使者,遂相與逃，而爲人灌園。』」

案：事又詳《列女傳·賢明篇·楚於陵妻傳》。《史記·鄒陽列傳》鄒陽《獄中上書》有云：「於陵子仲辭三公，爲人灌園。」裴駰《集解》：「《列士傳》曰：『楚於陵子仲，楚王欲以爲相而不許，爲人灌園。』」《新序·雜事三》於陵子仲作於陵仲子。陶公《答龐參軍》：「朝爲灌園。」《戊申歲六月中遇火》：「並遂灌我園。」並本於陵仲子事。

張生一仕，曾以事還。

何孟春《注》：「《漢書》：『張釋之子摯，字長公，官至大夫，免。以不能取容當世，終身不仕。』」

案：《漢書》云云，本《史記·張釋之傳》。陶公《飲酒》二十首之十二云：「長公曾一仕，壯節忽失時，杜門不復出，終身與世辭。」《讀史述九章》，末章《張長公》云：「遠哉長公，蕭然何事？世路多端，皆爲我異。斂轡朅來，獨養其志。寢迹窮年，誰知斯意？」陶公誠深知斯意也。

顧我不能，高謝人間？

案：顧猶豈也。《廣雅·釋詁一》：「高，遠也。」晋殷仲文《解尚書表》：「拂衣高謝。」「顧我不能，高謝人間？」謂我豈不能遠謝人間邪？陶公之辭官歸隱，正能如張長公者也。

岧岧丙公，望崖輒歸。

何孟春《注》：「漢邴漢兄子曼容，養志自修，爲官不肯過六百石，輒自免去，其名過出於漢。」

案：「岧岧」，遠貌。《文選》謝靈運《述祖德詩》：「苕苕歷千載。」劉良《注》：「苕苕，遠也。」何《注》所稱「漢邴漢兄子曼容」云云，附見《漢書·兩龔傳》。曼容名丹，《儒林傳》：「琅邪邴丹曼容，著清名。」陶公所見邴作丙，丙曼容「爲官不肯過六百石，輒自免去」，正所謂「望崖輒歸」也。

匪驕匪吝，

案：《廣雅·釋詁四》：「匪，非也。」吝，舊作𠫤，俗。《論語·泰伯篇》：「子曰：如有周公之才之美，使驕且吝，其餘不足觀也已。」陶公之意，丙公則非驕非吝也。陶公蓋亦類此。

前路威夷。

案：陶公《歸去來兮辭》：「問征夫以前路。」「威夷」猶「威遲」，亦作「倭遲」。《文選》顏延年《秋胡詩》：「行路正威遲。」李善《注》：「毛《詩》曰：『周道倭遲。』毛萇曰：『倭遲，歷遠貌。』韓《詩》曰：『周道威夷。』其義同。」所引《詩》，見《小雅·四牡》。「前路威夷」，蓋歸隱之後，前途遙遠無阻礙也。

鄭叟不合，垂釣川湄，

案：《爾雅·釋水》：「水草交爲湄。」

交酌林下，清言究微。

何孟春《注》：「後漢鄭敬，字次都。都尉逼爲功曹，辭而去，隱處精學。同郡鄧敬爲督郵，過存敬，敬方釣魚於大澤，所折芰爲坐，以荷薦肉，瓠瓢盈酒，言談彌日。」

案：《爾雅·釋言》：「究，窮也。」（《說文》同）《抱朴子·論仙篇》：「劉向博學，則究微極妙。」《後漢書·郅惲傳》：「（鄭）敬字次都，清志高世，光武連徵不到。」李賢《注》：「謝沈《書》曰：『敬閑居不修人倫，新遷都尉逼爲功曹，廳事前樹時有清汁，以爲甘露。敬曰：「明府政未能致甘露，此清木汁耳。」辭病去，隱處精學蛾陂中，陰就、虞延並辟不行。同郡鄧敬，因折芰爲坐，以荷薦肉，瓠瓢盈酒，言談彌日。蓬廬蓽門，琴書自娛，光武公車徵，不行。』」何《注》所稱「後漢鄭敬」云云，本《郅惲傳》及《注》所引謝沈《後漢書》。

孟嘗游學，天網時疏，

案：《老子》七十三章：「天網恢恢，疏而不失。」（失，一作漏。）

眷言哲友，

案：眷，顧念也。（《説文》作⿱𠔉目，云：「顧也。」）字亦作睠，《詩・小雅・大東》：「睠言顧之。」《釋文》：「睠，本又作眷。」言，語詞。

振褐偕徂。

案：振借爲正，「偕徂」猶「偕往」，即偕隱之意。《後漢書・劉趙淳于江劉周趙列傳》首節云：「安帝時，汝南薛包孟嘗，好學篤行，喪母以至孝聞。……建光中，公車特徵至，拜侍中，包性恬虚，稱疾不起，以死自乞。有詔賜告歸，加禮如毛義。」毛義亦退隱不仕，章帝下詔褒寵，並見《傳》首節。（毛義、薛包事，又詳袁宏《後漢紀》卷十一，惟包作苞。）「眷言哲友，振褐偕徂」，陶公蓋寓有顧念孟嘗，正其褐衣與之偕隱之意邪？

美哉周子，

盧文弨《輯校》本云：「周陽珪，《藝文類聚》作周妙珪。」

案：陶澍《集注》本美作英，義同。《廣雅・釋詁一》：「英，美也。」

稱疾閑居，

盧文弨《輯校》本，陶澍《集注》本，閑並作閒，閒、閑正假字。

寄心清尚，

案：《三國志・蜀志・董和劉巴馬良陳震董允呂乂傳》：「詳曰：『劉巴履清尚之節。』」《藝文類聚》三十六引此《贊》「清尚」作「清商」。蓋由尚、商形音並近而誤。

悠然自娱。

陶澍《注》：「周陽珪，事未詳，何《注》欲以周勰當之，恐非。」

案：《藝文類聚》引「悠然」作「恬然」。盧文弨《輯校》本從之。作「悠然」較勝，《歸鳥》：「悠然其懷。」《癸卯歲始春懷古田舍二首》之一：「悠然不復返。」《飲酒》二十首之五：「悠然見南山。」陶公固喜用「悠然」一詞者也。「寄心清尚，悠然自娱。」二句，贊周子，亦不啻陶公自道也。《後漢書·周勰傳》：「勰字巨勝，少尚玄虛。以父任爲郎，自免歸家。後公車徵，玄纁備禮，固辭廢疾，常隱處竄身，慕老、莊清靜，杜絶人事，十有餘歲。」《後漢紀》卷二十一：「協字巨勝，周舉之子。玄虛養道，以典墳自娱。初以父任爲郎，自免歸，徵辟不就，杜門不出十餘年。」（周協即周勰，協與勰通，《爾雅·釋詁》：「勰，和也。」《釋文》：「勰，本又作協。」）與陶公所贊周陽珪頗符。何《注》以周勰當周陽珪，雖未必是，可備一説。

翳翳衡門，洋洋泌流，

楊勇《校箋》：「《詩·陳風·衡門》：『衡門之下，可以棲遲；泌之洋洋，可以樂飢。』」

案：《文選》張景陽《雜詩》：「翳翳結繁雲。」李善《注》：「《詩（邶風·終風）》：『曀曀其陰。』毛萇曰：『如常陰曀然。』翳與曀古字通。」「翳翳」，陰暗貌。陶公《癸卯歲十二月中作與仲弟敬遠》詩：「翳翳經日雪。」《歸去來兮辭》：「景翳翳以將入。」《自祭文》：「翳翳柴門。」皆疊用翳字。《詩·衡門》毛《傳》：「衡門，横木爲門，言淺陋也。泌，泉水也。洋洋，廣大也。」

曰琴曰書，顧盼有儔。

案：「顧盼」字當作眄，《説文》：「眄，一曰衺視也。」「有儔」，指琴書而言，以琴書爲儔也。《答龐參軍》：「衡門之下，有琴有書，載彈載詠，爰得我娱。」與此首四句興會相似。《藝文類聚》引此「曰琴曰書，顧盼有儔。」二句，作「日玩羣書，顧眄寡疇。」嚴可均《輯校》本從之，惟疇作儔。疇與儔通。意謂日惟玩羣書，顧眄之間少朋輩也。《與從弟敬遠》：「顧眄莫誰知。」《游斜川》：「顧瞻無匹儔。」

飲河既足，

何孟春《注》：「《莊子》：『偃鼠飲河，不過滿腹。』」（見《逍遙游篇》）

案：《淮南子・説林篇》：「臨江河者，不爲之多飲，期滿腹而已。」

自外皆休。

案：自猶其也。《周書・庾信傳》：「唯王褒頗與信相埒，自餘文人，莫有逮者。」劉淇《助字辨略・四》云：「自餘，猶云其餘。」與此自字同義。

緬懷千載，託契孤游。

案：「緬懷」猶「遠懷」。志趣相投曰契。所贊荷篠丈人九賢，皆陶公同契者，當世已無如此九賢可與交游，惟有遠懷千載，寄託此九賢於孤游耳。《桃花源》詩：「願言躡輕風，高舉尋吾契。」此《贊》末二句，亦「高舉尋吾契」之意邪！

一九九三年十月五日癸酉八月廿日脱稿

於傅斯年先生圖書館二樓研究室。

（刊于《中國文哲研究集刊》第四期，一九九四年三月，二七——三六頁。）

談校書

校勘古書，是研究古書的第一步，是最平凡而又最重要的第一步。民國十七年（一九二八），傅斯年先生籌備中研院歷史語言研究所，他擬定的工作計畫，第一項就是「文籍校訂」。後來史語所正式成立，分爲四組，第一組包括「史學」及「文籍校訂」，可見傅先生對校勘古書非常重視。從前王國維、陳寅恪兩位先生，在清華大學研究院指導學生，進研究院開始就練習校書，研究古書從第一步開始。我從前進北京大學文科研究所，喜歡讀《莊子》，傅斯年先生叫我從校勘開始，所以我才專心寫《莊子校釋》這部書。

校勘古書，逐字逐句比對，是最愚蠢的工作；同時要博覽群書，也是最繁難的工作。在南北朝時代，北朝的邢邵曾說：

見人校書，笑曰：何愚之甚！天下書至死讀不可徧，焉能始復校此！（《北史·邢邵傳》）

校書誠然是最愚蠢的工作，不過，我研究學問，總是以愚自守，從不敢逞聰明，所以我喜歡愚蠢的校書工作。北朝顏之推曾說：

校定書籍，亦何容易！非徧觀天下書，不得妄下雌黄。（《顔氏家訓・勉學篇》）

可知校書又是最繁難的工作。不過，我研究學問，不敢取巧，所以喜歡繁難的校書工作。校書雖然愚蠢，卻可以開啓我們的心思，由愚轉智；校書雖然繁難，卻可以引導我們的思考，由難入易。

我們讀《論語・公冶長篇》所說：

晏平仲善與人交，久而敬之。

這是説晏嬰善交朋友，日子久了，他仍然尊敬他的朋友。然而，梁皇侃《義疏》本、《高麗》本「久而」下並有「人」字（阮元《校勘記》有說）皇《疏》云：「此善交之驗也。凡人交易絕，而平仲交久，而人愈敬之也。」文義就大不同了。我們想，晏嬰交朋友，日子再久，他對朋友都不會變心，都是尊敬的。這對晏嬰而言，是很平常的事，這不算善交。如果晏嬰交朋友，再久別人都尊敬他，別人不會變心，這就不是平常的事了。這才是晏嬰的善交。因爲晏嬰久了尊敬朋友容易，别人久了都尊敬晏嬰就難了，一字之差，意義就大不同，如果原來不作「久而人敬之」我們也不會這樣去想的，一個字對我們的啓發性很大。

又如《莊子・天下篇》評述諸子的學術，評述關尹、老聃後，是評述莊子。評關尹、老聃有兩句話：

可謂至極。關尹、老聃乎，古之博大真人哉！

再看唐成玄英《疏》：「關尹、老子，古之大聖，窮微極妙，冥真合道。教則浩蕩而弘博，理則廣大而深玄，莊子庶兹，故有斯嘆也。」《疏》意跟正文是相合的。然而下面一章，評述莊子的學術，遠比關尹、老聃空靈超脱，那麽説關尹、老聃的學術「可謂至極」，「莊子庶幾」，就不恰當了。我們看日本高山寺古鈔卷子本《莊子》作「雖未至於極」，南宋陳碧虚《南華真經闕誤》引唐江南李氏本、文如海本「可謂」亦並作「雖未」，這就對了，莊子之學雖淵源於老子，而不爲老子所限，何況關尹！關尹、老聃道術雖博大，而偏重人事，尚有迹可尋，不得謂之「至極」，莊子道術，論人事而超人事，論天道而不囿於天道，其理不竭，應化無方，無可歸屬，無迹可尋，乃可謂之「至極」，不過，莊子本人從不自以爲是，從不説他「至極」的。「可謂」「雖未」兩字之差，引導我們深加思考，辨别微妙，關係如此重大！

大體説，經史子集四部的書，校史比較易，校經、子比較難，因爲校史是根據事實，校經、子是重在義理，校集部最難，因爲文學重在情。尤其是詩的妙處，更往往超乎常情。嚴羽《滄浪詩話》説：

> 詩有别材，非關書也；詩有别趣，非關理也。

所謂書，是記事的，屬於史。理，是玄理，屬於哲（包括經子）。而情，屬於文。記事的校勘比較易，述理的校勘比較難，抒情的校勘最難。雖然文學作品的内容，也牽涉到史事和哲理，然而偏重史或哲的作品，尤其是詩，以致事過其文，理過其辭，終非佳作。如東漢班固的《詠史》詩，質木無文；晉孫綽、許詢的玄理詩，淡乎寡味，梁鍾嶸的《詩品》，把他們的詩都列在下品。詩以情爲主，情是容易把握，又最難把握的，就以《詩經》來説，孔子對於詩三百篇，一方面説「思無邪」（《論語·爲政篇》），一方面又説「鄭聲淫」（《論語·衛靈公篇》），意見就不一致。《詩經》到漢代，就分齊、魯、韓三家《詩》及毛《詩》，各有偏重。而太史公《自序》卻說：「《詩》三百篇大抵賢聖發憤之所爲作也。」卻認爲内容大體一致。董仲舒《春秋繁露·精華篇》説：「詩無達詁。」解《詩》要變通而取義，是非很難確定的。

詩重在情，往往超乎常情，有時用典不通的詩也是好詩。如王維《老將行》中的：

昔時飛箭無全目，今日垂楊生左肘。

下句是用《莊子·至樂篇》的典故：「支離叔與滑介叔觀於冥伯之丘，崑崙之虚，黄帝之所休。俄而柳生其左肘。」《莊子》所謂的柳，是瘤的假借字，並非楊柳的柳，而王維以柳爲垂楊，這是望文用典，就不通了。但「今日垂楊生左肘」楊是從柳聯想出來的，「垂楊」與「飛箭」相對，也很巧，仍不失爲好詩。有時極好的詩，也難免有問題，有瑕疵，譬如李商隱的《無題》詩有兩句：

春蠶到死絲方盡，蠟炬成灰淚始乾。

可説是感人肺腑。但方、始是同義字，兩句分用，有合掌之嫌，然因情意纏綿深透，仍不失爲最好的詩句。

批評詩的好壞很難，因此校定詩句很費斟酌。如杜甫《曲江對雨》詩：

林花著雨燕支溼，水荇牽風翠帶長。

「溼」一作「落」，「溼」跟「落」關係雨的輕重大小而言，既然是「著雨」粘著一些雨，可見雨並不大，然則應該用「溼」字較佳。並且杜詩很喜歡用「溼」字，如《月夜》：「香霧雲鬟溼，清輝玉臂寒。」《晚出左掖》：「樓雪融城溼，宫雲去殿低。」《獨立》：「草露亦多溼，蛛絲仍未收。」「溼」字都用得很好，很自然。杜詩中用的「溼」字，至少有十幾處，他爲甚麼喜歡用「溼」字，這是研究杜詩用字應該注意的問題。像這樣的用字問題，還容易辨出優劣。再如張繼《楓橋夜泊》詩，經過俞樾在寒山寺書寫刻石，膾炙人口，直至今日。開頭兩句是：

月落烏啼霜滿天，江楓漁火對愁眠。

俞樾《小浮梅閒話》：「唐張繼《楓橋夜泊》詩，膾炙人口，惟次句『江楓漁火』四字，頗有可疑。宋龔明之《中吳紀聞》作『江村漁火』，宋人舊籍可寶也。此詩宋王郇公嘗寫以刻石，今不可見。文待詔（徵明）所書亦漫漶，下一字不可辨，（陳）筱石（夔龍）中丞屬余補書，姑從今本，惟『江村』古本不可没也。因作一詩附刻，以告觀者。詩曰：『郇公舊墨今無存，待詔殘碑不可捫。幸有《中吳紀聞》在，千金一字是江村。』」

俞氏認爲宋人舊籍作「江村」，不知宋初李昉等編《文苑英華》卷二百九十二載此詩，仍作「江楓」，而「漁火」作「漁父」，「楓」字較佳，與題「楓橋」相應，是點題字。俞曲園書張繼詩，所以「姑從今本」作「江楓」，因爲「楓」字較佳。附刻詩所以盛稱作「江村」，一字千金，以爲「村」字較古。其實宋初人所見之本已有作「楓」字的。以後是否能發現唐寫本作「江村」或「江楓」，何字較古，尚不可知。至於「漁火」，《文苑英華》引作「漁父」，「父」恐是誤字，一方面「火」「父」形近易亂；一方面由「漁」字容易聯想成「漁父」，我們想，「江楓漁火對愁眠」是張繼寫他自己；如作「漁父」，「漁父對愁眠」與張繼何干？他又怎麼知道漁父在對愁眠呢！又如《紅樓夢》第七十六回，中秋夜大觀園即景聯句三十五韻，湘雲、黛玉所聯最後兩句：

寒塘渡鶴影（湘雲），冷月葬詩魂（黛玉）。

第一句與杜甫詩「鳥影渡寒塘」（《新津寺》詩）有關，而較杜句尤佳。次句「詩魂」有作「花魂」的，「花魂」對「鶴影」較工，並且黛玉又有《葬花詞》。但意境就不如作「詩魂」好。「冷月葬詩魂」恰合黛玉淒涼幽怨的情懷，跟她臨終前焚去詩稿也默默相應。若作「花魂」就顯得單調了。

校定古書，一方面要復原；一方面要辨優劣。復原的未必就較優。所謂復原，不僅是恢復原貌，還要恢復原作的來源。譬如北宋林逋《詠梅》詩的名句：

疏影橫斜水清淺，暗香浮動月黃昏。

上句寫梅花在清淺的水光中顯現的倒影，下句寫梅花在朦朧的月色中散發著幽香，真是出神入化。然而這兩句詩是有所本的，南唐江爲詩：

竹影橫斜水清淺，桂香浮動月黃昏。

上句寫竹影，下句寫桂香，都很生動，合稱佳句。然而林逋易竹、桂二字爲疏、暗，專寫梅花的神態、幽香，意境就高妙多了！清朱彝尊《曝書亭》詩：「書到影疏香暗處，始知一字可稱師。」雖然詠竹、桂，與詠梅不同，不能直接以師言。但就意境之高下而論，林詩自可爲江詩之師。（參見俞正燮《癸巳存稿》十二。）還有晏幾道《臨江仙》詞前闋：

夢後樓臺高鎖，酒醒簾幕低垂，去年春恨卻來時，落花人獨立，微雨燕雙飛。

最後兩句是情景淒美的名句，但也有所本的。五代翁翃（仲舉）五言《閨怨》：

又是春殘也，如何出翠帷，
落花人獨立，微雨燕雙飛。

晏詞全用翁詩末二句，化詩入詞，不僅不嫌剽襲，晏詞這兩句接在「去年春恨卻來時」之後，更顯得回味無窮。（參看吳世昌《羅音室讀書偶記》）

又如《紅樓夢》第二十七回，林黛玉的《葬花詞》，是膾炙人口，不勝幽怨淒悲的詩作。然而這首詩，不僅神韻與唐劉希夷《代悲白頭翁詠》相似；就連詞句也受劉詩的影響。如：

劉：洛陽女兒惜顏色。
林：閨中女兒惜春暮。

劉:今年花落顏色改,明年花開誰復在!?
林:桃李明年能再發,明年閨中知有誰!?

這是很明顯的例證。

校書是研究古書的第一步,是渺小瑣碎的學問,説不上甚麼。但研究學問要有步驟。從第一步開始,循序漸進,比較踏實。《老子》説:「爲大於其細。」(七十七章)要通大義,先從字句之細開始,才不會有華而不實之弊。《莊子》説:「夫自細視大者不盡,自大視細者不明。」(《秋水篇》)只重大或只重細,都有所蔽。研究學問,不要入迷,校勘所以幫助通大義,但迷於校勘,困在細處,並不能通大義。蘇東坡《詠廬山》詩:

橫看成嶺側成峰,遠近高低無一同。
不識廬山真面目,只緣身在此山中。

這首詩對於研究學問是最好的啓示。看問題立場不同,角度不同,所得的結論就不一樣,最忌諱執著。但後兩句也有危險性,看問題如果認爲只在外面看,才可以得到真學問,那又是偏見了。我想,東坡的意思是,看廬山不要只在山裏面看,在山中看了之後,出來再在山外面看,才可以看到廬山的真面目。我們在山裏面看,見樹不見林;在山外面看,見林不見樹;内外兼看,既看到樹,也看到林。研究學問,要内外相輔,小大兼顧,能入能出,才可以得到真學問。

大陸學者頗重視校勘古籍的工作,一九八八年中華書局《書品》第一期,我讀到周祖謨先生的《漫談校注

《洛陽伽藍記》的經過》一文，頗多甘苦之言。《洛陽伽藍記》僅五卷，周君自一九四三年開始作校注，至今已四十六年，他才完成《洛陽伽藍記補訂本》，已交北京中華書局重印，即將出版，嘉惠士林；還有詹鍈先生的《李太白集校注》，亦耗數十年心力，都是不朽之作。大陸學者有兩部集體大著，正在陸續出版：一是《昭明文選譯注》，由北京大學等八個高等學府的學者集體撰寫，聽説總共是六大本，已出了兩本；一是《脂硯齋重評石頭記會校》也是集體工作，聽説總共是八大册，現在只出了一册。這兩部大書完全出版，對古典文學的研究，無疑的貢獻很大。

（刊于《國文天地》五卷十二期，一九九〇年五月，九九——一〇二頁。）